U0831156

中国文化研究辑刊

第二辑

李　浩　主编

商务印书馆国际有限公司
中国·北京

图书在版编目（CIP）数据

中国文化研究辑刊. 第二辑 / 李浩主编. — 北京：商务印书馆国际有限公司，2021.6
ISBN 978-7-5176-0832-5

Ⅰ. ①中… Ⅱ. ①李… Ⅲ. ①中华文化—研究 Ⅳ. ① K203

中国版本图书馆 CIP 数据核字（2021）第 090891 号

ZHONGGUO WENHUA YANJIU JIKAN
中国文化研究辑刊（第二辑）

主　　编　李　浩
出版发行　商务印书馆国际有限公司
地　　址　北京市朝阳区吉庆里 14 号楼
　　　　　佳汇国际中心 A 座 12 层
邮　　编　100020
电　　话　010-65592876（编校部）
　　　　　010-65598498（市场营销部）
网　　址　www.cpi1993.com
印　　刷　鑫艺佳利（天津）印刷有限公司
开　　本　880mm × 1230mm　1/16
字　　数　380 千字
印　　张　21.25
版　　次　2021 年 6 月第 1 版第 1 次印刷
书　　号　ISBN 978-7-5176-0832-5
定　　价　128.00 元

版权所有 · 侵权必究
如有印装质量问题，请与我公司联系调换。

主办单位

西北大学中国文化研究中心

协办单位

陕西省哲学社会科学重点研究基地

陕西省中华优秀文化传承发展研究协同创新中心

陕西省中国优秀文化传承创新智库

西北大学汉唐文学研究院

《中国文化研究辑刊》编委会

（按音序排列）

学术顾问

王水照　　袁行霈　　张岂之

编委会

陈　洪　　陈尚君　　陈引驰　　程章灿

党圣元　　杜桂萍　　杜晓勤　　葛承雍

傅　刚　　李　浩　　李继凯　　廖美玉

刘跃进　　妹尾达彦　内山精也

荣新江　　尚永亮　　松原朗　　谭　帆

土屋昌明　王子今　　吴承学　　詹福瑞

张福贵　　张新科　　郑杰文　　朱玉麒

钟　勇　　左东岭

主　编

李　浩

执行主编

孟　飞

目 录

Contents

书　评

札　记

丝路考古与物质文化

隋唐时期在长安的日本人

胡　戟

隋唐时期，更准确地说是7世纪的日本社会处在一个转型期。过去一般讲是从奴隶社会转向封建社会，有些日本学者也这样看。具体说是从实行地方氏族贵族世袭统治和部民制、部曲制的日本，转型向实行皇权主义律令制国家的中央集权政治，相应的社会制度，也发生了由皇族、豪族个人支配土地、人民的体制到公地、公民的变化，日本开始正式以“日本”为国名。

其间经历了摄政的圣德太子（593—622年在位）的改革和大化改新（645），日本的社会和经济文化有了飞跃发展。608年推古天皇说日本那时还是一个“僻在海隅，不闻礼义”的“夷人”国家，753年就进步为唐明皇称赞的“礼仪君子之国”。当时对日本影响比较大的邻国，是朝鲜半岛的百济和鸭绿江两岸的高句丽，再一个是大陆的隋唐。

百济向日本初传汉籍文化（285）和佛教（552），还有蚕桑织布业等许多文化科技，多数是把中国的东西辗转传了去的，使日本有了文字——汉字可用，有了佛教信仰和许多有关衣食的生产技能。为此日本长期在朝鲜半岛经营一块殖民地，叫任那（369—562）。任那被新罗灭亡后，没有了这块跳板的日本，谋求更直接地与大陆中国南北的政权和而后统一了的隋唐政权交往。

有学者以为汉光武时（57），倭奴国供奉朝贺，光武赐予“汉委奴国王”金印（1784年出土于九州北部，收藏在福冈市美术馆）为中日两国首次外交互动。而后邪马台国卑弥呼女王239年派来使者被授亲魏倭王印，240年曹魏派使者第一次到日本岛，对方在5世纪到南朝的刘宋朝贡十次，南朝宋册封了安东大将军倭王。这些都是中日关系史上的重要事件，但还只是日本的地方政权与大陆的交往。真正以日本名义与中国交往是在7世纪。因为《隋书》上记载开皇二十年（600）隋文帝时来遣隋使，但此事在日本史书上全无记载，因此《隋书》所记此事被怀疑有误。可大业三年（607）圣德太子遣大礼小野臣妹子来，中日两国史书都有记载，确凿无误。

小野妹子所带国书自称“日出处天子”，已经是日本的意思。645 年定国号为大化，正式改倭国为日本一说，好像还有点疑问，本位田菊士等日本学者认为将国号定为日本的时间是在 7 世纪末 8 世纪初，证据之一是 703 年武则天下的《宴集日本使者敕》，那是日本国号被国际承认的一个标志，不一定是最早使用日本国号的证据。《新唐书 · 日本传》所记“咸亨元年……更号日本”是正式使用日本为国号的最早文献资料。近年有仪凤三年（678）在长安去世的百济弥军墓志出土，是最早出现日本字样的石刻文献。日本的国名也出现在稍后开元二十二年（734）去世的井真成的墓志上。

隋到初唐是逐渐以日本名义与中国正式交往的开始时期。因为有正式国书递交，有使臣往返并连续派来遣隋使、遣唐使，所以以 607 年小野妹子之行象征中日正式建交是恰当的，到 2007 年正好 1400 年。也有日本学者认为中日关系是圣德太子开辟的，村上专精的《日本佛教史纲》就写道：“和中国的交通是由皇太子为求取经论而开辟的。”这是统一中央集权形成中的日本与中国交往的开始。在这个意义上，我们将小野妹子大使与回访的隋使裴世清相互敬酒的形象塑在遣隋使船上，誉之为“中日友好第一杯”。

一、隋唐时期来了多少日本人

为了建立实现皇权主义中央集权政治制度的需要，7 世纪初日本派遣大量人员来华，如推古天皇对裴世清大使所说：“我闻海西有大隋，礼义之国，故遣朝贡。”又说：“冀闻大国维新之化。”表示了学习中国制度文化的诚意。

稍早的 604 年，圣德太子制定的“十七条宪法”，从第一条“以和为贵”，到第十二条“国靡二君，民无二主。率土兆民，以王为主”，都明显汲取了儒家文化，也有佛教和法家的影响。这时的日本特别认真地从大陆吸收一切对治国有价值的制度和思想文化。日本学者说，当时日本“无论形式上与精神上皆依据《唐律》”。为此，日本人不避艰险大量涌入中国。《养老令》（718）里许多市场的管理规定，都照抄唐令。

《论语》里“和为贵”的思想被日本接受，意义重大，它和日本自称“大和民族”的关系值得探讨。谷川道雄教授和我讲过“和为贵”的思想对日本有很大影响。他说日本国土面积小，资源贫乏，自然灾害多，要是民族内部再不和，就无法生存了，不像中国回旋余地大，“黑了南方有北方”。所以他们内部特别讲究“和为贵”，他们把自己叫作“大和民族”。日本自先秦以来接纳了包括很多中国人在内的“归化人”，没有再按来源分出多少个民族，而是把他们都列入大和民族，成功避免了产生种族冲突、民族矛盾的麻烦。

隋唐时来到中国的日本人有多少？没有见准确的统计，虽然带他们到中国的遣隋使有说共6次，按比较可信的5次——大业三年（607）小野妹子大使和通事鞍作福利来使；大业四年（608）三月再次来使，四月隋炀帝派裴世清随小野妹子大使回访日本；同年九月小野妹子再次担任大使，还有副使吉士雅、通事鞍作福利陪同送隋使回国；大业六年（610）和大业十年（614）派来第四、第五次遣隋使——计，加上遣唐使按实际到达的13次计，一般每次2—4船，每船数十人至150人计，隋唐时随18个使团来中国的日本人，可能不下四五千人。其中多数应到了长安，包括为数不少的留学生和留学僧。此外，还有些日本人是随高丽船来的，可能还会有自己驾船来的日本人，这部分人可能很少。

二、隋唐时期来长安的日本名人

小野妹子　607年、608年为大使两次入隋，是隋唐中日外交史上的开创性人物，因有功，他丢“国书”事件未予追究，还从“大礼”升到最高冠位“大德”。在当时的航海技术条件下，在中日之间渡海交往是一件要冒很大风险的事。隋文帝开皇十八年（598）征辽东，水军从山东东莱出发去平壤，“遭风，船多飘没，无功而还”。唐时，“覆船”“失船”“船破失期”“渡海飘没”的海难事件，屡屡在渤海发生。日本的遣唐使船也一样在黄海、东海甚至南海出过事。第二次遣唐使大使高田根麻吕的船在萨摩竹岛覆没，一船人生还的仅5人；殉难的还有659年第四次遣唐使坂合部石布；761年第十三次遣唐使，因四艘船中一艘在难波沉没而中止；836年第十八次遣唐使船出发遇风四艘船沉没一艘。遇险的还如《册府元龟》卷971《朝贡第四》记载，733年8月“日本国朝贺使真人广成与傔从五百九十舟行遇风飘至苏州，刺史钱惟正以闻，诏通书舍人韦景先往苏州宣慰焉”。此外，753年第十一次遣唐使大使藤原清河带吉备真备回国时，船遇风飘至安南；762年第十四次遣唐使没有顺风就未敢启程。事故率这么高，小野妹子竟来两次，往返共四次，历险海上，是很有点勇气的。他为中日友好奔波，至今小野家乡仍在纪念他。我们西安也应有他的塑像，大唐西市塑了小野妹子和裴世清的塑像，纪念他为中日友好做的开创性贡献。

南渊请安　608年随小野妹子遣隋使团来，留学32年，是革新派的首领中大兄皇子和中臣镰足的老师，作为改革的最高顾问，与同来中国的、后来也担任政府顾问的老留学生汉人高向玄理（留学33年）、新汉人僧旻（留学25年）两位国博士，在幕后领导了大化革新。他们参照唐三省六部制，创建了日本的“八省百官”制。其中“省”字，还作为部级政府机构沿用下来，大藏省的名字一直用到今天。

高向玄理　因指导改革有功，被授予仅次于大德的第二等冠位“小德”，后升为“大锦上”。654 年的遣唐使团，他担任比大使更高的职位“押使”。

僧旻　632 年回国，为中臣镰足等“群公子”讲《周易》，一个外国和尚能有这本事，真了不得。

药师惠日　作为留学生受派遣时间不详，可能是 614 年入隋，623 年回国，随即建议派出遣唐使，630 年实施。630 年第一次遣唐使他是副使；654 年的第三次遣唐使团，他又担任副使，后被授予第三等“大仁”冠位。

鞍作福利　被授予第八等“小礼”冠位。

犬上御田锹　原是遣隋使，又担任第一次的遣唐使。

藤原清河　752 年第十一次遣唐使他是大使，753 年他和阿倍仲麻吕一起回国时，船遇风漂到安南（越南），后回长安，留唐不再回去。

吉备真备　717 年与阿倍仲麻吕一起作为留学生随第八次遣唐使团入唐。734 年随第九次遣唐使团回日本。752 年第十一次遣唐使他是副使，第二年回国。一说吉备真备创造了日本文字“片假名”。

阿倍仲麻吕　717 年来华，时年 19 岁，与李白为挚友，唐玄宗非常喜欢他，给他取汉名晁衡，也叫朝衡。在中国任官，做到三品的秘书监。753 年回国时遭海难，漂流到安南，后回长安终老。

空海　804 年和最澄一起作为留学僧，随第十五次遣唐使团入唐，次年回国。在长安青龙寺学密教，回日后弘传真言宗和密教，还首开私塾“综艺钟智院”。

最澄　和空海一起来，一起回，也在长安青龙寺学密教。

圆仁　838 年随第十七次遣唐使团入唐，847 年回国。亲历唐武宗灭佛的法难，所写《入唐求法巡礼行记》与玄奘的《大唐西域记》、马可·波罗的《东方见闻录》(《马可·波罗行记》)，并称为“东方三大旅行记”。

三、隋唐时期日本人在长安的生活

隋朝是中国历史上唯一一个建立不过十七八年就进入经济繁荣期的朝代，超过了汉唐要七八十年的休养生息才慢慢繁荣的速度。司马光在《资治通鉴》里说，大业五年（609）时，“隋氏之盛，极于此矣”。小野妹子大使正是在这之前一两年入隋的。而唐代前期，具体说是武则天结束酷吏政治的 697 年到唐玄宗统治末年的 752 年（这一年杨国忠继李林甫为相，前一年怛罗斯战役大败于大食，后二年打南诏，全军覆没），是中国历史上真正的一个盛世。其间遣唐使来了四次，702 年女皇武则天亲自在大明宫麟德殿设宴招待执节使粟田真人和大使高桥笠见，并赐予粟田真人司膳卿之职。

唐朝对日本遣唐使团热情款待，由鸿胪寺负责一切接待事宜，日本使节至唐以后及归国途中的衣食住行等生活费用全部由唐朝政府供给。据日本僧人圆仁撰写的《入唐求法巡礼行记》，第十七次遣唐使藤原常嗣到扬州后，唐朝政府按规定供应资粮，并由官方派船护送他们到长安。

日本的贡物主要有琥珀、玛瑙、宝器等，《延喜式》列举日本送唐帝的礼物有："银大五百两，水织絁、美浓絁各二百匹，细絁、黄絁各三百匹，黄丝五百绚，细屯绵一千屯，别送财帛二百匹……"[1]应与《册府元龟》卷971《朝贡第四》所记载为同一事：（开元二十二年）四月日本国遣使来朝献美浓絁二百匹、水织絁二百匹。

唐朝回赐大量"答信物"，日本称为"国信物"和"别贡物"。日本奈良市东大寺内正仓院至今保存的唐代乐器、铜镜、大刀等文物，不少应该是"答信物"。

遣唐使在唐期间还有一些特殊使命，比如收集图书带回日本。第二次大使吉士长丹就"奉对唐国天子，多得文书宝物"，第九次遣唐押使多治比县守曾将"所得赐赉，尽市书籍，泛海而东"，此举得到了日本天皇的封赏。开元初，粟田真人第二次来唐，"献大幅布为贽，悉赏物，贸书以归"。据《日本国见在书目录》，有汉文古籍1579部，16790卷。这是一个了不得的数字，相当于杨广从担任扬州总管到当皇帝，上百王府学士前后近二十年修撰的新书万七千余卷。此前北周图书才盈万卷，平齐所得，才加五千。隋文帝时，牛弘建议下诏征书，"献书一卷，赉缣一匹"。16790卷书购买的费用也是很高的。

当时的留学生衣食住宿全由隋唐政府包了，他们还埋怨没有交"束脩之礼"和买书的钱，这要日本政府另给。关于留学生的数量，所说国子监八千人，应不全是外来的留学生，可能是包括国内的师生员工在内国子监所有的人，其中日本人占多少不详，但是这些人很重要，近年发现了开元二十二年在长安去世的遣唐留学生井真成的墓志铭，又有仪凤三年在长安去世的百济弥军墓志出土，这是最早出现日本字样的石刻文献。

当时中日交往还有一些趣事。公元838年至唐的第十七次遣唐使一行651人，其中的准判官藤原贞敏精于琵琶，他在长安得到唐琵琶大师刘二郎的指教，后又娶其女为妻。藤原返回日本后开一代新风，后世盛传其为日本琵琶之祖。

据《旧唐书·宣宗纪》，日本王子入朝贡方物，唐宣宗设宴款待，并表演百戏以助兴，"王子善棋，帝令待诏顾师言与之对手"。顾是唐朝的围棋国手，但碰到这位日本棋

[1]《延喜式》卷30《大藏省》，昭和十三年（1938）再版，《国史大系》第26卷，第738页。

手，也颇有点招架不住。经过好一阵努力，顾终于险胜。他怕出丑，丧失大国第一棋手的荣誉，只好诈称自己是第三国手。王子于是提出愿见识一下第一国手的手段，顾答曰："王子胜了第三，才能见第二；胜了第二，才能见第一。不能直接领教第一的手段。"中国围棋大约在隋朝时传入日本，这场中方险胜的高级围棋对抗赛，反映出日本的棋艺水平已接近中国。

四、遣唐使回日本后的贡献

大使还访求中国文人、僧侣、工匠、艺人等优秀人才，动员他们赴日。除了图书，唐朝先进的造纸术、炼丹术、织丝法、造瓷法、建筑艺术、天文历法和中医学理论，也通过种种渠道，传到日本。

如第十次遣唐使多治比广成回日本时，带回一名叫袁晋卿的唐人，据《续日本纪》卷三十五记载，袁到日本时，"时年十八九，学得《文选》尔雅音，为太学音博士"，对汉字汉音在日本的传播及日本音韵学的发展贡献很大。同时还带回音乐大师皇甫东朝及其女儿，两人终身仕日，促进了日本音乐的发展。又如第十一次遣唐使将扬州律宗大师鉴真师徒请到日本，更是广为人知的事情。购买书籍、访求人才，在唐朝各地都可进行，但在唐朝文化与人才中心的长安，这些工作能更好地进行。

除了大唐的律法典章制度、汉学、佛学、茶道的传入外，我想唐犁东传和假名的创制，也是影响深远的两个亮点，最值得认真研究。

单牛牵引、回转方便的曲辕犁在唐代的发明和推广，标志着个体农业生产力的成熟，也导致了"百室合户""千丁共籍"[1]的大族地主经济和整个门阀时代的终结。这种先进的农业生产工具，就像犁（すき）在日文中又称"唐锄"（カラスキ）这样的称呼所意味的那样，是从唐朝传去的。931年至937年成书的《倭名类聚抄》十五农耕具"犁"条，记称犁的日本名"和名：加良须崎"，应即唐锄カラスキ读音的汉字转写。书中记载其各部件名称为鑻、耒底、耒骨、耒榱、耒箭、耒镵。可见在当时日本已详知曲辕犁的构造。唐时即有引进，应在情理之中。《延喜式》三十九内膳"耕种园圃"即称，种大麦、小麦等，都是"把犁一人，驭牛一人，牛一头"，一牛二人便可操作耕耘，与中国一样。

再说假名。文字的创造，对于一个国家的意义不言而喻。起初日本人没有自己的文字时，借用汉字为书面语言。最古的两部日本史书，成书于712年的《古事记》和成书

[1]《晋书》卷127《慕容德载记》。

于720年的《日本书纪》，[1]全部用汉文写成，看起来和汉籍没有什么不同。而更早一百年，传为圣德太子撰写的《三经义疏》中，《胜鬘经义疏》撰于611年，《维摩经义疏》撰于613年，《法华义疏》撰于615年，是最早的日本汉文古籍。因而，外来的“汉字”成为“日本文字”最重要的一部分，汉字被叫作“本字”“真名”。[2]

书面语和本土原来的口语是两种完全不同的语言，使用十分不便，用日本语读汉字的“训读”，汉字只表音而表述的是与该汉字原意毫无关系的意义，语言和文字之间存在不协调的矛盾。在训读汉字的基础上，6世纪末、7世纪初的万叶假名，试验纯粹借用汉字来标记日本语，例如：《元兴寺露盘铭》（596）和《法隆寺金堂药师佛光背铭》（估计为推古三十六年，628），[3]其句读表意不便之处显而易见。创造自己的日本文字的任务自然提上日程。

使用拼音字母式的文字，无论对表现原本土各地方的，抑或来自中国的“吴音”“北方音”，自然是最方便的。创制任务终于在圣德太子后二百多年，由曾入唐的日本留学僧和留学生完成，与“真名”对应，称“假名”，“名”即文字。[4]而后汉字仍与日本假名文字掺合使用，不过汉字都改造成有日语发音的文字，日本人还陆续造了些日本汉字称“国字”，在日文中使用的汉式文字日本化了。

还想要讨论的是假名的创制。创制人是吉备真备（693—775）还是空海（774—835），姑且不论。[5]一般认为，假名是据汉字的偏旁创造的，但平假名是按楷书的偏旁创制，片假名是按草书的偏旁创制的说法，似并不准确。因为在汉字中，并没有与许多假名文字相应的偏旁。1984年我开设敦煌课，注意到叶栋先生解读的敦煌曲谱中，可以数出许多与假名相同而与汉字偏旁不同的半字谱字，当时就有了日本假名是根据唐代半字乐谱

[1] 此二书记载了日本人最早学习汉籍情况的传说。《日本书纪》卷10载应神天皇请能“读经典”的百济王使阿直岐为太子菟道稚郎子师。又从阿直岐处得知王仁更胜于他，便派人赴百济征王仁。《古事记》中卷的阿知吉应即阿直岐，注称“阿知吉师王仁”到了日本，当时从百济传至日本的“《论语》十卷，《千字文》一卷”，应即王仁教太子菟道稚郎子读的经典。则时为三世纪下半期。但大庭修指出：《千字文》的作者梁朝周兴嗣死于521年，稍晚于倭五王时代，不能把《千字文》传到日本，看作是汉籍传到日本的开始。见氏著《日中关系史の研究》附篇第一章第一节“王仁の汉籍将来传说”，同朋舍，1996年，第290—291页。

[2] 参见尾崎雄二郎《中国文字在日本》，载《中国传统文化在日本》，中华书局，2002年，第88—89页。

[3] 《元兴寺露盘铭》，原铭现已无存，据《元兴寺缘起》的记载，铭文作：“大和国天皇斯归侵麻宫治天下名阿米久尔意斯波罗岐比里尔波弥已等。”《法隆寺金堂药师佛光背铭》铭文作：“池叨大宫治天下天皇大御身劳赐时岁次丙午年召于大王天皇与太子而誓愿贱我大御病太平欲坐故将造寺药师像作仕奉诏然当时崩赐不堪者小治田大宫治天下大王天皇及东宫圣王大命受赐而岁次于卯年仕奉。”

[4] 《周礼·外史篇》注：“古曰名，今曰字。”

[5] 参见郑彭年《日本中国文化摄取史》，杭州大学出版社，1999年，第97—98页。

的谱字创制的想法，至少可以说，半字谱的谱字是创制日本假名的依据之一。在中日两国保存的唐代乐谱中，找出了20个以上与假名相近而多非汉字偏旁的谱字。此间除讲课之外，也和一些日本学者，包括日本大使的夫人阿南史代谈及。正如陇川正次郎所说："假名文字的发明，已是奈良时代，而其定型，大致一定要到平安前期，使用假名文字的国文学的兴盛，则是平安中期以后的事。假名文字的发明，对日本文化的发达，贡献至伟。从文化史上看，说这是这个时代最大的事情，也决不为过。"[1]

我关于唐犁的东传和假名的创制的文章，在2004年的《唐研究》第10期上有发表，这里就不详述了。

在两千多年的中日经济文化交流中，唐代是其中辉煌的一页，有文化的日本朋友说他们总是怀着"感恩戴德"的心情追忆那段历史。其实人类社会的进步都是在交往中相互学习，双方获益，在某一个时期，相对后进的一方可能获益多一些，在另一个时期可能又掉过来，相对先进的一方更多受益。

本文是作者2007年8月8日给中日青年"遣隋使人员报告"的一部分，略加补改。

（胡戟，1941年生，1967年毕业于北京大学历史系，曾任西北大学、陕西师范大学教授、博士生导师，中国唐史学会会长。）

[1]《东洋史上より见た日本人的历史》第六章第五节"外来文化の日本化"，赤坂书院，1983年，第123页。

多彩文明的熠熠印记

——亚洲的文物交流与文化互鉴

葛承雍

漫长的“丝绸之路”联系着广袤的亚欧大陆，但是形成的路网大部分都在亚洲，亚洲作为世界上面积最大的洲，地理环境所造成的“世界之最”比比皆是，也是人类最早的定居地之一，悠久的历史积淀出深厚的文明。

从丝绸之路地图上看，几十条廊道和穿行在绿洲平原、褐色高原、黄色沙漠之间的路网，不仅将亚洲有机地串联在一起，而且联系着美索不达米亚平原、印度河流域、中国黄河—长江中下游地区这三个重要的人类文明发祥地。仅在亚洲土地上就有一千多个大小民族，约占世界民族总数的二分之一。不同地区的不同文化、不同民族，在交流中互鉴互学，分别创造了自己的辉煌文化。

亚洲的文物也最为厚重灿烂，西亚两河流域的巴比伦人发明了烧制陶器和冶炼矿石的技术；苏美尔人首先发明了文字和系统的灌溉工程；中亚的游牧民族发明了马鞍、挽具和车轮；南亚留下了佛教和印度教发源地的石雕艺术；中国人发明了瓷器、马镫、火药、指南针、造纸术和印刷术，并最早种植稻谷；印度人和阿拉伯人发明了十进位计算技术。亚洲各种地方性的医药技术即使在今天也非常有效，这些无不显示了古人的智慧与工匠的卓越才能，为世界文明做出了巨大贡献。[1]

为了展现亚洲各国文明的历史特征，多角度聚焦各文明之间对话与交流的轨迹，近年来中国连续多次举办了“绵亘万里：世界遗产丝绸之路（中哈吉3国）”[2]“殊方共享：丝绸之路文物精品展（12 国）”“大美亚细亚：亚洲文明展（23 国）”等多个文物大展，通过亚洲几十个国家近千件组的文物精品，让观众感受到了亚洲文明的深邃与辽阔。与以前举办的“亚洲艺术遗珍展”“欧亚衢地：贵霜王朝的信仰与艺术”等亚洲主

[1] 参见〔日〕宫崎市定《亚洲史概说》，民主与建设出版社，2017 年。

[2] 参见国家文物局、香港康文署《绵亘万里：世界遗产丝绸之路》，香港历史博物馆编辑出版，2017 年。

题展相比，[1] 近年的展览主题从“文物”提升到“文明”，为人类文明交流互融提供了东方智慧的启迪与滋养。

一、亚洲文明的特色新知

大约距今 8000—6000 年开始，亚洲各地之间就有了长距离的接触，古老的陆上丝绸之路从史前时代起步于无垠的东亚草原，海上丝绸之路则起航于世界季风气候最显著的西亚港口。亚洲不仅历史和文化非常悠久，而且经济和文化水平曾经在世界上长期居于领先地位。

各国的文物给我们带来了远方的知识信息，突破了地域疆界的限制，开阔了传统的视野，帮助我们重新认识了亚洲的文明，但形成的不是“亚洲观”而是“世界观”，不是时间经线或空间纬线，而是综合了亚洲各国之间和亚欧之间的交往成果，是人类共同的知识谱系。

难能可贵的是，早期文明起步却屡遭战祸破坏的两个国家，也将自己的文物亮相于中国国家博物馆展览大厅——一个是南亚的阿富汗，一个是西亚的叙利亚。

阿富汗公元前 3000 年至公元前 2000 年的精品文物有蒙迪加克遗址出土的绘有长角羊的高脚陶杯，巴克特里亚遗址出土的青铜斧头，法罗尔丘地遗址出土的两件壮牛装饰银器（图 1），这么早的文物确实罕见，都是南亚人类早期文明的代表物。而阿富汗国家博物馆收藏的公元 2 世纪的玻璃花瓶（图 2），5 世纪的贴金泥塑佛首（图 3），均是亚历山大希腊化后的艺术新创造。希腊—巴克特里亚是希腊马其顿人在今阿富汗地区建立的希腊化政权，留下的“希腊化”文物尤其琳琅满目。[2]

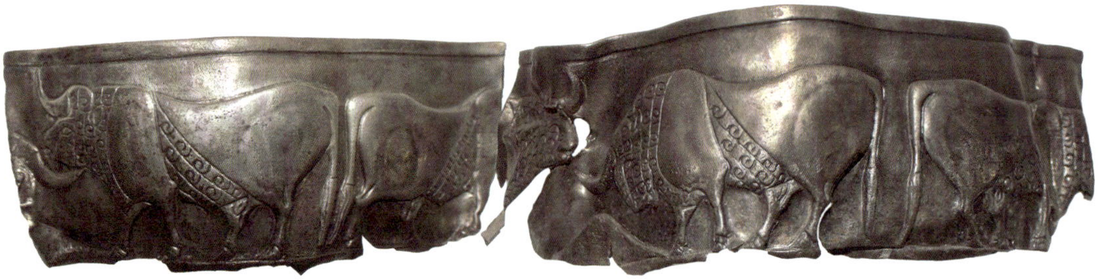

图 1　公元前 3000 年至公元前 2000 年壮牛银器

[1] 参见上海博物馆编《亚洲艺术遗珍——亚洲协会洛克菲勒藏品精选》，上海书画出版社，1999 年；《欧亚衢地：贵霜王朝的信仰与艺术》，上海书画出版社，2017 年。

[2] 参见故宫博物院编《浴火重光——来自阿富汗国家博物馆的宝藏》，故宫出版社，2017 年。

图 2　公元 2 世纪的玻璃花瓶

图 3　公元 5 世纪贴金泥塑佛首

叙利亚毗邻地中海，其大马士革国家博物馆收藏的公元前 9200 年至公元前 8800 年的漩涡纹黑石残件（图 4），公元前 8200 年至公元前 7500 年的石雕动物像，公元前 7500 年至公元前 5500 年的矩形平托盘印章和三角形灰色平托盘印章，都是使人无法想象的远古文明回响。叙利亚玛丽出土的公元前 2500 年的镶嵌人物组装画（图 5），乌加里特出土的公元前 2 世纪后期彩绘马车陶罐，泰德穆尔出土的公元 2 世纪石雕牌、纺织品、石灰石墓碑雕像等（图 6），多拉奥布斯出土的公元 2 世纪耳釉陶罐及公元 1 世纪罐状陶器女头像香炉、陶灯罩，尤其是公元前 16 世纪至公元前 12 世纪后期叙利亚国际港都乌加里特出土的文字泥板（图 7），都印证了古代两河流域文明传承的悠久历史。[1]

叙利亚出展的文物精品时代上溯到了拜占庭时代和奥斯曼时期，透过器物的早晚对比，说明了社会发展的进程，反映了区域特征，从纵向和横向都双重维度诠释了高度文明。

与叙利亚毗邻的黎巴嫩也是美索不达米亚文明中心备受瞩目的国家，黎巴嫩各地出土的文物琳琅满目，青铜时代的红陶杯、雪花石膏瓶，罗马时代的各类玻璃瓶、玻璃碗，尤其是著名的比布鲁斯出土的青铜时代刻有象形文字的石灰石碑，西顿厄舒蒙

[1] *The Exhibition of Great Civilization of Syria*, Japan Broadcast Publishing Co., Ltd. 1988.

图 4　公元前 9200 年至公元前 8800 年的漩涡纹黑石残件

图 5　公元前 2500 年镶嵌人物组装画

图 6　公元 2 世纪石灰石墓碑雕像

图 7　公元前 16 世纪至公元前 12 世纪后期的文字泥板

神殿出土的公元前 4 世纪中期大理石雕孩童像（图 8），贝卡出土的罗马时期（573）祭祀神王朱庇特的高浮雕（图 9），都令人惊异不已，它们都是第一次现身中国。

西亚文物对东亚的中国人来说，比较遥远也比较陌生。展出的阿联酋沙迦国家博物馆藏公元 1 世纪阿联酋米雷哈（Mleiha）出土的银币以及迪巴希森（Dibba Al-Hisn）出土的公元 1 世纪德拉克马银币，表明当时货物交换进入贵金属货币时代，北濒波斯湾的阿拉伯半岛海上贸易非常频繁，对我们理解海上丝绸之路和“季风航线”非常有益。[1]

阿联酋乌姆盖温国家博物馆收藏的阿联酋泰尔·阿布拉克遗址出土的约公元前

［1］参见〔英〕理查德·霍尔著，陈乔一译《季风帝国：印度洋及其入侵者的历史》，天津人民出版社，2019 年。

图 8　公元前 4 世纪中期大理石雕孩童像

图 9　祭祀神王朱庇特的高浮雕

3000 年至公元前 2000 年的石圆筒印章、绿泥石容器，艾杜尔遗址出土的公元 1 世纪的青铜灯与宝石挂饰，迪巴（Dibba）出土的玻璃香水瓶，米雷哈出土的公元前 3 世纪末刻有铭文的石膏板（图 10）以及公元 1 世纪至公元 3 世纪的石雕像、石罐、釉陶杯，都是阿拉伯区域的文明标志。特别是迪巴希森和豪尔费坎（Khor Fakkan）等地出土了公元 13 世纪至公元 16 世纪的青花瓷器和青瓷盘，而青花瓷常用的一种关键性材料（苏麻离青）就

图 10　公元前 3 世纪末的铭文石膏板

主要来自伊朗等地区，再次印证了中国和阿拉伯国家之间海上丝绸之路的往来。文明的交往正是历史进步的证据。

如果说作为一个亚洲人一定要看懂亚洲世界级的文明印记，恐怕不是易事，全面的观察也不可能通过几个展览就实现，但是通过丝绸之路上文物所体现的文化符号和记忆印记，还是可以了解亚洲文明的特色，并促使我们逐步反思的。

二、亚洲文明的交融空间

亚洲有着许多令人无限神往的艺术珍品，以往我们视为扑朔迷离的神话传说，如今摆在眼前，犹如为我们打开了一扇扇暗旧门扉。通过重点展品，我们不仅了解了文物精品的精彩，更明白了文明互学互鉴、共同发展的重要性，历史常常就在这些小文物身上显出大意义。

印度是最古老的文明古国之一，新德里国家博物馆收藏的马哈拉施特拉邦达马巴德出土的公元前 1500 年至公元前 1050 年的铜犀牛，站立在四轮车上，栩栩如生（图 11）。印度秣菟罗出土的公元 2 世纪（贵霜王朝）斯基泰人头像（图 12）、沐浴女子像（图 13）、龙王礼佛饰板等石雕，都是栩栩如生的犍陀罗艺术风格作品，真实再现了当时的人物形象，填补了我们以往认识的空白。印度中央邦出土的公元前 2 世纪巽加王朝的石刻

图 11　印度马哈拉施特拉邦出土的铜犀牛

图 12　公元 2 世纪斯基泰人头像

图 13　公元 2 世纪贵霜王朝沐浴女子像

乐师队伍，载歌载舞，细节生动。印度这种石雕艺术一直到公元 10 世纪都长盛不衰，菩萨像、天女像、坐姿象头神伽内什像等均为艺术珍品，具有很高的艺术价值。[1]

如果我们以文明流动的眼光来看，巴基斯坦无论是从时间上还是空间上都是与印度坐标系相同的文明殿堂。巴基斯坦美赫尕尔出土的公元前 3000 年的陶制女性雕像，摩亨佐达罗出土的公元前 2500 年至公元前 1800 年的无头男性石像，瑙哈罗（Nausharo）出土的公元前 2600 年至公元前 1800 年的涂饰陶罐（图 14），俾路支省宁道瑞（Nindowari）遗址出土的公元前 2600 年至公元前 2300 年的库利装饰陶罐，扎里夫科鲁纳出土的公元前 1000 年的陶制瓮棺，追根溯源，这些无疑都是文明交融的古典精品。

过去我们往往注重大国的文化特色，对小国经常忽视甚至省略，可是一些小国在大国夹缝中有着悲痛的创伤史，对自己民族源头的历史文物格外珍视，除了被血与火征服

图 14　公元前 2600 年至公元前 1800 年的涂饰陶罐

[1] 参见〔德〕施勒伯格著，范晶晶译《印度诸神的世界——印度教图像学手册》，中西书局，2016 年。

图 15　公元前 8 世纪至公元前 7 世纪的鸟型陶来通

的悲剧情怀外，也有对历史变迁的理性回味，如今的危机与过去的灾难往往有着千丝万缕的联系。所以参展的亚洲文明小国亮相是格外值得珍惜的机遇。

例如以制作彩陶闻名于世的亚美尼亚共和国（Republic of Armenia），位于亚欧交界高加索地区，展出的公元前 8 世纪至公元前 7 世纪的鸟型陶来通（图 15），彰显了其文明的脉络。其出土的公元前 10 世纪至公元前 9 世纪的祭祀贮藏用陶罐，造型优美，题材精彩。公元 10 世纪至公元 12 世纪的贮藏罐、盘子、香炉等都是彩陶中的杰作，是这个国家精湛的工艺和成熟美学的体现。

又例如柬埔寨柴桢省罗密赫县巴萨克出土的前吴哥时期（550—600）石雕湿婆神的公牛南迪像、石雕毗湿奴立像，茶胶省吴哥波雷县寺院出土的前吴哥时期（7 世纪）石雕佛头，磅湛省出土的 7 世纪石雕蛇王纳迦护佛像，马德望市出土的吴哥时期（10 世纪中期）石浮雕门楣（图 16）、石雕金翅鸟残片等，使人联想到当时国王委任并激励能工巧匠，依据佛教的信仰创作出代表文明的艺术品。[1]

历史上的“亚细亚大道”正是从中亚乌兹别克斯坦阿姆河、锡尔河流域进入土库曼

图 16　石浮雕门楣

[1] 参见广东省博物馆编《高棉的微笑——柬埔寨古代文物与艺术》，岭南美术出版社，2015 年。

到伊朗的。伊朗马什哈德历来是伊朗与印度、阿富汗和中亚的贸易中心，是丝绸之路上的经济重镇。而向西伸张，大不里士又是伊朗、高加索与土耳其的贸易中心，也是拜火教圣地。南北两线分别汇合，可以穿越小亚细亚半岛，经过历史名城伊斯坦布尔进入欧洲，也可穿越美索不达米亚平原，从叙利亚绿洲直达地中海。

在丝绸之路这些干道上的国家汇集了几千年的文明成果，既改变了当时的历史进程，也积累了无数当时的珍宝——就是今天我们看到的艺术精品。土库曼斯坦带垂饰的女性饰品和首饰有着浓郁的民族风格，阿塞拜疆巴库地区生产的织花地毯和“杰伊利（Jayirli）”品牌地毯以及羊毛盐袋，都是古代盛产的奢华物品，它们成为当地古代诗人们赞美的对象。

哈萨克斯坦南部出土的公元 7 世纪突骑施汗国铜币，由碎叶城和塔拉兹城发行，流通于从七河地区到粟特（今塔吉克斯坦）之间的广袤区域，铜币的一面是汗国的徽记，另一面刻有一圈逆时针排列的粟特字母的突厥文铭文“神圣的突骑施汗国丹加”。这些铜钱圆形方孔，仿照中国铜钱的样式，不仅说明当时亚洲贸易经济圈的货币流通情况，也是贸易规模的真实写照。[1]

塔吉克斯坦国家博物馆藏公元前 3 世纪至公元前 2 世纪的石质宗教仪式容器，叫作“皮克希达（Piksida）”器皿，为深碗式容器，里外均经过精心打磨，容器配盖三面都有十字形装饰纹，据说代表天地人（图 17）。片治肯特出土的公元 7 世纪至公元 8 世纪的鞋形石头，约 20 厘米长，上有三行粟特语铭文，其中，琐罗亚斯德教（在中国又被称为祆教、拜火教）战神韦雷斯拉格纳之子的名字出现了三次（图 18）。祆教作为波斯国教，

图 17　公元前 3 世纪至公元前 2 世纪宗教容器

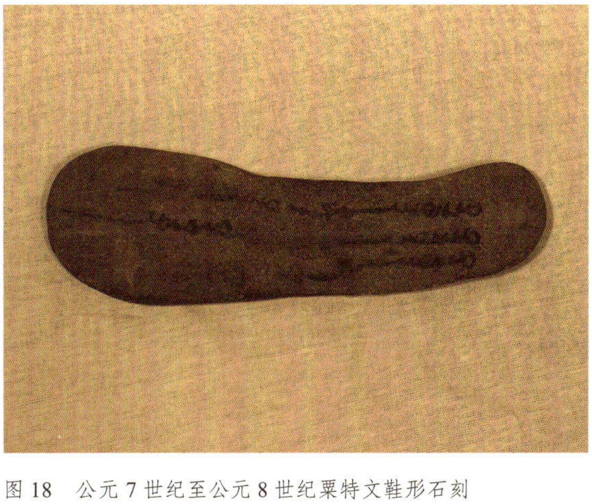

图 18　公元 7 世纪至公元 8 世纪粟特文鞋形石刻

[1] 参见《中亚文明史》第三卷“文明的交会：公元 250—750 年”，中国对外翻译出版公司、联合国教科文组织，2003 年。王治来《中亚通史》（古代卷），新疆人民出版社，2004 年。

不仅影响到中亚粟特地区，而且传播到了中国，近年在中国屡屡发现的袄教石刻震动了国际学术界。令人惊讶的是公元 16 世纪至公元 18 世纪的金属角钉盾牌（图 19），其上有 5 个角状钉的设计植根于祝福角历史，它们在战争期间保佑战士们获得胜利。[1] 这种盾牌在中国很少见到。

蒙古国国家博物馆展出收藏的公元前 3 世纪至公元 1 世纪即匈奴时期的青铜鍑（图 20），是欧亚草原上常见的炊器，这种青铜鍑用于官方典礼。受草原文化影响，战国边境匈奴经常铸造此类器物。公元前 3 世纪至公元 2 世纪的太阳形状金箔装饰，公元前 3 世纪至公元 1 世纪的青铜皮带扣，杭爱省霍坦县出土的公元 745 年至公元 840 年的回鹘汗国神兽纹建筑泥塑，后杭爱省海尔汗县出土的公元 6 世纪至公元 8 世纪突厥汗国时期的波斯银币（见图 21），为胡尔索王一世（531—579）所铸造（现伊朗阿巴兹城），可能是由粟特商人从中亚带到蒙古的，仿佛讲述着丝绸之路草原道上多方的贸易往来。千年来的大变局处处有历史的回响，草原丝绸之路续接的文明就是这样一步步传承前行的。[2]

号称亚洲“心脏地带”的中亚曾在漫长的历史文明进程中起过重要的张力作用，但随着频繁战争、人口迁徙、疆界巨变等，财富的磁石失去了吸引力，到海路兴起时，陆路失去了优势，亚洲腹地的中亚也失去了与西方文明沟通的机会，闭关锁国造成历史停滞不前，重心的偏离与转移预示着亚洲走向衰落。西方一些学者甚而认为中亚只是丝绸之路过往的中转站，不是亚洲文明交流的十字路口。特别是 10 世纪以及近代以来亚洲遭受多次战乱毁灭，外来者征服殖民的沉重打击更使亚洲封闭落后于世界之林，古代的贸易模式很快失去了活力，陷入孤立被动的隔绝中。亚洲命运多舛，提示我们“文明不应孤立”的现实意义。

三、亚洲文明的影响延伸

亚洲从远古流传下来的文物艺术精品保存着各个不同历史时期的文明记忆，每一个细节、每一个烙印都应该被尊重，每一个特征都是一个民族、一个国家独特气质的一部分。西方人曾经视亚州为神秘东方，几个世纪来大量掠劫或投资疯买亚洲文物收藏品。但是亚洲文物也因此得到世界关注，体现出蕴含的学术价值。当我们把眼光由历史投向未来时，亚洲如何回应世界的挑战，如何以和平共享的方式重新缔结亚洲与世界的关系，

[1] 参见 *The history of Central Asia: the age of the Silk Roads*, Christoph Baumer, Published in 2014 by London.

[2] 参见〔日〕杉山正明著，黄美蓉译《游牧民的世界史》，北京时代华文书局，2019 年。

图 19　公元 16 世纪至公元 18 世纪金属角钉盾牌

图 20　公元前 3 世纪至公元 1 世纪的青铜鍑

图 21　突厥汗国时期的波斯银币 A

图 21　突厥汗国时期的波斯银币 B

增强亚洲的文化自信，这才是我们要解决的问题。

约旦考古博物馆藏约旦杰里科出土的约公元前 16 世纪的妇女造型小水壶（图 22），公元前 11 世纪至公元前 10 世纪的猴子造型陶壶，公元 1 世纪的纳巴泰风格祭坛（图 23），公元 531 年的描绘亚历山大里亚景观的马赛克装饰，都在一定程度上影响着亚洲同时期或较晚艺术作品的形制。同样，沙特阿拉伯阿尔马卡地区出土的公元前 7 世纪的石雕动物头颈和石雕人像、头像，奠定了后来近东地区的文化底色。[1]

印度新德里国家博物馆藏有摩亨佐·达罗遗址出土的公元前2500年的由秤臂、秤板、秤砣组成的铜秤，公元前3世纪至公元前2世纪的压印银币（直径3.3厘米、重5.8克），公元5世纪的笈多银币（1×1厘米，重1.6克），这些文物——无论是度量衡还是流通货币——都是早期商业贸易必需的工具，而文明的延续和重构离不开商业贸易的经济支撑。[2]

老挝国家博物馆藏老挝沙湾拿吉省出土的史前时代铜鼓，琅勃拉邦省出土的史前时代星形石块，琅勃拉邦省的澜沧王国时代木雕罗摩衍那原本，印度尼西亚国家博物馆藏印尼南苏门答腊省巨港市出土的公元8世纪至公元9世纪铜佛像，马来西亚国家博物馆收藏的、反映了华人文化圈影响的、华人使用的高跟珠鞋、娘惹服、峇迪布，还有印度裔丰收陶罐、西塔琴以及本地原住民玛赫玛丽族面具等藏品，均反映了族群沟通和民族融汇的深刻影响。

东亚日本与中国有着一衣带水的密切关系，日本背靠太平洋，唯一面向的大陆就是中国，东京国立博物馆藏日本各地出土的文物，很多文物与中国文化渊源颇深。大阪八尾市

图22　公元前16世纪妇女造型小水壶

图23　公元1世纪纳巴泰风格祭坛

［1］中国国家博物馆编《阿拉伯之路——沙特出土文物》，北京时代华文书局，2016年。

［2］〔印〕D. P. 辛加尔著，庄万友译《印度与世界文明》，商务印书馆，2019年。

恩智中町出土了公元前2世纪至公元前1世纪的流水纹铜铎；日本群马县伊势崎市下触町出土的公元6世纪的陶扛锹男俑竟然高达91.9厘米；群马县大泉町出土了6世纪古坟时代的陶埴轮马（图24），说明骑马风俗由大陆传入日本后，不是作为运输工具，而是一种权威的象征。和歌山县那智胜浦町出土的公元7世纪的铜鎏金菩萨半跏像，是与中国佛教文化交流后的文明形式。12世纪平安时代的木胎着色天王立像，是根据空海大师从大唐请来的图像制成的。13世纪镰仓时代的木胎鎏金饰宝石阿弥陀如来立像，则是受中国宋朝独具特色的雕像艺术影响而成的精品文物。[1]

图24　公元6世纪陶埴轮马

丝绸之路在朝鲜半岛上的路网覆盖也非常明显，韩国中央博物馆收藏的新罗统一时期庆尚北道庆州市九政洞方形墓出土的隅柱石，分别阳刻了西域风格的狮子与深目高鼻的守卫石墓的异国武士（图25）。庆州市味邹王陵地区出土的5世纪陶角杯和角杯台（图26），源于游牧民族切断羊角、牛角制作的酒杯，即希腊语"来通"，在西亚祭祀礼仪中频繁出现，在新罗、伽倻时期的坟墓中也不断出土。庆州市金铃冢出土的6世纪琉璃杯，据分析是西亚制作后经丝绸之路流传的物品之一。公元5世纪至公元6世纪在新罗王族、贵族阶层中流行的地中海沿岸传来的镶嵌玻璃珠，亦是经丝绸之路传入新罗的舶来品。

图25　九政洞方形墓出土的隅柱石

朝鲜国立中央历史博物馆收藏的高丽早期朝鲜黄海南道白川郡江湖里江西寺铜鎏金九面观世音菩萨立像、公元11世纪至公元12世纪上半

[1] 参见〔日〕河添房江著，汪勃、〔日〕山口早苗译《唐物的文化史》，商务印书馆，2018年。

图 26　5 世纪陶角杯和角杯台

图 27　刻有丘比特的绿片岩建筑面板

叶的仙鹤祥云图案青瓷梅瓶，均来源于中国传统艺术，说明东亚各国虽然有着复杂的政治关系，可是文化风格互相影响，兼容并包。

丝绸之路沿线文化从南亚到东亚光照大千的莫过于佛教文化了。巴基斯坦作为“佛国庄严”艺术的起源地之一，展出了斯瓦特出土的公元 1 世纪至公元 3 世纪刻有运送佛陀遗骨图样的绿片岩石板、刻有丘比特的绿片岩建筑面板（图 27），塔克西拉遗址出土的公元 3 世纪至公元 4 世纪的粉饰灰泥菩萨头像，犍陀罗国遗址中部出土的公元 2 世纪至公元 3 世纪刻有佛陀和侍者的灰片岩雕饰带片、灰片岩菩萨像和立佛像，都见证了佛教东传的勃兴及演变历程，体现了佛教对中华民族和东亚诸国文化性格、精神面貌的直接影响，使我们对佛教有了从“画皮”到“画骨”的观察。

可以说，一系列多国丝绸之路的亚洲文明合作展览，最大的学术价值就是让我们认知了自己的文化。东亚与西亚的两端文明需要重构，正像现代考古研究所表明的，中国的粟和黍一万年前就传至西亚，距今 6000 多年前的新石器时代仰韶彩陶也传至西域乃至西亚地区，而西亚的小麦、绵羊、黄牛和冶金术也传入中国，山西襄汾陶寺遗址出土的铜铃、铜环等铜器，我国西北地区出土的早期小件铜工具、兵器和装饰品，与中亚和西亚的铜器从形制和种类上都别无二致，其年代为 4300—4100 年前。[1]至于欧亚草原风格青铜器和动物纹饰在甘青新疆地区的流行，4000 年前来自中亚南俄的

[1] 参见王巍《汉代以前的丝绸之路——考古所见欧亚大陆早期文化交流》，《中国社会科学报》2016 年 1 月 12 日。

安德罗诺沃文化亦影响着黄河中下游地区居民。“殊方共享：丝绸之路文物精品展”展示的图尔宾诺文化倒钩矛，证明发源于俄罗斯青铜时代的图尔宾诺文化，随着欧亚草原游牧部落进入到甘肃、青海、河南、陕西等中原地区，夏商时期这种倒钩矛比较常见，证明中国国家博物馆收藏的倒钩矛，正是来自遥远的草原（图 28）。尽管有许多谜底还未完全揭开，但是呈波浪式的持续的民族迁徙在人类文明交流史中做出了独特的贡献。

图 28　中国国家博物馆藏倒钩矛

四、中国在亚洲的位置

作为亚洲最重要的国家，中国在公元前 5800 年至公元前 3500 年，黄河、长江中下游以及西辽河等区域就出现了文明起源迹象。距今 3800 年前后，中原地区则出现了更为成熟的文明形态——以二里头遗址为代表的二里头文化，并向四方辐射文化影响力，成为中华文明总进程的核心力量与引领者。亚洲文明展中国拿出了河南省偃师二里头遗址出土的约公元前 21 世纪至公元前 17 世纪（二里头文化）的嵌绿松石兽面纹青铜牌饰，陕西省西安临潼姜寨遗址出土的约公元前 5000 年至公元前 3000 年（新石器时代仰韶文化）的人面鱼纹彩陶盆，浙江省杭州余杭瑶山出土的约公元前 3300 年至公元前 2300 年（新石器时代良渚文化）的玉琮，山西襄汾陶寺遗址出土的约公元前 2300 年至公元前 1900 年（新石器时代龙山文化）的彩绘陶盆，还有 1963 年陕西省宝鸡市东北郊贾村出土的约公元前 1046 年至公元前 771 年（西周）的、器内底部出现了最早的“中国”文字记载的铜何尊。藉由这些文物回溯文明的历史，不免深深感叹我们祖先的伟大，更重要的是它们代表了人类文明在亚洲的起源。

中国是多极化世界中的重要一极，“和而不同”“以和为贵”“和合共生”是中华民族最深层的精神追求，也是中华民族独特的精神标识。仅从文化遗产的标识物来说，就有湖北省荆州马山一号楚墓出土的战国龙凤虎纹绣罗单衣衣袖，河北满城西汉中山靖王刘胜妻窦绾墓中出土的铜鎏金长信宫灯，甘肃省敦煌市马圈湾烽燧出土的西汉纸，等等，留下的印记代表了中国的丝绸、造纸、漆器、瓷器、建筑、服装、书籍、火药、印刷术、指南针等对亚洲文明和全球进步产生过巨大影响的诸多方面。

从丝绸之路的视野观察，中国自张骞通西域后就打破了封闭的疆域，不断吸收亚洲各国的物产、音乐、舞蹈、宗教、科技成果等，展示的河北省平山县三汲乡中山王墓出土的战国青铜错银双翼神兽、1984 年新疆山普拉墓地出土的东汉蓝地人首马身纹毛布和民丰县尼雅 1 号墓出土的希腊丰饶角女神印染花布、宁夏固原西郊深沟村北周李贤墓的希腊神话鎏金银壶、山西省大同市封和突墓出土的正始元年（504）波斯狩猎纹鎏金银盘、固原北周田弘夫妇墓出土的拜占庭金币、西安何家村窖藏出土的唐代舞马衔杯仿皮囊式银壶——这些带有外来文明元素的文物，都极大地丰富了中国人的日常生活和精神世界，也说明中古时代社会自身市场需求成为驱动力，经济上的利润追逐也带来了文化之间的角逐竞赛，从而开展了互动的历史进程。[1]

2000 年以前我们学术界的主流还是强调自己文明的独立起源和发展，批评外来文化因素的影响，现在从早期新石器到明清时代的交流互动已成为最受关注的话题，文明的成长壮大离不开互动互融。过去我们在西方“干燥的亚洲”“病夫的亚洲”误导下，只是粗略地浏览亚洲往昔的姿容，对亚洲的历史轴线并不了解。现在亟需补课以重新认识亚洲的文明。遗憾的是，中国现在有备案的博物馆 5354 家，[2] 但是没有一座专门收藏亚洲文物或世界文化精品的博物馆。没有借鉴就没有交流，一系列有关亚洲文明的展览标志着我们开始有意识地关注亚洲周邻各国，大大延伸了丝绸之路外部世界的文化空间。为了展现文化双向交流的丰富多彩，有意突出了阿富汗国家博物馆收藏的阿伊—哈努姆出土的公元前 3 世纪的滴水嘴兽、新加坡亚洲文明馆藏公元 5 世纪至公元 6 世纪的印度教毗湿奴的坐骑金翅鸟迦楼罗浮雕、沙特阿拉伯法奥地区出土的公元前 4 世纪带有古也门字母题词的石雕方型香炉、亚美尼亚历史博物馆藏的公元 9 世纪至公元 10 世纪彩陶托盘等。中国国家博物馆以前收藏的 20 世纪黄文弼新疆考察团所得的兽足陶盆第一次亮相展台，也是以前不为人知的丝绸之路考古发现的文物精品（图 29）。真是文明因交流而多彩，文明因互鉴而丰富。

由历史理解现实，由现实触摸未来。可以说，亚洲的灿烂文明留下了熠熠印记，也

---

[1] 参见葛承雍《丝绸之路的世界回响》，《艺术设计研究》2019 年第 1 期。

[2] 据 2018 年统计，中国现有博物馆 5354 家，其中 130 座国家一级博物馆，286 座国家二级博物馆和 439 座三级博物馆，约占全国博物馆五分之一，其中行业博物馆超过 800 家，非国有博物馆超过 1400 家。但没有一家以亚洲文明为主体的博物馆。

图 29　兽足陶盆

留下了无数深层的文化密码，需要我们打开文物这一扇扇门窗迎接大众去观察，去探讨其纪念碑式的意义。英国学者彼得·弗兰科潘认为丝绸之路把亚洲屋脊上的交流网络编织在一起，成为整个世界的中枢神经系统。[1] 如果说亚洲文明的艺术精品升华了亚洲人的文明自豪感，那么唯有平等对待各类文明，不仅研究东亚、中亚、西亚，而更是从全球史的角度观察丝绸之路和亚洲文明，才更能促进亚洲各国沿着古代丝绸之路的路径继续吸纳历史的营养。

我们相信，通过搭建文明互学互鉴、共显多彩高峰的展览平台，不仅会促进亚洲各国协作互信、激发亚洲各国创新活力，而且将为亚洲各国和谐相处、共同发展和整个人类发展提供精神支撑，让亚洲从古老的丝绸之路走向更加精彩的未来。

（葛承雍，现为中国文化遗产研究院教授。）

[1] 参见〔英〕彼得·弗兰科潘著，邵旭东、孙芳译《丝绸之路：一部全新的世界史》，浙江大学出版社，2016年。

长安：永远的都

〔日〕妹尾达彦文，郭雪妮译

一、序言：长安作为中国早期的多朝古都，何以在21世纪重现繁荣？

长安的历史文化是在中国北部游牧地区与农耕地区接壤处这一独特的自然环境中孕育出来的。长安地处游牧、农耕两种自然区间的交通要道上，这一地理环境使得它既是游牧狩猎地区物产和农耕地区特产的集散地——前者以马和皮毛为代表，后者则以绢织物等手工艺品和谷物为主，同时也是管理保护商业运行、重新分配税收的政治、军事中心之一。长安正是这样一座被赋予了特殊使命的都市，它作为丝绸之路国际大都市的政权所在地发挥着重要作用。

长安位于关中平原中部，从西周国都酆京、镐京始建于此算起，曾有13个政权建都于此。仅以“长安”命名的政权，从西汉长安到唐长安这约1100年的时间内，也有9个，即西汉、新莽、前赵、前秦、后秦、西魏、北周、隋、唐。此外，短时间内定都长安的还有东汉时期的汉献帝、西晋的愍帝及李自成的大顺王朝，这些政权在长安都不满十年。像长安这样作为历代王朝国都的地方，在中国唯有北京能与之比肩。可以说，长安是孕育中国文明的中心地带之一。

那么，长安为何一直能持续作为中国古代早期最具代表性的都城？另外，10世纪之后长安未能再次成为中国统一王朝的都城，能代表中国的都城，变成了同样是位于游牧地区和农耕地带交界处的北京，其理由是什么？

其理由大致有三：其一，长安远离海域，9世纪之后欧亚大陆交通路线产生变化，逐渐从陆地转移到海洋，长安的地理位置无法应对这一形势。其二，欧亚大陆东部的游牧狩猎民族主要势力据点从西北转移到了东北，军事最前线也远离了长安。其三，长安地处中国内陆腹地，和主要的粮仓地带长江下游流域很难通过水路、海路连接。

但是进入21世纪之后，长安也就是现在的西安，再次成为欧亚大陆的中心都市之一而备受瞩目。21世纪，随着高铁、高速公路及天然气管道（Natural Gas Pipeline）等贯通欧亚大陆的基础设施（Infrastructure）的发展，以海洋和内陆水运为中心的交通网与内陆陆地交通网连接的时代来临了，西安成为欧亚大陆内陆交通网的核心枢纽之一。

本文旨在通过回顾长安 5000 年的历史，重新思考长安在世界史上的位置。首先，以从内陆到沿海交通干线网的转换为轴，简要概述全球史；其次，从世界史的三个阶段出发考察长安的变迁；最后，重点论述 21 世纪的长安。

二、全球史中的长安

考察全球史之际，交通干线网的变迁无疑是关键，因此笔者首先拟讨论交通的问题。长安，也就是西安的历史与现在，可以说是由交通干线的变化孕育而来的。

1. 交通的作用——政权的中心从农牧交界地带向沿海地带转移

交通的定义

本文所谓的交通（Trance-community），并非指狭义上人和物（财物、货物）的空间移动（Transportation），而是指广义上的人和财货移动过程中伴随着的信息及文化的传递（Communication）。交通在某些情况下又是一个外延极大的概念，既可涵盖日常状态下的交易、交换和交流，又可囊括非常时期的战争。

狭义上的交通，是指以移动主体为基础的旅客往来和货物流通，以移动场所为基础的陆地交通、水上交通和航空交通。交通包括交通方式、运输工具及交通动力三种要素，其中交通方式是指陆路、水路、铁路、航空路线等。至于运输工具，陆路上有人、家畜（马、牛、骆驼、驴马等）、无动力车辆（马车、牛车、人力车等）、汽车等，水路上有竹筏、小舟、船舶等，铁路上有蒸汽火车、电车等，航空路主要有飞机等。

交通动力则指人力、畜力、风力、水力等非人工（自然）的力量，以及蒸汽动力、燃烧石油的动力、电力、原子能等人工能量。论及交通手段，在近代之前主要依靠人的脚力及马、牛、骆驼等家畜，运输工具和动力尚未产生分化。但是到了近代时期，运输工具和动力能源开始分离，并从自然的制约中脱离出来。

船运因为有浮力，通常情况下运输费会比陆地运输便宜三分之一或四分之一，而且安全性较高，也省去了家畜的饲料费，因此整体上是一种较为经济的运输方式。[1] 水运

[1] Perkins, Dwight Heald, *Agricultural Development in China, 1368—1968*, Edinburgh University Press, 1969；〔日〕斯波义信《大運河のインパクト impact—交通・産業・商業—》,《しにか Sinica》4（7），1993 年，第 10—15 页；〔日〕家岛彦一《海域から見た歴史—インド India 洋と地中海を結ぶ交流史—》，名古屋大学出版会，2006 年，第 43—46 页。

的普及使得大量物产能以便宜的价格安全地运输出去，日用品买卖急速增长，陶瓷器和茶等世界性商品的生产也由此诞生。其结果是推动交易的主体逐渐从需求方转移到了生产方和供给方。[1]

交通的功能

交通的功能，一般是指人与人之间时空距离和经济距离（Economic Distance）的缩短。某种意义上可以说，交通史是意欲缩短经济距离的人类行为史。但是，如果将交通的发展给各领域带来的变化进行整理的话，大致有如下这些方面。[2]

（1）交通的经济功能，首先在于缩短经济距离，扩大市场和劳动供给圈，激发产业的生产力，推动土地利用的功能分化和行业分化，将自然地区改变为经济地区。[3]

（2）交通给经济也带来了负面影响，尤其是在近代资本主义社会，交通越是发达的地方其负面影响越是显著。也就是说，位于交通要塞的大都市的资本功能不断强化，使得那些曾经相对独立的地区不得不从属于大都市的资本运行，将这些地区从生产地变成消费地，导致地方经济丧失竞争力，经济差距越来越大。[4]

（3）交通的思想和社会功能在于，相对于大自然而言，人类通过自己的能力创造出了交通道路，从而确立了人类的主体优越性，体现出社会化了的均质个体的价值，推进了社会的紧密感，促进了人类共同体的产生。[5]

（4）交通的政治、军事功能，在于促进了人、物质和信息的流通，强化了执政者的

---

[1] Chaudhuri, Kirti N, *Trade and Civilisation in the Indian Ocean: An Economic History from the Rise of Islam to 1750*, Cambridge University Press, 1985, Idem, Asia before Europe: Economy and Civilization of the Indian Ocean from the Rise of Islam to 1750, Cambridge: Cambridge University Press, 1990.

[2] 关于本文所列举的交通的经济功能，详细可参考〔日〕今野源八郎《交通经济学》，青林书院，1957年，第1—14页;〔日〕增井健一《交通経済論》，東洋经济新报社，1968年，第3—31页等。关于14—15世纪西欧道路的功能，参考 Jean-Pierre Leguay, *La Rue au Moyen Age*, Ouest France, 1984,（〔日〕井上泰男译《中世の道》，白水社，1991）。另外，〔日〕家岛彦一阐明了8—15世纪以印度洋为中心的海运的重要性，参考家岛彦一《イスラム Islam 世界の成立と国際商業——国際商業ネットワークの変動を中心に》，岩波书店，1991年；家岛彦一《海が創る文明——インド洋海域世界の歴史》，朝日新聞社，1993年；家岛彦一《海域から見た歴史——インド India 洋と地中海を結ぶ交流史》，名古屋大学出版会，2006年。关于10—13世纪中国大陆交通运输的发展，参考斯波义信《宋代商業史研究》，风间书房，1968年，第49—132页。

[3] 今野源八郎《交通経済学》，第1—12页。

[4] Frank, Andre Gunder, *Reorient: Global Economy in the Asian Age*, University of California Press, 1998, Amin, Samir, *Development: An Essay on the Social Formations of Peripheral Capitalism*, Monthly Review Press, 1976, Wallerstein, Immanuel, *The Modern World-System: Capitalist Agriculture and the Origins of the European World-Economy in the Sixteenth Century*, New York ; London : Academic Press, 1974.

[5] 今野源八郎《交通経済学》，第12—14页。

行政能力和军事能力，为更为集权的大型政治组织的出现奠定了基础。事实上，早期交通干线的修建，通常都是出于行政和军事需求，由国家出面来实施的。[1]

（5）交通的外交功能，是以交通道路的完善和管理的维持为前提，不同国家得以缔结和维护外交关系，构筑起一种国际秩序。[2]

如此说来，交通几乎规定着构成人类生活的各个领域——经济、军事、政治、文化无不与交通相关，因此交通史也是解读人类史的关键之一。交通的有无和发达程度，制约着个人和人类集体的行为方式、地区、阶层、身份结构及功能集团的存在方式的同时，也是创造以上存在的主要动力。

2. 交通史概述

公元前10000年左右，人类开始从流动的狩猎采集生活，逐步向农业、畜牧生活的生产方式过渡（定居革命）。随着人类定居范围日益扩大，连接各居住地之间的交通道路就变得极有必要。公元前3000年，在亚非欧大陆的河川流域诞生了都市国家，在其统治范围内，修建了以王宫为中心的道路、河流交通网。但是，道路交通是以徒步或以家畜、人力为动力来搬运客货为主的，河流交通以筏、小木舟、箱船、小帆船为主，这一时期交通的速度主要由家畜的能力、风力、人力所规定，交通效率很低但花费很高。

至公元前1000年左右，游牧地区和农业地区都诞生了古典型的国家（斯基泰 Skythai、萨卡 Saka、匈奴、罗马 Rome、波斯 Persia、秦汉），这些国家以农牧交界地带为媒介，将游牧地区和农业地区连接在一起，亚非欧大陆（Afro-Eurasian Continent）的广域道路网由是形成。[3] 沙漠中拥有耕地的绿洲都市，其都市网也在这一时期登上历史舞台。这

[1]〔日〕铃木靖民、荒井秀规《古代東アジア Asia の道路と交通》，勉诚出版，2011年。

[2] 妹尾达彦《東アジア都城時代の形成と都市網の変遷—四～十世紀—》，中央大学人文科学研究所编《アフロ・ユーラシア Afro-Eurasia 大陸の都市と国家 中央大学人文科学研究所研究叢書 59》，中央大学出版部，2014年，第73—217页。

[3] 本文将农业地区和游牧地区的交错地带统称为“农牧交界地带”（Agro-pastoral zone, agro-pastoral transitional zone）。笔者曾使用过“农业＝游牧交界地带”“农业 - 游牧交界地带”“农牧复合地带”“农牧交错地带”等用语。本稿中取消了连字符（Hyphen），统一使用“农牧交界地带”一语。农牧交界地带的“交错”一语，是表现农业地区和游牧地区斑驳混居状态的词汇。与之相对，“农牧复合”（Agropastoral）是指农业和游牧有机复合的状态，没有呈现有机性联系的场合用另一个词汇“农牧交错”（Agro-pastoral）。本稿中凡使用“农牧交错”（Agro-pastoral）的场合，都会在“农业”和“游牧”这两个词汇之间放入连字符，主要指不同生产方式混杂的状态。不用连字符的农牧复合（Agropastoral）主要是指在农牧交界地带常见的一种状态，即农业和游牧有机结合在一起。即使在农牧交界地带，靠近农业地区的通常以农业为主牧业为副，反之靠近游牧地区的则是以牧业为主农业为副。农牧复合和农牧交界两者有时虽然很难严格区别，但是以四至七世纪时游牧民的迁徙为契机，在考察七八世纪诞生的农牧复合国家（Agropastoral state）形态之际，必须明确“农牧交错”和“农牧复合”之间的差别，故于此特别说明。

一时期将两种不同生产区域连接在一起的广域道路网，成为后世交通干线的雏形。

从公元前 11 世纪到公元 16 世纪前后，亚非欧大陆上速度最快最有效的交通工具是马，而在政治军事上最为重要的交通要道是贯穿农牧交错地带的道路交通网。这一时期，拥有精良骑兵军队的游牧地区相对于农业地区常常具有军事上的优越性。[1]然而到了 16 世纪，主要的交通工具被船舶所覆盖，世界范围的交通要道也以海路为主，马和陆路由此被船和海路所代替。

欧亚大陆农业地区最具代表性的古典国家罗马（Rome，前 509—1453）、波斯（Persia，阿契美尼德王朝 Achaemenid Empire，前 550—前 330）、秦（前 221—前 207）、汉（前 206—8，25—220），为了实现高效的军事防御、征税和信息传递，在其领土上修建了四通八达的交通网。草原上生活的游牧民族可以乘着马自由驰骋，在农业地区生活的人们因为受地形（山、谷、河流的存在）和空间利用（耕地、居住地）的限制，就不得不修建供马匹、车辆以及人行走的专用道路。

罗马帝国在公元前 4 世纪后，修建了宽度可供两辆车同时会车的罗马街道，“条条大路通罗马”这一谚语说的就是这一时期的交通情况。[2]波斯帝国公元前 5 世纪建造了历史上最早拥有驿站制度（驿传制度）的道路体系，被称为“王者之道”（Persian Royal Road）。[3]统一了六国的秦始皇，在公元前3世纪统一了车轨（车轮与车轮之间的长度），以都城咸阳为中心修建了驰道（国道）和普通道路，同时修建了专门用于抗击匈奴的直道，一直延伸至北方。汉帝国在秦朝道路体系的基础上，以都城长安为中心修建了幅宽一百米的道路网，使交通干线进一步得到完善。[4]古典时期国家所建造的欧亚大陆各地区的交通道路，经过 4 世纪至 7 世纪的大动乱，开始系统地连接起了东西方，成为后世都市交通体系的基础。

---

[1] 关于中国大陆交通史的研究成果积累颇丰，以白寿彝的系统研究为开端：白寿彝《朱熹撰述丛考·中国交通史（白寿彝文集）》第 7 卷，河南大学出版社，1937 年。尚有，史念海《中国的运河》，《史念海全集》第 1 卷，人民出版社，2013 年，第 288—506 页；陈鸿彝《中华交通史话》，中华书局，2013 年；陈航、张文尝、金凤君等著《中国交通地理》，科学出版社，2000 年；席龙飞、杨熹、唐锡仁主编《中国科学技术史·交通卷》，科学出版社，2004 年；等等。席龙飞、杨熹、唐锡仁主编的《中国科学技术史·交通卷》，详尽陈述了中国交通史研究的现状，给本文的撰写提供了诸多启示。

[2] Laurence, Ray, *The Roads of Roman Italy: Mobility and Cultural Change*, Routledge, 1999.

[3] French, David, “Pre- and Early-Roman Roads of Asia Minor,” *The Persian Royal Road Iran*, 36, 1998, 15—43.

[4] 王子今《秦汉交通史稿》（增订版），中国人民大学出版社，2013 年，第 24—68 页。

3. 交通干线网的转变

亚非欧大陆交通干线概览如图 1 “近代之前亚欧大陆的交通体系与都市”所示。要之，亚非欧大陆主要存在着两种交通要地，其一是农业地区和游牧地区交界处的内陆农牧交错地带，其二是陆地和海洋交界处的沿海地带。农牧交错地带和沿海地带，一旦成为亚非欧大陆上贸易和信息的集散地和传播场所，也就成为了历史的主要舞台。

如果以图 1 为基础，根据交通干线变迁将人类历史绘制成概念图的话，将如图 2 “干线交通网概念图”所示。亚非欧大陆贸易和信息交换的主要场所，也就是本文所谓的交界都市，从前近代时期位于内陆农牧交错地带的内陆都市，逐步被连接海上航路、港口城市和河口城市的沿海都市所替代。图 2 虽然较为简略，但也可以说是描绘世界史的示意图。下文将在这幅示意图的基础上，将人类历史的发展大致分为三个时期来说明。

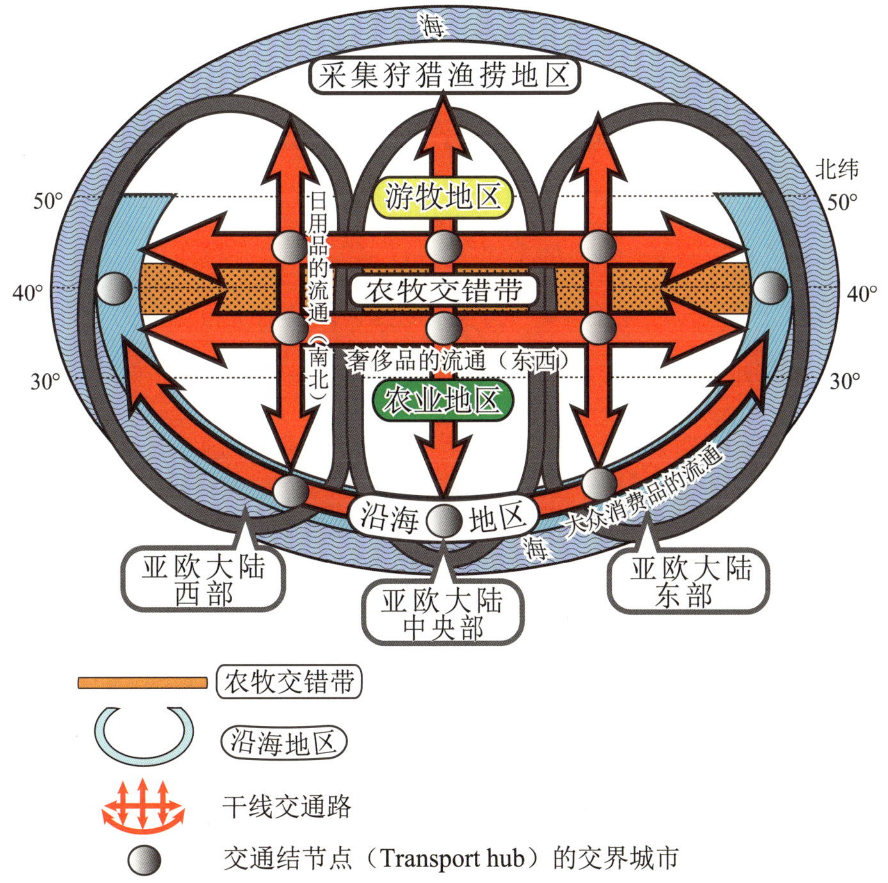

图 1　近代之前亚欧大陆的交通体系与都市

【出处】妹尾达彦《全球史》，中央大学出版部，2018 年，178 页图 76 改图。

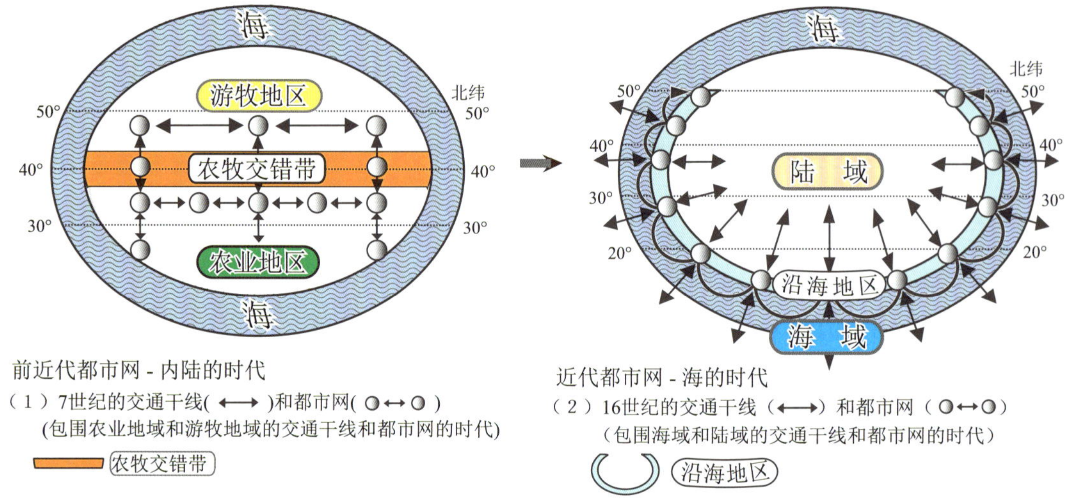

图 2 干线交通网概念图

【出处】妹尾达彦《全球史》12 页图 2 改图。

三、世界史的三个时期和长安

16 世纪以后，以白银为中心形成的全球经济圈，以及产业革命带来的全球一体化问题，近年来颇受学界关注，而且大多数研究都将 16 世纪以后的世界史，作为全球史（地球史）来把握，这已经成为学界常识。但是，在 16 世纪以前，亚非欧大陆各地区因为具有类似的生态环境，历史进程也极为相似，以至于我们不得不注意同时存在多个广域经济圈 = 世界体系（World Systems）的事实。

诚如本文图 3“欧亚大陆史分期”所示，欧亚大陆的历史可以分为三个时期，下文将以此为线索来说明长安的历史与现在。

1. 世界史的第一时期（约公元前 3000 年至公元 3 世纪前后）——古典国家形成时期

世界史的第一时期是亚非欧大陆各地区古典国家形成的时期。其后，世界史经历了三个阶段形成了现在的格局。如图 3 所示，本文将亚非欧大陆上的国家形态的演进分为了三个历史阶段，即（1）古典国家→（2）农牧复合国家→（3）近代国家，后文将依次说明。长安（西安）也经历了世界史的三个阶段才发展成了现在的面貌。

农牧交错地带的形成

公元前 4000 年至公元前 3000 年，在亚非欧大陆北纬 30° 左右的河流流域诞生了最初的国家。这些国家分别萌芽于美索不达米亚地区的底格里斯河和幼发拉底河、尼罗河、印度河以及长江、黄河流域。

早期国家的统治形态以农耕灌溉和管理家畜的畜牧业为基础，同时也组建了一套包

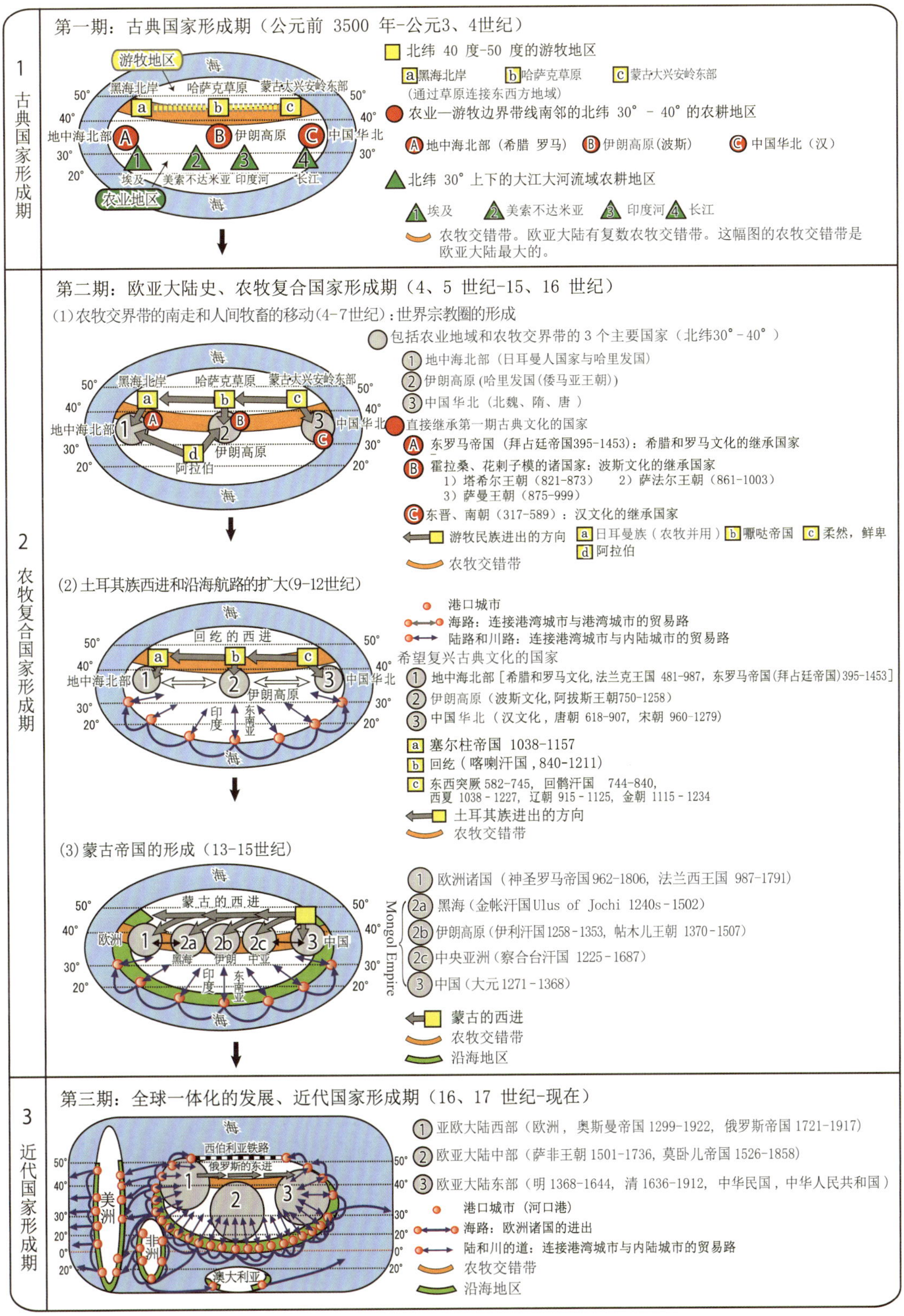

图 3 欧亚大陆史分期

【出处】妹尾达彦《全球史》67 页图 31 改图。

括能够管理军事、财政、司法和祭祀的政府行政机构。换言之，农耕畜牧、青铜器和铁器的使用、用文字传递信息、复杂的官僚制度和都市、抽象的思维模式、宗教体系等也都随之诞生了。这些制度和文化在之后的欧亚大陆各国流传并持续发挥着影响。

公元前2000年至公元前1000年时，随着气候干燥化和寒冷化的加剧，曾因技术改良而发展迅速的欧亚大陆各地区农业都遭受到了重创。农业地区不断收缩而畜牧地区却在扩张，久而久之，曾为农业或半农半牧所覆盖的北纬40°—50°地区，逐渐变成了移动的畜牧地区，也就是游牧地区。其结果是在游牧地区和农业地区之间，同时存在着农业和游牧畜牧业这两种生产方式，农牧复合又促使了广阔且狭长的农牧交错地带的形成。[1]

公元前1000年前后，随着骑马技术的普及，早期的游牧民族在游牧地区建立了国家，亚非欧大陆的势力地图由此发生了根本性转变。干燥地区的农业地带也建立了各自的国家，以农牧交错地带为界限，与游牧国家成南北对峙之势，并在此基础上诞生了外交关系。古典国家由是形成。

游牧国家的形成和农业国家政权中心的北移

所谓古典国家（Classical State），是指公元前1000年后以游牧地区游牧国家的形成为契机，几乎同时在欧亚大陆游牧地区和南方农业地区诞生的国家群。公元前4000年至公元前3000年间在河流流域诞生的早期国家，为古典国家的出现奠定了基础，而古典国家确立的古典国家制度（Classical Institutions）又被当代国家所直接继承。

公元前800年前后，欧亚大陆草原地带诞生的游牧国家，其古典国家制度是以高度的游牧、畜牧技术和军事技术（骑马和骑射技术）为基础形成的骑兵国家体制。游牧国家以草原地带的骑兵军队为保障，以绿洲都市的管理获取交易收入，以此为基础创造了强大的军事国家体制。[2]

另一方面，农业地区国家的古典国家制度，是在大河流域诞生的早期国家的基础上建立的国家制度，其特征是涉及面极广的官僚制度、以货币为基础建立的税收制度、统一的度量衡和以都城为中心的交通干线的完善，通过文字建立的行政、法律和情报传递

[1] 韩茂莉《中国历史农业地理》(下)，北京大学出版社，2005年，第773—788页；韩茂莉《中国北方农牧交错带的形成与气候变迁》,《考古》，2005年第10期，第57—67页。

[2]〔日〕江上波夫《江上波夫文化史論集 匈奴の社会と文化》，山川出版社，1999年；江上波夫《江上波夫文化史論集4 北アジアAsia諸民族の歴史と文化》，山川出版社，2000年。Bemmann, Jan and Schmauder, Michael eds. *Complexity of Interaction along the Eurasian Steppe Zone in the first Millennium CE*,（Bonn Contributions to Asian Archaeology, Volume7）, Vor-und Frühgeschichtliche Archäologie Rheinische Friedrich-Wilhelms-Universität Bonn, 2015.

制度，以农业为基础的思想体系及拥有骑兵和步兵的军事制度等。[1]

上述游牧地区和农业地区的古典国家制度，曾一度互相竞争并交流着。公元前 1000 年前后游牧地区和农业地区诞生的古典国家制度，其后也一直被继承并发挥着影响，成为现代国家制度的基干。这就意味着，公元前 1000 年时游牧地区和农业地区建立的国家制度，毫无疑问应被称为“古典国家制度”。

另外，西欧历史上所谓的古典古代（Classical Antiquity），是指公元前 1000 年的古希腊罗马时代，也包括孕育了现代欧洲文化基础的时代。本文所使用的“古典古代”概念，不仅是指欧洲史研究领域中的西欧，而是将欧亚大陆其他地区等同视之。古典国家促生的古典国家制度和被称为“古典古代”的时代和文化，是现在欧亚大陆诸国制度和文化的原型（Prototype）。

提及游牧地区的古典国家，欧亚大陆西部有斯基泰（Skythai，前 8 世纪—前 3 世纪）、中央部有萨卡（Saka）、萨尔马提亚（Sarmatians，前 7 世纪—4 世纪），东部有匈奴（前 209—93）等游牧民族国家。近年来又有学者否定了欧亚大陆西部斯基泰人建立了人类最早的游牧国家的说法，而提出了欧亚大陆东部的匈奴建立了最早的游牧国家的新观点。[2]

农业地区的古典国家，位于欧亚大陆西部的有希腊（Greek，约前 800—前 350）、罗马，位于中部的有波斯的阿契美尼德帝国（Achaemenid Empire，前 550—前 330），东部有秦（前 221—前 206）、汉（前 206—8，25—220）等国家。这些国家群大约于公元前 1000 年时，在北纬约 40° 地区依次诞生。

欧亚大陆伴随纬度变化各地区生产方式也大不相通，从北到南分布着狩猎采集地区——游牧地区——农牧交错地带——干燥地区的农业地带——湿润地区的农业地带——沿海地区等。公元前 1000 年，欧亚大陆以游牧地区为据点建立的国家和以农业地区为中心建立的国家，将农牧交错带夹在中间，南北相向对峙。

公元前 1000 年游牧国家形成的背景是骑马的普及和骑兵军队的形成。据推测，游牧大约是在公元前 3000 年时出现的，但骑马却开始的相当晚，大约是在公元前 1000 年之后。骑马的出现使大规模地、合理有效地管理家畜变得可能，同时也加强了游牧地区政治势力的融合。由于骑马的普及，最初那些拥有强大骑兵数量的首领，便作为游牧地区

[1] 刘庆柱主编《中国古代都城考古发现与研究》（上·下），社会科学文献出版社，2016 年。

[2] 林俊雄《遊牧国家の誕生（世界史リブレット libretto 98）》，山川出版社，2009 年。

的领导者崭露头角。

另外，由于骑马战术的诞生，战争和情报传递的形态也发生了决定性的改变，并且直到16世纪火枪和海军结合为止，骑兵在前近代时期的战争中都具有重要意义。因此，马的供给、保障以及围绕着马的技术的学习，在农业地区都是不可或缺的。因为存在以马为主的贸易（中国大陆上主要是绢马贸易、茶马贸易等），农业地区的政治中心便不得不从河流流域往农牧交错地带接壤的北方干燥地区移动。当时与马相关的知识更近似于一种综合性的文化，不只局限于家畜管理，还包含着与骑马相关的复杂技术以及以马术为基础的思想体系。公元前1000年之际，马匹的供给和交易可以说是国家制度的根基。

骑兵的出现和游牧国家的形成给欧亚大陆势力地图造成了极大的影响，因为马匹供给和交易之需，农业地区国家的中心地区就逐渐北移到了更为便利、干燥的地区。就中国大陆而言，黄土高原地区诸国较长江流域诸国明显具有优势。长安位于与游牧地区相接壤的黄土高原南部，这一带是欧亚大陆上游牧文化和农耕文化融合得最充分的地区之一。

在游牧地区形成的游牧国家，引起了与之在军事、贸易上对抗但又时有交流的农业地区的重视，农业地区的政治、经济中心北移到了北纬30°、北纬40°左右的农牧交错地带接壤地区。这一动向可整理如下：

（a）欧亚大陆西部，军事、经济、文化的中心地区从埃及（Egypt）北移到了希腊、罗马。中心城市从地中海南岸移动到了北岸。[1]

（b）欧亚大陆中部的中心区域从美索不达米亚北移到了伊朗高原。[2]

（c）欧亚大陆东部长江、黄河并存，但黄河流域的都市群迅速发展成了中心区域，逐渐偏离长江流域。[3]

受公元前1000年时期形成的游牧国家的影响，欧亚大陆主要国家政治中心的所在位置，从北纬30°左右的河川流域逐渐移动到了北纬40°左右的农牧交错地带。在游牧、畜牧地区建立绿洲都市的都市体系也随之诞生。

---

[1] Bernal, Martin, *Black Athena: The Afroasiatic Roots of Classical Civilization* Volume Ⅱ, *The Archaeological and Documentary Evidence*, Rutgers University Press, 1987—1991.

[2] 江上波夫《江上波夫文化史論集8人類史の構想》，山川出版社，2001年，第351—382页。

[3]〔日〕宫本一夫《中国古代北疆史の考古学的研究》，中国书店，2000年；宫本一夫《神話から歴史へ—神話時代夏王朝—》，讲谈社，2005年。

文化人类学家石田英一郎（1903—1968）指出，中国大陆的农牧交错地带以及与游牧地区接壤的农业地域，极有利于得到良马及导入先进的骑马技术，这使得这一区域不单在军事上占据有利地位，还由于伴随着马匹交易而来的经济利益和先进文化，以及异质文化混杂所产生出的思想碰撞等，比起其他地区来说明显具有优势。[1]今天当我们考察那些马背上的民族建立的国家时，石田先生的分析仍具有重要的启示意义。

夹杂着农牧交错地带，游牧地区的游牧国家和农业地区的农业国家，是以相同纬度上东西方向相同的生产方式，和不同纬度上南北方向不同的生产方式这一结构为基础，在欧亚大陆东西走向的奢侈品交易和南北走向的日常品交易中产生的，这同时也促生了欧亚大陆上纵横交织、复杂有效的交易体系的成立。根据环境异同进行系统性重组的欧亚交易体系，是大型的商品集散地，它使得积累大规模的财富成为可能，那些财富成为公元前1000年时期集权型古典国家诞生的源动力。

秦都城雍城、咸阳和汉都城长安，都是世界史第一时期的代表性都城。长安作为都城最为繁荣的时期是西汉和隋唐时期。西汉长安以“天子—皇帝”的宫殿为中心，创造了中国都城的原型，对后世都城产生了重要影响。

2. 世界史的第二时期（约4世纪至15世纪前后）

农牧复合型国家的诞生——欧亚历史的形成

世界史的第二时期处于欧亚大陆上两次大规模的人口迁移时期（4世纪—7世纪、16世纪—18世纪）之间，也是欧亚历史的形成时期。这一时期的国家形态是同时包含游牧地区和农业地区的农牧复合型国家（Agropastoral State）的时代，其文化形态是融合着农耕文化和游牧文化的农牧复合文化时代。从交通史的观点来说，这一时期也是贯穿欧亚大陆的交通干线开始从内陆陆路转向海路的时期。

本文所谓的农牧复合型国家，是指4世纪至7世纪伴随着大规模的人口迁移和文化变迁诞生的国家，且这些国家都是囊括农业地区和游牧地区的大规模游牧、畜牧型国家。如欧亚大陆西部的法兰克王国（The Kingdom of the Franks，5世纪—9世纪）、神圣罗马帝国（962—1806），中部的波斯萨萨尼亚帝国（The Sasanian Empire，226—651）、伊斯兰王朝（Muslim States and Dynasties）、倭马亚王朝（The Umayyad Caliphate，661—750），东部的北魏（386—534）、隋（581—618）、唐（618—907）等，都是这一时期

[1]〔日〕石田英一郎《天馬の道》，收录于《石田英一郎全集》第6卷，筑摩书房，1971年，第91—129页。

诞生的农牧复合型国家。

农牧复合型国家为了调和复杂的民族结构和迥异的生产方式，不得不采用统一的法律、宗教和语言。因此农牧复合型国家拥有各自的法律体系，如罗马法（Roman Law）、伊斯兰教法（Shari'ah Law）和律令制等国际法，又以世界宗教为政治理念，以拉丁语（Latin）、阿拉伯语（Arabia）、汉语等作为世界语言。[1]

欧亚大陆的历史特色是席卷整个大陆的两次人口迁移和文化变迁给各地区带来的共同冲击。第一次冲击是4世纪至7世纪时，以游牧民族的迁移为契机带来的人口、文化的大变迁。第二次冲击是16世纪至18世纪时，随着西欧人口频繁出入海外带来的人口和文化的变迁。这两次冲击的共同性就在于欧亚大陆各地区以类似的步伐发展变迁，并形成了现在的世界格局。

4世纪至7世纪的大变动给欧亚大陆各地区都带来了冲击或打击。在欧亚大陆上，古典国家相继衰落，但其周边那些继承了古典国家传统及正统性的国家却同时并存（东地中海的东罗马帝国 The Eastern Roman Empire、拜占庭帝国 The Byzantine Empire、呼罗珊 Khorasan 的波斯系诸国、江南的南朝诸国）。在世界宗教的渗透下，世界宗教圈诞生（基督教圈 Christianity、伊斯兰穆斯林教圈 Muslim、佛教圈），农牧复合型国家（日耳曼 German 系诸国、伊斯兰 Islam 帝国、北魏隋唐）由是形成。这一系列动向都可以说是应对共同冲击的一种反应。

在世界史的第二时期，那些曾于第一时期在游牧地区及农业地区各自形成的古典型国家，由于游牧民族的入侵逐渐解体，成立了一种融合着农业地区和游牧地区的新型农牧复合型国家。这一时期可以说是以世界宗教为基础的统一国家时期。将欧亚大陆东西方向连接在一起的世界宗教圈，同时也是巨大的商业圈，它促使欧亚大陆各地区产生互动，是欧亚大陆历史最初的交流时期。

与3世纪以前各地区个别的古典国家文化独自繁荣的状况不同，4世纪以后，各地区之间虽然出现了时间差，但（a）随着游牧民族的迁徙，以陆地交通为中心不断发展的都市网，和（b）由伊斯兰商人开拓的海洋贸易交通都市网等，开始系统性地连接在一起。其结果是，经由欧亚大陆上的海、陆都市网，消息迅速实现共享，欧亚大陆各地的历史开始齐头并进，东西方被联系在了一起。到了13世纪，横跨欧亚大陆的蒙古帝国的出现，可以说是大约4、5世纪以来时代大变动的集大成事件。

[1]〔日〕柄谷行人《帝国の構造——中心・周辺・亜周辺》，青土社，2014年。

隋唐长安的繁荣

至世界史的第二时期，长安也迎来了最为繁荣鼎盛的时刻。重新回顾亚非欧大陆上的都城历史的话，会发现许多都城的选址都处在环境的分界线上。如前所述，隋（581—618）和唐（618—907）的都城长安，也处于亚非欧大陆上农业地区和游牧地区的分界地带，即长安是农牧分界地带南端的都城之一。

长安位于分界地带的环境特性，使得它既是马、毛皮、药材等游牧狩猎地区物产，和谷物、绢织物等手工艺品为代表的农业地区物产的集散地，同时也是管理保护商业、农业和重新分配税收的政治、军事中心地区之一，可以说长安在广域经济圈内发挥着重要作用。

隋唐长安是在4世纪至7世纪时游牧民族迁徙引发的大变动中，在汉长安城东南的丘陵地带重新建造的都城。汉长安和隋唐长安的最大区别在于佛教的有无。4、5世纪以后，佛教在中国大陆普及开来，佛教寺院成为都市建筑中不可或缺的部分。隋唐时期，长安成为拥有100座以上大伽蓝的佛教之都。为了与主张佛法可以实现个人救济且能镇护国家的佛教相对抗，作为中国民间宗教的道教开始被体系化，儒教也在重视个人修养及王权理论方面不断精进。佛教从域外传入唐朝长安的同时，祆教、景教、摩尼教等异域宗教也异常活跃，长安成为当时欧亚大陆上屈指可数的多种文化并存的国际性大都市。

如果要复原唐代长安的都市社会，韦述的《两京新记》（约710年完成）作为描述8世纪前叶长安都市社会的资料极为重要，另外同样重要的资料是吕大防以《两京新记》为基础绘制出的唐长安都市空间地图——《长安图》（1080年完成的石碑）。图4“8世纪前半长安城”正是以上述两种资料为基础，添加相关资料之后绘制的8世纪中叶长安的概念图。

诚如图4所示，从韦述《两京新记》等的记载来看，位置基本明确的外郭城建筑数量大约有270所，其中佛教寺院93所，废寺8所，道观20所，祆祠6处，官员宅邸109所，公共建筑18座，汉代遗址5处，庙5所，水渠3条。宗教建筑共有127所，几乎占建筑物数量的一半，其次则是官员住宅。从宗教建筑和官员住宅的分布来看，居民并非遍布全城，而是主要集中在从延平门到延兴门的街道北侧的外郭城内，大约有九成之多。其中佛教寺院等宗教设施约七成位于街西，而官员住宅约八成多位于街东。

寺院多集中于街西的原因是，这些寺院大多数都建立于隋唐初期，当时受益于都市

图 4　8 世纪前半长安城

【出处】妹尾达彦《韦述的〈两京新记〉与八世纪前叶的长安》[荣新江主编《唐研究》(九)，北京大学出版社，2003 年]30 页所载图 2《八世纪前叶的长安城》。同《隋唐长安城的皇室庭园》(桥本义则编《东亚都城的比较研究》，京都大学出版会，2011 年) 309 页所载图 13 订补。

水利之便，与西域诸都市相接的街西，其都市功能不断强化，故而城内居民大多移居于此地。8 世纪前半叶，官员住宅多集中于街东的理由是，街东北部修建了大明宫和兴庆宫，以此为契机，许多官员开始移住于此地，街东的政治功能不断强化。8 世纪以后，大明宫代替太极宫成为皇帝的主要宫殿，于是大明宫前方官员住宅更多了。中下级官员、庶民以及外国人多居住在朱雀街西的更西面。长安的都市文化就是在这样的空间舞台上，迎来了它最为辉煌的时期。

3. 世界史的第三时期（约 16 世纪至现在）

近代国家的形成与地球一体化的推进

世界史的第三时期是近代社会的发展形成时期。近代国家（Modern State）经历了 16 世纪至 18 世纪的混乱时期，在西欧诞生了原型，其后迅速形成于世界各地，18 世纪以后，近代国家逐渐蜕变成了国民-国家（Nation-state）。

在 16 世纪至 18 世纪的混乱时期，西欧各国经由海上航路融合了新、旧大陆两种空间，从这点来说，在规模上完全超越了上述 4 世纪至 7 世纪时期的人口迁徙状况。与 4 世纪至 7 世纪时期的历史变动相同，伴随着人口的迁徙，这一时期的动植物、疾病、技术、思想、宗教、文化、资源也随之产生了巨变，并成为新、旧世界的分水岭。

西欧的蓬勃发展，是以欧亚大陆各地区历史结构均衡性的破坏为契机的，但西欧诸国掌控了南北美洲（America）大陆和非洲大陆（尤其是西非）与西欧之间的海上贸易路线，成功独占了大西洋上的贸易权力却也是事实。16 世纪以后，因为西欧各国独占了大西洋贸易，终结了以前多个广域经济圈并存的时代（欧亚大陆东部、中部、西部、西非广域经济圈等），建立起了以欧美为中心的霸权的世界体系（World-system）。[1]

西欧各国在经济上的成功，其决定性因素是以大西洋为媒介，建立了将南北美洲大陆、西非、西欧连接起来的港湾都市网。[2] 诚如昔日的粟特商人（Sogdian Merchants）和穆斯林商人以亚非欧大陆交界处为中心，构建了其商业帝国一样，西欧各国也试图以新型的世界版图中的港湾都市网为中心，控制全球经济。船舶是进行海洋贸易的主要交通工具，正如马匹在陆地贸易中极为重要一样，船舶是当时最尖端的科学、思想、军事和

[1] Wallerstein, Immanuel, *The Modern World-System: Capitalist Agriculture and the Origins of the European World-Economy in the Sixteenth Century*, London: Academic Press, 1974.

[2] Pomeranz, Kenneth, *The Great Divergence: China, Europe, and the Making of the Modern World Economy*, Princeton University Press, 2000.

经济制度的集约性存在。船舶与家畜不同，对其进行人工技术改造的可能性是无限的，因此这成了确立人类主体性的重要契机。

在中国大陆，交通干线从内陆偏移到沿海地区，是从蒙古帝国统治的元朝时期开始的。蒙古帝国完善了内陆交通干线体系，灵活运用大运河、海运，使得欧亚大陆上形成了一种前所未有的广域经济圈和文化圈。长安位于远离沿海的内陆，其作为欧亚大陆东部都城的位置，被与沿海和内陆同时接壤的北京（大都）所取代，也正是在这一时期。

四、结语：21 世纪的长安

进入 21 世纪，长安（西安）作为欧亚大陆东部的中心城市再次迎来发展机遇。如果将现在欧亚大陆经济圈的动向，置入人类史的发展进程中来看，可以说，前近代时期欧亚大陆的代表性的广域经济圈又重新复活了。

尤其是在 16 世纪以后，欧亚大陆上交通干线的历史开始从内陆道路向与沿海港湾都市相连接的海上航路转变，但是从 20 世纪末到 21 世纪，随着交通、运输、信息、生产技术的革新，欧亚大陆上的交通干线再次回归到了内陆道路上。曾经的游牧地区俄罗斯、中国圈与波斯圈、地中海北部圈与沿海地带的沿海圈并存，相互之间建立了密切的贸易关系。

20 世纪后半叶至 21 世纪初，急速发展的 EU 等世界经济圈的新动向，从大局上来说，可视作欧亚大陆诸国对于 20 世纪美国在军事、经济等方面占据绝对性优势的一种反击。欧亚大陆经济圈的重组，首先需要完善内陆交通信息网。如果从大历史的视野来看这种新动向，我认为现在的情势意味着一个巨大的变革时代即将来临——即连接着欧亚大陆的交通干线信息网，随着内陆铁道、道路网的修建，将从沿海的港湾城市网逐渐转向内陆交通网。

由中国的一带一路构想（2013）、俄罗斯的欧亚经济联盟构想（EEU 2015）、德国和 EU 的重视欧亚经济政策、伊朗和印度的欧亚经济圈构想等可以看出，近年来中国、俄国、印度、伊朗和欧洲诸国等在欧亚大陆历史舞台上扮演主要角色的国家，正在齐心协力共筑横贯亚非欧大陆陆运和水运的广域经济圈。

诚如本文开篇所论交通的作用，交通、运输和信息传递技术的发展，带来了超越国家界限的连带感和更为广泛的合作关系。即使欧亚大陆的政治形势依然存在不稳定因素，但讨论囊括整个欧亚大陆经济圈形成可能性的背景是，进入 21 世纪后，高铁、高速公路、港口、机场、天然气石油管道（Natural Gas Pipeline）等横贯欧亚大陆的基础设施

（Infrastructure）的完善。以海洋和内陆水运为中心的交通体系与内陆陆路交通体系连接的时代由此开启。

21世纪以后欧亚大陆的交通干线网，可能是16世纪以后急速发展的连接着港口城市的沿海交通网，和前近代时期长期作为主要交通信息干线的欧亚大陆内陆交通网的融合及复苏，这一时期也是从欧亚大陆的西欧到朝鲜半岛，由陆路交通信息网实现一体化的世纪。21世纪后半期，日本列岛一定也会通过海底隧道与欧亚大陆连接在一起。长安作为欧亚大陆东部的中心城市，即将再次迎来它的辉煌时代。

本文根据妹尾达彦《グローバル・ヒストリー》（全球史）第2讲“三种假说”（中央大学出版部，2018年，8—23页）翻译而成。

（妹尾达彦，日本中央大学教授；郭雪妮，陕西师范大学教授。）

中国古典郊野园林、郊野风景区的审美价值与文化内涵

王　毅

中国古典园林是一个内涵非常丰富的艺术和文化体系，所以这个体系中又具体地划分出一些不同的分支。这种分类可以有许多具体的角度，比如从地域特点来说，可以分为北方园林、江南园林与岭南园林等。不过通常是综合其基本特点而把它们分成如下四类，即：皇家园林（宫苑园林）、士人园林（文人园林）、寺院园林、自然郊野园林。这种分类大致涵盖了中国古典园林的主要形态。

在上述四类园林中，前面三类的共同特点之一，在于它们往往是人居环境与景观环境充分融为一体，不仅涵纳了人们居所和造景艺术，而且往往还涵纳着人们日常的起居文化、家具和室内装修艺术、绘画文玩等文物的陈列收藏、琴棋等艺术、饮食艺术、文化典籍的庋集等等。因此，与人居环境、学术环境密切联系在一起，就成为这些园林的重要特点。与这个特点相比，郊野园林明显不同，它是以另外一些文化和艺术特点而著称的。

下面从几个主要方面来大致阐述郊野园林以及郊野风景区的美学与文化内涵。

一、中国郊野园林发展历史简说

早期的中国郊野园林

中国早期郊野园林始于帝王苑囿，它们是当时的统治阶层进行大规模狩猎或巡游活动的场所，所以面积很大，《史记》卷八十七《李斯列传》记载的秦始皇时代的情况是“治离宫别馆，周遍天下”；类似的围地为苑囿在汉武帝时达到极盛，即《汉书》卷八十七《扬雄传》中记载的：“武帝广开上林，南至宜春、鼎湖、御宿、昆吾，旁南山而西，至长杨、五柞，北绕黄山，濒渭而东，周袤数百里。”现代考古发掘进一步证明：长安城东南面至西南面的广大地区都在上林苑的范围之内，周围达两百多里。[1]

[1] 详见王仲殊《汉代考古学概说》，中华书局，1984年，第11页。

另外，秦汉时代此类活动极盛的原因之一还在于，扩建苑囿是当时统治者建立自己庞大疆域、展示自己强大的军事政治能量的重要方式，比如图1这样的例子。

图1　辽宁绥中秦碣石宫主建筑群及东、西阙楼复原鸟瞰图[1]

秦始皇在各地修建了大量的宫苑，其建筑理念是以这些庞大的园林建筑作为自己帝国的象征。比如他在渤海边修建的这处宫苑，自河北省秦皇岛市至辽宁省绥中县，延亘一百多里。其宽阔的阙门行道一直延伸到大海之中、并且以一组巨大的天然礁石作为整个宫苑的阙门。这样的设计，鲜明体现出空前统一庞大的皇权帝国“囊括四海”的政治理念，以及将这种理念充分融入皇家园林艺术之中的需求。

我们在汉代的《大人先生赋》《两京赋》等众多文献中，也都可以清楚地看到这种政治理念强劲驱策之下对郊野园囿的大规模营建（文繁不引）。

下面再看几幅相关的文物图片。比如汉代南阳画像砖上的一幅画像砖（图2），其画面上的高山旷野之间，或马上或奔跑的田猎者都在追逐猎物，两猛兽背部被猎人射中、其他野兽惊惧奔逃。这类题材的作品在当时很流行，说明周秦以至两汉期间，人们对于郊野苑囿的理解，往往是从广袤的山岭林野中逐猎扬威的角度着眼。

[1] 已故中国社会科学院考古所杨鸿勋教授绘制此图并允许笔者使用，特此表示对他的感念。

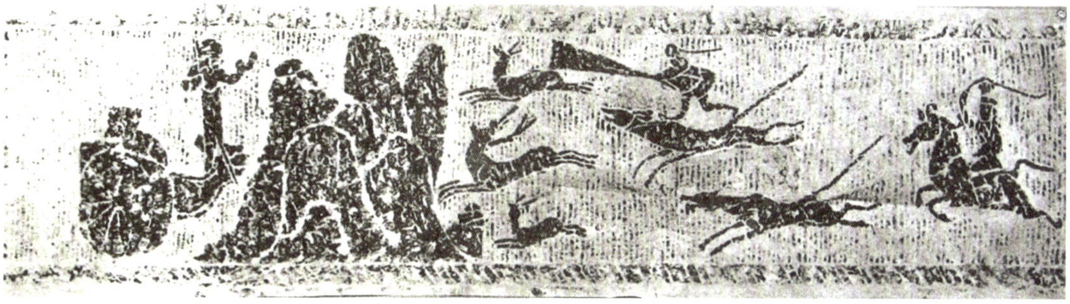

图 2 “骑射畋猎”画像砖，153cm×38cm

再看另外一幅汉画像砖（图 3），画面分为上下两组，上为二龙穿壁，下为在山野中狩猎的场面——这类描绘在汉画像砖中很常见，它们概括了当时人们对自然郊野的审美内容，以及这种自然景观审美如何与当时流行的神话观念紧密结合在一起。

图 3 汉“狩猎”画像砖，46cm×31cm，河南省南阳市考古所藏[1]

再看一件室内用具，即东汉的“彩绘陶多枝灯”（1991 年河南省济源市桐花沟出土，河南省文物考古研究院藏）所表现的郊野景观（图 4、图 5）。[2] 图 4 为这件高大陶灯的全貌，图 5 为灯座的细部——可以看到陶灯底座不仅模拟了崇山峻岭的形态，而且有众多野兽奔跑、散布于山野之间。因为灯具是室内器具与装饰品中最重要的品类，每天都

[1] 拍摄于 2018 年北京山水美术馆“中国汉画大展”。

[2] 拍摄于郑州博物馆 2019 年“追迹文明——新中国河南考古 70 年展”。

要使用，所以这样的景观主题及其环境气氛的设置，直观展现出汉代人对于“郊野审美”的焦点定位。

而与上述风尚并行着的另一条线索，就是郊野风景对个性化心胸间的家国之思以及审美感悟的广泛影响。早如《诗经·邶风·泉水》中就有“我思肥泉，兹之永叹；思须与漕，我心悠悠。驾言出游，以写我忧”等诗句，意思是出行郊野是寄托自己思乡之情、排遣心中沉郁的好方法。

至东汉以后，人们对郊野风景的关注度与艺术表现能力，与前代相比有了显著提高。比如图 6 这幅著名的东汉画像砖。

画面中上半部分的内容为人们在林野地区射猎，而下半部分内容为农民在田地中收获。画面中的射猎、收获等内容虽然直接继承着西汉以来画像砖经常描绘的内容，而同时又在这些内容之中融入了更为突出的自然审美趣味，比如：林木景观与水景的相互对比与交融、水中游鱼与荷花的相互映衬、天空飞禽的动态与水景之静态的对比组合，等等——将这些内容与前面举出的几图内容相对比可知：至东汉中后期，人们对郊野风景的审美水平有了明显提高。

图 4　陶灯全貌

图 5　陶灯局部

郊野园林的发展成熟

东汉末年以后，中国文化的走向有了重大的调整。这个大背景之下，知识分子（士阶层）对国家权力中心的热衷程度大大减退，而同时他们对于自己的人生意义、人生与审美的关系空前重视起来，由此使得“建构具有个性审美视角的优美园居环境”成为重要诉求。我们看东汉晚期重要思想家仲长统（180—220）的追求：

统性俶傥，敢直言，不矜小节，默语无常，时人或谓之狂生。每州郡命召，辄

图6 东汉中后期“弋射收获”画像砖，四川大学博物馆藏

称疾不就。常以为凡游帝王者，欲以立身扬名耳，而名不常存，人生易灭，优游偃仰，可以自娱。欲卜居清旷，以乐其志，论之曰：使居有良田广宅，背山临流，沟池环匝，竹木周布，场圃筑前，果园树后。舟车足以代步涉之艰，使令足以息四体之役。养亲有兼珍之膳，妻孥无苦身之劳。良朋萃止，则陈酒肴以娱之；嘉时吉日，则亨羔豚以奉之。蹰躇畦苑，**游戏平林，濯清水，追凉风，钓游鲤，弋高鸿。讽于舞雩之下，咏归高堂之上。安神闺房，思老氏之玄虚；呼吸精和，求至人之仿佛**……（《后汉书》卷四十九《王充王符仲长统列传》）

归纳起来，仲长统思想原则、生活方式与园林发展的直接相关之处有这样几点：

1. 他自觉地远离当时日益窳劣的国家政治环境，希望以“卜居清旷”这样的家园选址与建构方式，实现自己心智的放逸自由（“以乐其志”）；

2. 他不仅提出优美园居生活的诉求，而且概述了建构园林艺术的基本景观要素及其配置原则；

3. 家居园林与游览郊野风景同时并重、逐一列举郊野中最能够愉悦身心的诸多景观；

4. 上述所有生活定位与园林审美追求的核心是一种深刻的哲学理想，因此使得园林艺术与园林文化的发展具有了深刻的动力。比如文中所说“求至人之仿佛”就是说明自己生活的终极理想，是实现个人的精神世界与宇宙本体相互贯通的崇高境界。[1]

而到了晋代，尤其是东晋（316—420）以后，中国文化与中国艺术沿着上述方向又有了非常大的发展，这个大趋势的重要内容之一，就是以文学、哲学、书画、佛学、生活方式高雅化与艺术化等等为内容的文化体系之形成，而且这个文化体系与山水审美和园林艺术密切相结合。下面是一则最著名的例子。

东晋永和九年（353）三月初三“上巳节”，时任会稽内史的右军将军、大书法家王羲之，召集寄身东土的众多名士和世家大族子弟共 42 人，于会稽山阴之兰亭（今浙江省绍兴市西南十多公里处）举行兰亭雅集。参加者有谢安、谢万、孙绰、王凝之、王徽之、王献之等名流，他们饮酒赋诗，最后得诗 37 首，王羲之遂将这些诗汇辑成集、作序一篇并亲笔书写，记述流觞曲水的盛况、抒写由此而引发的对人生意义、生命在宇宙中位置的感慨——以此将郊野景观与生命哲学之间最直接的关联揭示出来，这篇序文就是流芳百代的《兰亭集序》（见图 7）。

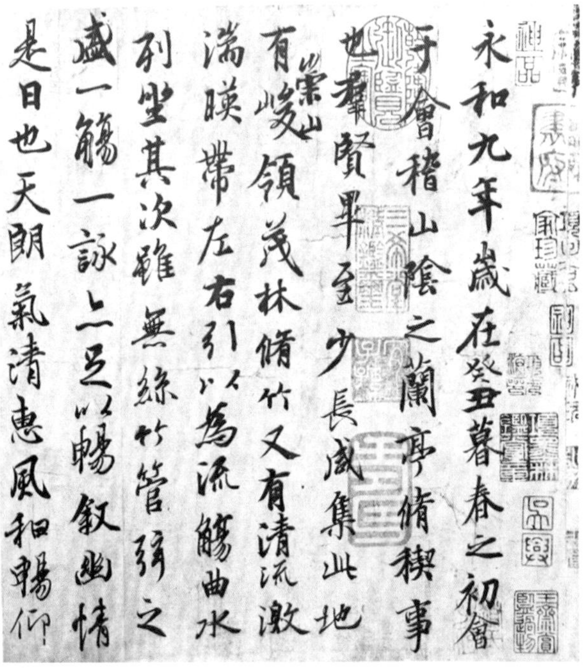

图 7 《兰亭集序》图

[1] 对于“至人”的这种崇高精神境界，先秦至秦汉思想史中有许多经典描述，比如《庄子·齐物论》“至人神矣！大泽焚而不能热，河汉冱而不能寒，疾雷破山、飘风振海而不能惊”；《庄子·外物》“唯至人乃能游于世而不僻，顺人而不失己”。又如《荀子·天论》“故明于天人之分，则可谓至人矣”；贾谊《鹏鸟赋》“至人遗物兮，独与道俱”。

兰亭雅集等著名的例子，充分展现了当时的郊野园林是如何与文人阶层的哲学思考、文学创作和交流以及书法等艺术充分融合、相映生辉的。后来白居易在诗中说：

逸少集兰亭，季伦宴金谷。（《游平泉宴浥涧宿香山石楼赠座客》，《白氏长庆集》卷三十六）

可见在后人眼里，兰亭那样的郊野风景区的地位已经可以与石崇金谷园等著名的私家园林相匹敌。由此，“兰亭雅集”式的郊野山水审美与相关艺术创造，遂成为中国古典艺术中的一个经典主题，历代画家都在不断揣摩其文化意义、描绘其场面。比如图 8 这幅明代画作。

图 8　文徵明《兰亭修禊图卷》

此处仅录此手卷的绘画部分，卷首文徵明临写的《兰亭集序》未录，北京故宫博物院藏，全卷 60cm × 24.2cm。

东晋以后著名的例子再比如，二王在郊野游览中体会到天地山川的秀美与生机流动：

王羲之云：“每行山阴道上如镜中游。”王献之望镜湖澄澈，清流泻注，乃云：“山川之美，使人应接不暇！”（《太平御览》卷一百七十一引《宋略》）

又比如《晋书》卷八十二《习凿齿传》所载习凿齿《致桓秘书》中，真切记述了他在襄阳郊野游览时极目所见而触发的感喟：

吾以去五月三日来达襄阳，触目悲感，略无欢情，痛恻之事，故非书言之所能具也！每定省家舅，从北门入，西望隆中，想卧龙之吟；东眺白沙，思凤雏之声；北临樊墟，存邓老之高；南眷城邑，怀羊公之风；纵目檀溪，念崔、徐之友；肆睇鱼梁，追二德之远，未尝不徘徊移日，惆怅极多，抚乘踌躇，慨尔而泣……

上文中的“卧龙”指诸葛亮，“凤雏”指庞统，“邓老”指邓攸，“羊公”指西晋著名政治家、军事家羊祜，“崔、徐之友”指诸葛亮躬耕田亩时的密友崔钧与徐庶（当时天下人之中唯有他们推崇诸葛亮的非凡才能）——这些说明习凿齿的郊游历程包含了对丰富的历史文化内容的涵咏体会，所以《晋书》随后的评语是“其风期俊迈如此”，意思是习凿齿的人格与胸襟竟然是如此的超凡拔俗——熟悉文献的读者都知道，这样的语词是魏晋至隋唐时代对杰出人物的最高品评。由此可见，魏晋以后，因郊野之游和郊野园林而产生的这种审美体验和历史体验，已经具备了崇高的品格，成为对后世影响深远的物质与非物质的双重文化遗产。

习家池原为东汉初年襄阳侯习郁的私园，东晋时，习郁的后裔习凿齿在此临池读书、撰文修史，写下《汉晋春秋》这部重要的史学著作，由此习家池声名愈著。

图9 湖北襄阳市郊的“习家池”风景区

西晋永嘉年间镇南将军山简镇守襄阳时常来此饮酒，唐代孟浩然写诗咏赞这些往事："当昔襄阳雄盛时，山公常醉习家池"。习家池在将近两千年沿革过程中，积淀了日益丰厚的园林景观美学与历史文化内涵，是中国郊野园林的一个典型例子。

再看河南邓州出土的一处南朝刘宋时期彩色墓室画像砖（图10，河南省博物院收藏）中对于士大夫隐居环境的表现。

图10 "南山四皓"画像砖

画面中人物是著名的"南山四皓"（又称"商山四皓"），画像砖着意表现的是"四皓"隐居在林木葱茏的山野之间，天空中神鸟等内容显示着秦汉以来传统"仙话"主题在此时的继续流行，而同时画面中更多表现的，则是士人们以郊野风景为背景的生活状态，以及通过他们弹琴吹笙、悠然自得的形象展示的高洁心志——魏晋以后的这些流行内容与风格，都明显与汉画像砖有了很大不同，对人们的郊野审美观有着重要的影响。

二、中国郊野园林的主要文化与艺术内涵

与了解中国郊野园林的起源与发展过程同样重要的，是理解它在文化艺术上具有哪些特点。下面举出一些著名例子，对此作简略说明。

第一，郊野园林与士人园林、皇家园林等的建构与审美一样，审美者游赏时，其时空进程变化的丰富亲切、景观内容丰富性的组合变化、游赏者审美心理与情感韵律的丰富变化，这三者的充分展现、融合，是郊野园林景观审美的基本逻辑结构。请看下面图11、图12。

图 11　展子虔《游春图》

图 12 《游春图》局部

除了比较公认的是宋以后摹本的《洛神赋》外，隋代展子虔《游春图》为中国现存最早的一幅画在绢或纸上而不是刻在金石上的山水风景画，可见其地位之重要。从图中可以看到，作者已经充分注意到山、水、郊野中繁茂的植被、小桥和宅园等诸多景观要素在整个景观体系中的关系是相互辉映，缺一不可的。这种理念构成了中国景观园林理论的基础；而且人们的审美过程（即所谓的“游”），就是进入、融入这个体系中的一个动态进程。

由于游览郊野景观是传统审美活动中的重要内容，所以中国经典文艺作品中有大量篇什据此而落笔。比如唐代杜甫《泛溪》诗中对郊野景观之趣味的描绘。

落景下高堂，进舟泛回溪。谁谓筑居小，未尽乔木西。

远郊信荒僻，秋色有余凄。练练峰上雪，纤纤云表霓。

童戏左右岸，罟弋毕提携。翻倒荷芰乱，指挥径路迷……（《杜诗详注》卷九）

我们从这首诗中很容易看到郊野风景审美的一些基本内容以及丰富景观之间的相互关系，比如：特定物候时令的景观特点、远处的雪峰山景、近处的曲溪小舟、各种植物景观、乡间儿童的天真情态、城市中难得一见的渔猎活动……

所以在成熟的中国文化中，郊野之游有着相当高的审美价值。比如图 13 这幅南宋名画，展现一高士携抱琴童子行于山径之中，不仅描绘了山中野鸟飞舞、春光明媚的景色，而且表现出郊行者将自己融入生机无限的天地时那种神气充盈的愉悦心态。

图 13　马远《山径春行图》，绢本，淡设色，73cm×27.3cm，中国台北故宫博物院藏

又由于郊野审美在人们文化艺术生活中普遍占有重要位置，所以这一题材的绘画名作层出不穷，许多甚至是境界宏大的长卷巨制，比如南宋绘画大师夏圭的《溪山清远图》、马麟的《荷香消夏图》等。

第二，郊野园林在大尺度时空结构中，展现出了中国古典园林的基本艺术准则与艺术手段。如图 14、图 15 所示。

我们再看经典绘画中对郊野园林以及游览者的描绘。图 16 南宋高宗书、马和之绘

图 14　瘦西湖位于扬州市西北郊，被称为江南园林的美景典范，其独特的带状水系，为人工造景提供了上佳的基础

图 15　瘦西湖景区中的“卷石洞天”，这类主题性小景区相当于一处精致的小型园林

的《孝经图》，描绘了人们游览郊野美景、行走在错落山水及各式建筑景观之间时的情形，尤其是画面上方具有引领作用的一座观景敞轩，它背依山石之峥嵘与林木之葱茏，面拥水景的激荡浩渺之势，深得中国古典园林“对景”之妙，同时通过空间曲线的悠扬韵律感（拱桥、牌楼、石磴山径等），为郊行者营造出了欣赏山水景观的最佳节点。

第三，中国郊野园林的意境含蕴着中国文化、中国哲学的宇宙观与时空观，形成以此为基础的深远精神诉求与审美理想。

图 16　马和之《孝经图》局部

图 17　朱锐《山阁晴岚图》

图 17 是一幅中国山水画巅峰时期的作品——南宋朱锐的《山阁晴岚图》(绢本设色，20.1cm×25.8cm，中国台北故宫博物院藏)。这是一幅描绘郊野风景以及人们欣赏山野风景具体视角的绘画作品。具体来说，此图中上部危峰挺立，远处楼阁掩映，一处宏伟的寺观隐约可见。构图撷取景观一角，是典型的南宋(即中国山水画巅峰时期)画风。人们的观赏视角随山脚下的水际婉转延伸、逐渐完成由观赏水景到进入山景的境界转换，然后聚焦在崇山峻岭中延绵的寺院建筑群上，并且以此为更上层楼的基础，使审美视线与心怀融入广袤无尽的宇宙之中。

而在中国景观审美中，之所以不像西方那样明确区分园林内外的空间分野，乃是因为从中国哲学的原则来看，任何具体的时空范围都不过是无限宇宙的有机组成部分，所以对于诸如园林空间、画面空间等具体时空载体的建构，其最终诉求都应该是通过这具体的园林景观设置而进入无限宇宙的长河。比如五代著名文学家冯延巳［蝶恋花］中对小园空间特点的描写。

霜落小园瑶草短……独立荒池斜日岸。**墙外遥山，隐隐连天汉**。(《历代诗余》卷三十九）

这种哲学观对于人们的郊野园林审美有着深刻的影响，而图 17 中郊野山水风景与城市及其建筑关系的表现方式，就是典型的例证之一。类似大量作品说明：人们在郊野审美活动中所努力体会与追求的，不仅仅是孤立有限的具体山水林野建筑等景物，而是一种充分体现着“隐隐连天汉”的趣味与境界。

第四，基于中国文化特点的对人格精神之涵咏与塑造。

先看一个具体例子，即苏州的“鹤园”（图 18）：

通过建造象征鹤的园林，从而体会、向往一种自由高洁的人格精神，这是中国文人园林艺术中的一个经典主题。[1] 这样的主题也经常见诸郊野园林中，由此可见郊野园林

图 18　鹤园

［1］王毅《翳然林水》，北京大学出版社，2006 年，第 25 页。

受士人园林影响之深。下面再看郊野园林中的例子（图 19、图 20）。

图 19　苏州虎丘的“养鹤涧”

图 20　杭州西湖风景区中的“放鹤亭”，临水面山而建

我们知道，杭州孤山“放鹤亭”所处原为北宋诗人、隐士林和靖故居（巢居阁）旧址。元代至元年间，儒学提举余谦葺“林处士墓”，并建“梅亭”于墓下；当地人陈子安又建“鹤亭”配之，以纪念林和靖嗜爱梅鹤，超逸独立的人格品质。明代嘉靖年间，钱塘县令王釴建“放鹤亭”，清代康熙帝曾命刑部员外郎宋骏业督工重建，并手书“放鹤”二字题额。现在的亭子系 1915 年重建，亭内立有康熙临摹明代书法家董其昌所书的鲍照《舞鹤赋》碑刻，这也是西湖风景区内最大的碑刻作品。放鹤亭四周遍植梅树，为孤山观梅的主要所在（图 21、图 22）。

图 21　西湖孤山放鹤亭内景

图 22　放鹤亭背后的林和靖墓园

在传统的士人文化中，鹤是一种特立独行的意象，南朝文学家鲍照曾在《舞鹤赋》中描写鹤高远的品格和志向：“抱清迥之明心”“指蓬壶而翻翰，望昆阆而扬音”。故此，历代的文人园林也就非常喜欢通过此类意象来表现人格寄托。而对这一精神主旨的直接承袭，自然使许多经典的中国郊野园林具有了以类似人格寄托为基础的审美

趣味。

放鹤亭中有康熙临董其昌书鲍照《舞鹤赋》大型石刻，亭中楹联曰："山孤自爱人高洁，梅老惟知鹤往还。"这些作品所彰显的都是中国传统士人文化人格精神体系中的经典内涵。这种自然山水、园林式的文化主旨建筑、名人墓园纪念地等内容的融洽结合，既是郊野风景区的常见形制，也是积淀与提升郊野景区内涵的有效艺术手段。

第五，郊野园林成为中国文化长期发展延续的背景下，日渐深厚、广博的文化遗产与美学遗产的凝萃积淀之地。下面举若干代表性的例子。

图23是杭州西湖畔的"六一泉"。

图23　六一泉

六一泉的位置原是宋代高僧惠勤说法讲经之所。惠勤长于诗文，宋代文豪苏轼莅杭州做通判，经欧阳修介绍，到官三日即拜访惠勤于孤山；而惠勤对苏轼亦极为推重，称苏轼"奇丽秀绝之气，常为能文者用。故吾以谓：'西湖，盖公几案间一物耳。'"十余年后，苏轼任知府再次居杭州，而此时欧阳修和惠勤都已经去世，为了纪念友人，苏轼遂以欧阳修之号（欧阳修晚号"六一居士"）命名孤山此泉。于是，此地更成为西湖景区的名胜之一。从这类事例可见，在中国山水园林文化中，自然景观与人文活动之间，有着相互推动、共同升华的密切关系。同时也说明，中国郊野园林中的许多景观和建筑，常常都是依凭此类历史和文化遗迹而建，兼具景观价值与历史人文价值。

再看杭州西湖畔"西泠印社"中的吴昌硕纪念馆（图24）。

图 24　吴昌硕纪念馆

“雅集”是中国古典园林文化中非常重要且历史久远的传统，经典的范例如西晋的“金谷园雅集”、东晋的“兰亭雅集”、唐代白居易等人的“香山雅集”[1]、北宋的“西园雅集”（南宋绘画大师马远留有描绘此次雅集的巨制《西园雅集图》[2]）等。这个传统当然一直延续，比如吴昌硕为近代有影响的海派画家、书法家、篆刻家，而西泠印社既因为吴昌硕等艺术家在此地的雅集结社而成为中国近代绘画艺术史上的名胜之地，同时也是杭州西湖风景区内重要的文人园林之一。绘画与园林的这种融合方式，十分典型地表现了中国古典园林作为文化艺术综合载体的性质和品味。

下面再以镇江东北、作为长江江心的焦山岛风景区为例。焦山不仅是万里长江中唯一的四面环水岛屿，有“万川东注，一岛中立”的极佳天然景观条件，而且是历代人文景观的荟萃之地（图 25）。焦山御碑亭是皇家文化、皇家园林与郊野园林关系密切的例证之一。相邻的焦山摩崖石刻也是风景区中的重要文化遗产（见图 26）。焦山摩崖石刻历史悠久，

[1]　白居易自号“香山居士”，他居住洛阳香山寺期间，与胡杲、吉皎、刘贞、郑据、卢贞、张浑、李元爽、释如满等八人结为“九老会”，游赏山水、坐禅谈经，白居易写有《九老图诗并序》记述其事，南宋画家马兴祖据此绘有《香山九老图卷》。

[2]《西园雅集图》描绘北宋元祐年间，苏轼兄弟、黄庭坚、李公麟、米芾、蔡肇等十六位名士雅集于驸马王诜（他也是很有成就的书画家）园林中的场面，为长卷巨制，画幅纵 29.3 厘米，横 306.3 厘米，对于园林中的山势、溪涧、曲桥、屋宇、家具、各种花木以及文人雅士们在这样的环境中从事艺术创作鉴赏的场景，进行了真切生动的描绘。

图 25　镇江焦山御碑亭

图 26　焦山摩崖石刻

图 27　北固山甘露寺铁塔（相传三国刘备在此寺招亲）

上起六朝，下迄民国，现存 80 余方。其中著名作品有六朝摩崖石刻《瘗鹤铭》（在中国书法史上被誉为“大字之祖”）、唐《金刚经》；还有宋代米芾、贺铸、陆游等人的题诗题记；明清之作有洪亮吉、陶澍、康有为等人的题记——焦山摩崖石刻是郊野园林与中国历史文化名人书法艺术等相映生辉的重要例征。

郊野风景区与中国宗教文化艺术的关系也非常密切，比如图 27 的镇江甘露寺铁塔。

唐李德裕镇润州时，于宝历元年（825）建石塔，为唐穆宗求冥福。至乾符年间，石塔倒塌。宋元丰年间，甘露寺僧应夫扩建寺院掘得唐李德裕所建石塔下的舍利而改建铁塔，重瘗李德裕所埋舍利。铁塔原为九级。明万历十年（1582）塔被大风刮倒，后经僧人性成、功琪募款重修，降为七级，高约 13 米。清同治、光绪年间塔遭雷击，仅存塔座及一、二两层。塔座是须弥宝座式，上镌如意水纹、卷浪等图案，佛座束腰的每一面都雕有佛像。塔身每层皆八面四门，上铸飞天、莲座、坐佛、站佛等。总之，此塔既是中国佛教史、建筑和雕塑艺术史、地方史的重要遗迹，也是北固山风景区的重要标志之一。

再看图 28 被称为“吴中第一名胜”的苏州虎丘。

虎丘景区的形成是历史名胜演变为著名郊野园林的例子。首先，它占地不过 200 余亩，远望仅是一座小山，但游人进入其核心景区以后，则如身临深岩巨壑之中，加之其地古木苍然，丰富的植物景观四季交替呈现，所以使人如行山阴道上；再则，虎丘是历代大型禅刹的所在地，从东晋至唐宋，就建有虎丘山寺、报恩寺、云岩禅寺等名寺，宗

图 28　苏州虎丘

教圣迹和建筑、雕塑等艺术遗存众多；其三，历代名士对此类名胜之地情有独钟，留下了大量文化遗迹，不断地累积，使得此类郊野环境具有了很高的景观价值和文化艺术价值，成为后来文人雅士最热衷光顾的地方。比如唐代宝历元年（825），54岁的白居易出任苏州刺史。白居易热爱苏州风物、对虎丘情有独钟，于是他率苏州百姓自阊门至虎丘开挖河道与运河贯通，沿河修筑塘路直达山前，又栽种桃李数千株，加以美化，并绕山开渠引水，形成环山溪。白居易写有一首五律描述此景与此事。

自开山寺路，水陆往来频。银勒牵骄马，花船载丽人。芰荷生欲遍，桃李种仍新。好住河堤上，长留一道春。（《武丘寺路》（去年重开寺路桃李莲荷约种数千株），《白香山诗集》卷二十七）

虎丘风景区的历史，充分说明了中国郊野园林与中国文化、宗教之间的深刻关联。

关于郊野园林与风景区的内涵，除了上述内容之外还应该特别关注的一个方面是：郊野风景园林荟萃了中国历史脉络无数重要节点、古今历史文化名人的遗迹、相关著名文学篇章等等，因此成为历代国民获得与塑造自己的历史认知乃至“以历史为信仰”的关键入口之一。这样一种性质当然在整个民族文化体系中有着举足轻重的意义！下面以镇江北固山上的“祭江亭”（图 29）为例来说明这一点。

图 29　北固山“祭江亭”

“祭江亭”为北固山的千年名胜之一，由于北临长江，位于北固山巅，其周围山势险固，故又名“北固亭”。南朝梁武帝曾题书“天下第一江山”赞其形胜，传说刘备夫人孙尚香在听到丈夫去世的消息后，曾在此遥祭，而后投江自尽。南宋大词人辛弃疾登临此地时触景生情，写下了中国文学史上的名篇《南乡子·登京口北固亭有怀》。

辛弃疾名句所说人们在郊野风景中领略到了“满眼风光”，并非言过其实的虚写。实际上，因为郊野风景包含了天地山川、四时变化、动植飞潜、景观艺术、历代人文精粹、丰富的艺术遗珍、历史递嬗之遗迹等等内容，所以自然而然地成为国人景观审美与人文认知的重要窗口。

三、郊野景观审美与中国人“心灵家园”的建构

上面所叙述的几方面内容相对都比较直观，其类似的例子在浩如烟海的文献资料与实物性文化遗产中，也可以随手再举出无数。那么在这样一些比较表面直观的意义层面的背后，“郊野景观审美与郊野园林的建构”是否还有着更为宏大的结构？是否还有更为深致的内涵？这些内容与中国文化的根本构建到底有什么直接关系？这些内容是否长久深刻地影响着我们民族一代又一代人的心灵世界？假如能够提出这类问题，就可以说我们的视野已经从器物层面的观察胪列，进入到文化哲学、终极关怀等形而上层面的探究。

下面仍然是从大家都非常熟悉的例子来看。在我们民族几千年传统中，因为农耕文明与宗法性社会等原因，“心系家庭”“守望家园”成为一种根本性的伦理坐标与文化品格：

江汉深无极，梁岷不可攀；山川云雾里，游子几时还。（王勃《普安建阴题壁》，《全唐诗》卷五十六）

这首只有20字的小诗之所以千古传诵、至今人人谙熟，就是因为王勃咏写出了人们在不断探寻遥远的广袤山川世界之同时，又始终不能忘怀自己作为远行之游子，其心灵最终要回归到故乡才能重获根基的这样一个方向。

那么我们世世代代的国人，是怎样建构起一种结构宏大、内容又异常深厚的“家园情怀”“家国世界”的呢？再来看一首人人熟悉的唐诗名作：

故园东望路漫漫，双袖龙钟泪不干。马上相逢无纸笔，凭君传语报平安。（岑参《逢入京使》，《全唐诗》卷二百一）

这是岑参身在距离唐代首都长安数千里之遥的西域（敦煌距离西安约1700千米）时，偶然遇到一位要奉命回京的使节，于是激起他的无限乡恋、却又感到千言万语无从说起。

大家可能要说：这样一个具体的诗意情境，与“郊野风景”主题大概也隔着千山万水，几乎没有什么关系。其实不然，因为我们中国人以“故园”“家园”等等标志园林空间的词语来形容家乡，是一种习惯。

唯有寒潭菊，独似故园花。（骆宾王《晚憩田家》，《全唐诗》卷七十七）

故园离乱后，十载始逢君。（贯休《淮上逢故人》，《全唐诗》卷八百二十九）

对于这种语言习惯，很少有人觉得它可能有什么更深的意义。但是学习研究园林文化的人应该注意到，我们中国人的家国之思，总是深深地与“园”熔铸在一起的。

上面这个特点并不难体会，因为从陶渊明以来，就有无数著名的例子。而关键是我们要知道：“故园”不仅指称私家小园（比如陶渊明《归田园居》中“孟夏草木长，绕屋树扶疏。众鸟欣有托，吾亦爱吾庐”等名句所描写的私园），因为传统中国人心目中的“家园”“故园”，一方面包含陶渊明式私家小园的意思，**而同时也包含更宏大、更丰富得多的物理时空与文化脉络**。

下面以唐代长安、杭州西湖、北京北郊风景区为例。先看唐代首都长安东南角的曲江风景区位置图（图 30）。

曲江建有皇帝行宫“宜春苑”，因其水曲折，故有“曲江”之称。隋时建芙蓉园，

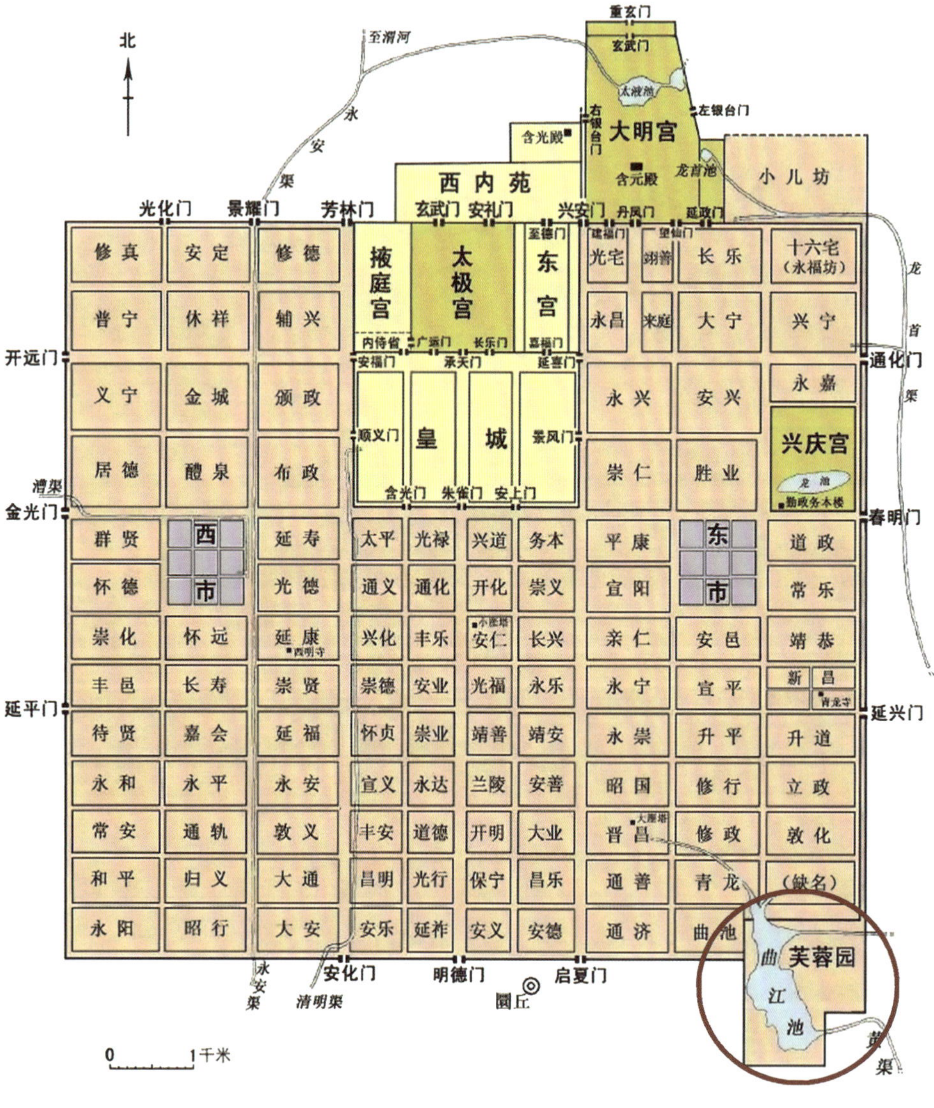

图 30　曲江风景区位置图（红线内标出部分就是唐长安东南郊“曲江”风景区的位置）

唐以后在其基础上大大扩展了曲江规模与文化内涵，除在芙蓉园修建紫云楼、彩霞亭、凉堂与蓬莱山等众多景点之外，又开凿了大型水利工程黄渠以扩大芙蓉池与曲江池水面，形成南有紫云楼、芙蓉苑，西有杏园、慈恩寺、曲江亭等的大型郊野景观，即诗人卢纶《曲江春望》描写的“玉楼金殿影参差”（《全唐诗》卷二百七十九）；当时还修建了从大明宫途经兴庆宫而到达芙蓉园的夹城（长7960米，宽50米）。而这里是唐都城长安中唯一一座大型公共园林，是皇族、僧侣、平民等都可以汇聚盛游之地，“曲江流饮”“杏园关宴”“雁塔题名”等活动成为最盛大的文化节日内容，于是曲江自然成为盛唐文化的集萃之地与“盛唐气象”的标志地。后人归纳总结的关中平原核心地区景观体系的经典“长安八景”，其中依托曲江风景的“雁塔晨钟”“曲江流饮”就占两席。总之，“曲江”是郊野园林风景升华成为最具美学与文化意义之“家国象征”的典型。

而假如从“长安八景”入手，我们还可以有更深入的发现：西安碑林中，有一通刻于清康熙十九年（1680）的诗配画碑石，真切描述了著名的“长安八景”。

> 华岳仙掌、草堂烟雾、灞柳风雪、骊山晚照、曲江流饮、太白积雪、咸阳古渡、雁塔晨钟。

我们应该注意到：上述这些经典风景，一方面是一般大众都能够欣赏并获得审美愉悦的场所与景观，同时更主要的：1. 从景观文化的体系性来看，它们一般是比较宏大的山川地理景观，由此形成万千国民“**家园空间结构之中天际线的关键节点**”；2. 它们呈现的远不仅是单纯的自然美景，更主要的是一系列经典与深厚历史文化积淀充分融合的自然景观。

以“长安八景”中“草堂烟雾”为例：此“草堂”指西安附近的“草堂寺”，它原是东晋十六国时期后秦“逍遥园”的一部分，位于陕西省户县圭峰山，东临沣水，南对终南山圭峰、观音、紫阁、大顶诸峰，景色秀丽。草堂寺是中国佛教“三论宗”祖庭，并且是古代最早、规模最宏大的国立译经场，当年鸠摩罗什在此主持大规模的译经事业，因此成为佛教中国化历史进程的起始点。鸠摩罗什是中国佛教史上的四大翻译家之一，十六国时期后秦弘始三年（401）由龟兹（今新疆库车地区）迁居长安草堂寺，弘始十五年（413）病逝后葬于此（图31）。经鸠摩罗什翻译弘扬的“三论宗”在南北朝隋唐时期

广泛流行，因此草堂寺成为万民尊仰的宗教圣地。鉴于草堂寺当初在佛教史与中国文化史上这非比寻常的地位，雾霭晨曦中的草堂寺，也就成为能够引发后人深刻历史文化感受与审美、引发一代又一代悠远文化家园之思的景观。

图 31　草堂寺中的鸠摩罗什舍利塔

鸠摩罗什舍利塔俗称“八宝玉石塔”，仿木构石雕，呈八角亭阁式，高 2.5 米，用玉白、砖青、墨黑、乳黄等 8 色大理石及玉石分段雕刻再拼接而成。方形底座，边长 1.7 米，周围刻有 16 组浅浮雕图案。其上为多层圆盘状托座，满雕云水山石图案。上托八角塔身，雕有倚柱、板门、直棂窗和阑额等构件。塔顶为四角攒尖式，雕有椽头、屋脊、瓦垄。塔刹由须弥座、仰覆莲及宝珠构成。此塔造型精美端庄，是唐代佛教艺术中的珍品。本图由西安建筑科技大学杨夏怡拍摄并授权使用，谨此致谢。

类似例子又比如“咸阳古渡”。“咸阳古渡”并非寻常风景。首先，它是秦中西通陇蜀的第一大渡、古代丝绸之路（古代欧亚大陆桥）的龙头，所以相关历史积淀异常丰厚、相关的文化遗产让人目不暇接。在这里诞生了其后传唱千年的众多著名诗篇。

渭城朝雨浥轻尘，客舍青青柳色新。劝君更进一杯酒，西出阳关无故人。（王维《渭城曲》，《全唐诗》卷二十七）

而更重要的是，咸阳古渡在汉唐中国政治战略地理、经济地理等版图上，有着不可替代的重要地位：

渭水曾长期是贯通关中、河东、洛阳北方中原文化核心地带三大盆地的黄金水道，而因为这三大盆地（被称为“黄河金三角”）重要的地理位置，所以在中国政治经济中心移出长安至洛阳一线之前的相当长时期内，当时水量丰沛的渭水流域实际上是中国政治与经济首屈一指的生命线地区，并因此汇聚并贯穿着无数的重大历史文化事件与伟大家族与人物。[1]由此可见：作为“长安八景”之一的“咸阳古渡”，其直观的景物背后有着怎样的深刻意义。

所以，当我们大致了解了诸如此类唐代郊野风景所蕴含的巨大时空结构与深广文化积淀之后，再来读身羁边塞的岑参遇到马上就要东归长安的使节时写下的“故园东望路漫漫，双袖龙钟泪不干”等诗句，就能对我们国人的“故园之思”“桑梓情怀”有更深切的理解。

我们再看杭州西湖风景区的意义。唐代以后杭州城不断向西拓展的趋势与西郊西湖景区的关系极为密切。[2]杭州发展为“中国历史文化名城”，享有“上有天堂，下有苏杭”美誉的过程，也是杭州城与西湖风景区日益密切深入的融汇过程，与西湖风景周围在唐代以后日益兴盛的西湖文学、绘画、建筑、宗教、城市建设、历代英杰人物的生活情感方式、民间故事的流传等密切相关。

下面简略地讨论下中国美术史上的著名主题之一“西湖十景”。“西湖十景”至少在北宋就已经成型，至南宋则成为高度艺术化的完整景观体系，并且被拓展为著名的标志性美学范畴。

早如中国绘画史与山水审美史上占有重要地位的南宋杭州人叶肖岩，就绘制有《西湖十景图》，图 32 为其中的“苏堤春晓”及乾隆配诗。[3]

南宋至明清，“西湖十景”始终是中国古典美术中的一个经典主题。自南宋马麟《西湖十景册》（高士奇《江村销夏录》著录）、叶肖岩《西湖十景图册》（故宫旧藏，《石渠宝笈续编》著录）、陈清波《西湖十景图》（清代王毓贤《绘事备考》著录）等名作所形成的第一波热潮之后，以后历代相关创作更是日盛一日。

[1] 从标示的关中盆地、临汾盆地、洛阳盆地三者之间的血脉关系，对此可以有更清晰的了解。详见“地球知识局”公众号。

[2] 对有关内容更详细的叙述，见孙昌盛、张春英《古代杭州城市空间形态演变研究》，《浙江大学学报》，2009 年第 3 期，网络版：https://max.book118.com/html/2015/1009/26946106.shtm。

[3] 中国台北故宫博物院藏。

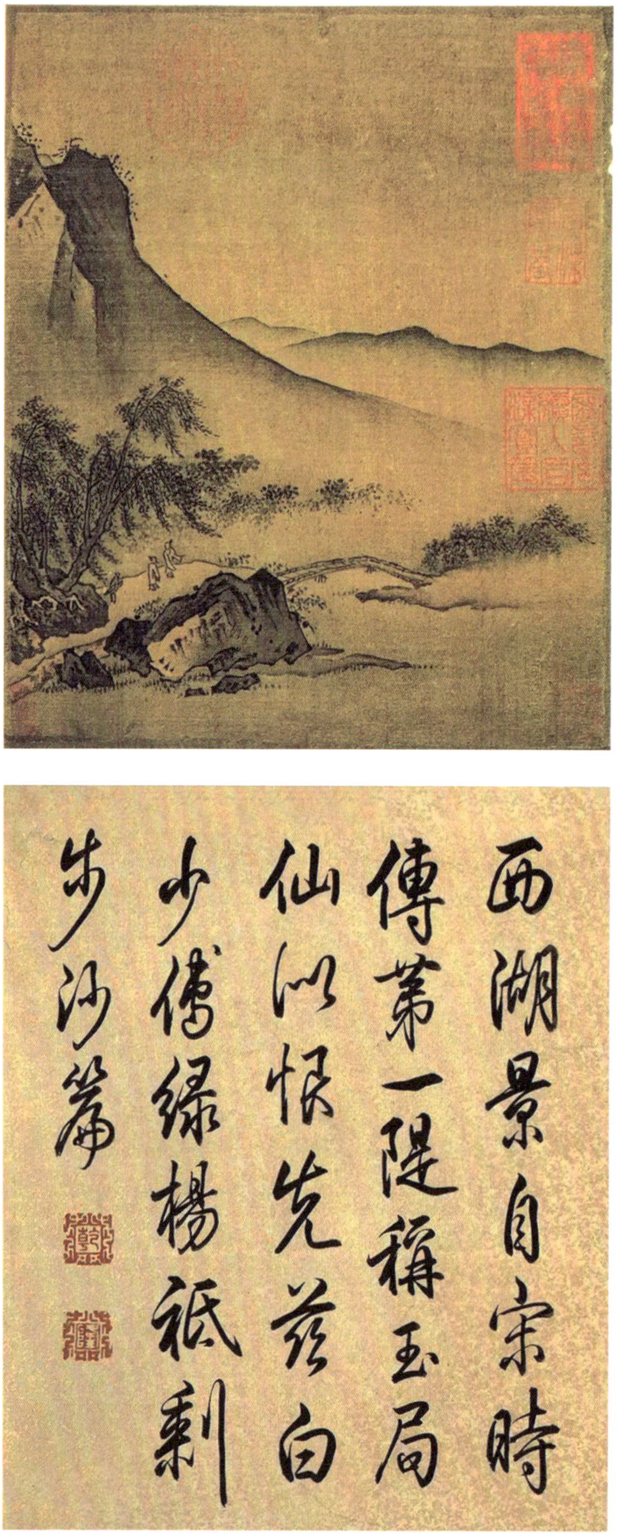

图 32 “苏堤春晓”及乾隆配诗

元代吴镇绘有《明圣湖十景册》，明代则有戴进《西湖十景》、李流芳《西湖十景图册》、蓝瑛《西湖十景图》、齐民《西湖十景图册》等大量作品。……（清代画家）王原祁、董邦达、钱维城、董诰等深得帝王器重的词臣都积极参与《西湖十景图》的创作。[1]

可见对于中国景观审美史来说，“西湖十景”主题越来越重要、越来越普及。

如果把视野拓展一些，我们还可以看到“西湖十景”后来成了中国古典艺术众多领域中共同的主题。比如“浙江在线”之浙江新闻频道在 2012 年 7 月 6 日报道：杭州市政协举行新闻发布会，宣布在古巴的一家国立博物馆中，发现了一件清代康熙年间的屏风，这座两米多高、四五米宽的漆器屏风上，详细地描绘了当时的“西湖十景”。再比如广东省博物馆陈列的一件制作于清道光三十年（1850）的“磨金漆画《西湖十景图》大寿屏”（图 33）。

[1] 岳立松《清代〈西湖十景图〉的“圣境”展现与空间政治》，《北京社会科学》，2016 年第 12 期，第 35 页；参见王双阳、吴敢《从文学到绘画——西湖十景图的形成与发展》，http://www.doc88.com/p-3387741629090.html。

图 33　磨金漆画《西湖十景图》大寿屏

可见，“西湖十景”主题逐渐由绘画而拓展到古典艺术的众多其他领域，并因此使山水与郊野风景在中国文化、中国居室艺术中具有更为广泛的影响。如浙江绍兴禹王庙中就以主题为西湖风景的大型石雕作为照壁图案；再如安徽歙县北岸村吴氏宗祠享堂“至德堂”的栏板石雕有“西湖六景”（图 34）。

图 34　苏堤春晓石雕栏板

甚至在文房用具的装饰图案中，这一主题也颇为流行。比如下面图 35 是乾隆“西湖十景墨”正面的十景图画，图 36 是乾隆为十景图逐一配的诗。总之，“西湖十景”这个宋代以后日益丰富、完善的郊野风景体系，逐渐发展为中国山水文化艺术、中国生活审美等领域中具有广泛影响力的经典主题与范式。

图 35 “西湖十景墨”正面

图 36 “西湖十景墨”背面乾隆配诗

而我们说，这样一种发展方向与脉络，在中国文化史上是有深刻意义的。我们以安徽歙县北岸村吴氏宗祠享堂“至德堂”的石雕栏板“西湖六景”为例，将这种美术风格与著名的汉代山东嘉祥武氏祠（武梁祠）画像石（图 37）作比较。

汉代祠堂的雕刻画内容为伏羲、女娲、神农、祝融、黄帝、颛顼、喾、尧、舜、禹、桀等诸多帝王、神祇，以及孝子、荆轲刺秦王等故事，而这样一些内容与“西湖六景”石雕栏板相比当然是非常“原始”的，这说明由于风景文化（郊野园林）长时期发展等原因，我们民族的宗教理念、信仰心理、审美理念发生了很大的变化。

所以需要我们留意之处在于，“长安八景”“西湖十景”“燕平八景”等主要以城市郊野风景与郊野园林为支撑的“城市宏观景观系统”不断叠加建构，加之宋明以后一直延续着的与无数城市居住者持续的审美互动，不断发展与深化着具有我们民族特色的“城市文化学与景观美学”。

下面举一些大家平时可能都熟悉却不一定仔细体会过的例子。比如山东省济南市古称“历城”，有关“历城八景”的最早文字记载见于明崇祯六年的《历乘》，此八景是：锦屏春晓、趵突腾空、佛山赏菊、鹊华烟雨、汇波晚照、明湖泛舟、白云雪霁、历下秋风。

再比如扬州八景：白塔晴云、石塔霓虹、钩台春晓、虹桥卧波、长堤拂柳、栖灵晚钟、文峰扬帆、何园水心。

图 37　汉代山东嘉祥武氏祠（武梁祠）画像石

又比如北京郊区“风水宝地”昌平，其“燕平八景”是：松盖长青、天峰拔萃、石洞仙踪、银山铁壁、虎峪辉金、龙泉喷玉、安济春流、居庸霁雪。

先说“天峰拔萃”。规模庞大的明十三陵陵区都是以背靠的“天寿山”为屏障，因为有这一特殊的尊仰理由，所以“天峰拔萃”所指的天寿山理所当然成为北京北郊一处比较重要且极具中国都城特点的风景名胜。

再比如“燕平八景”中“居庸霁雪”所指的居庸关景色，加之居庸关气势险峻、其地长城雄伟（居庸关向北扼守北京及华北的咽喉），因而在北京乃至华北自然与人文景观序列中都占有非常重要的位置。

再比如“燕平八景”之一的“铁壁银山”。“铁壁银山”位于北京昌平的深山区，距十三陵直线距离 5 千米。从山脚到峰顶，大都由黑色花岗岩组成，层叠而上，石壁坚仞，远看如同铁山壁立；又因冬季雪后，冰雪层积，阳光照耀，色白如银，所以又有“铁壁银山”之称。此处塔林于 1988 年被列为国家重点文物保护单位。

“铁壁银山”值得留意，除了风景特点这个原因之外，还因为它非常典型地展示着中国都城与宗教文化、大型宗教建筑群景观之间极密切的关系：此处佛寺历史悠久，唐代著名高僧邓隐峰曾到此讲经说法，后代僧人为了纪念他，在其讲经处建造了一座高约4米的石塔，名为“转腰塔”，至今尚存。至辽代大安年间，银山中峰之下建起了规模宏大的“大延圣寺”。除此寺外，还有众多著名的寺庙。金代天会三年大延圣寺重修后，名僧佛觉、晦堂、懿行、虚静、圆通等，都曾先后云游至此、演讲佛法。据记载，当时这里常住僧人达500余人，他们圆寂后即在附近修塔入葬，日深年久墓塔林立错落、数不胜数，形成了十分壮观的塔群。后来诸多寺院都被焚烧殆尽，至今仅存辽金时的五座大塔，元明时期的十几座小塔。五座大塔中，佛觉、懿行、晦堂三塔为八角形，砖砌仿木结构；圆通、虚静二塔为六角形。虚静塔年代稍晚，距今也有900年的历史——所以银山塔林是一处宗教与艺术文化都积淀深厚的禅林遗迹；同时也是人文景观与自然景观四季辉映的地方（图38）。

几年前我因厌烦北京城里的喧闹，到塔林旁边的小山村里租了个小院子，除了冬天之外平时多住这里，白天看书种菜；晚饭后经常到塔林一带散步，然后独坐在塔林里，

图38　银山塔林

看着古塔的高耸身影是如何一点儿一点儿浸没在无边的暮色与沉静苍茫的山影之中，体会一下千百年前那些高贤大德们的心境与持守：为什么那些忘却一己之声闻的修行者与艺术家反倒能够穿越千百年的杳渺时空、能够窥破世间无数的翻云覆雨，在历史长河中刻录下自己生命的结晶。

总之，大约从宋代以后，以上述方式提炼与打造城市的景观系统，成为我们民族文化史、美学史中一种相当通行、广大国民喜闻乐见的模式与路径。其要点如下。

1. 精要地提炼出若干处堪称经典的城市景观（包括郊野景观），组合成为涵盖四时时序、诸多山水地貌特征（上述两项之合成，构成了中国人所尊崇的“天道自然”）等自然风物的“宏观城市景观”，并以此为链条打造出城市景观的完整时空架构及特定美学风格的主题；

2. 将城市的自然景观体系与城市所涵纳的历史人文景观充分融合，从而形成具有深刻文化积淀的“城市景观系列的人文内蕴”，**以此为基础构建出一代又一代中国人的“心灵家园”**。

为更好地理解上面对郊野园林之文化与美学意义的概括，不妨重温梁思成与林徽因先生介绍北京郊区诸多古典建筑遗存的著名文章《平郊建筑杂录》（其中的黑体字是我标出的）：

> 北平四郊近二三百年间建筑遗物极多，偶尔郊游，触目都是饶有趣味的古建。其中辽、金、元古物虽然也有，但是大部分还是明清的遗构；有的是煊赫的“名胜”，有的是消沉的“痕迹”；有的按期受成群的世界游历团的赞扬，有的只偶尔受诗人们的凭吊，或画家的欣赏。
>
> 这些美的存在，在建筑审美者的眼里，都能引起特异的感觉，在**“诗意”和“画意”之外，还使他感到一种“建筑意”的愉快**。这也许是个狂妄的说法——但是，什么叫做“建筑意”？我们很可以找出一个比较近理的含义或解释来。
>
> 顽石会不会点头，我们不敢有所争辩，那问题怕要牵涉到物理学家，但**经过大匠之手艺，年代之磋磨，有一些石头的确是会蕴含生气的**。天然的材料经人的聪明建造，再受时间的洗礼，成美术与历史地理之和，使它不能不引起赏鉴者一种特殊的性灵的融会，神志的感触，这话或者可以算是说得通。
>
> **无论哪一个巍峨的古城楼，或一角倾颓的殿基的灵魂里，无形中都在诉说，乃至于歌唱**，时间上漫不可信的变迁；由温雅的儿女佳话，到流血成渠的杀戮。他们

所给的“意”的确是“诗”与“画”的。但是建筑师要郑重郑重的声明，那里面还有超出这“诗”“画”以外的“意”存在。眼睛在接触人的智力和生活所产生的一个结构，在光影可人中，和谐的轮廓，披着风露所赐予的层层生动的色彩；潜意识里更有“眼看他起高楼，眼看他楼塌了”凭吊与兴衰的感慨；偶然更发现一片，只要一片，极精致的雕纹，一位不知名匠师的手笔，请问那时锐感，即不叫他做“建筑意”，我们也得要临时给他制造个同样狂妄的名词，是不？（《中国营造学社汇刊》第 3 卷第 4 期）

以前大家主要是从此文提出“建筑意”命题来评价这篇文章的意义，但如果我们能够进一步从“**中国人的家园情怀与郊野风景及建筑遗产之间的关系**”着眼而认真重读此文，我想一定会有更多、意蕴更深的收获。

图 39　英国爱丁堡市郊大型植物园中的“中国坡”

因为说明这个问题对于我们真正理解郊野园林相当重要，所以再简略提出一个参照。图 39 是英国爱丁堡市郊大型植物园中的“中国坡”，设计者在此处集中展示来自中国的相当丰富的植物物种，还模仿中国风格建造了凉亭（图 40），甚至在中国式的凉亭屋脊上特别塑造了龙的形象（图 41）。

显而易见，尽管在形貌上，这里园林景观的中国风格元素相当丰富，但因为缺少了前面列举分析的那贯通中国历史文化整体的**生命意味、生命线索**，所以在其中就不可能获得林徽因先生所说的那种“无形中都在诉说，乃至于歌唱”

图 40　爱丁堡植物园中的中式凉亭

图 41　中式凉亭屋脊上的龙

的景观审美意象。

所以我们说:“郊野景观审美与建构中国人心灵家园”这个视角，对于真正理解中国传统的郊野风景园林有重要的意义。

本文根据作者 2018 年 12 月 27 日在中国美术学院建筑设计院的讲稿改写而成。

（王毅，曾为中国社会科学院哲学所研究员，2004 年退休。）

唐长安城的建制应是日本平城京直接模仿的唯一原型之我见

王维坤

一、引言

7世纪末至8世纪末的100余年间，正值中国唐代政治、经济、文化的繁荣昌盛时期，同时也是日本遣唐使的大交往历史时期。当时，日本在现在的奈良和京都盆地先后建造了藤原京（694—710）、平城京（710—784）、长冈京（784—794）和平安京（794—1868）等数座都城。其中，以平城京和平安京的建筑规模为最大，且持续时间为最长。

毋庸讳言，日本的遣唐使者无论是在中日古代文化交流方面，还是在古代都城模仿中国都城建制方面都扮演了极其重要的媒介角色，发挥了相当大的作用。今天，中日学者有幸从考古学的角度共同探讨日本古代都城的建制与模仿问题，这不仅有助于对中日古代文化交流史的深入研究，而且也有助于对日本都城如何直接模仿中国古代都城原型的深入探究。

二、唐长安城的建制与日本平城京的对比研究

迄今为止，我从事中日古代都城的对比研究已经40多个春秋了，随着近年来新的考古学资料不断发现，中日古代都城的对比研究和模仿原型的探究成为可能。故拟从以下十五个方面入手，谈谈我对这一问题的一孔之见，以求教于中日学术界同仁。

1. 在迁都诏令上的模仿

公元581年，隋文帝杨坚夺取了北周政权，建立了大隋帝国。起先，他是以旧城汉长安城为都，但这仅是权宜之计。很显然，旧城要继续作为新一代首都不仅不能适应日趋变化的社会形势，而且也不能根除隋文帝“宫内多妖异”的最大心病。正因为如此，开皇二年（582），隋文帝便着手选择新城城址和实施宏大的迁都计划。其迁都的根本原因在诏令中讲得一清二楚。诏令中这样写道：“朕祗奉上玄，君临万国，属生人之敝，处

前代之宫。常以为作之者劳，居之者逸，改创之事，心未遑也。而王公大臣陈谋献策，咸云羲、农以降，至于姬、刘，有当代而屡迁，无革命而不徙。曹、马之后，时见因循，乃末代之宴安，非往圣之宏义。此城从汉，凋残日久，屡为战场，旧经丧乱。今之宫室，事近权宜，又非谋筮从龟，瞻星揆日，不足建皇王之邑，合大众所聚。论变通之数，具幽显之情，同心固请，词情深切。然则京师百官之府，四海归向，非朕一人之所独有。苟利于物，其可违乎！且殷之五迁，恐人尽死，是则以吉凶之土，制长短之命。谋新去故，如农望秋，虽暂劬劳，其究安宅。今区宇宁一，阴阳顺序，安定以迁，勿怀胥怨。”[1]另外，汉城由于地处渭河南岸不远的地方，河床不断南移，必然会对都城的安全造成威胁，所以文帝朝思暮想都要另筑新都。据《隋唐嘉话》记载：“隋文帝梦洪水没城，意恶之，乃移都大兴。”不过，术者认为“洪水，即唐高祖之名也”。[2]这一解释，显然是不能令人信服的。还有，汉城一直为帝都，地大人众，加以岁久壅底，垫隘秽恶，聚而不泄，则地下用水变得咸卤难饮，不具备人们继续在此生活的必备条件。据《资治通鉴》记载，开皇二年（582），通直散骑庾季才向隋文帝上奏曰：“臣仰观乾象，俯察图记，必有迁都之事。且汉营此城，将八百岁，水皆咸卤，不甚宜人。”再者，“隋主嫌长安城制度狭小，又宫内多妖异”。[3]以上所述，我认为正是隋文帝执意要迁都的原因所在。

无独有偶的是，日本在建造平城京前夕，元明天皇于和铜元年（708）二月十五日也颁布过一道诏令。如果要将其内容逐文逐句同隋文帝的诏令来比较的话，说它是隋文帝诏令的摹本与浓缩版并不为过。诏文这样写道：“朕祗奉上玄，君临宇内，以菲薄之德，处紫宫之尊。常以为作之者劳，居之者逸，迁都之事，心未遑也。而王公大臣咸言，往古已降，至于近代，揆日瞻星，起宫室之基。卜世相土，建帝皇之邑，定鼎（本文作者注：原文中此字写作‘昜’和‘斤’的复合字，应是‘鼎’字的异写体。）之基永固，无穷之业斯在。众议难忍，词情深切。然则京师者，百官之府，四海所归，唯朕一人，岂独逸豫。苟利于物，其可违乎！昔殷王五迁，受中兴之号，周后三定，致太平之称，安以迁其久安宅。”[4]由此可见，日本平城京的迁都思想显然是从隋唐长安城的迁都思想那里抄袭过去的。因此两者在总体规划、平面布局以及许多方面所表现出来的高度一致性，并不是偶然的现象，而应是后来者模仿前者的一种必然结果。仅凭这一点就足以说明，

[1] 魏征等《隋书》卷1《高祖上》，中华书局，1973年。

[2] 刘餗撰，程毅中点校《隋唐嘉话》（唐宋史料笔记丛刊），中华书局，1979年。

[3] 司马光《资治通鉴》卷175，中华书局，1956年。

[4]〔日〕黑板胜美编《新订增补国史大系·续日本纪》第2卷，吉川弘文馆，1966年，第34页。

日本平城京的直接模仿原型，只能是唐长安城，而不可能是唐长安城以外的任何其他都城。

2. 在城址地理位置上的模仿

首先，隋文帝相当重视新都地理位置的选择与四神（即四灵）以及阴阳五行之间的相互协调关系。他采用“卜食相土”的方法，将城址选在汉长安城东南20里“宜建都邑”的龙首山之南。正如诏令所说：“龙首山川原秀丽，卉物滋阜，卜食相土，宜建都邑，定鼎之基永固，无穷之业在斯。”[1]显而易见，这里是“宜建都邑”的理想之地。不仅如此，这里的“风水”也可谓上乘，坐北朝南，形成“南面称王”之势（图1）。

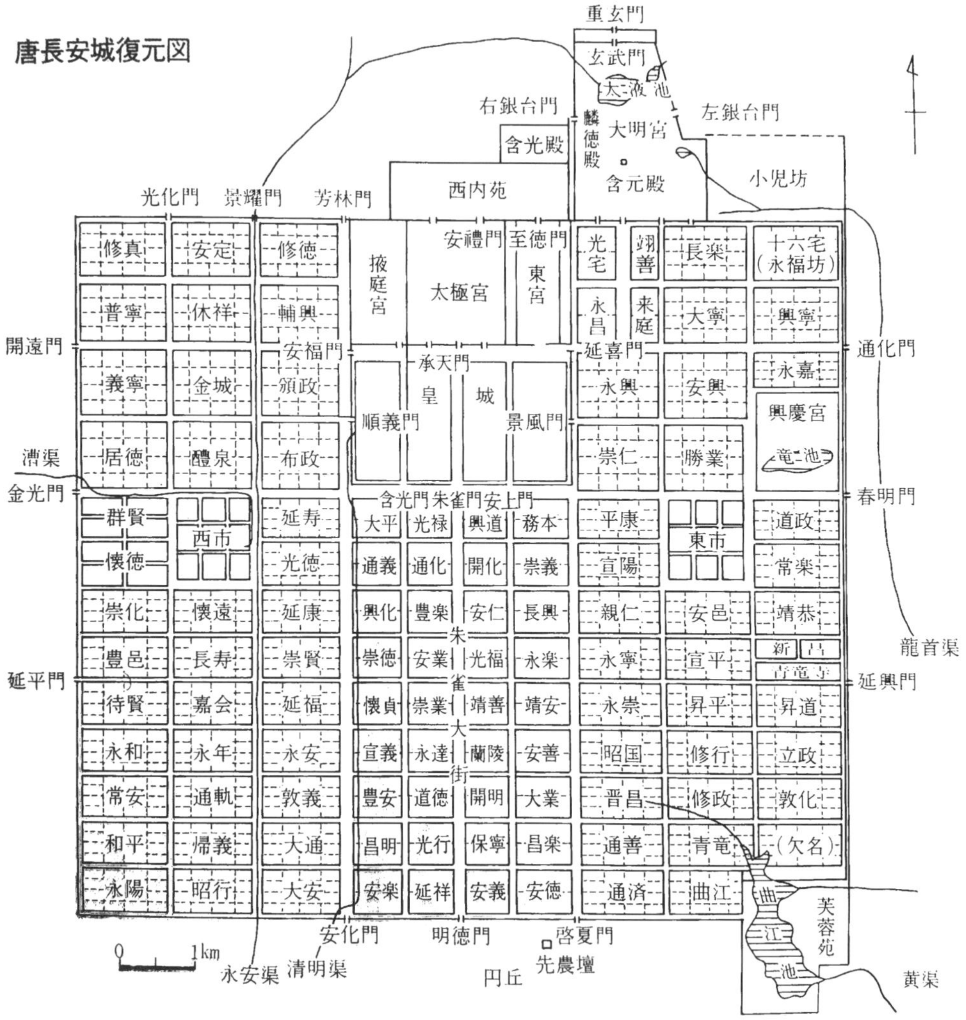

图1　唐长安城复原图（王维坤作图）

（引自王维坤《平城京の模仿原型》，上田正昭编《古代の日本と东アジア》），小学馆，1991年）

[1] 魏征等《隋书》卷1《高祖上》。

具体来说，“前直子午谷，后枕龙首山，左临灞岸，右抵沣水”。[1]如果要将都城周围这四大要素同日本平城京的所谓“四禽叶图”结合起来分析的话，那么我认为当时宇文恺在总体设计隋大兴城时，很有可能是将“左龙右虎辟不羊（祥），朱鸟（雀）玄武顺阴阳”的“四神”[2]也贯穿其中。即将北边的龙首山当作玄武，南边的子午谷（终南山）视为朱雀，左边的灞河作为青龙，右边的沣水看成白虎来进行设计建造的。

日本在和铜元年（708），元明天皇决定将都城从奈良盆地南侧的藤原京迁到北侧的平城京。不过，在新都城地址选择这个问题上，可以毫不夸张地说，平城之地的选择完全是隋大兴城城址选择的一种翻版。它也是利用“龟筮并从”的占卜方法，将新城址选在“宜建都邑”的奈良盆地北部。在和铜元年二月十五日颁布的诏令中明确指出：“方今，平城之地，四禽叶图，三山作镇，龟筮并从，宜建都邑。”[3]早在1988年，日本青山学院大学教授吉田孝先生就对此作了详尽的考证。他认为诏令中的所谓“四禽叶图”，就是将东边的流水作为青龙；将南面的池畔作为朱雀；将西面的大道作为白虎；将北边的高山作为玄武。因此，我认为这与隋大兴城“前直子午谷，后枕龙首山，左临灞岸，右抵沣水”的设计理念是不谋而合的，同时这一设计理念也完全符合中国传统的阴阳五行思想。所谓“三山作镇”，就是指东边的春日山、北边的奈良山、西边的生驹山而言。对此地进行占卜的结果，同样表明也是十分吉利的。[4]正因为如此，才将这里选定为“宜建都邑”的风水宝地。如果要将两者在“四神”地理位置的选择上加以比较的话，我想谁也不会否定这是后者对前者的一种直接模仿（图2）。

3. 在“帝城横亘六岗”位置利用上的模仿

特别值得一提的是，宇文恺在设计建造隋大兴城时有效利用了“帝城横亘六岗（即六条高坡）”[5]的自然地理条件，并作了一种唯心主义的解释，将其视为乾卦六爻。即“宇文恺置都，以朱雀门街南北尽郭，有六条高坡，象乾卦。故于九二置宫阙，以当帝之居；九三立百司，以应君子之数；九五位贵，不欲常人居之，故置元都观、兴善寺以镇之”[6]。不过，爻本身有阴爻和阳爻之分，称呼也不尽相同。阴爻分别称之

[1] 徐松撰，张穆校补，方严点校《唐两京城坊考》，中华书局，1985年。
[2] 孔祥星、刘一曼《中国铜镜图典》，文物出版社，1994年。
[3] 黑板胜美编《新订增补国史大系·续日本纪》第2卷，第34页。
[4]〔日〕吉田孝《大系日本の历史3·古代国家の步み》，小学馆，1988年。
[5] 宋敏求《长安志》卷7《唐皇城》，成文出版社，1931年。
[6] 王溥《唐会要》卷50，中华书局，1998年。

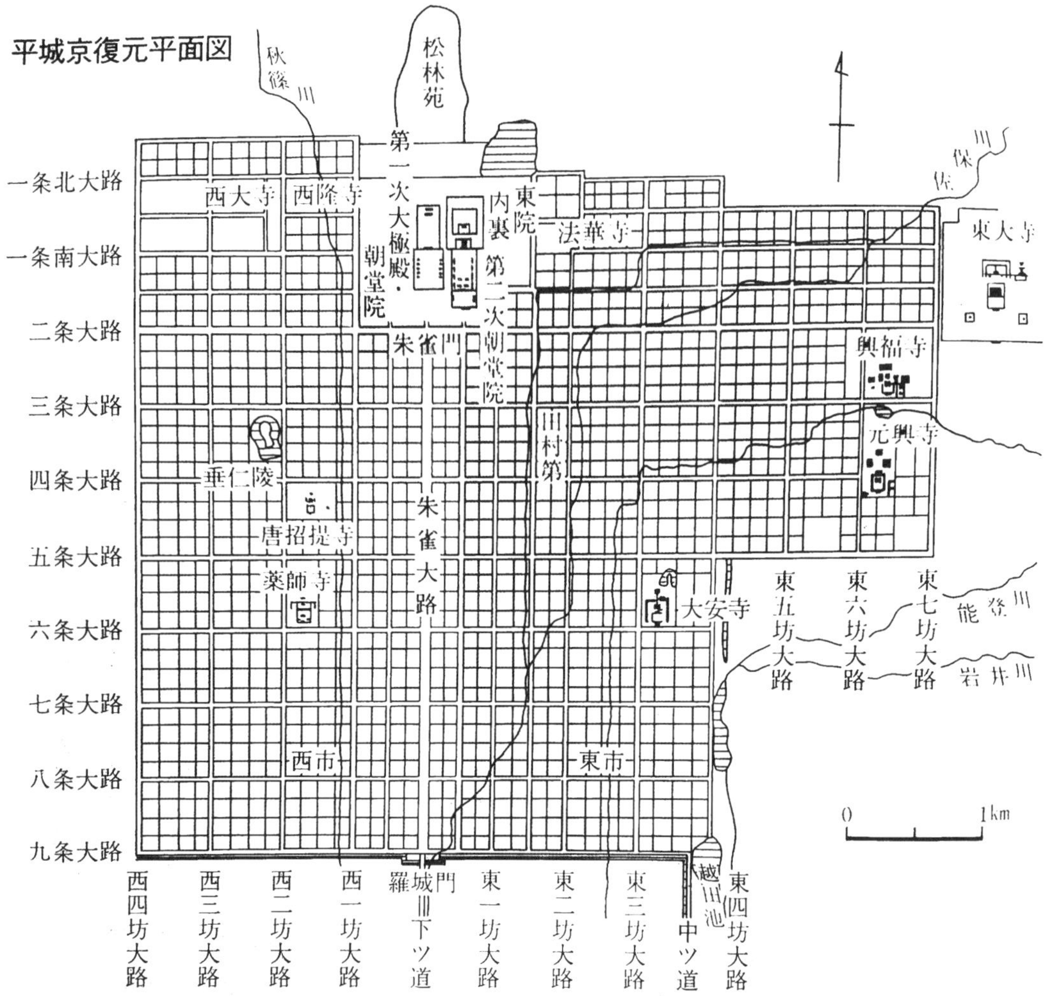

图 2　平城京复原图（王维坤作图）

（引自王维坤《平城京の模仿原型》，上田正昭编《古代の日本と东アジア》）

为初六、六二、六三、六四、六五、上六；阳爻则分别称之为初九、九二、九三、九四、九五、上九。日本学者平冈武夫先生认为，六条高坡应该视为《周易》中的乾卦六爻，即模拟了乾卦六爻的图像形状。并按照阳卦的称谓，自北向南依次排列。[1]

1983 年，马正林先生也对六条高坡进行了颇有意义的探讨，取得了很大的成绩[2]。岸俊男先生参考马正林先生的研究成果绘制了图 3。

现在看来，将其中的“九一”“九六”分别改称为“初九”“上九”要更为确切一些。到了唐代，达官显贵们将六条高坡视为官运亨通的风水宝地，纷纷抢占六坡，营建理想

[1]〔日〕平冈武夫《唐の长安》，《历史の教育》，1966 年；平冈武夫《唐代の长安と洛阳》，京都大学人文科学研究所，1956 年。

[2] 马正林《唐长安城总体布局的地理特征》，《历史地理》第三辑，上海人民出版社，1983 年。

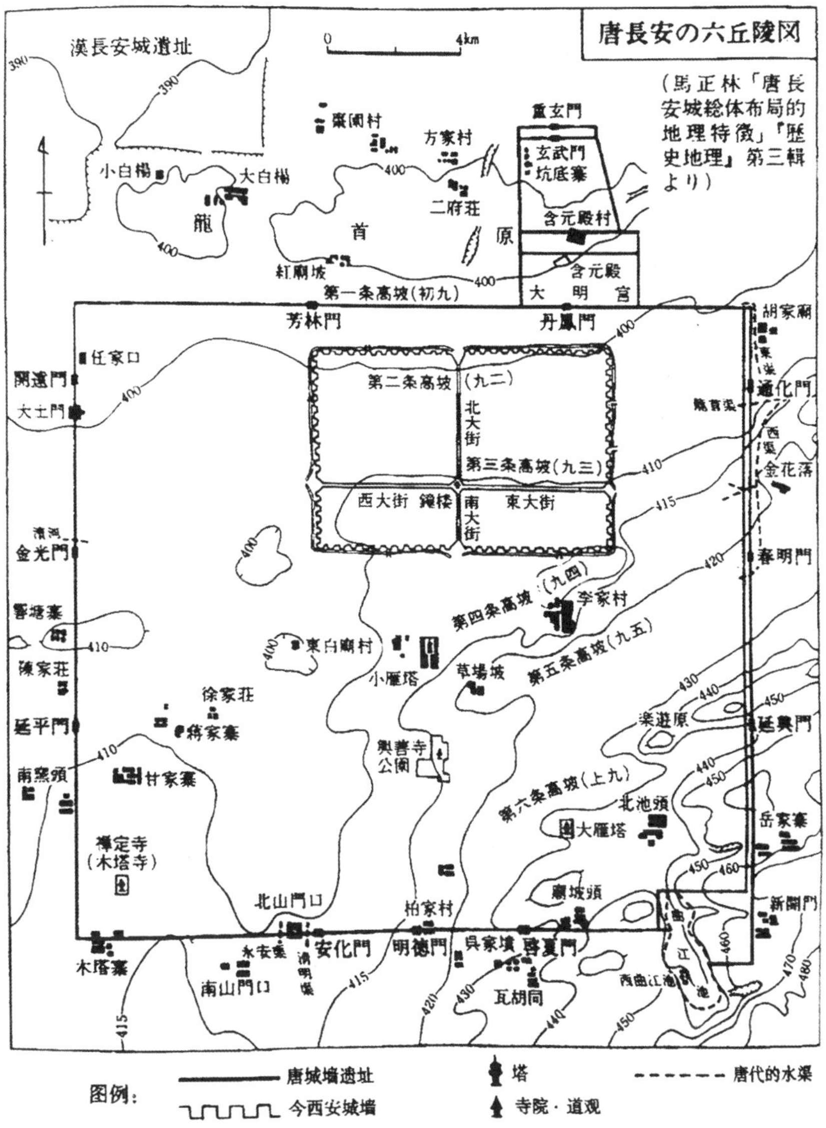

图 3　唐长安城六坡地形示意图

（〔日〕岸俊男编《日本の古代9・都城の生态》，中央公论社，1987年，第109页）

私宅。其中，天宝年间将作大匠康謍便将自己的宅第建在比“上九”还高出数米的新昌坊，就是一例。“謍自辨图阜，以其地当出宰相，每命相謍必引颈望之”。[1] 当然，在众目睽睽之下要将私宅建在六坡高岗上，不管原因如何必然都会遭到一些流言蜚语。“帝城东西，横亘六岗，合易象乾卦之数”，唐宪宗时曾因此发生过这样一件事：裴度从兴元（今汉中市）入朝，由于将私宅建在“九五”高岗的永乐坊（即平乐坊），立即成为反对派张权舆攻击的主要话柄。他向皇帝进谗言道：“度名应图谶，宅（在《新唐书》中改为

[1] 徐松撰，张穆校补，方严点校《唐两京城坊考》。

‘第’）据岗原，不召而来，其意可见。”[1]

平城京的地势，虽然不存在长安城那样“帝城横亘六岗”的现象，但是北高南低的情况也是有目共睹的。从海拔高度上来说，最高处与最低处的高差居然也达到了28米，[2]形成了几道自北向南的高岗走势。尽管在日本古文献中，还没有找到有关地势方面的明文记载，但我认为平城京的内里、大极殿、朝堂院无疑都是建立在同长安城宫城和皇城一样的高岗之上。即使在建设之初这里并非高地，也一定要依靠人工力量首先用土夯筑成一个相当大的高台，然后在其上面建造宏伟的宫殿。否则平城京朝堂院之前就不会出现像唐长安城大明宫含元殿前“龙尾道”那样的“龙尾坛”了。“坛”本身就是“土筑高台”的意思。因此我认为，平城京朝堂院前面的“龙尾坛”就是直接模仿唐长安城大明宫含元殿前面的“龙尾道”而来的。[3]

当年在建造东大寺、西大寺、兴福寺、元兴寺、唐招提寺、药师寺、大安寺等寺院时，寺址都应该选择在比较高的地方。与之相应，奈良时代的贵族宅邸不仅面积大，而且所处位置显赫，距太极宫较近。其中，藤原仲麻吕的宅邸最具有代表性。据岸俊男先生考证：该宅邸位于左京四条二坊的田村第，所占土地面积为8坪。[4]如果一条坊等于16坪，按照一条坊为120米见方计算的话，那么8坪的面积就是7,200平方米，可折合10.8市亩。可见，藤原仲麻吕的宅邸是相当豪华的。

4. 在隋唐长安城宫城与皇城结合体上的模仿

隋唐长安城的北部是宫城与皇城的所在地。宫城位于全城的北部中央，中为太极宫，东为东宫，西为掖庭宫，是皇帝会见群臣、处理朝政及与太子、嫔妃等居住之处；皇城位于宫城之南，是中央衙署机关的所在地；无独有偶的是，日本平城京的北部中央，同样集中安排着相当于隋唐长安城宫城与皇城的内里（亦称“大内”或“大内里”）、大极殿与朝堂院。如果说隋唐长安城的宫城和皇城属于二位一体的建制，那么平城京的内里、大极殿与朝堂院也可以说是三位一体的建制。从其所在位置和社会功能上来比较，谁也否认不了这是日本平城京对隋唐长安城宫城与皇城的模仿。因此，我认为将平城京的内

[1] 刘昫等《旧唐书》卷170《裴度列传》，中华书局，1975年；欧阳修、宋祁《新唐书》卷173《裴度列传》，中华书局，1975年。

[2] 王维坤《中日の古代都城と文物交流の研究》，朋友书店，1997年。

[3] 王维坤《唐长安城における大明宫含元殿の发掘と新认识》（〔日〕森浩一、松藤和人编《同志社大学考古学シりーズⅦ考古学に学ぶ—遗构と遗物》），明文印刷株式会社，1999年。

[4] 岸俊男《藤原仲麻吕の田村第》，《日本古代政治史研究》，塙书房，1966年。

里、大极殿与朝堂院视为隋唐长安城宫城与皇城的结合体是不无道理的。

首先，从其宫城名称和位置上来分析，我认为平城京的“内里”之制就直接来源于隋唐长安城的宫城之制。当然，包括“内里”“大内”这些名称在内的平城京宫都制度，毫无疑问都是从隋唐长安城那里继承过去的。“内里”在唐代的本意就是指“宫内”。例如，王建《送宫人入道》诗云：“问师初得经中字，入静独烧内里香。”《旧唐书·李辅国传》里也有这样的记载：“大家但内里坐，外事听老奴处置。”其实，“大内”在唐代也是“皇宫”的总称。白居易《和刘郎中学士题集贤阁》诗中这样写道：“傍闻大内笙歌近，下视诸司屋舍低。”进而言之，平城京的“大极殿”之名也是从隋唐长安城那里直接继承过去的。众所周知，隋代初年将新建的都城称之“大兴城”、宫城称之“大兴宫”、正殿称之“大兴殿”。唐代将城、宫、殿的名称分别改为“长安城”“太极宫”和“太极殿”。在中国古代汉语中，由于“太”字与“大”字是通假字，所以这两个通假字后来也被古代日本人继承过去了。所以说，唐长安城的太极殿就变成了平城京的大极殿。

其次，我认为平城京的朝堂院就相当于隋唐长安城的皇城，同样是百僚廨署的集居地。大家知道，隋唐长安城的皇城，俗称“子城”，位于宫城之南。皇城东、西、南三面筑有城墙，北面以横街与宫城相隔。横街的宽度，“南北广三百步”，约合 441 米。[1] 我认为与其说是一条横街，倒不如是一个“宫廷广场”。无独有偶的是，平城京在大极殿的前边也设有朝堂院。朝堂院有围墙，院内左右对称地排列着 12 座殿堂，中央为广场。[2] 如果要追溯朝堂院建制的来龙去脉的话，那无疑也是模仿了隋唐长安城中的朝堂制度。据《大唐六典》记载，长安城不仅在太极宫承天门前设有朝堂，而且形制与大明宫含元殿两阁之前的朝堂十分相似。前者的考古工作目前尚未开展；后者的遗迹已被考古发现所证实。即在含元殿左右两侧的“翔鸾阁”和“栖凤阁”之前，设立了朝堂。不仅位置对称、面积相同，而且还设置有“肺石”和“登闻鼓”。[3] 这与程大昌《雍录》卷 3 中记载的情形完全相同。所以我认为，日本平城京大极殿前的朝堂院，不仅沿用了中国朝堂的名称，而且还模拟了隋唐长安城皇城，设立了省、寺、台、监等政务机构。其实，中国在宫城之南设立皇城的制度是从隋大兴城开始的。隋文帝之所以要在大兴城宫城之前新设立皇城，重要意图在于“自两汉以后，至于晋、齐、梁、陈，并有人家在宫阙之间。

[1] 张永禄《唐都长安》，西北大学出版社，1987 年。

[2] 王仲殊《平城京遗址》(中国大百科全书考古学编辑委员会《中国大百科全书·考古学》)，中国大百科全书出版社，1986 年，第 365 页。

[3] 马得志《唐代长安与洛阳》，《考古》，1982 年第 6 期。

隋文帝以为不便于民（笔者注:《唐两京城坊考》卷1改‘民’为‘事’），于是在皇城之内惟列府寺，不使杂人居之，公私有便，风俗齐肃，实隋文（帝）新意也”。[1]隋文帝的“新意”，显而易见就是想将一般的居民区与府寺彻底分开，隔得越远越好。从目前掌握的资料来看，我认为宫城之前设立皇城的制度，萌芽于魏晋时期，过渡于南北朝时期，成熟于隋唐时期。[2]因此，萌芽与过渡时期的都城，根本不存在所谓的皇城，怎么会成为日本藤原京和平城京的模仿对象呢?

再是，从位置上来分析，日本平城京的内里、大极殿、朝堂院与隋唐长安城的宫城、皇城恰好安排在同一位置上，都是位于全城的北部中央，既不偏东，也不偏西。尤其值得一提的是，自从隋大兴城开始出现皇城以后，皇城同宫城就结为一对孪生姊妹，彼此不再分开，总是被安排在一起。同时也应该强调指出，虽然当时的建筑大师宇文恺先后都直接参与了隋大兴城（唐长安城的前身）和隋洛阳城（唐洛阳城的前身）的设计与建造工程，但是却把两者的宫城和皇城安排在不同的位置上。隋唐长安城的宫城和皇城被安排在全城的北部中央，而隋唐东都洛阳城的宫城和皇城被安排在全城的西北隅。究其原因，我认为这与隋大兴城的“首都”地位和隋洛阳城的“陪都”位置以及洛阳城的具体地势都有着密切的关系。[3]对此，宿白先生也发表过颇有见地的见解。他指出:“东都洛阳城的宫城、皇城位于都城的西北隅。这是有意区别于京城大兴的布局……可知这样的规划是下京城一等的。”[4]如果这个推测不错的话，那么我认为“下京城一等的”隋唐洛阳城显然不能成为日本平城京的模仿对象，而唐长安城才是日本平城京真正模仿的唯一蓝本。这一点，从日本平城京内里、大极殿、朝堂院与隋唐长安城宫城、皇城的所在位置上就可以看得一清二楚。

5. 在隋唐长安城里坊划分和里坊内部区划上的模仿

隋唐长安城的里坊设计是以皇城南北大街朱雀大街为中轴线，将全城分为东、西两大部分，并形成了东、西完全对称的格局。东侧南北向5行纵坊，东西向13排横坊，共计54坊和1市；西侧同样是南北向5行纵坊，东西向13排横坊，共计54坊和1市。这

[1] 宋敏求《长安志》卷7《唐皇城》。

[2] 王维坤《试论中国古代都城的构造与里坊制的起源》,《中国历史地理论丛》，1999年第1期。

[3] 王维坤《试论隋唐长安城的总体设计思想与布局——隋唐长安城研究之一》(西北大学文博学院编《考古文物研究——纪念西北大学考古专业成立四十周年文集1956—1996》)，三秦出版社，1996年。

[4] 宿白《隋唐长安城和洛阳城》,《考古》，1978年第6期。

样一来，全城合计108坊（高宗龙朔以后为110坊，玄宗开元以后减到109坊[1]和两市）。其实，里坊的这种排列并不单纯是为了对称，而且还包含了一定的寓意。即“皇城之东尽东郭，东西三坊。皇城之西尽西郭，东西三坊。南北皆一十三坊，象一年有闰。……皇城之南，东西四坊，以象四时。南北九坊，取则《周礼》九逵之制。隋《三礼图》见有其像”。[2]这种解释，在现在看来是唯心的、滑稽可笑的。但在宇文恺设计大兴城时，他遵照隋文帝的“新意”，在里坊布局的设计上似乎是有一定的考虑。例如，皇城之南的4行纵坊，不开北门，就是一个明显的事例。这36个里坊，不仅面积小，而且只开东、西二门。之所以不开北门，完全是出于隋文帝的一种忌讳。由于这些里坊“在宫城直南，（隋文）不欲开北门，泄气以冲城阙”，因而，“每坊但开东西二门”。[3]另据《雍录》记载：“每坊皆有门，自东西以出街，而坊北无门。其说曰：‘北出即损断地脉，此压胜术也。’隋文帝多忌讳，故有司希意如此。”除此之外的6行纵坊，不仅面积明显增大，而且是“每坊皆开四门，有十字街四出趣门”。[4]宿白先生首次对这些里坊进行了复原研究，认为这些里坊首先是用“十字街”将全坊分为“四区”，每面各开一门，然后再用“井字巷”划分，形成“十六区”的格局，如本文图1所示。它们分别称为“东北隅、东门之北、北门之东、十字街东之北、东门之南、东南隅、十字街东之南、南门之东、北门之西、十字街西之北、西北隅、西门之北、十字街西之南、南门之西、西门之南、西南隅”。[5]宿白先生的这一论断，已被考古发掘的部分里坊新资料所证实。永宁坊的十字街道宽度为15米，井字巷道的宽度为2米有余。[6]安定坊的十字街道宽度为20米，井字巷道的东西街宽6米，南北街宽5米（图4）。

这样的里坊区划，在中国都城发展史上，仅见此例，无疑具有划时代的重大意义。同时，这样的里坊划分与里坊区划也成为我们今天进行中日都城制度比较研究的重要依据。

首先，隋唐长安城东西向为13排横坊，南北向为10行纵坊。其实，实际用于居民居住的里坊并没有那么多。有些里坊，名曰里坊，但在相当长的时间内，一直是作为生产基地供应都城蔬菜。据徐松《唐两京城坊考》卷2记载：“自兴善寺以南四坊，东西尽

[1] 张永禄主编《唐代长安词典》，陕西人民出版社，1990年。

[2] 徐松撰，张穆校补，方严点校《唐两京城坊考》。

[3] 王钦若、杨亿、孙奭等编《册府元龟》卷13，全12册，中华书局，1960年、1985年版，另有2006年凤凰出版社版。

[4] 徐松撰，张穆校补，方严点校《唐两京城坊考》。

[5] 宿白《隋唐长安城和洛阳城》。

[6] 马得志《唐代长安与洛阳》，《考古》，1982年第6期。

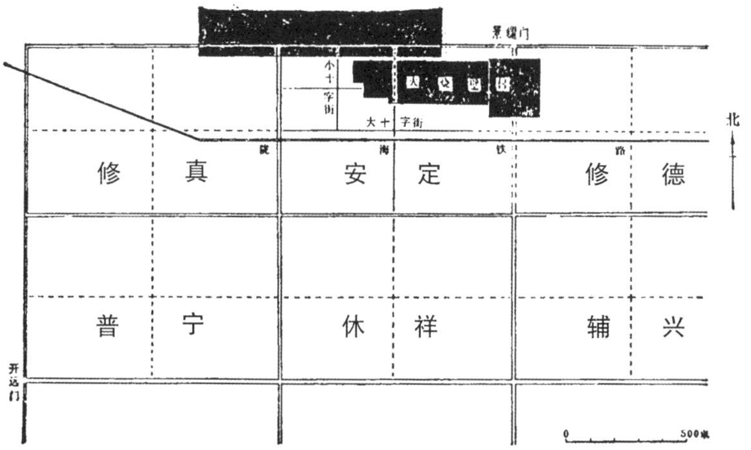

图 4　隋唐长安城安定坊小十字街位置示意图

（引自中国社会科学院考古研究所西安工作队《唐长安城安定坊发掘记》，《考古》，1984 年第 4 期）

郭，率无第宅。虽时有居者，烟火不接，耕垦种植，阡陌相连。”特别是称之为“围外地”的安善坊以南三坊，东西尽郭，更为辽阔、空旷、闲僻，并不具备那种“坊墙高筑，宅第栉比”的里坊性质。很显然，平城京在模仿唐长安城时，我认为正是从这种实际情况出发，即从所需要的里坊数字上加以考虑，有意识地取舍了兴善寺以南“耕垦种植，阡陌相连”的部分里坊。这样一来，除“外京”之外，平城京的里坊东西向为 11 排横坊，南北向为 10 行纵坊。较之唐长安城的里坊来说，仅减少了南部东西向 2 排横坊。尤其值得重视的是，平城京不仅朱雀大路的左右两侧同为南北向 4 行纵坊，而且内里、大极殿、朝堂院的左右两侧也同为南北向 3 行纵坊。这种情况的出现，绝不是一种偶然的巧合，而是出于对唐长安城的模仿。无论是隋唐洛阳城，还是魏晋南北朝的都城，其里坊的排列与平城京毫无相似之处。它们显然不是日本平城京的模仿对象。其次，长安城皇城之南的 4 行纵坊，“每坊但开东西二门”。而平城京内里、大极殿朝堂院之南的 4 行纵坊似乎也是只开东西二门，不开南北二门（图 2 所示）。除此之外的所有里坊，都是区划为“十六坪”。[1] 曹魏邺北城已经出现了“长寿、吉阳、永平、思忠”四里。[2] 20 世纪 80 年代末，考古工作者对该城进行了全面勘察，发现当时的里坊规划并不整齐，大小不一。位于中轴线两侧的里坊面积较大，接近于正方形；而外侧的两个里坊，则面积比较小，仅占大坊的三分之一左右，并呈南北向纵长方形平面。[3] 里坊内是否存在坊内小道，

[1]〔日〕金子裕之《平城京の精神生活》，角川书店，1997 年。

[2] 萧统编，李善注《文选》卷 6《魏都赋》“其间阎则长寿吉阳，永平思忠”，中华书局，1997 年。

[3] 中国社会科学院考古研究所、河北省文物研究所邺城工作队《河北临漳邺北城遗址勘探发掘简报》，《考古》，1990 年第 7 期。

目前尚不清楚，有待今后的考古发现来证实。北魏洛阳城的里坊，据《洛阳伽蓝记》记载："京师东西二十里，南北十五里，户十万六千余。庙社宫室府曹以外，方三百步为一里，里开四门；门置里正二人，吏四人，门士八人，合有三百二十里。"[1]另外，隋唐洛阳城共计103个里坊，其平面呈正方形或近方形，长宽在500—580米之间，周围建有坊墙，每面正中开门，里坊之内设有十字街，即"四出趋门"。[2]从以上可以看出，唯有唐长安城的里坊划分和里坊区划与平城京的情况相似，其他都城的里坊划分与里坊区划与平城京相差太远了。因此我认为，"唐长安城则是日本平城京模仿的唯一蓝本"并不是不能成立的，至少不缺乏理论根据和考古学的证据。

6. 在"大明宫区"位置上的模仿

如果要将平城京同隋唐长安城的有些建制向上逆推对比的话，至少可以找出一个大的相同点。最初在隋大兴城时，以朱雀大街为中轴线，将全城分为"西城区"（属万年县）和"东城区"（属长安县）两大区。到了唐贞观八年（634），太宗李世民在宫城东北方向的龙首原上，为太上皇李渊清暑而兴建了"永安宫"，翌年改名为"大明宫"。这样一来，唐长安城就形成了"东城区""西城区"和"大明宫区"三大区。而平城京也是以朱雀大路为中轴线，将全城分为"左京区""右京区"和"外京区"三大区。进而言之，在平城京模仿唐长安大明宫而建造"外京"这一点上，王仲殊先生的观点同我数年前在日本讲学时发表的观点相同。即"唐长安城在北面东头增建大明宫，规模宏大。受此影响，平城京全体的平面形状不拘泥于左右对称的格局，其在左京东侧增设外京，便是一例"。[3]显而易见，平城京的"外京区"模仿了唐长安城的"大明宫区"；"左京区"模仿了"东城区"；"右京区"模仿了"西城区"。从严格意义上来讲，平城京模仿的直接对象并不是隋大兴城，而是大明宫竣工后的唐长安城。所以我始终坚持认为唐长安城是日本平城京模仿的唯一蓝本。

7. 在朱雀门建制上的模仿

隋唐长安城的宫城北门和皇城南门，分别称为"玄武门"和"朱雀门"。无独有偶，日本平城京内里、大极殿、朝堂院的南门也称为"朱雀门"。在同一位置上出现相同的

[1] 杨衒之著，范祥雍校注《洛阳伽蓝记校注》，上海古籍出版社，1978年。

[2] 陈久恒《隋唐洛阳城遗址》（中国大百科全书考古学编辑委员会《中国大百科全书·考古学》），中国大百科全书出版社，1986年。

[3] 王维坤《隋唐长安城与日本平城京的比较研究——中日古代都城研究之一》，《西北大学学报》（哲学社会科学版），1990年第1期；王仲殊《论日本古代都城宫内大极殿龙尾道》，《考古》，1999年第3期。

命名，这绝不是偶然现象，应是平城京对隋唐长安城的一种模仿。不论是在曹魏邺北城和东魏、北齐邺南城中，还是在北魏洛阳城中，都看不到“玄武门”和“朱雀门”的称谓。东都洛阳城宫城的北门虽然称为“玄武门”，而皇城的南门却称之“端门”。仅凭这一点来看，日本平城京模仿隋唐长安城就是显而易见的历史事实。另外，从考古学发现上还可以找到一些佐证材料。首先，唐高宗李治与女皇武则天的乾陵就是模仿隋唐长安城的建制而设计建造的。例如，乾陵内城的四门就是以“四神”（即青龙、白虎、朱雀、玄武）来命名的。其中，朱雀门和玄武门的名称和位置都与隋唐长安城完全相同。由此不难看出，隋唐时代不论是都城还是帝王陵墓，都比较重视地理位置与四神之间的协调关系，名称多以“四神”来命名。其实，乾陵不仅是地面布局和建筑模仿了隋唐长安城的建制，就连地下的墓室也模仿了隋唐长安城宫城和皇城的建制。黄展岳先生曾经明确指出：“从乾陵开始，唐陵陵园的平面布局是模仿长安城的建制设计的，而墓室的平面布局则是模仿皇帝内宫的建制设计的。前墓室象征前朝，后墓室象征后寝。”[1]黄先生的这一观点与我1977年任教以来所讲授的观点不谋而合。对此，我是持赞成态度的。尤其是近些年来，我在研究都城制度的过程中，发现唐陵的总体设计和布局与隋唐长安城之间存在着许多惊人的相似之处。如果说乾陵的内城相当于隋唐长安城的宫城和皇城，那么理所当然在它的外侧还应该有一周规模更加宏大的外城，这个外城实质上就相当于隋唐长安城的外郭城。庆幸的是，2000年4月西安文物保护中心的考古工作者，借助现代航拍照片与大比例尺地形图，结合乾陵的地面考古调查首次确认了乾陵的外郭城城垣。新发现的外城垣与以前确认的内城垣平行，相距约220米，被考古工作者称为“地阶”的高度，一般也在3—4米。[2]这次乾陵陵园新发现的重要意义在于，不仅纠正了学术界以前认为只有“内城”的错误认识，同时也证实了元代李好文《长安志图》中《唐高宗乾陵图》两重城垣的记载是正确的。更为重要的是，从考古学的角度证实了乾陵的设计思想与布局也是直接模仿了隋唐长安城。其次，在日本7世纪时期的墓葬和寺院中也能够看到来自中国隋唐时代“四神”与阴阳五行思想的影响。如在奈良发现的高松冢古坟中，就出土有青龙、白虎、朱雀、玄武四神壁画；另外，据说从藤原京向平城京迁都时，在四神的方向也避免对着形状不好的大山；[3]甚至后来连平城京药师寺本尊的须弥座上也绘有四神的图案。[4]

[1] 黄展岳《中国西安、洛阳汉唐陵墓的调查与发掘》，《考古》，1981年第6期。

[2] 秦建明、甄广全、王文阁《乾陵外城垣跨山越谷气势恢宏》，《陕西日报》，2000年4月23日第1版。

[3] 王维坤《日本平城京模仿隋唐长安城原型初探》，《文博》，1992年第3期。

[4] 〔日〕上田正昭等《日本古代史の原点を探る・壁画古坟の谜》，讲谈社，1972年。

8. 在朱雀大路设计上的模仿

平城京的“朱雀大路”，毫无疑问是直接模仿了隋唐长安城的“朱雀大街”。这也是平城京模仿隋唐长安城制度的一个最为明显的事例。大家知道，在古代汉语中，“路”与“街”的原意都是指“道路”而言，并且一般是多指“大道”“大路”“大街”。由于这些用字都是可以互相转借的，所以说平城京的“朱雀大路”和隋唐长安城的“朱雀大街”名称并没有什么区别。不仅如此，平城京“朱雀大路”也保持了像隋唐长安城“朱雀大街”那种既宽又直、居南北向正中的特点。在中国，唯有隋唐长安城的“朱雀大街”是这样的。它不仅是位于全城南北中轴线上的街道，而且也是以“朱雀大街”来命名的街道。所以仅就此而论，日本平城京的“朱雀大路”只能是直接模仿了隋唐长安城的“朱雀大街”，而不可能模仿隋唐长安城以外任何都城的道路。不可否认的是，隋唐长安城“朱雀大街”的宽度为150—155米，而平城京“朱雀大路”的宽度为70多米，约为前者宽度的二分之一左右。但如果要从人口的数量上来说，隋唐长安城号称有100万人口，[1]而平城京仅有20万人口，仅占长安城人口的五分之一。[2]因此，平城京的规模并不比隋唐长安城逊色多少。即使说，在藤原京中就出现了“朱雀大路”和南北向中轴街，这恰恰印证了我历来主张的藤原京的直接模仿原型也是隋唐长安城的观点。由此推测，日本都城模仿中国都城的建制由来已久，并不是到了平城京时才开始学习和模仿隋唐长安城的建制。随着今后早期日本都城的发掘与研究进一步深入，这一问题将看得更加清楚。

9. 在东、西市配置上的模仿

隋文帝开皇二年（582）建造隋大兴城时，就在城的左右两侧分别设置了两个市场。东边为“都会市”，西边为“利人市”。到了唐代，将“都会市”改为“东市”，将“利人市”改为“西市”。但是，市场的位置和规模也未有大的变动。这种布局从根本上改变了汉代以前“面朝后市”的传统格局，使魏晋以来都城所形成的“面市后朝”的新布局更臻完善。两个市场分别被安排在宫城、皇城之前的左前方与右前方，距离皇城要略微近一些。我分析，这种布局一方面是由于在很大程度上着重考虑皇室贵族的切身利益，另一方面也是由于“自兴善寺以南四坊，东西尽郭，率无第宅。虽时有居者，烟火不接，耕垦种植，阡陌相连”，[3]居民多集中居住于城内北部的缘故。

[1] 张永禄《唐都长安》，西北大学出版社，1987年。

[2] 岸俊男编《日本の古代9·都城の生态》，中央公论社，1987年。

[3] 徐松撰，李健超增订《增订唐两京城坊考》卷2《西京·外郭城》，三秦出版社，1996年。

平城京于和铜五年（712）也在城内左、右两侧分别设置了两个市场。东曰“东市”，西曰“西市”。从名称和左右位置较为对称来看，平城京的东、西市显然是模仿了唐长安城的东、西市。至于曹魏邺北城、东魏和北齐邺南城到底有无东、西市，由于文献上没有记载，现在也不得而知。即使有市场的话，至少也应是“面市后朝”的格局。北魏洛阳城虽然有不少市场，但是平城京东、西市与其名称和位置无一雷同，其中有所谓的“洛阳大市”“洛阳小市”和“四通市”，甚至还有“金市”“马市”和“南市”。[1]即使将“洛阳小市”的别称“鱼鳖市”和“四通市”的别称“永桥市”计算在内，平城京与北魏洛阳城的市场名称也无一雷同。[2]即使一向被人们认为对平城京曾产生过影响的唐代东都洛阳城，虽然也设立了三个市场，但分别称为“南市”“北市”和“西市”。[3]很显然，平城京与之不存在任何模仿关系。所以，我认为平城京的东、西市只能是对唐长安城东、西市的直接模仿。至于“藤原京内的市，文献上未有记载，既不明其形制，亦不知其名称，但是，从平城京和平安京的情形逆推，认为藤原京内亦设两市，各称‘东市’和‘西市’，这是可信的”。[4]对此，我认为这一观点与实际情况不会有多大的出入。即便如此，它与我历来所主张的观点——藤原京也是以唐长安城为原型进行直接模仿的观点，并未有任何冲突之处。

10. 在越田池设计上的模仿

隋唐长安城的整个地势，呈东南高、西北低的地形走向，东南隅的海拔高度为460米，西北隅的海拔高度为400米，最高处与最低处之间的高差已达50米以上（见图3）。

看来隋代初年，宇文恺在建造大兴城时，充分利用这一自然地理条件对这里进行了别具匠心的设计，有意识地将这里开辟为“曲江”风景区。尔后，曾将这里改名为“芙蓉园”。据《隋唐嘉话》记载:“京城南隅芙蓉园者，本名曲江园，隋文帝以曲不正，诏改之。”[5]之所以要在这里辟园凿池，文献记载是有一定的讲究。“宇文恺以其地在京城东南隅，地高不便，故阙此地，不为居人坊巷，而凿之以为池。”[6]所以说，曲江池并不是天然池塘，而是依靠人工在秦汉宜春苑的基础上开凿而成的。唐代开元年间（713—

[1] 王仲殊《中国古代都城概说》，《考古》，1982年第5期。

[2] 杨衒之著，范祥雍校注《洛阳伽蓝记校注》。

[3] 徐松辑录《元河南志》卷1引《韦述记》，中州古籍出版社，2011年。

[4] 王仲殊《关于日本古代都城制度的源流》，《考古》，1983年第4期。

[5] 刘餗撰，程毅中点校《隋唐嘉话》（唐宋史料笔记丛刊）。

[6] 程大昌《雍录》，收入明嘉靖年间监修的《陕西通志》，1935年。

741），曲江池进入大规模扩建和营缮时期。特别值得重视的是，“文宗太和九年（835），发左右神策军各一千五百人淘曲江池，修紫云楼、彩霞亭。内出二额，左军仇士良以百戏迎之，帝御日营门观之。仍敕诸司，如有力要创置亭馆者，宜给与闲地任营造。先是郑注言，秦中有灾，宜以土工压之，故浚昆明、曲江二池”。[1]

这里，使我联想起这样一个问题，即宇文恺为什么要在隋唐长安城的东南隅开凿曲江池。既然中唐权臣郑注之“秦中有灾，宜兴工役以禳之”[2]说可以成立，那么隋初宇文恺在城东南隅开凿曲江池显然也是出于“压胜”的目的。这种设计思想，我认为主要是受《史记·日者列传》所谓“天不足西北，星辰西北移；地不足东南，以海为池”[3]的直接影响，并且成为后来日本都城平城京模仿隋唐长安城的重要内容之一。值得重视的一个现象是，日本平城京的建筑设计师们，完全不顾平城京地理形势的限制，极力追求同隋唐长安城“曲江池”位置保持一致，在平城京与隋唐长安城相应的位置上，也人工开凿了一所“越田池”（后来又称之“五德池”）。在不同国家、不同时期内，在同一位置上建造同样性质的都城设施，这无疑是后者对前者的一种模仿。在这一点上，就连大力倡导日本平城京是“模仿魏晋南北朝都城说”的岸俊男先生，在他的论著中也并不否认平城京的“五德池”模仿了隋唐长安城的“曲江池”。在他看来，“如果说五德池是模仿唐长安城曲江池而建造的话，那么就可将它作为平城京是模仿长安城的一个具体实例”。[4]

11. 在寺院建筑风格上的模仿

平城京在模仿隋唐长安城都城制度的同时，都城中有些寺院对唐长安城寺院的建筑风格也进行了模仿。其中，平城京的“大安寺”模仿唐长安城的“西明寺”就是一个典型的事例。“西明寺”位于唐长安城延康坊的西南隅，这是唐显庆元年（656），高宗为孝敬太子病愈所立，到了唐大中六年（852）改名为“福寿寺”。[5]其寺院的规模，据《大慈恩寺三藏法师传》记载：“其寺面三百五十步，周回数里。左右通衢，腹背廛落。青槐列其外，渌水亘其间，亹亹耽耽，都邑仁祠以此为最也。凡十院屋四千余间。庄严之盛，

[1] 徐松撰，张穆校补，方严点校《唐两京城坊考》。

[2] 刘昫等《旧唐书》卷169《郑注列传》，中华书局，1975年。

[3] 司马迁《史记》卷127《日者列传》，中华书局，1983年。

[4] 岸俊男《平城京と长安城》（门胁祯二等编：《エコール・ド・ロイヤル古代日本を考える③ 古代飞鸟と奈良を考える》），学生社，1985年。

[5] 杨鸿年《隋唐两京坊里谱》，上海古籍出版社，1999年。

虽梁之同泰，魏之永宁，所不能及也。”[1]由此不难看出，“西明寺”的建筑规模是相当宏大的，无愧于“长安寺院之冠”之赞誉。1985年，考古工作者还对西明寺东端进行了考古发掘，发现了佛殿、回廊、庭院及窖、井等遗址，还出土了100多件鎏金铜造像以及其他佛教遗物。特别是出土了一件石茶碾，其上刻有“西明寺石茶碾”六字。[2]这一考古发现，对于确认西明寺的具体位置无疑具有极其重要的意义。尤其是出土的那些佛教文物，为深入研究西明寺的历史增添了不少新资料。

众所周知，在中日文化频繁交流的盛唐时期，日本有许多学问僧、名僧随同遣唐使团先后来到大唐首都长安。有些僧人就在西明寺内传教受戒，鲜为人知。其中就有高僧道慈。他于武周大足元年（701）来到长安，以传三论宗为由，在长安一待就是十八个春秋。回到日本以后，他以本人在长安临摹的西明寺建筑图为蓝本，于圣武天皇天平九年（737）在平城京内设计建造了大安寺。这一点在日本的古代文献中有案可稽。据《道慈传》记载：“天平九年，圣武帝将新大官寺。下诏觅伽蓝制式，时无知者。慈奏曰：‘臣僧在中华时，见西明寺，私念异日归国，苟逢胜缘，当以此为则。写诸堂之规，袭藏巾笥。今陛下圣问，实臣僧之先抱也，以图上进。’帝大悦曰：‘朕愿满矣！’诏任律师监造寺事，重赐食封一百户扶翼侍子，其余赉赐若干品。慈有巧思，延袤长短，自督绳墨，工匠叹伏。历十四年而成，赐额大安，敕慈主席。”更为难能可贵的是，两座寺院皆为同一模式，都是“取规于天竺祇园精舍，祇园摹率内院”。西明寺的规模为平城京所有寺院之冠。所谓“本朝梵刹之制度，无可与大安寺齐齿”。[3]另据《续日本纪》记载：“律师道慈法师性聪悟为众所推。大宝元年随使入唐，涉览经典，尤精三论。养老二年归朝，是时释门之秀者唯法师及神睿法师二人而已。著述《愚志》一卷论僧尼之事。属迁造大安寺于平城，敕法师勾当其事。法师尤妙工巧，构作形制皆禀其规摹，所有匠手莫不叹服焉。”[4]由此可见，“西明寺”的建筑风格直接影响了“大安寺”的建筑风格，而且高僧道慈在平城京建造“大安寺”的过程中的确发挥了不可替代的作用。两座寺院之间的这种交流，实际上就是佛教文化与建筑文化的交流、中日文化交流的缩影与范例。

其实，中国佛教文化和寺院建筑对日本文化的熏陶与影响并不是始于奈良时代

[1] 慧立本、彦悰笺《大唐大慈恩寺三藏法师传》，亦称《大慈恩寺三藏法师传》《三藏法师传》《慈恩传》等，卷10。参见玄奘、辩机撰《大唐西域记》12卷，中华书局，2011年。

[2] 马得志《唐长安城发掘新收获》，《考古》，1987年第4期。

[3] 僧师蛮《本朝高僧传·和州大安寺沙门道慈传》（大安寺史编集委员会编《大安寺史·史料》），实业印刷株式会社，1984年。

[4] 黑板胜美编《新订增补国史大系·续日本纪》第2卷。

（710—794），而是在飞鸟时代（593—710）就渐显端倪。从考古发现来看，至少可以追溯到藤原京时期所建造的“大官大寺”。大家知道，位于平城京内左京六条四坊的大安寺，最初就是从藤原京的“大官大寺”那里搬迁过来的。正如刘建先生所指出的那样：“日本佛教是在中国、朝鲜半岛佛教的不断刺激、影响下而逐步发展起来的。……舒明天皇（629—641 年在位）即位后，王权与佛教的结合有了进一步的发展。舒明十一年（639），舒明天皇在飞鸟的百济河畔开始营建‘大宫’（又称‘百济宫’，与当时诸王的‘宫’相对。天皇的‘宫’称‘大宫’）、‘大寺’（即‘百济大寺’，后改称‘大安寺’，为皇家寺院）。‘百济大寺’的规模驾于苏我氏的‘法兴寺’，其九层木塔系仿照长安‘慧日寺’的九层木塔所建。”[1] 现在看来，刘建先生的论断是正确的，也有一定的依据。据《增订唐两京城坊考》考证：“慧日寺，开皇六年（586）所立，本富商张通宅，舍而立寺。通妻陶氏常于西市鬻饭，精而价贱。时人呼为陶寺。寺内有九级浮图一百五十尺，贞观三年（629）沙门道□（《两京新记》作‘道诜’）所立。李俨《道因法师碑》：法师终于长安慧日之寺。”[2] 如果说“百济大寺”的九层木塔是仿照长安“慧日寺”而建造的观点成立，那么早在藤原京时日本就开始以唐长安城作为自己的模仿原型就不难理解了。正因为如此，我坚持认为不仅藤原京的模仿原型是唐长安城，就连平城京的模仿对象也只能是唐长安城，而不可能是唐长安城以外的任何都城。

12. 在大学寮设计上的模仿

日本的“大学寮”就如同中国的“国子监”一样，既是教育管理机关和国家的最高学府，同时也是培养中央官吏的学校。在中国，“国子监”的创立相对要早一些。汉有“太学”，晋立“国子学”，北齐称之“国子寺”，隋炀帝始改为“国子监”，唐代则以“国子监”总辖“太学”“国子”“四门”等学。不过，根据《大宝令》记载，“大学”的名称是在日本天武、持统天皇统治时期（672—696）才开始出现的，所以使人很容易联想起这样一个问题，建于八世纪初期的平城京“大学寮”，应该是模仿了唐长安城中的“国子监”吧！严格来讲，日本的“大学”一词显然也是来自于中国的“太学”之名。“大”与“太”在日本属于同义词，可以相互替换使用，甚至两者的读音完全相同。然而，在平城京中，“大”字的出现频率要高于“太”字。例如，隋唐长安城宫名“太极宫”，在平城京中则变成了“大极宫”。所以说，中国的“太学”在日本改

[1] 刘建《佛教东渐》，社会科学文献出版社，1997 年。

[2] 徐松撰，李健超增订《增订唐两京城坊考》卷 2《西京·外郭城》。

称为“大学”也就不足为奇了。我们还可以从平城京“大学寮”所在的位置上观察到一些蛛丝马迹。众所周知，唐长安城的“国子监”位于皇城南边东侧安上门之外的务本坊之内，而平城京“大学寮”的确切位置由于文献失载不得而知。但是从相当于中国宫城和皇城结合体的平城京内里、大极宫、朝堂院南边西侧门外出土的一些木牍来看，可以肯定平城京“大学寮”的位置应在此地或距此地不远的地方。如果真是这样的话，那么两者之间的位置就相差甚微，基本上是在同一位置上。所以我认为平城京的“大学寮”建制与位置无疑都是从唐长安城的“国子监”那里模仿过去的。另外，从其建造年代上分析，说平城京的“大学寮”模仿了唐长安城以外其他都城“国子监”的可能性是极小的，几乎可以说是零。如上所述，日本“大学”名称出现时间为672—696年之间，正好相当于中国的盛唐时期。这一时期是中日文化交流的高峰时期。从这个意义上来说，假使说日本的“大学寮”与唐代的“国子监”之间存在着模仿关系的话，那么可以肯定的是，日本模仿的对象不是唐洛阳城，而是唐长安城。据我所知，“国子监”在城中的位置随着时代的推移，不断地自南向北迁移，这一变化是非常明显的，也是有规律可循的。早在东汉洛阳城时，“太学”的位置处在远离宫城的最南郊，与所谓灵台、明堂以及辟雍排列在一起，这些都是中国古代建筑特有的礼制建筑。考古工作者也对太学遗址进行了勘查和部分发掘，出土了许多石经残块。太学遗址的范围很大，主要由两部分组成。其中一部分在辟雍之北，平面略呈长方形，东西约200米，南北约100米，附近发现的石经残块，被认为是东汉太学主要部分之所在；另一部分是在它的东北约100米，遗址保存较好，平面亦呈长方形，南北约200米，东西约150米，四周筑墙。[1]到了北魏洛阳城时，汉代的“太学”之名不仅改为“国子学”，而且也将其位置从都城的最南郊一下子迁到了宫城的附近。“国子学”具体位于宫城南门阊阖门之南，铜驼街的东侧。进入隋唐时代以后，“国子学”的名称又被“国子监”之名取而代之，仅从长安城的情况来看，位置在皇城南边东侧安上门之外的务本坊之内。目前，尽管我们对于曹魏邺北城、东魏和北齐邺南城以及唐东都洛阳城的“国子学”位置还知之甚少，估计它们也同样烙有时代的印痕。如果沿着这条线索去寻找，那么平城京“大学寮”的直接模仿原型是不难解决的。总之，我认为日本“大学寮”的模仿原型与其说是唐洛阳城，倒不如说是唐长安城可以令人心悦诚服。

[1] 王仲殊《汉魏洛阳城遗址》(中国大百科全书考古学编辑委员会:《中国大百科全书·考古学》)，中国大百科全书出版社，1986年。

13. 在罗城名称与罗城门建造上的模仿

罗城，亦称“外郭城”，它是指在古代宫城的外围另外加筑一道城墙，所以习惯上称之“内城外郭”之制。其实，“郭城”之名在中国出现的年代较早，在《孟子·公孙丑下》中就有“三里之城，七里之郭”[1]的记载。然而，“罗城”之名则始于魏晋至隋唐之际。尔后对罗城虽有许多别的称谓，因与本文关系不大而从略。可是，在日本却只有“罗城”这种称谓，[2]而且出现的年代较晚，在天武天皇八年（678）。这个时期正值中国唐长安城的兴盛时期，所以说日本都城模仿中国唐长安城是顺理成章的事情。其实，仅从“罗城”一词来分析，这个问题也是不难解决的。诚然，魏晋南北朝时期在一些属于地方城镇的城市中有“罗城”的称谓，[3]但是在岸俊男先生一向所强调属于日本藤原京模仿“原型”的北魏洛阳城和东魏、北齐邺南城中，文献上却没有所谓“罗城”一词的记载。由此推之，日本在模仿中国带有罗城设施的都城时，模仿的并不是魏晋南北朝时期的都城，而应该是隋唐时期的都城。这样的话，日本都城的模仿对象不是唐长安城又会是哪座都城呢？此外，我们还可以从考古学上找到一条新证据。即日本平城京的“罗城门”模仿唐长安城的“明德门”。首先，需要说明的一点是，日本的“罗城”只是建有一面所谓的“罗城墙”，形成一个“瓮城式”（亦称“回廊式”）的新格局。虽然不像中国的“罗城”那样，在其四周建有高大、坚固的城墙，但是“罗城”的性质是完全相同的。尤其值得重视的是，平城京“罗城门”的位置不仅与唐长安城的“明德门”在同一位置上，而且其规模也相当，都属于“一门五洞式”的建制。不仅如此，它们各自都是全城最大的一座城门。“明德门”是长安城外郭城的正南门，北与皇城朱雀门和宫城承天门遥遥相对。其遗址位于今天西安市南郊杨家村西南。早在1972年10月至1973年1月，中国科学院考古研究所西安工作队就对此门进行了发掘。据发掘者介绍：明德门是被火烧毁后才废弃的。明德门共有5个门道，平面呈长方形，城门墩东西长55.5米，南北宽17.5米，5个门道建筑形式相同，每个门道宽5米，进深18.5米（加包砖壁），各门道之间隔墙厚2.9米。每个门道的两侧都有排柱的柱础坑，础基石被破坏无存，柱础坑每排15个。各门道中的门槛是用青石制作的，门槛上有车辙的沟槽，有4个车辙，一个门道可以两车并行。但5个门道中只有东西两端的两个门道有车辙，有的车辙是从中间3

[1] 陈戍国点校《四书五经》（上册），岳麓书社，1991年。

[2] 黑板胜美编《日本书纪》卷29记载：天武天皇八年（678年）十一月，“初于龙田山、大坂山置关，仍于难波筑罗城。”

[3] 王仲殊《中国古代都城概说》，《考古》，1982年第5期。

个门道的前面绕至两端的门道通行的。结合文献记载来看，明德门的5个门道有不同的用途。其中东西两端门道为车马出入通行道；其次两个门道为行人出入通行道；中间门道很有可能就是专供皇帝出入通行的“御道”。在长安城的东、西、南三面，除了明德门之外，还有8个城门。不过，其他八个城门都属于“一门三洞式”的建制，唯有明德门是属于“一门五洞式”的建制。我认为这种规格的郭城正南门城门，应是代表最高等级、最高礼仪的城门，同时也是由“过渡期”的都城城门向“成熟期”都城城门不断发展的必然产物。例如，东魏、北齐邺南城的朱明门属于“一门五洞式”建制，[1]发展到隋唐长安城时，明德门“一门五洞式”的建制也就不难理解了。另外，从明德门发掘出土的大量砖瓦和粉面彩绘砖，应是城门门楼建筑的遗物。[2]正因为明德门是“一门五洞式”的建制，所以最晚在宋代明德门就有“五门”的别称。据宋人张礼《游城南记》记载：“盖京城之南凡三门，中曰明德门，今谓之五门。”[3]总之，在中国都城城门发展史上，唯有隋唐明德门一枝独秀，为“一门五洞式”的建制。

日本平城京的“罗城门”不论是在位置上还是在规模上，都与隋唐长安城的“明德门”酷似，同时它也是平城京中唯一“一门五洞式”的建制。该城门东西长33米，南北宽18米，是一个面阔五间、进深二间的大门洞。很显然，日本在建造平城京时，一方面采用了隋唐长安城“罗城”的名称和罗城的建制，另一方面也对隋唐长安城“明德门”的位置和规模进行了模仿。[4]在这一点上，丝毫看不出日本平城京有模仿北魏洛阳城和东魏、北齐邺南城的地方，更看不出有模仿隋唐洛阳城内定鼎门之处。

14. 在道路设施和树木绿化上的模仿

首先，平城京的街道走向同隋唐长安城的街道走向一样，都保持了东西向与南北向的笔直大道，没有迂回曲折的现象，形成所谓棋盘式的格局。白居易的“百千家似围棋局，十二街如种菜畦”[5]就是上述情况的真实写照。“街衢绳直，自古帝京未之有也”，[6]也是隋唐长安城有别于其他都城的显著特点之一。在长安城郭城之内共有25条大街，其

[1] 中国社会科学院考古研究所、河北省文物研究所邺城考古工作队《河北临漳县邺南城朱明门遗址的发掘》，《考古》，1996年第1期。

[2] 中国社会科学院考古研究所西安工作队《唐代长安城明德门遗址发掘简报》，《考古》，1974年第1期。

[3] 张礼《游城南记》共1卷，此书收入《钦定四库全书》卷71《史部27·地理类9·游记之属》。

[4] 王维坤《隋唐长安城与日本平城京的比较研究——中日古代都城研究之一》，《西北大学学报》（哲学社会科学版），1990年第1期。

[5] 白居易《登观音台望城诗》，收入《全唐诗》卷448。

[6] 宋敏求《长安志》卷7《唐皇城》。

中东西向的街道14条，南北向的街道11条。并将通向郭城南面三门的“三街”和贯穿于郭城东西六门的“三街”，称之为“六街”。其中皇城南门朱雀门至郭城南门之间的“朱雀大街”还有“天门街”之称。[1]不用说，以上“六街”是全城的主干大街。除最南面的延平门通往延兴门大街的宽度是55米外，其余五条大街的宽度都在100米以上。

值得关注的是，平城京的街道与隋唐长安城的街道相比，不论是道路的数量还是道路的排列情况都非常接近。很显然，它们之间是一种不可否认的模仿关系。平城京共有道路24条，其中东西向的街道10条（包括一条北大路和一条南大路在内），南北向的街道14条（包括两条朱雀大路两侧的小路在内）。这些街道的宽度一般都在24米左右，内里、大极宫、朝堂院之南街道的宽度均在36米至48米之间，“朱雀大路”的宽度已达到了70多米，更是有过之而无不及。特别是两座都城的中轴大街都是以“朱雀”来命名，隋唐长安城的中轴大街称为“朱雀大街”，而平城京的中轴大街称为“朱雀大路”。如上所述，在古代汉语中，“街”和“路”的含义都是指“道路”，且多指“大道”“大路”与“大街”。更何况“街”和“路”在日语中的读音也是一样的，都读作“まち”，其含义同样是指较宽大的道路。所以说，“朱雀大街”和“朱雀大路”本身是相同的，别无两样。很显然，日本平城京的“朱雀大路”是模仿唐长安城的“朱雀大街”而来的，同时这也是在道路方面平城京模仿唐长安城的一个实例。

其次，平城京与唐长安城相比，在道路两侧的排水沟设施方面也存在着惊人的相似之处。全城主干道路的路面均呈中间高、两边低的“脊梁骨”状，并且在这些道路的两侧还设有约2.5米宽的排水沟。值得一提的是，位于平城京朱雀大路两侧的排水沟，其宽度为6米，深度为1.5米。考古工作者也对唐长安城朱雀大街两侧的排水沟进行了发掘，排水沟的断面呈梯形，上部的宽度为3.3米，底部的宽度为2.34米，深度为1.7—2.1米。一般道路的排水沟，其宽度为2.5米，深度也在1米以上。[2]唐宪宗元和十年（815）六月，曾经在长安城内发生过这样一件突发事件，据《旧唐书·裴度列传》记载：“王承宗、李师道俱遣刺客刺宰相武元衡，亦令刺度。是日，度出通化里，盗三以剑击度，初断靴带，次中背，才绝单衣，后微伤其首，度堕马。会度带毡帽，故创不至深。贼又挥刃追度，度从人王义乃持贼连呼甚急，贼反刃断义手，乃得去。度已

[1] 李好文《长安志图》卷上记载：“当皇城朱雀门曰朱雀街，亦曰天门街，南直明德门。”

[2] 王维坤《平城京の模仿原型》(上田正昭编《古代の日本と东アジア》)，小学馆，1991年。

堕沟中，贼谓度已死，乃舍去。”[1]由此可见，多亏裴度遇刺后从马背上掉入排水沟内才幸免于难，否则后果不堪设想。现在看来，要让排水沟完全掩盖住一个人的身躯，深度至少也应在1米左右。总之，平城京和长安城的排水沟，不管是主干道路两侧的排水沟，还是里坊道路两侧的排水沟，其规模都是相当可观的，考古发现也证实了这一点。

再是隋唐长安城道路两侧的绿化，也是都城建设的重要项目之一。早在营建大兴城时，就着手在城内大街小巷的两侧栽植各种树木了，其中以槐树和柳树为主。从《朝野佥载》卷1记载可以看出，当时的将作大匠高颎不仅带头栽种过槐树，[2]而且也“常坐此树下检校”。即所谓“西京朝堂北头有大槐树，隋曰唐兴村门首。文皇帝移长安城，将作大匠高颎常坐此树下检校。后栽树行不正，欲去之，帝曰：‘高颎坐此树下，不须杀之。’至今先天百三十年，其树尚在，柯叶森竦，株根盘礴，与诸树不同”。槐树理所当然成为珍贵的保护树种。不仅如此，在城内诸街衢，也不能随意栽种其他树种。据《唐会要》记载：“广德元年（763）九月敕，城内诸街衢，勿令诸使及百姓辄有种植。”[3]这样一来，道路两侧槐树的排列就显得特别整齐，叶繁根壮，绿树成荫，形成一道靓丽的“槐衙”和“槐街”风景线。[4]种种迹象表明，“槐树”已成为隋唐长安城名副其实的“市树”。所以在当时官街有些地方的槐树枯死空缺时，所司想用榆树进行补栽，却遭到官吏京兆尹吴凑的极力反对，声称“榆非九衢之玩，亟命易之以槐”。[5]除此之外，曲江池畔的风景树——柳树在长安城中也负有盛名，达到了“号为柳衙”的地步。[6]平城京在道路绿化方面较之隋唐长安城也毫不逊色，依然是以“种植柳树、槐树”为主。[7]在日本最早的文学集《万叶集》中，还保存下来了许多歌吟道路两旁柳树的诗句。由此不难看出，日本平城京在模仿隋唐长安城都城制度的同时，也将长安的“市树”槐树和“风景树”柳树作为他们自己的主要树种。当然，这也是平城京模仿隋唐长安城，而没有模仿其他都城的一个实例。

---

[1] 刘昫等撰《旧唐书》卷170《裴度列传》。

[2] 张鷟《朝野佥载》6卷（唐宋史料笔记丛刊），与（唐）刘餗撰、程毅中点校《隋唐嘉话》（唐宋史料笔记丛刊）为合刊本，中华书局，1979年。不过，据卷1记载：“（开元二年）六月，大风拔树发屋，长安街中树连根出者十七八。长安城初建，隋将作大匠高颎所植槐树殆三百余年，至是拔出。”

[3] 王溥《唐会要》卷86《街巷》。

[4] 徐松撰，李健超增订《增订唐两京城坊考》卷2《西京·外郭城》。

[5] 王溥《唐会要》卷86《街巷》。

[6] 尉迟偓《中朝故事》记载：“号为柳衙，意谓其成行如排衙也。”

[7] 王仁波《从考古发现看唐代中日文化交流》，《考古与文物》，1984年第3期。

15. 在松林苑配置上的模仿

在隋唐长安城的内外，先后开辟了三个风景园林区，即西内苑、东内苑和禁苑。西内苑由于在西内太极宫之北，所以也有“北苑”之称；[1]东内苑是东内大明宫的一处园林，位于大明宫的东南隅；禁苑就是隋代著名的“大兴苑”，位于外郭城之北。从其规模来看，禁苑居于三苑之首。隋唐长安城的三苑都位于都城的北部，尤其是西内苑与禁苑相距颇近。日本藤原京的园林位于宫城北边一条和二条的“空地”之处。特别是平城京也是在宫城之北的京域（相当于隋唐长安城外郭城的北侧）外边，开辟了一处规模很大的“松林苑”。曹魏邺北城的“铜爵园”位置在宫城的西边，而北魏洛阳城“华林园”的位置又是在宫城的北侧。东魏邺南城的情况，据《资治通鉴》记载：“邺都仿京洛之制，亦有华林园。”[2]这样的话，邺南城的“华林园”位置应是同北魏洛阳城的“华林园”位置一样，都应在宫城的北侧。从以上数例可以看出，将园林区安排在宫城的附近，这是南北朝时期都城苑林布局的一大特点。到了隋唐时代，苑林的位置不仅被移到郭城之外的西北方，而且规模也变得相当大了。不过，“西内苑”的范围，据《长安志》记载：“南北一里，东西与宫城齐。”[3]大明宫建成后，西南隅一带也被划入“西内苑”的范围之内。这时的“西内苑”规模，实际上“东出于宫城之东而近东偏者，南北亦不止一里也”。东内苑的范围在东内之东南隅，“南北二里，东西尽一坊之地”。其面积在三苑之中，相对较小一些。“禁苑”就是隋大兴苑，位于外郭城之北，其规模“东距浐，北枕渭，西包汉长安城，南接都城。东西二十七里，南北二十三里，周一百二十里”。[4]这样大规模的苑林，在中国都城史上是无与伦比的。而日本的平城京也是在同唐长安城的一样的位置上，开辟了一个日本都城史上最大的“松林苑”。这种情况的产生，绝不是偶然现象，而是“松林苑”对包括“西内苑”在内的“禁苑”的一种模仿。这也可以说是日本平城京模仿唐长安城原型的真实写照。在这一点上，我与岸俊男先生的观点不谋而合。

三、结论

通过以上十五个方面的比较研究，我认为日本平城京的直接模仿原型只能是唐长安城，而不可能是曹魏邺北城、北魏洛阳城以及东魏、北齐的邺南城，更不会是隋唐洛阳

---

[1] 司马光编著，胡三省注《资治通鉴》卷197《唐纪13》(全二十册)，中华书局，1986年。

[2]《资治通鉴》卷159《梁纪15》。

[3] 宋敏求《长安志·内苑》。

[4] 徐松撰，李健超增订《增订唐两京城坊考》卷1《三苑》，三秦出版社，2006年。

城。所以我始终坚持认为："唐长安城则是平城京模仿的唯一蓝本。"[1]另外，隋唐长安城的建制也是在广泛吸收曹魏邺北城、北魏洛阳城以及东魏、北齐邺南城的优点的基础上，由当时的将作大匠宇文恺按照"隋文（帝）的新意"[2]一手设计建造的，是中国古代都城发展成熟的重要标志。我之所以认为日本平城京模仿隋唐长安城以外都城的观点是错误的，这是因为它从根本上混淆了都城彼此之间的承袭与模仿关系。也就是说，将曹魏邺北城→北魏洛阳城→东魏、北齐邺南城→隋唐长安城（在某些建制上，包括隋唐洛阳城在内）→藤原京→平城京这样的继承和发展关系，一下子改变为曹魏邺北城→北魏洛阳城→东魏、北齐邺南城→藤原京→平城京这样的承袭与模仿关系。其中最大的错误，就是从根本上否定和忽视了唐长安城对日本平城京的直接影响，本末倒置，违背了事物发展规律。

（王维坤，西北大学考古学教授，兼任西北大学日本文化研究中心主任，日本同志社大学客座教授。）

[1] 王维坤《隋唐长安城与日本平城京的比较研究——中日古代都城研究之一》，《西北大学学报》（哲学社会科学版），1990年第1期。

[2] 宋敏求《长安志》卷7《唐皇城》。

《本朝无题诗》中的长安表述及其都城史意义

郭雪妮

在世界文学史上，并非任何一座城市都能成为文学家反复描述与表现的样本，历史、地理和政治因素对于文学中的异国形象的塑造，具有不可低估的作用。长安的复杂性就在于它不仅是一座具有王权象征意义的都城，还在于作为东亚古典都城时代的典范，长安曾给周边政权及其都城营造带来了巨大的紧张感和压力，同时也成为东亚各国都城效仿的原型。以日本的平安京为例，其都城规划、殿阁诸门、建筑命名均以长安为原型，天皇、贵族、官僚甚至取长安山川、河流、宫室、寺院等的名称来命名自己的私宅，在平安京内部再造了一个“小长安”。近几年，都市空间的异域书写研究已然成为学界热点，前学利用比较文学形象学、殖民主义批评等理论，推进了这一领域的研究。但是，当我们将研究对象确定为“长安”等古典都城时，情况复杂起来；尤其是将书写长安的“异域”锁定在“东亚”这一历史空间时，问题变得更为棘手——因为“注视者”与“被注视者”的边界彻底含混，使“自我”与“他者”趋于合并。

长安在东亚汉诗文中作为“他者”身份的消失，源于公元907年唐长安城的陷落。这一时期，在东亚的朝鲜、日本、越南等国，以“长安”指代各自都城的汉诗文逐渐兴起，长安成为东亚文学中唯一的“永恒之都”的象征。这一特征在平安朝最后一部汉诗总集《本朝无题诗》中表现得尤为鲜明。这一时期王权的摇摇欲坠、武士势力的扩张以及战乱的频起，使得平安京的都市空间也发生了重要转变，这时长安就成了平安京右京的代称，与左京“洛阳”相对。关于这一问题，中日学界尚未展开真正的研究，本文将以《本朝无题诗》为例，重点考察两种文学关系：第一，文本关系。即《本朝无题诗》中的长安意象对中国诗文的承继、接受与变异；第二，文本与都市的关系。平安京是以长安城为典范建造的都城，十世纪之后的日本文人以“长安”作为“平安京”的雅称，他们充分利用平安京与长安城街衢、宫殿、寺院等名称的重合，在历史、空间等维度上拓展了都城书写的精神深度。本文将日本文人借用长安书写其都城平安京的方法归结为三种：借代、重叠与用典，通过对长安书写兴起的历史背景的考察，对这三种修辞方法中长安形象的展开进行研究。通过本研究，一方面可以为国内的长安学研究补充域外文献，另一方面还可为比较文学形象学理论研究提供一个新的视角。

一、长安的衰落与东亚长安书写的兴起

古代日本人对长安的表述，经历了一个从无到有的过程，且这个过程相当漫长，它与日本民族“想象共同体”的生成密切相关，[1]同时又无法脱离古代东亚政治变动及华夷思想体系变迁的影响。公元6世纪末至7世纪初，随着唐帝国在政治上对中国大陆的再统一，在隋大兴城的基础上营造了长安城。唐帝国日益鼎盛，以长安城为中心的庞大的都市体系给邻接地域带来了强烈的紧张感，为了在军事、政治、经济、文化等方面与隋唐相抗衡，周边国家也陆续修建了各自的都城，建立其行政都市体系，主张各自文化的正统性。日本、吐蕃、渤海、南诏、回鹘、沙陀、契丹等国，正是在这一形势下成立，是为“东亚都城时代”的诞生。[2]

就日本列岛而言，最初并不设都城。7世纪以降，日本模仿唐朝制度建立中央集权的律令国家的同时，也从中国引入了都城制度，依次修建了近江京、藤原（新益）京、平城京、恭仁京、难波京、长冈京以及平安京。由此可见，日本是在“东亚都城时代”的背景下才诞生了营造都城的理念。范文澜先生指出：“像长安这样精心规划、气象宏伟的大都城，在隋唐以前的中国不曾有，在当时的世界上也不曾有。日本模拟长安的建制，先后兴建平城京和平安京。”[3]宿白先生也明确指出：“日本从7世纪后半到8世纪后半，陆续兴建了许多处宫和京，其中藤原、难波、平城、长冈、平安五座京城，经过近年的考古工作和古文献的研究工作，都已得到了程度不同的复原，复原的成果告诉我们，仿效隋唐时代长安和洛阳的制度，是它们的共同点。”[4]

《本朝无题诗》诞生的舞台平安京，[5]是桓武天皇于延历十三年（794）十月下诏迁都

[1]〔美〕本尼迪克特·安德森虽然是在近现代意义上讨论民族想象的共同体，但对于古代日本同样适用，即“民族”这个“想象的共同体”，最初主要是通过文字阅读来进行的，而且其想象的过程也并不缺乏类似于现代意义上的“公共空间”——古代日本贵族群体通过阅读中国文献典籍，思考日本的国魂、国体，乃至利用汉文编纂日本的国史。参考安德森：《想象的共同体：民族主义的起源与散布》，上海人民出版社，2005年，第3页。

[2]〔日〕妹尾达彦《东亚都城时代的诞生》，载杜文玉编《唐史论丛》，陕西师范大学出版社，2012年。

[3] 范文澜《中国通史》第4册，人民出版社，1978年。

[4] 宿白《隋唐长安城和洛阳城》，《考古》，1978年第6期。

[5] 关于本文研究对象平安京，可参考井上满郎《研究史平安京》（吉川弘文馆，1978年）、北村优季《平安京之历史与构造》（吉川弘文馆，1995年）、桥本义则《平安京成立史的研究》（塙书房，1995年）、吉川真司编《日本的时代史5平安京》（吉川弘文馆，2002年）、西山良平《都市平安京》（京都大学学术出版会，2004年）、西山良平·藤田胜也编《平安京的住址》（京都大学学术出版会，2007年）、金田章裕编《平安京——京都都市图与都市构造》（京都大学学术出版会，2007年）等。

的新京。平安京横跨山城国的葛野和爱宕两郡，北有北山（玄武），南有小椋池（朱雀），东有鸭川（青龙），西有沿御室川河道的山阴古道（白虎），可谓是“四禽叶图”之地。[1]之所以称为“平安京”，是因为“此国山河襟带，自然作城。因斯形胜，可制新号，宜改山背国为山城国。又子来之民，讴歌之辈。异口同辞，号曰平安京”。[2]延历十四年（795）正月，因平安宫的大极殿尚未建成，所以没有举行元日朝贺礼仪。但正月十六日，桓武天皇在内里宴请群臣，举行了盛大的踏歌活动。其歌词曰：“新年乐，平安乐土，万年春。”[3]诚如这首踏歌所祈祷的那样，平安京被视为国泰平安的象征。

平安京是桓武天皇为模仿中国建立律令制国家的需要而营造的都城，因此在造都理念、都城规制、宫殿建筑甚至植被景观上皆模仿隋唐长安与洛阳，尤其以对唐长安城的模仿更为显著，这几乎是战前日本史学界的共识。如日本史学家喜田贞吉先生所述：“藤原京之制，与其后平城京、平安京或大化的难波京相类，均为模仿支那长安之制的京城。”[4]20世纪后半期，随着考古发掘的推进，学界越来越倾向于认为平安京兼模仿唐长安城与洛阳城。如王仲殊先生根据日本考古学的发现指出“古代日本的宫城为唐长安、洛阳的宫城、皇城的结合体”，同时还考证出“宫城南门仿唐长安皇城南门而称朱雀门，而朝堂院外南门则仿洛阳宫城南门而称应天门”。[5]

从日本史书的记载来看，平安朝官僚对中国都城制度、历史沿革有充分的认知，这从“应天门大火”之后的改名事件便可窥知。据《日本三代实录》记载，清和天皇贞观八年（866）闰三月平安宫应天门遭火灾焚毁。贞观十年（868）二月开始重建，十三年（871）十月竣工。同年十月二十一日，明经、文章等博士奉命讨论应天门是否应该改名，从五位上行大学头兼文章博士巨势朝臣文雄如此论道：

> 唐玄宗天宝二年，东京应天门灾，延烧至左右延福门。十一月，应天门成，改曰乾天门。本朝制度，多拟唐家。凡天人火，其名虽异，总而论之，皆是非国之休征。然则修复之后，除其旧号，更制嘉名，不亦宜哉。又洛都宫城门，是谓应天门。案《礼纬含文嘉》曰：“汤顺人心应于天。”然则应天之名，盖取诸此欤。又长安南

[1] 王海燕《古代日本的都城空间与礼仪》，浙江大学出版社，2006年，第79页。

[2]《日本纪略》延历十三年（794）十一月丁丑条。

[3]《类聚国史》卷72“岁时踏歌”。

[4]〔日〕喜田贞吉《帝都》，日本学术普及会，1939年。

[5] 王仲殊《关于日本古代都城制度的源流》，《考古》，1983年第4期。

面皇城门，是谓朱雀门。又大明宫南面五门，正南曰丹凤门。夫丹凤、朱雀，其义是一。然则以其在南方，故谓之朱雀乎。又称罗城门者，是周之国门、唐之京城门。西都谓之明德门，东都谓之定鼎门。今谓之罗城门，其义未详。但《大唐六典》注云："自大明宫，夹东罗城复道，经通化门磴道，而入兴庆宫焉。"今案其文势，盖此罗列之意乎。[1]

营野佐世、善渊永贞、船麻吕等引《左传》所记鲁之城门火灾修复后不改其名为例，主张应沿用"应天门"。巨势文雄则主张改名，他的论据是唐玄宗天宝二年洛阳应天门火灾，修复后改为"乾天门"。既然本朝制度多依据唐朝，那就应该"除其旧号，更制嘉名"。其后他还提供了改名的参考方案——唐长安南面的皇城门是"朱雀门"，大明宫宫城南面的是"丹凤门"，还有长安的京城门是"明德门"、洛阳的京城门是"定鼎门"，继而引《唐六典》云经通化门进入兴庆宫，说明唐朝皇城、宫城以及京域南面城门的命制，来为日本的改名提供参考。尽管日本朝廷最后采纳了多数人的意见没有改名，但巨势文雄的论述无疑说明当时的知识分子对长安城丰富的知识储备。他们不仅熟悉中国历史典故，对中国历代都城、宫殿的沿革也知之甚详。

总之，唐帝国在政治、经济、军事、文化等诸多方面所具有的强大的向心力，将周边的朝鲜、日本等国都吸纳到了以中国为主导的东亚国际秩序中来。以律令、儒学、佛教、汉字等要素为中心，形成了东亚文化圈。[2]但在唐帝国鼎盛时期，东亚文人尽管频繁往来于长安，其诗文对长安的表述却近乎缺席。这是因为长安并非一座普通的都城，作为唐帝国的政治中心，长安城的营造思想与中国人的宇宙观密切结合，并蕴含着深厚的王权思想和华夷意识。日本律令制国家的官僚文人，其自我认知与审视皆来自于对中国的观察和接受，在与唐帝国的往来中，他们不仅明确意识到了中国都城所具有的政治属性，还学会了通过吟咏都城来赞颂天皇的统治。日本学者中西进通过考察《万叶集》和歌与藤原京、平城京的关系，指出"万叶歌人对于日本自国都城的夸耀，与日本大化革新后上扬的国家意识不可分离"，日本都城书写中的王权思想由此可见。可以说，在古代东亚各国都城的营造思想中，都蕴含着浓厚的王权思想，文人对国都的自夸并非是一

[1] 参考《日本三代实录》清和天皇贞观十三年十月条。收录于《国史大系》第4卷，吉川弘文馆，1981年，第29—30页。

[2] 西岛定生《中国古代帝国的形成与构造》，东京大学出版会，1961年，第2页。

种单纯的文学活动，更是出于一种政治的、外交的需要。他们对象征唐帝国王权的长安城的表述，当然不能不谨慎。

都市的繁荣既依赖于政治，其衰落乃至毁灭也必然源于政治之变迁。晚唐五代，战乱频仍，长安屡遭兵燹，疮痍满目，形貌气势和政治地位皆难与昔时相比。随着唐朝的灭亡，中国大陆重新进入分裂时代，这也导致围绕中国大陆各地区的国家和都城相继消亡，并形成了新型的国家。[1]正如7世纪时唐帝国的统一促生了"东亚都城时代"的形成，10世纪初长安的衰败也使东亚各国都城迎来了新的转变——从古代的都城逐渐走向中世的都市。王权的更迭与都城的兴衰，自然也影响了文人书写都城的心态。与7、8世纪相比，长安给邻近区域带来的军事、政治、经济、文化上的压力也在降低，现实上的紧张感一旦消除，那些通过中国诗文习得的"长安想象"经过时间、距离的过滤，呈现出一种亲近感、认同感甚至是美感，由此便转化为文学书写的动力。总之，长安作为东亚世界政治中心的衰落，反而使它作为各国都城的隐喻在文学中得以复活。

例如高丽光宗十一年（960），以开京（开城）为皇都，但这一时期文人经常以长安来指代"开京"，最为著名的是李奎报（1168—1241）的诸多诗作。李奎报是高丽中期文人，一生并未踏入中国，但其诗作中涉及"长安"者众多，如"初别长安陌，迁延客万里"（《忆二儿》）、"长安不是天难到，漳浦沉婴泥杀人"（《忆长安》）、"长安何日到，目断碧天涯"（《旅舍有感，次古人韵》）等等。另据李奎报年谱，他32岁那年（1199）"夏六月，颁政，补全州牧司录兼掌书记。九月，赴全州……"，此年有诗《九月十三日，发长安，将赴全州，临津江船上，与晋公度韩韶相别》，诗题中的"发长安"，显然是指离开"开京"。再有34岁那年（1201）"春正月，至自广州，夏四月，之竹州迎母至京师"，此年有诗《自竹州舁母携姊，将赴长安，示甥婿郑生柔》，[2]诗题中"将赴长安"，也是指返回"开京"。

10世纪之后，日本汉诗文中同样出现了诸多以长安指代平安京的作品。《扶桑集》（995—999）中收录了源顺的《五叹吟》并序，序文逐一陈述"五叹"，所谓父之殁、母之丧、长兄之夭折、次兄之离京、己身之不遇。其序文开篇云："余有五叹，欲罢不能。所谓心动于中形于言，言不足，故嗟叹之义也。延长醍醐八年之夏，失父于长安城之西。

[1] 比如在云南，王朝从南诏易为大理；在越南，李朝建国；在东北，渤海消亡，取而代之的是相继建国的辽和金；在朝鲜半岛，高丽取代新罗，成为新的王朝。

[2] 朴性奎《李奎报年谱研究》(2)，《汉文教育研究》，2005年第24期。

其叹一矣。……”[1]据《尊卑分脉》记载，醍醐天皇执政时期的延长八年（930），源顺20岁时，其父源攀殁于平安京。[2]因此序文称“失父于长安城之西”，无疑是指“平安京之西”。另据诗文首句“一隔严容十有年”推测，该诗序作于天庆二年（939），可知至少在10世纪前半期，日本文人已经开始将“平安京”称为“长安城”。《本朝文粹》还收录了橘在列《秋夜感怀敬献左亲卫藤员外将军》，末尾吟道：“家贫亲知少，身贱故人疏。唯有长安月，夜夜访闲居。”因为这首诗作于平安京，故这里的“长安月”同样是指“平安京的月色”。11世纪成书的《本朝丽藻》（1010）是由高阶积善编纂的一部汉诗集，其中收录了中书王的《过秋山》一首，诗末尾云：“长安日近望虽辨，碧落云晴何可磨。”这里的长安依然是指平安京。

长安虽不复为东亚政治文化的中心，却以一种古典都城典范的帝国隐喻在文学中复活，这一时期可称为“后长安时代”。[3]长安经历了从王权之都到地方都市的历史跌落，这种现实落差给东亚各国文人带来了精神上的震撼，于是他们在文学中对长安的衰落给予了不同层次的反应。日本文人的具体做法是，在平安京内部再造一个“小长安”，并通过不同的文学修辞将这一表述普遍化。下文将以《本朝无题诗》为研究对象来考察这一问题。

《本朝无题诗》又称《无题诗》（彰考馆本、山岸文库本、东洋文库本）、《无名诗》（蓬左文库本）、《无题诗集》（上野图书馆本）、《阶萱词叶》等，是平安朝后期的一部汉诗总集，收录了11世纪后半期至12世纪前半期近百年间30位文人的汉诗，收录诗歌共773首，分设36部，[4]编为10卷。《本朝无题诗》中直接描写“长安”的诗歌共10首（见表1），另有涉及唐长安地名如崇仁坊、慈恩寺、青龙寺等的若干首诗歌，以及汉长安地名如函谷关、上林苑的若干首，较之平安朝中前期以汉长安为主的创作倾向，这一时期明显偏向于以唐长安空间为主。另外，在奈良、平安朝初期，因为遣唐使的频繁往来，《怀风藻》《敕撰三集》中的诗人不乏有实际的长安生活体验者，但《本朝无题诗》的诗人几乎都没有去过长安。然而，平安末期长安意象在日本汉诗中出现的频率反而很高，并且在地理名词的基础上衍生出了更为丰富的意象。

---

[1]《扶桑集》第011首。

[2] 神野藤昭夫《〈源顺伝〉断章：若き日の顺を绕って》，《国文学科报》，1981年3月第9期。

[3]《韩国文集丛刊》是韩国民族文化促进会编撰的韩国历代文人文集总集，共500辑，现已整理成数据库形式，供在线检索。http://db. itkc. or. kr，最后访问日期：2018年6月3日。

[4] 这36部包括行幸、宴贺、尚齿会、天象、时节、地仪、植物、动物、人伦、杂物、花下、月前、七夕、春、夏、秋、冬、杂部、水阁、泉亭、林亭、亭、别业、山家、野店、旧宅、山村、野外、河边、旅馆、山寺上、山寺中、山寺下、杂寺、禅房、山洞。

表 1 《本朝无题诗》中的长安诗歌（按诗集收录顺序）

	诗题	作者	部立	诗句
1	月下有感	藤原忠通	月前	长安远近千家雪，洛邑东西万井霜。
2	对月言志	藤原敦光	月前	长安陌上清光遍，敷浅原边皎色遥。
3	长安城亭怀旧	藤原基俊	秋	伤嗟更掬期君泪，洒托商风寄远城。
4	秋日林亭即事	藤原忠通	林亭	此地唯欢车马少，长安城僻避嚣喧。
5	夏日桂别业即事	藤原敦光	别业	长安不远连烟树，彭蠡为邻接水乡。
6	秋官宇治别业即事	藤原忠通	别业	长安城外十余里，宇治佳名古今同。
7	梅津	藤原忠通	别业	长安十二衢边宅，都督纳言昔引朋。
8	冬日游圆融寺	藤原敦光	山寺	圆融古寺思纷纷，地近长安眺望分。
9	夏日游寺	中原广俊	杂寺	路历长安十二衢，寻来寺院一名区。
10	山寺即事	藤原忠通	杂寺	屡寻古寺步忽忽，指点长安望不穷。

《本朝无题诗》中涉及长安的诗歌，主要有两个共同倾向。

其一，这些诗作大多创作于远离平安京的郊外，如山寺、林亭或别业，这从其诗题或所属部立的分类一望便知。另外，长安诗作的诞生与藤原忠通及其周边的式家文人集团——藤原敦光、藤原基俊等人关系密切。

其二，诗歌中的“长安”无一指中国的汉唐都城，均是指日本都城“平安京”。换言之，诗歌中所描绘的长安空间与景观，实际上都是在写平安京。另外，这些诗句通常选取“长安日远”“长安月”“长安陌”“长安十二衢”等组合意象，这些物象与长安的固定搭配多承袭自中国的诗歌。下文将主要从借代、重叠、用典三种修辞视角出发，考察长安如何作为一种方法和修辞被日本汉诗作者化用。

二、“长安城＝平安京右京”

10 世纪初，日本汉诗中逐渐出现了以长安、洛阳指称平安京左京、右京的倾向。然而，日本古文献中称平安京东、西两京为“洛阳”“长安”的最早记录是《拾芥抄》，其卷中“京程部”云：“东京号洛阳城，西京号长安城。”《拾芥抄》是洞院公贤（1291—1360）编写的辞典，成书于镰仓末期。另有日僧永祐所撰《帝王编年记》（1364—1380），其卷12桓武天皇延历十二年癸酉正月十五日条记载：“始造平安城。东京（爱宕郡），又谓左京，唐名洛阳。西京（葛野郡），又谓右京，唐名长安。南北一千七百五十三丈，除大路小路；东西一千五百八十丈，除大路小路。通计东西两京。”[1]类似记录在《日本纪略》《续日本后

[1]《扶桑略记帝王编年记》新订增补，收录于黑板胜美，国史大系编修会编《国史大系》第 12 卷，吉川弘文馆，1965 年，第 175 页。

纪》等正史以及行政文书中都没有相应记载，但在10世纪以降的汉诗文中却普遍出现，因此《拾芥抄》《帝王编年纪》等文献的记载，或许是汉诗文普遍化后的结果也未可知，毕竟这些汉诗文的作者都并非一般的权力阶层。因平安京左京在东，因此又称“东京”，同理右京又被称为“西京”，这显然是沿袭中国自汉代以来称长安、洛阳为“西京”“东京”而来。江户时期学者林鹅峰（1618—1680）曾对《本朝无题诗》收录的藤原基俊《长安城亭怀旧》一诗作注如下：

林子曰：“昔桓武帝营平安城，并建左右京，比汉东西京。故以左京拟洛阳，以右京拟长安。仁明帝造大内里，至延喜天历以后，左右京相并俨然。其后左京依旧，右京荒废。基俊所谓长安者，右京也。此诗颇于怀旧之意。[1]

林鹅峰是江户时期日本研究《本朝无题诗》的开拓者之一，[2]他明确指出了藤原基俊诗题中的“长安”指的是“平安京右京”，而非整个京域。这种借“长安”代指“平安京西京”的用法，在《本朝无题诗》中有诸多佐证。如诗集中收录诗歌数量最多、地位也最高的藤原忠通，有《秋日宇治别业即事》一诗：

长安城外十余里，宇治佳名古今同。[3]

诗题中的“宇治别业即事”，是指藤原忠通位于桂川东岸的宇治别业。宇治位于平安京东南部。平安末期以宇治川为中心，许多贵族在此地建造别业，如著名的宇治平等院，原为藤原道长的别业，在11世纪中叶由其子——也是当时的统治者藤原赖通改建而成。平安末期，贵族文人常聚集于宇治一带举行游宴诗会，故忠通诗云“此处自元多景气，诗歌弦管尚无终”。关于其具体位置，可以与藤原忠通另一首诗《梅津》对读，其诗序与诗文如下：

[1] 林鹅峰《本朝一人一首》，小岛宪之注，收录于佐竹昭广等编《新日本日本古典文学大系63》，岩波书店，1994年，第400页。

[2] 关于这一问题，可参考堀川贵司《近世における『本朝無題詩』の研究と享受》，《和漢比較文学》（13），1994-07，第58—69页。本间洋一《『本朝無題詩』所収詩の享受 -- 江戸期の諸書の一端から》，《中央大学国文》（37），1994-03，第83—90页。

[3] 本间洋一《本朝無題詩全注釈2》，新典社，1993年，第382页。

近曾向梅津。昨朝过宇县，归路寄山阶，日日远行，事事知老。抑山水风流，烟霞气色，云此云彼，有兴有情。聊叙所观，以悟不知矣。

长安十二衢边宅，都督纳言昔引朋。西北龟山部县外，东南雁塔两三层。

立望仙洞云披阅，老访禅林岚响应。桂木海津尤有意，花如白浪月如冰。[1]

诗题中的“梅津”，位于平安京右京区四条通西端桂川的左岸，也即现日本京都府的梅宫大社一带。这一带恰是桂川和梅津川流经之地，风景绝佳，许多王公贵族在此建有别业山庄，赏春花秋月，吟诗作赋，因此自古便是著名的歌枕地。诗序中“昨朝过宇县，归路寄山阶”的宇县，即指宇治。“山阶”位于宇治正北方向，也即山科川流经地区。[2]诗歌正文以“长安十二衢边宅”开篇，这里的“长安十二衢”，不是指汉唐长安城的街道，而是指日本的平安京。因为从这首诗创作的地点、时间、缘由来看，都没有写中国长安城的必要。诚如前述，据《拾芥抄》等文献记载，平安京右京又称“长安”，而梅津位于平安京右京，因此这里的“长安”应是这一时期文人间流行的对平安京右京的美称。次句“都督纳言昔引朋”，说明江都督纳言大江匡房（1041—1111）曾在“长安十二衢边宅”招待诗友，具体位置在“西北龟山部县外”。龟山，在今京都市右京区嵯峨、天龙寺以西，桂川环绕而过，皇子兼明亲王曾隐居于此。[3]这里能看到“东南雁塔两三层”，显然都是实写平安京右京的美景。忠通诗句提到的“桂木海津”，是指桂川一带，如前所述，桂川东岸有藤原忠通的别墅。藤原敦光（1062—1144）也曾在此作诗《夏日桂别业即事》：

长安不远连烟树，彭蠡为邻接水乡。[4]

藤原敦光是平安后期文人、儒学者。《本朝文粹》编纂者藤原明衡之子、文章博士藤原敦基之弟。父子兄弟共擅诗文，因此也被比为中国宋代的“三苏”。他曾侍读堀河、鸟羽、

[1] 本间洋一《本朝無題詩全注釈 2》，第 439 页。

[2] 同上书，第 383 页。

[3] 兼明亲王仿白居易《忆江南》作《忆龟山二首》，其一云：“忆龟山。龟山久往还。南溪夜雨花开后，西岭秋风叶落间。能不忆龟山？”

[4] 本间洋一《本朝無題詩全注釈 2》，第 319—320 页。

崇德三代天皇。藤原敦光诗题中的“桂别业”，即位于今京都市西京区桂川一带。平安时期这一带曾是贵族别墅的聚集地，尤其在桂川附近，有藤原忠通、藤原家经、藤原兼房、源经长、藤原俊通等人的别墅。桂川东岸有藤原忠通的别墅，藤原忠通《夏日桂别业即事》开篇曾云：“京洛西南桂水边，地形胜绝任天然。”“桂水”即为“桂川”。另外，《诗集序》收录有《初秋于员外尚书左中丞桂林别墅同赋游宴契千秋诗序》，云：“长安城傍，不过数步，有一胜形。盖乃员外尚书左中丞之别墅也。号桂林以临桂水，在林邑欤。”这里的长安城即为平安京右京（西京）的雅称。

藤原敦光诗云“长安不远连烟树”，即言桂别业距离“平安京右京”不远，这里的“长安”依然是对平安京右京（西京）的美称，而不是整个平安京。“彭蠡为邻接水乡”中的“彭蠡”，原是中国很古的泽薮名，《汉书·地理志》“豫章郡彭泽”条载：“彭蠡泽在西。”[1]这里用中国古地名“彭蠡”指代“小椋池”，说明桂别业所处之地，有湖泊之景胜。本间洋一指出，“长安不远连烟树”出典于《本朝文粹》收录的源顺《早春于奖学院，同赋春生霁色中，各分一字》诗序：“望长安城之远树，百千万茎荠青。”源顺诗既作于奖学院，奖学院位于平安京左京三条，紧邻朱雀大路，写作视角自然是在平安京左京，也即“洛阳”，他隔着朱雀大路向西眺望，故有“望长安城之远树”之说，这里的“长安城”无疑是特指“平安京右京”了。

与此同时，《本朝无题诗》中有许多诗人以洛阳指称平安京左京，尤其是在写“长乐寺”的一系列诗歌中。如藤原敦基《冬日游长乐寺》：

街衢十二罽暄隔，世界三千眺望通。

诗题中的“长乐寺”是无题诗时代诗人们喜爱的景胜之地，这从《本朝无题诗》卷8第514首至第574首皆是吟咏“长乐寺”的诗歌即可以明了。此外，除藤原忠通《秋日游长乐寺上方言志》收录于《法性寺关白御集》中之外，平安朝吟咏长乐寺的汉诗基本都收录在《本朝无题诗》中，且这些诗在别的诗集中没有出现过。这说明长乐寺作为景胜之地，大约也就是在无题诗的时代兴起的。开篇“寻得胜形洛水东”一句，说明长乐寺位于平安京东部，这在许多诗作中都可以得到验证。如：

[1]《汉书·地理志》。

藤原明衡《春日游长乐寺》:“其奈城东闲放何，梵宫高处望方□。”[1]

藤原季纲《春日游长乐寺》:“长乐寺中酌酒缸，城东兹地势无双。”[2]

中原广俊《游长乐寺》:“一出凤城何处寻，东山景趣是清吟。”[3]

又:“寺在城东路不遐，相寻策马也脂车。”[4]

因为长乐寺处于平安京东部，又因平安京东京有“洛阳”之美称，因此诗人们在描述长乐寺的位置时，总是以“洛阳”“洛城”“华洛”等称呼来指称平安京的东京（左京），这说明在《本朝无题诗》时代诗人们的意识中，对于平安京左京（洛阳）、右京（长安）是有明确区分的。站在长乐寺的位置，明显能看到平安京左京（东京），因此在《本朝无题诗》收录的咏长乐寺的诗歌中，近 15 首都提到了“洛城”“洛”等相关地名。

源时纲《长乐寺花下即事》:“策马行行遥出洛，道场幽处久徘徊。”[5]

藤原茂明《春日游长乐寺》:“春辞京洛忘沈忧，古寺眺望醉里休。”[6]

源经信《游长乐寺》:“顾望华洛求名处，不过翁翁一片霞。”[7]

菅原在良《游长乐寺》:“暂辞皇洛顾城柳，但入禅庭攀洞霞。”[8]

中原广俊《游长乐寺》:“终朝乘兴忘归洛，遮莫岭西日景斜。”[9]

藤原显业《三月尽日游长乐寺》:“一辞花洛暂留连，长乐仁祠感自然。”

菅原在良《三月尽日游长乐寺》:“迹占山阁三休地，望任洛城九陌风。”

藤原敦光《秋日长乐寺即事》:“云色泉声寻洛东，一时赏玩感相通。”

这从一个侧面说明了日本知识分子欲将“长安”“洛阳”二都囊括于平安京的宏大

[1]《本朝无题诗》第 515 首。

[2] 同上书，第 516 首。

[3] 同上书，第 532 首。

[4] 同上书，第 537 首。

[5] 同上书，第 125 首。

[6] 同上书，第 520 首。

[7] 同上书，第 524 首。

[8] 同上书，第 533 首。

[9] 同上书，第 537、539、540、551、565、566 首。

抱负。事实上，长安城的面积是平安京的四倍还多，且是非常坚固的石造罗城墙壁，平安京只在南面建有土制的围墙，这道城墙更近似于装饰，并不具备防御功能。因此，平安京的实际情况是，无论在规模还是在建筑内质上，都是与长安城无法比拟的贫弱都城。即使如此，平安京在营造理念上，却是想将长安城与洛阳城都容纳在内，这种宏大的构想与自夸意识是不能忽视的。[1]

另外，后世将京都称为“洛中”的习惯，也与右京（长安）的衰退直接相关。[2] 9世纪中叶后，日本朝廷开始实施奖励开垦京中空闲地的政策，平安京中不仅有水田、陆田，而且道路两边也成为蔬菜种植地，京中的田地化必然给都城的风貌带来改变。[3]但是，平安京的地势呈南低北高走向，从东北到西南方向逐渐倾斜，因此西南、西北方向实为低湿地带。这一带又恰好是桂川的流经地，治水向来困难。再加上右京中部常有纸屋川泛滥，桂川、纸屋川的水一起倒灌进来，经常将整个右京浸入水中。右京既常遭遇水患，遂易形成大面积积水，久而久之，不要说修建宅邸，就连耕种也很不易。平安京右京的衰退以庆滋保胤在《池亭记》中的描述最为著名：

> 予二十余年以来，历见东西二京，西京人家渐稀，殆几幽墟矣。人者有去无来，屋者有坏无造。其无处移徙、无惮贱贫者是居。[4]

这篇文章写于天元五年（982）十月，10世纪末平安京西京，也就是右京（又称长安）的颓败由此可见。根据考古学发现，到了平安时代后期，右京的大多数建筑物几已废弃，耕地也多有变化。随着平安京右京的逐渐荒废，人们渐渐聚集到平安京东部，也就是左京（又称洛阳）居住，这使得以朱雀大路为中轴线的都市形态发生了极大的变化。[5]

---

[1]〔日〕桃崎有一郎《平安京はいらなかった：古代の夢を喰らう中世》，吉川弘文馆，2016年，第132—134页。

[2] 16世纪以降，描绘京都名所、风物的大型绘卷《洛中洛外图》被大量制作了出来，将平安京内称为“洛中”，将京外称为“边土”的边境意识便产生了。室町时代，“洛中、洛外”的说法已经普遍流行开来。在前近代时期，上京都的固定说法是“上洛”，京都也被雅称为“京洛”“花洛”。但实际上，洛中其实只有平安京的一半，并不包括全部。

[3] 王海燕《古代日本的都城空间与礼仪》，第83页。

[4] 参考大曾根章介、後藤昭雄等校注《新日本古典文学大系・本朝文粹》，岩波书店，1992年。

[5]〔日〕牧伸行《平安京の変質》（洛中周辺地域の歴史的変容に関する総合的研究），《佛教大学総合研究所紀要》2013（2），2013年3月，第5—19页。

三、慈恩寺：地理景观与诗学空间的重叠

日本平安京既仿隋唐长安、洛阳的都城形制，故在宫室、殿阁、街道、寺院等建筑的命名上，也直接取法中国。延历年间（782—806），遣唐使菅原清公从唐朝归国后，主张天下礼仪、男女服饰皆依唐法，官阶品级悉遵唐制，并上表朝廷，把诸宫殿院的门号一律改成唐风匾额。弘仁九年（818），嵯峨天皇下诏令“天下仪式、男女衣服皆依唐法，五位以上位记改从汉样，诸宫殿、院、堂、门阁皆着新额”云云，正是出于菅原清公的建议。[1]这时候平安宫的四面宫门乃至内里的许多门、殿、楼、堂、坊等，都已改为唐风化的名称。[2]如内里的紫宸殿、清凉殿、仁寿殿、建礼门，朝堂院的昌福堂、含章堂，以及宫城十二门的待贤门、藻壁门等，都改为了中国风的名称，并举行了匾额的揭盖仪式。另外，平安京内的条坊也都有了中国风的名字，一条称为桃华坊，二条为铜驼坊，从三条往南开始，左京和右京的名字不同，对此《口游》中有详细注解：

> 教业、永昌坊，宣风、淳风坊，安众、崇仁坊，陶化，是左京。谓之东京坊门，起三条。丰财、永宁坊，宣义、光德坊，毓财、延嘉坊，开建，是右京。谓之西京坊门，起三条。今案，坊门弘仁九年（818）所定。[3]

也就是说，左京的三条为教业坊，四条为永昌坊，五条为宣风坊，以此类推，直到九条的陶化坊；右京的三条为丰财坊，四条是永宁坊，五条为宣义坊，同样类推，直到九条的开建坊（详见图1）。[4]

这些名字都是直接转用唐长安城或洛阳城的名字，如铜驼坊、教业坊、宣风坊、淳风坊、安众坊、陶化坊、丰财坊、毓财坊等仿自洛阳，永昌坊、崇仁坊、永宁坊、宣义坊、光德坊等仿自长安。[5]但是从《掌中历》（1122—1124）记载的平安京坊名来看，平安京又并非完全是遵循“左京＝洛阳”坊名、“右京＝长安”坊名的原则，而是将长安、

---

[1] 延历二十一年（802），也即桓武天皇迁都平安京的第八年，以藤原葛野麻吕为大使的第十六次遣唐使团准备入唐，此次使团有菅原清公、橘势逸、空海、最澄等著名文人和僧侣，他们是将唐文化传入日本的重要力量。尤其是备受天皇宠信的菅原清公，在将唐朝文化制度导入日本朝廷的过程中发挥了重要作用。

[2] 承久年间（1219—1222）成书的《九条家本延喜式附图》中的“左右京图”。

[3]〔日〕源为宪《口遊注解》，幼学の会編，勉诚社，1997年，第92—93页。

[4] 山田邦和《京都都市史の研究》，吉川弘文館，2009年。

[5] 王仲殊《试论唐长安城与日本平城京及平安京何故皆以东半城（左京）为更繁荣》，《考古》，2002年第11期，第81页。

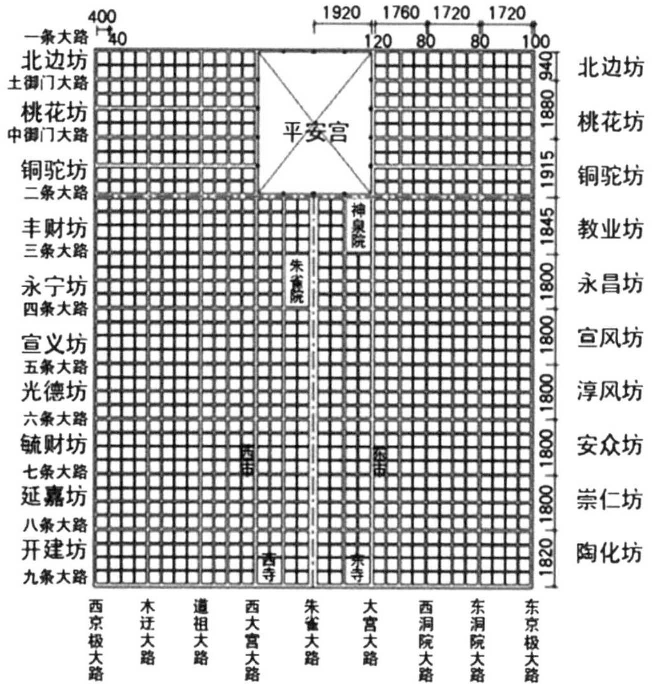

图 1　平安京条坊复原图（单位：尺 =29.84cm）

洛阳杂糅在一起，这被认为是有意将长安、洛阳囊括在一体，体现出平安京欲囊括中国东、西两京的都城理念。

地理景观的重名给汉诗的互文带来了可能，并由此引发了不少文学公案。如《江谈抄》第四第 124 条记载了这样一则故事：流放于长陆国的藤原季仲（1046—1119），给居于平安京的友人赠了一首诗，其中有一句是："游子三年尘土面，长安万里月花西。"藤原实兼（1085—1112）在和平安时期大儒大江匡房的谈话中，询问匡房该如何评价这句诗。匡房说，这句典出白居易《和刘郎中学士题集贤阁》："万卷图书天禄上，一条风景月华西。""月华"指唐大明宫的月华门，西向，与日华门相对。白诗将集贤阁比之为汉代的天禄阁，此阁正处在月华门西的一条景观线上，是故白乐天此诗意在写唐大明宫的风景。匡房最后哂笑说，藤原季仲显然是误会白诗的意思了，将"月花西"误认为是指天上的白月光了。

500 年后，江户时期的汉学者林罗山（1583—1657）又为这句诗翻了案，他说："一条风景月华西，是为'月华门'，不关'天上月'。故匡房见而笑之。今按，季仲固不解白诗之议乎？或其假用以述在远方忆京师之意乎？"[1] 按照林罗山之意，月华门固然是唐大明宫的宫门名，但同时也是平安京内里紫宸殿南庭西门名，即校书殿和安福殿之间的门，同样是与日华门相对。曾为平安京官僚的藤原季仲显然不可能不知道"月华门"。白居易诗句因收录于《千载佳句》卷下"集贤阁"而为日本文人熟知，但藤原季仲真的是不解白诗之意吗？因藤原季仲诗仅存这一联，无法窥知其全貌有些遗憾，但季仲作为流放之人对京城的向往与追思之情，却是溢于纸背。季仲是否欲借白诗之名，抒写被流放

[1] 林鹅峰《本朝一人一首》，小岛宪之注，收录于佐竹昭广等编《新古典文学大系 63》，第 417 页。

者的忆京之意？[1]这一联诗之所以引发如此公案，盖因唐、日宫城中皆有“月华门”之名，日本诗人借中日地理景观之重合，实现了诗学空间上的重构。然而，这种文学地理上的重构，在日本古代文学中又何止于“月华门”一处？我们随便举出一些平安宫的殿堂和诸门名，很快就会发现它们的中国渊源——紫宸殿、承香殿、绫绮殿、宣政门、昭庆门、含耀门是来自大明宫，仁寿殿、贞观殿、翔凤楼、长乐门、应天门、会昌门是来自洛阳宫。

这一风潮也影响到了贵族文人的日常生活。最为典型的就是《本朝无题诗》中的慈恩寺诗群。天喜四年（1056）三月尽日，刚被任命为式部少辅的藤原明衡（989?—1066）与菅原在良、惟宗孝言、大江佐国4人，同游平安京南的慈恩寺。《本朝无题诗》卷九收录了4人同题诗作《闰三月尽日慈恩寺即事》，其中以藤原明衡诗作最为著名。诗文如下：

三月今兹加闰月，芳辰云尽思相仍。

慈恩地静堪临眺，和暖天晴引友朋。

宴集华城文墨客，安禅松院薛萝僧。

丹心初会传青竹（A此寺初会序。垂竹帛长存），白氏古词咏紫藤（B《白氏文集》“慈恩寺三月三十日诗”云：紫藤花下渐黄昏）。

西羽随春藏细柳，晓鸡告夏听苍蝇。

手栽花树余香绝（C同序云。手栽祇树之花），目阅水泉一眼澄（D同序云。不变阅水之桥，以为到岸之途）。

学业聚萤难梦凤，逍遥低鹞慕风鹏。

不唯佳节催游放，王泽惟昌诗也兴。[2]

诗作前四句点明时间、地点，次之八句通过语汇征引，在诗文与历史之间建立了互文性，最后四句转向内心，抒发了以诗文立世之艰难。这首诗的特殊之处就在于藤原明衡随诗所附的注释，也即括号中的内容，共有4处。为方便讨论，现将这4处单独摘录并附序号。

[1] 本间洋一《院政期の漢詩世界序説（5）匡房から忠通へ》，《北陆古典研究》（28），2013年11月，第7页。

[2] 本间洋一《本朝無題詩全注釈3》，新典社，1994年，第293—294页。

A. 此寺初会序。垂竹帛长存。

B.《白氏文集》“慈恩寺三月三十日诗”云：紫藤花下渐黄昏。

C. 同序云。手栽祇树之花。

D. 同序云。不变阅水之桥，以为到岸之途。

A、C、D中同时提到的“序”，是指《本朝文粹》中收录的小野篁诗序《慈恩寺初会序》（卷十诗序法会），序文云：

滋相公有城南别业，住此三十年。出自萤雪之勤，登于槐棘之贵。夫家宅帝宫，不免烧，不免涸。故舍此以为慈恩佛堂。手栽祇树之花，自买独园之地，不改朝天之门，便作求车之所，不变阅水之桥，以为到岸之途。至其粉黛不留，荤血不御，又是相公之素旧，非新戒之加。相公本自引接文友，皆耳目浮近交也。如菩提常乐之契者，其初在今日。故列此会人于左，为后来之张本。故曰初会。凡今所录姓名，以为授记时之验。承和十一年夏五月七日记之。云尔。[1]

开篇先说明慈恩寺的来历——“滋相公有城南别业，住此三十年”，“滋相公”是指平安朝官僚文人滋野贞主（785—852），据史书记载，“贞主，身长六尺二寸，涯岸甚高。雅有度量，而天性慈仁，恐语伤人。其在铨官，汲引进士，随器选叙。死之日，知与不知，莫不流涕愍惜焉。”[2]可见他在平安朝政坛的影响力。滋野贞主在平安京南有私宅，“舍此以为慈恩佛堂”，这种“舍宅为寺”的做法常见于唐人。据闻当时私人建造寺院为律令所不容许，故慈恩寺最初是作为国寺西大寺的别院。慈恩寺位于西大寺之南，相去西大寺不远，后成废寺，遗迹不详。贞主仿大唐慈恩寺改建私宅，并命名为“慈恩寺”，后常年隐居于此，“营构模唐慈恩寺，因号慈恩寺。卒于慈恩寺西书院。时年六十八。时人知与不知，莫不流涕愍惜。”[3]承和十一年（844），滋野贞主邀请当时文人雅集于慈恩寺，并在该寺首次举行法会。小野篁仿《兰亭序》为本次文人雅集之事作序，以期为“后来之张本”。

[1]《本朝文粹》卷十诗序“法会”部。

[2]《日本文德天皇实录》卷四。

[3] 同上。

上引藤原明衡诗作自注中，A“垂竹帛长存”，C“手栽祇树之花”，D“不变阅水之桥，以为到岸之途”，三处都直接引用小野篁序文，以强调眼前所游之慈恩寺即为小野篁到访之慈恩寺，也即滋野贞主仿大唐慈恩寺所修建的寺院。在藤原明衡的诗注B中，也提到了白居易所吟咏的唐慈恩寺：“《白氏文集》‘慈恩寺三月三十日诗’云：紫藤花下渐黄昏。”这里说的是白居易的《三月三十日题慈恩寺》：“慈恩春色今朝尽，尽日裴回倚寺门。惆怅春归留不得，紫藤花下渐黄昏。”这首诗细腻地描写深感留春不住的怅惘与忧伤，这种怅惘依托于紫藤花这一意象上，作为佳句被收录于《千载佳句》和《和汉朗咏集》中，而为日本诗人所传诵。如《和汉朗咏集》卷上“藤”部收录白居易《酬元员外三月三十日慈恩寺相忆见寄》诗一联：“怅望慈恩三月尽，紫藤花落鸟关关。”原为《白氏文集》卷十六所收，全诗如下：

怅望慈恩三月尽，紫桐花落鸟关关。诚知曲水春相忆，其奈长沙老未还。
赤岭猿声催白首，黄茅瘴色换朱颜。谁言南国无霜雪，尽在愁人鬓发间。

原诗的“紫桐花落鸟关关”在日本接受的过程中，被误改为了“紫藤”。这句诗还可见于《千载佳句》卷上“送春”，平安朝的诗人们将其作为句题诗的诗题传承了下来。如《本朝文粹》卷十一收源顺诗序《三月尽日游五觉院同赋紫藤花落鸟关关》：

嵯峨院者，我先祖太上皇之仙洞也。松风萝月，偕老于烟岩之阿。怪木奇花，杂插于水石之地。……于时，紫藤之花满院，黄鸟之声入窗。纷纷乱落，飞梢云于媚景之晴，关关和鸣，调筝柱于和风之晓。诚花鸟之欲尽，触耳目而难抛者也。是以吏部停杯，咏唐太子宾客白乐天之于慈恩寺所作“紫藤花落鸟关关”句。即命座客，各赋其心。

后藤昭雄稽考了平安朝后期的佚诗，其中发现了一卷往来物《传藤原忠通笔苇手下绘往来书卷》，据小松茂美介绍，这卷往来物原为纵向29.5厘米、横向51.5厘米的卷轴，在流传过程中被切断，曾在东京国立博物馆展出。[1]后藤先生曾摘取其《庚申御会事》进行注释，其中有一联连句“汉永安宫竹，唐慈恩寺藤”。永安宫在重庆市奉节县的东北

[1] 後藤昭雄《佚存平安朝诗注》，《语文研究》，1989年6月（通号66·67）。

方，卧龙山下的宫殿，曾为刘备殁去之所。唐慈恩寺的“藤”当指白居易诗句中的紫藤。由此可见，日本文人主要是通过“句题”的方式接受、传承白居易的慈恩寺诗。因此，在日本的慈恩寺诗群中，“三月—紫藤—白居易—慈恩寺”就成了一种固定意象的组合，这里有时间、人物、地点以及可以寄托情感的植物意象，它们共同构成了日本慈恩寺的诗学空间。

至《本朝无题诗》的时代，白居易的慈恩寺诗句已广为上层知识阶层所熟知，因此无题诗诗人多有化用，如惟宗孝言《闰三月尽日慈恩寺即事》：

> 慈恩兰若不期会，三月闰余已尽辰。白氏昔词寻寺识，紫藤晚艳与池巡。
> 莫嘲有限空添老，不恨无成只送春。为受池形虽伫立，松间幽寂晚钟频。[1]

“白氏昔词寻寺识”是说日本的慈恩寺让人想起白居易的慈恩寺诗，这里当然也有三月尽日的“紫藤”。与明衡的诗一样，这首诗也是在明确地意识到中国与日本、过去与现在两处慈恩寺的基础上，用文字将两种空间联系在一起，使得过去与当下发生关联。再如大江佐国的《闰三月尽日慈恩寺即事》：

> 三月已阑未得追，慈恩寺下暂栖迟。境经异日笙歌曲，思入乐天怅望诗。
> 空假自知花尽暮，声闻同惜鸟归时。烟霞兴味今宵断，鬓雪顶霜犹以遗。

“乐天怅望诗”来自白居易《酬元员外三月三十日慈恩寺相忆见寄》开篇：“怅望慈恩三月尽”，以及《慈恩寺有感》：“自问有何惆怅事，寺门临入却迟回。”这里以白居易慈恩寺诗重写日本慈恩寺的手法，与前几位诗人如出一辙，而且这些诗歌在情感的抒发上仍不脱白诗藩篱，如大江佐国诗尾句“鬓雪顶霜犹以遗”，显然来自白居易“谁言南国无霜雪，尽在愁人鬓发间”。总之，《本朝无题诗》中的慈恩寺诗，都直接与白居易的慈恩寺诗相关。这首先从诗题所说明的时间、地点的一致上，就可以明了。无题诗人以《闰三月尽日慈恩寺即事》同题赋诗，这与白居易诗题《三月三十日题慈恩寺》《酬元员外三月三十日慈恩寺相忆见寄》相似，都是写三月尽日暮游赏慈恩寺的情景。这种“重叠”的书写方法首先意味着日本文人要从唐慈恩寺众多复杂的诗学意象中，抽离出白居易的

[1]《本朝无题诗》第650首。

“紫藤”意象，将其张扬为慈恩寺独有的文学符号，再将其置入日本文学的语境中，使得慈恩寺在时间的流转中被赋予不同的文化诠释和意义再造。我们很难认为这是一种巧合，毋宁说是无题诗诗人们在熟知白居易慈恩寺诗的基础上，有意选择三月尽日同游慈恩寺赋诗的结果。这是一种文学行为的模仿，但诗人们巧妙地选取了一种“历史重写”的观看机制和“白居易的慈恩寺”这个观看位置——对地理景观的观看总是要透过一种观看机制和观看位置实现——从而开启了一种情感上的认同。可以说，通过“慈恩寺”这一中、日都城共有的地理空间，日本诗人实现了与白居易诗学上的共鸣。

四、诗与街——“十二衢”“九陌”中的都城景观

承上，借代与重叠都是利用长安城的历史空间或文学意象来实写平安京，但《本朝无题诗》中还有一种虚写都城的方法——即采用中国诗文中书写长安的典故来写平安京，这些典故多由一些固定的词汇构成，在日本被作为描述长安城的套语使用。很多情况下这些套语既不符合唐长安城的实际规划，也不吻合于日本平安京的空间，但日本文人却借用中国诗文的惯用表达来泛写平安京，欲援中国之古以证日本之今，这些诗文在表达效果上显然与“重叠法”的目的接近，都是为诗文寻找一种历史纵深感，但在实际的表达效果上，却呈现出一种明显的程式化倾向。我们不妨以《本朝无题诗》中使用较多的描述平安京街道的“十二衢”意象为例，来探讨这一现象。

凯文·林奇在《城市意象》一书中，讨论了一种城市意象的形成，总是与五种要素关联：道路、边沿、区域、终点、标志。[1]其中“道路”是大多数人印象中占控制地位的要素。“正是沿着道路，人们才得以观察城市”，进而发展出一种城市意象。对唐长安城与日本平安京这种设计格局整齐划一的坊市制都城而言，道路不仅是人们都市社会生活的重要空间，某些道路还承担着特殊的政治性与礼仪性功能，如朱雀大街不仅是唐长安城与日本平安京的中轴线，也承担着划分行政区域与上演王权礼仪的功能。《本朝无题诗》对长安的描述中，最突出的特征莫过于对“十二衢”——以街道为中心的都城空间的书写。比如：

藤原忠通《梅津》：“长安十二衢边宅，都督纳言昔引朋。”

中原广俊《夏日游寺》：“路历长安十二衢，寻来寺院一名区。”

[1]〔美〕凯文·林奇《城市意象》，华夏出版社，2017年，第41页。

又《暮秋游圆觉寺》："忽出京城十二衢，寺门深处几踟蹰。"

从诗题及诗歌内容来看，这里的"长安十二衢"都不是实写汉唐长安的街道。那么，是实写平安京的街道吗？接下来我将从"长安十二衢"第一次出现的文献《本朝文粹》出发，结合日本平安京、汉唐长安城街道的实际规模展开考察。《本朝文粹》（1058—1064）被称为日本国风第一古典与文艺复兴旗帜，是由藤原明衡编纂的。原书以中国《文选》为规范，共 14 卷、汇集了 39 种文体的美文，内容也包括了日本独有的一部分佛教相关的愿文、文章和和歌。[1]《本朝文粹》收录了三善清行[2]（847—919）的《八月十五夜，同赋映池秋月明》，其诗序第一次使用了"长安十二衢"，云：

八月十五夜者，秋之仲，月之望也。风惊萧索，苍天卷其群翳；云收蒙胧，碧落晴而疏阔。今夜初更销暗，团月褰光。清景外彻，照天地于冰壶；浮彩傍散，变都城于玉府。长安十二衢，皆蹈万顷之霜。高宴千万处，各得一家之月。……

三善清行是平安中期公卿、汉学者，擅长汉诗文。柿村重松注释本认为三善清行的"长安十二衢"化用了《文选》中鲍照的《咏史诗》："京城十二衢，飞甍各鳞次。"而鲍照的这首诗根据《文选》注释"《西都赋》曰，立十二之通门"来看，显然来自班固的《西都赋》。因此三善清行诗句其实是对班固《西都赋》的征引。[3]柿村重松的注释说明了一个问题却也忽略了一个问题。说明的问题是：三善清行的"长安十二衢"来自班固对西汉长安街道的描述，而非唐长安城。忽略的问题是：这里的"长安十二衢"既不是指西汉长安也非唐长安，而是代指平安京的街道。

在中国古代的都城建制中，以"十二"为数字的制度以西汉长安为首。《三辅黄图》以及成书较早的《三辅决录》和班固《西都赋》、张衡《西京赋》都记载了汉长安城的规

[1] 江户初期宽永六年（1629），在平安晚期文坛巨擘藤原明衡（约 989—1066）以《文选》为规范编纂的《本朝文粹》新刊付梓之际，儒学者林罗山（1583—1657）有感于《本朝文粹》"名高千秋，功垂百代"，盛赞这一文坛佳事："庶几使广布于世，而后未见之者见之，未知之者知之，以可见本朝文物之盛。"

[2] 淡路守三善氏吉第三子。据史书记载，三善清行满腔正义，不屈服于权威，甚至不惜为此罢官。曾师从巨势文雄，入大学寮修习纪传道，于二十七岁入选文章生。熟悉阴阳天文，昌泰四年（901）据谶纬之说，提倡更改年号为"延喜"，拉开了辛酉改元的帷幕。曾参与编纂《延喜格式》，兼任文章博士、大学头、式部大辅三种儒学之职。主要著作有《円珍和尚传》《藤原保则传》《意见封事十二个条》等。

[3] 柿村重松《本朝文粹注释》，内外出版，1922 年，第 98 页。

模和城郭形制。据《三辅黄图》引《汉旧仪》记汉长安故城云：“汉之故都，高祖七年修长安宫城，自栎阳徙居此城。本秦离宫也。惠帝更筑之。经纬各长三十二里十八步。地九百七十三顷，八街九陌，三宫九府，三庙十二门，九市十六桥。”[1]《三辅决录》云：“长安面三门，四面十二门，皆通达九逵，以相经纬。衢路平正，可并列车轨十二。门三涂洞开，隐以金椎，周以林木，左右出入，为往来之径。行者升降，有上下之别。”[2]班固《西都赋》在铺排以长安为中心的各式空间图景时云：“披三条之广路，立十二之通门。内则街衢洞达，闾阎且千。九市开场，货别隧分。”[3]张衡《西京赋》亦云：“徒观其城郭之制，则旁开三门，参途夷庭，方轨十二，街衢相经。”李善注：“方，言九轨之途，凡有十二也。”[4]由此可知，汉长安城有12座城门，外郭城门通往城内的主要干道即是“十二衢”，后来“十二衢”就成为都城内四通八达的街道的泛称。

事实上，唐长安城以及模仿唐长安城建都的平安京，都没有与“十二”数吻合的街道。另外，隋唐两朝因都城三重城制的确立，外郭城每面墙各开3门，但并没有与12吻合的街道数。即使是长安外郭城，其南北11条大街，东西14条大街，也没有符合12之数的街道，皇城虽有七座城门与外郭城街道相通，也不符合十二之数。[5]平安京的条坊整体上与长冈京类似，同样是南北9条、东西8坊（平城京东北有外京12坊），宫城占据4坊面积。[6]另外，平安京的宫城有14个城门，尽管最初也是12个城门，但是桓武天皇建造的平安京（又称初期平安京），在大内里的北侧有一片空地，在9世纪后半期经过改造修建（中期平安京），新开了上东门（东土御门）、上西门（西土御门），因此最终变成了14门。因此，平安京也没有与“十二”数相吻合的街道数。

平安京和唐长安城都没有“十二衢”，那么日本诗人所吟咏的“长安十二衢”是实指西汉长安吗？我们翻检整部《本朝无题诗》，发现这一观点根本无法成立，从这些诗歌创作的时间、地点、缘由来考察，都是在写日本平安京的街道。这种“用典”的手法显然袭自唐人。诚如前述，唐长安城并没有与“十二”吻合的街道数，但唐人作诗时常取意西汉长安城典故，将汉唐长安城并置，这是唐诗中常见的手法，故而唐诗中并不乏

[1] 何谷清校注《三辅黄图校注》卷一《汉长安故城》，三秦出版社，1998年，第61页。

[2] 赵岐撰，挚虞注，张澍辑《三辅决录》卷2，三秦出版社，2006年，第80页。

[3]《三辅黄图校注》卷一《汉长安故城》，第58页。

[4] 费振刚辑校《全汉赋》，北京大学出版社，1993年，第312页。

[5] 宁欣《诗与街——从白居易“歌钟十二街”谈起》，《中国历史文物》，2005年第2期。

[6] 王晖《日本古代都城条坊制度的演变》，《国际城市规划》，2007年第1期。

“十二衢”的用例。如骆宾王《久戍边城有怀京邑》：“沙塞三千里，京城十二衢。”[1]这里是用“京城十二衢”虚指长安城。再如白居易《和微之春日投简阳明洞天五十韵》：“江上三千里，城中十二衢。”[2]同样是虚指长安城。这里以“十二衢”对偶“三千里”的用法，还可见于藤原敦基《冬日游长乐寺》中的化用：

街衢十二嚣暄隔，世界三千眺望通。

以“街衢十二”指代平安京，“嚣暄”喻指朝廷中的烦琐政事，以“世界三千”这种佛教的宇宙观来与“街衢十二”相对，一“通”对一“隔”，诗人的情感价值取向也就一目了然。与“长安十二衢”一样，“九陌”也是《本朝无题诗》中出现的频率较高的用来描写长安街道的意象。然而，唐长安城也没有符合“九”数字的街道，[3]“九陌”依然来自汉长安城的“八街九陌”之说。“九陌”原出于《三辅黄图》卷一：“汉旧仪曰：长安城中经纬各长三十二里十八步，地九百七十二顷。八街、九陌、三宫、九府、三庙、十二门、九市、十六桥。”[4]“八街”指汉长安城的8条主要干道，“九陌”则指9条次要街道。汉长安城除宫殿之外，还有160闾里，相当于宫城和郭城之别，相对于宫城而言，普通民人居住的闾里或郭城区，也可以被视为郊野，因此，九陌可能是指闾里区的9条次要街道。[5]唐长安城虽然没有符合“九”的街道，但“九陌”“九衢”在唐诗中出现的频率仍然极高，甚至远胜于“十二衢”。如骆宾王《帝京篇》“三条九陌丽城隅，万户千门平旦开”，这里的“九陌”用来指长安城的街道和繁华闹市。我们还可以举这些例子：

韩愈《感春五首》：“宫门一锁不复启，虽有九陌无尘埃。”

翁洮《春》：“此时谁羡神仙客，车马悠扬九陌中。”

韩偓《初赴期集》：“轻寒著背雨凄凄，九陌无尘未有泥。”

平安京的条坊是南北9条、东西8坊，东西向的9条道路与“九陌”吻合，因此《本朝无题诗》的诗人们常常用“九陌”借指平安京。如藤原敦光《冬日游圆融寺》：

[1]《骆宾王文集》卷五。

[2]《白氏文集》卷五十六。

[3]《诗与街——从白居易“歌钟十二街”谈起》。

[4]《三辅黄图》卷一。

[5] 王社教《汉长安城八街九陌》，《文博》，1999年第1期。

圆融古寺思纷纷，地近长安眺望分。

九陌轻轩驰夕日，孤峰隐泾入寒云。

圆融寺是圆融天皇（959—991）于永观元年（983）所修建的皇家寺院，地处平安京近郊，因此敦光诗说“地近长安”。诗人在眺望之际，但见平安京内“轻轩”驰骋于“九陌”，一派繁华，这里的九陌显然就是指平安京的街道了。再如藤原敦光《夏日游清水寺》：

碧山云尽千峰出，尘巷日斜九陌开。

清水寺在平安京东南方，“尘巷日斜九陌开”显然是写余晖洒满平安京街道的情景。与九陌同义的还有“九衢”，如藤原忠通的《都邑日方暮》：

日辉方暮感犹成，都邑之间怜西倾。四井欲宵钟响尽，九衢待月笛声清。

禁庭初促拜郎思，曲洛未传见士情。高上江楼回首望，民烟处处鸟归程。[1]

整首诗写日落黄昏，月色即将洒遍平安京街道的场景。平安京皇城占有四坊，因此“四井欲宵钟响尽”的“四井”是指皇城，也即大内里。这与后面的“禁庭初促拜郎思”的“禁庭”相呼应。“九衢”则指京内的九条道路，这从“曲洛未传见士情”的“曲洛”即可得知。

由以上用典情况可见，《本朝无题诗》中诗人对都城的诠释，都是以传统知识为基础而进行的重述和扩充。无题诗中的“长安”，很多时候甚至不需要诗人的经验，它在相当程度上，是一种被赋予特定“意义”的想象，这种被赋予的“意义”，一方面与人们对这座都城的历史认知有关，另一方面也无法脱离一个民族的集体想象。更为复杂的是，这种“想象”会随着时代、地域的政治文化环境的变迁而呈现出极大的差异性来。

五、余论

日本文人以“长安”指代“平安京”的创作手法，在平安朝最后一部汉诗集《本朝

[1]《法性寺关白集》第052首。

无题诗》中表现得最为集中。《本朝无题诗》之诗作的创作年代恰逢平安京都市形态变化最为剧烈的时期，同时也是日本平安朝汉诗走向最后辉煌的时期。其时恰逢暗弱不振的平安朝末期，国势衰颓，风雨飘摇，沉沦下僚的文人们敏锐地感受到了时代的危机，故而多是感叹末世之哀、渴望归隐净土的诗作。这些诗作大多诞生于文人们举办的诗宴上，但与平安朝中前期不同，这时举办诗宴的场所，从京都中心转移到了自然景观更为丰富的郊外山寺。这与院政时期莲府槐门对佛教的异常崇拜，以及由此引发的大规模地修建寺院、营造大佛事业相关。无题诗诗人们将注意力挥洒到郊外，赋予都市外的空间一种过度脱俗的价值和意义。“长安”成为他们抒发政治上的失意、表达对净土世界的憧憬与向往的重要符号。

（郭雪妮，陕西师范大学文学院副教授，硕士生导师。）

商於诗路：商於古道历史与文学述略

邱　晓

商於古道有狭义、广义之分。狭义的商於古道起于商（商邑，在今陕西丹凤县）止于於（於中，在今河南西峡县）；广义的商於古道又称武关道、商山道等，起于西安城东灞河西侧，向南经过蓝田，翻越秦岭，途经商州、丹凤、商南，止于於中。所以，广义的商於古道包含了狭义的商於古道，而狭义的商於古道是广义的商於古道的一段，也是最重要的一段。本文所论着眼于广义的商於古道。商於古道初形成于商周之际，拓展于春秋战国，秦汉唐时为王朝的重要干道，元明清时是国家经营西北的道路枢纽。中国历史上很多重要的事件都发生在这条大道上，历代文人墨客也曾在这条大道上留下诸多作品。可以说，通过考察商於古道的历史变迁和文学书写，我们可以透视中国历史的发展大势和中国文学的演进历程。

一

商於古道最迟在西周前期就已形成，楚国的兴衰、春秋战国时期的秦楚争霸都与之有密切关系。《史记·楚世家》记载："周文王之时，季连之苗裔曰鬻熊。鬻熊子事文王，早卒。其子曰熊丽。熊丽生熊狂，熊狂生熊绎。熊绎当周成王之时，举文、武勤劳之后嗣，而封熊绎于楚蛮，封以子男之田，姓芈氏，居丹阳。"丹阳，即丹水之阳，是楚国封地最早的国都。据历史学家考证，丹阳最早极有可能在今天陕西商县丹江河谷一带，后来楚人沿丹水向东南迁徙，至丹水和淅水的交汇之处（今河南淅川）建立新都，新都亦名丹阳。[1]早期楚人的这条迁徙路线，即是商於古道的雏形。可见，楚国的历史从一开始就与商於古道密切地联系在一起。

战国时期，秦国越过秦岭占领丹水上游地区，秦国、楚国之间开始频繁地进行近距离政治交往，于是商於古道成为秦国、楚国交往的主要通道，也是秦楚争霸的主要战场。

[1] 石泉、徐德宽《楚都丹阳地望新探》，《江汉论坛》，1982年第3期。

春秋末期吴、楚争霸，伍子胥带领吴军攻入楚都郢，楚国大夫申包胥入秦求援，秦国派出援军五百乘救楚，求援和救援的道路都是商於古道。而秦楚之间的政治联姻，迎来送往，均由此道。战国时期，秦国控制了这条道路，并在少习山修建武关要塞，所以商於古道由此又被称为武关道。秦孝公时期，卫国公孙鞅受封于商於十五邑，所以被后世称为商鞅、商君。商鞅受封的十五邑即散落在武关道丹水沿岸。秦孝公封商鞅于此，很重要的原因就是信任商鞅的变法思想和政治、军事才能，希望他能成为对楚作战、开疆扩土的先锋。战国末期，秦楚之间的多次重要战事均发生在武关道上。秦惠王时，张仪用"连横"计策破坏楚国和齐国的"合纵"军事同盟，诈言楚国只要与齐国解除盟约，就将商於一带六百里土地让给楚国，楚怀王听信张仪的游说，与齐国断交，但是张仪却悔称只曾许诺土地六里，而非六百里。楚怀王大怒之下，发兵攻秦，但被秦、齐联盟大败于丹阳，《史记·秦本纪》载"秦击楚于丹阳，虏其将屈匄，斩首八万"即为此事。屈原《九歌·国殇》可能就是为在丹阳大战中阵亡的楚国将士而作。丹阳大战失败后，楚怀王震怒，"乃悉国兵复袭秦，战于蓝田"（《史记·楚世家》），但是楚国再次战败，只能向秦国割地求和。楚怀王之所以听信张仪的诈骗，一个原因是在战国后期的秦楚战争中，楚国败多胜少，军事防线不断被秦国向南压缩，如果能获得商於六百里土地，楚国的国防压力将得到极大缓解；另一个原因是商於之地原本即为楚国故地，是楚国故都所在。所以，不论从当时的政治形势还是历史的渊源关系来说，张仪诈称的条件，都很有诱惑力，楚怀王是很难抗拒的，因此楚怀王不顾楚国上下一片反对，一意孤行地钻进了秦国的圈套。唐代李商隐《商於》诗云"割地张仪诈"，说的就是这段历史。后来秦昭王又诈骗楚怀王结盟，楚怀王北上武关（在今商南县老湘河街丹江边），被秦军抓捕，囚到咸阳，这场政治阴谋也发生在商於古道上。当代作家孙皓晖的历史小说《大秦帝国》以及由小说改编的电视剧，对商於古道上的这些史事都有细致的叙写，而电视剧《芈月传》更是以（经商於古道）嫁入秦国、最终成为秦国太后的楚国公主芈月为中心人物，演绎了战国后期秦楚之间的争霸历史。

秦国统一中国后，定都咸阳，商於古道是秦朝的国家干道，奠定了此后其在中国交通史上的重要地位。秦始皇数次出巡，均由武关道往返。陈胜、吴广起义，曾计划由此道入关中，后来刘邦将兵破武关、战蓝田，由此率先进入关中。汉高祖时，太子刘盈有被废危险，吕后用张良之计，迎接隐居在武关道附近的商山四皓入长安辅佐刘盈。四皓是四位贤德之士，因秦朝暴政和秦末战乱，隐居商山。四皓出山保住了刘盈的太子地位和吕后的政治势力，最后又飘然而去。中国知识分子立身处世讲究独善与兼济、建功立业与功成身退的关系，四皓的出处行藏几乎完美地实践了这种人生哲学，他们的事迹很容易引发知识分子的共鸣，所以后世为其修坟墓、立祠庙。自从曹植作《商山四皓赞》，历代都有歌颂四皓的诗文作品，对四皓大加赞赏、推崇备至，特立独行如李白者也不例外。汉景帝时，吴楚七国叛乱，太尉周亚夫用赵涉遮之计，绕行此道，“走蓝田、出武关、抵洛阳”（《汉书·周亚夫传》），出奇制胜。[1]此后，武关道一直是西汉都城与南方联系的重要通道，朝廷通过此道对江汉地区进行有效的政治控制。新莽时期，申屠建、李松率领一支绿林军破武关，沿武关道攻入长安；赤眉军讨伐刘玄，也是分兵武关进入长安。东汉时期，长安虽然已不是政治经济文化中心，但是作为汉室故都的地位十分重要，与京都洛阳、南都南阳成鼎足而立之势，武关道作为连接长安与南阳的大道依然畅行，东汉著名的文学家、科学家张衡年轻时游历关中，即从南阳出发经武关道到长安，又由长安到洛阳，而后才创作了气势恢宏的《两京赋》。

从某种程度上说，通过商於古道，我们可以透视周、秦、汉时期政治、经济、军事的发展和演变大势。虽然这一时期很少有文学作品直接吟咏商於古道，但是它的形象在史学家的笔下分外生动。《史记》《汉书》《后汉书》等记载的那些发生在这条道路上的轰轰烈烈的事件，成为后世无数文学作品的素材来源。

二

魏晋南北朝时，南北政权对峙，北朝多个政权定都长安，南北交战往往发生在武关道上。东晋永和十年（354）桓温征讨前秦、义熙十二年（416）刘裕讨伐后秦均由此道北上。义熙十三年（417）刘裕破武关入长安，江州刺史、左将军檀韶得捷报后，遣长史羊松龄前往称贺，陶渊明《赠羊长史》（诗并序）即缘此而作。而《桃花源诗并序》（《序》即《桃花源记》）的素材也很可能是陶渊明从北伐军中朋友处听来的发生在商山洛水之间的事情，[2]所以《桃花源诗》以四皓事开头。南朝梁承圣三年（554），西魏攻陷江陵杀死梁元帝，并俘虏江陵全城官宦百姓回长安，西魏军队一来一去，均经武关道。

唐时商於古道延续秦汉时武关道称呼，同时又被称为商州道或商山道，是唐代都城长

[1] 关于商於古道在秦汉时期的交通状况和政治经济军事作用的详细论述，可参阅王子今《战国秦汉交通格局与区域行政》，中国社会科学出版社，2015年；《秦汉交通考古》，中国社会科学出版社，2015年；及《秦汉交通史稿（增订版）》，中国人民大学出版社，2013年有关章节。

[2] 详见陈寅恪《金明馆丛稿初编》之《〈桃花源记〉旁证》，生活·读书·新知三联书店，2001年。

安通往中国东南各地的一条重要干道，联系着江淮、吴越、荆湘、黔中、交广各郡、州、县。唐王朝与东南各省政治、军事、文化的交流和沟通，都要倚重于它，其地位仅次于连接长安、洛阳的“大驿路”，被称为“次驿路”，所以唐朝政府不断对其进行修缮。中唐以后，藩镇割据，阻挠了东南系统漕运，唐中宗时期，崔湜曾受命开通丹水—商州—石门—北蓝田—长安的漕运路线。唐末农民起义，黄巢也是由商州道进入关中，攻破长安，给了唐王朝致命的打击。总之，唐代承平二百余年，商州道大多数时间远离战争影响，加之它避开了秦岭最高最大的山峦，因而可算是东南与西北之间最便捷的交通线路。京都长安与江淮、湖湘、岭南之间的交通往来，除贡赋物资及笨重行李要取道黄河、汴水和渭河漕转外，官民商旅往返多由此道。“兼以唐代士人几无不蚁趋京师，谋取功名富贵，又喜遨游江湖，适性谋食，故多屡经此道，至有‘名利道’之目。”[1]唐代诗人王贞白《商山》诗云“商山名利路，夜亦有人行”，即是对当时古道盛况的描述。唐代文人士子奔波于古道之间，上京赶考的青云之志、落第回乡的落魄之情，迁升入朝的仕途得意、贬谪离京的仕途失意，因古道江山之助，发言为诗，成就了无数唐诗名篇。许多大诗人如张说、张九龄、孟浩然、李白、王维、孟郊、韩愈、元稹、白居易、杜牧、李商隐、温庭筠等人都在经过此道时留有诗作。所以，崎岖的商於古道亦是一条名副其实的唐诗之路。

如，李白于开元十八年（730）经商於古道一入长安，至商洛，作《商山四皓》，其中“一行佐明圣，倏起生羽翼。功成身不居，舒卷在胸臆”四句写四皓的建功立业而又功成不居，字里行间充满了钦慕崇拜之情，是壮年的李白自信可成就一番事业的豪情壮志的写照，也是李白对自己理想的人生蓝图的勾画，李白一生的出处行藏均可由这四句诗来理解。开元末，张九龄罢相，经武关道赴荆州任长史，行至商洛作《商洛山行怀古》，抒发了“避世辞轩冕，逢时解薜萝。盛明今在运，吾道竟如何”的感慨，表达了对国家命运的忧思。开元、天宝间，王维在秦岭北麓辋川建有别墅，别墅即在商於古道旁侧，王维常与好友裴迪畅游其间，并以五言绝句分别赋诗吟咏别墅附近二十处风景，两人得诗四十首，编为《辋川集》，遂开诗友同题赋诗吟咏景点之先河，成为后世文人唱和的一种雅事。其中王维诗作固是绝唱，裴迪之作亦不逊色，即如《华子冈》一首：

落日松风起，还家草露晞。
云光侵履迹，山翠拂人衣。

[1] 严耕望《唐代交通图考》第三卷，中国台北“中央研究院”历史语言研究所出版社，1985年。

诗写日落风起之时、天光云影之下，摇动的草木掩蔽了归人，言辞简约，意味无穷。裴迪作品传世不多，后人窥其诗风几乎全靠《辋川集》。《辋川集》中裴迪作品足以奠定其盛唐时期重要山水诗人的地位。王维、裴迪的蓝田畅游、辋川遗踪，在后世催生出不少相关的诗、画作品，其中的绘画作品复被文人题咏，又不断衍生出大量的诗文作品。

中唐时期元稹、白居易、韩愈、柳宗元等人的左迁贬谪，大多也是经由商於古道。柳宗元于永贞元年（805）被贬永州，谪居永州十年，元和十年（815）奉诏回京，行至长安东郊之灞亭，未及进城，复被贬往柳州，行至商州作《商山临路有孤松往来斫以为明，好事者怜之，编竹成楥遂其生植感而赋诗》：

孤松停翠盖，托根临广路。不以险自防，遂为明所误。
幸逢仁惠意，重此藩篱护。犹有半心存，时将承雨露。

此诗因商山道旁的一棵残松而作，托物言志，一遣胸怀。颔联所谓“险自防”“明所误”既是对松树生临大道，因松脂而遭到砍伐的描摹，亦是对自己因正道直行，不顾个人得失以致身处政治困境的喟叹。颈联以仁惠之人对孤松的护卫暗喻贤明之君对忠臣的维护，从而引出尾句对于皇恩（雨露）的感激、报效。尾联之“半心存”既形象地刻画了松树的样子，又写出了自己半是沮丧半存希望的心情。全诗温柔敦厚、怨而不怒，更显出帝王强权下的古代知识分子可怜的一面。元和十四年（819），韩愈因谏阻唐宪宗迎佛骨，被贬往潮阳，行至蓝关，遇雪滞留，韩愈写下了千古名篇《左迁至蓝关示侄孙湘》，后人感佩韩愈的人格，在秦岭为韩愈修立祠庙，韩文公祠（庙）又成为后世文人不断吟咏的对象。至于元稹和白居易，多次迁谪往返均由此道，正如白居易《登商山最高顶》所说，“七年三往复”，可谓与这条古道因缘不断。元白二人沿途不断留诗赠答，酬唱不断，在人生失意之时互相安慰和鼓励，商於古道见证了他们的友谊。

晚唐大中年间，李商隐从桂州幕府北上，过荆州后即西北折行，道经商於，留诗数首，其《商於新开路》一诗云：

六百商於路，崎岖古共闻。蜂房春欲暮，虎阱日初曛。
路向泉间辨，人从树杪分。更谁开捷径，速拟上青云。

史载唐德宗贞元七年（791），商州刺史李西华曾在商於故道旁开新路。《唐会要·道路》卷八十六载："贞元七年八月，商州刺史李西华请广商山道，又别开偏道以避水潦。从商州西至蓝田，东抵内乡，七百余里皆山阻，行人苦之……西华通山间道，谓之偏路。人不留滞，行者为便。"偏路，大概像现在的辅道。李商隐诗中之"捷径"即为这条偏路。此诗描述商於道交通情况之艰和唐时新修道路的功绩之大，又表达了自身对得遇赏识的渴望。诗歌尾联两句皆语带双关，前一句"更谁开捷径"既指新开之路，亦有自荐之意，在讲述故实之外含有期望他人荐拔自己，走一条平坦的入仕道路的暗示；后一句正是对前一句的呼应，"青云"既指商於道上之青云驿，复有平步青云之意。

唐代交通制度先进，驿传设施也很完善。作为地位重要的"次驿路"，商於道上设立了多处驿馆，以利官民往来。蓝桥驿、洛源驿、四皓驿、青云驿、棣花驿、富水驿（阳城驿）、层峰驿、商於驿等都曾出现在诗人笔下。其中，关于富水驿（阳城驿）还发生了一段文学公案。阳城驿的得名原是为纪念唐德宗时的名臣阳城，可是元稹经过此处时，认为应该为贤者讳，不应直呼阳城之名，所以建议阳城驿改名，并得到了白居易的支持，白居易作《和阳城驿》以答。后来杜牧过此，作《商山富水驿》却说"驿名不合轻移改，留警朝天者惕然"，认为阳城驿的名字不应轻易改动，应该用阳城的名字和事迹时时警醒朝廷官员。元和十四年（819）韩愈罪贬潮阳，按唐代制度，韩愈不能在京停留，马上动身。行至秦岭蓝关，其侄孙韩湘赶上韩愈，随行南下，而其妻小随后方才动身追赶韩愈。由于事起仓促，韩愈12岁的小女儿受到惊吓，复因途中道路颠簸、饥寒交迫，遂夭折于商南层峰驿。但罪人家属，不能在贬途滞留，所以家人只能将韩愈小女草草葬于层峰驿旁山下。第二年，韩愈受诏返京，路经层峰驿，作《去岁自刑部侍郎以罪贬潮州刺史乘驿赴任，其后家亦谴逐，小女道死，殡之层峰驿旁山下，蒙恩还朝过其墓留题驿梁》祭吊，表达了对亡女沉痛的愧疚之情，感人至深。这些都是唐代驿站文学的代表。又，据宋初王禹偁《商於驿记后序》称，唐会昌年间，吕述为商州刺史，重修商於驿并立碑记，碑文由韦琮撰文、柳公权书碑、李商隐题额，韦、柳、李三人或为显宦、或为名流，都是一时之秀。古道斯文，由此可见。

三

唐代以后，中国的政治、经济、文化重心东移，长安的地位有所下降，商於古道的交通也随之衰落，与往日繁华不能相提并论，但是作为连接关中平原与江汉平原、沟通东南与西北的通行大道，它一直发挥着重要作用。北宋末年，金兵攻打汴京，陕西巡按使范致虚兵分两路援救汴京，一路从潼关东进，另一路由武关道东进。南宋绍兴年间，金兵南下，即绕行武关道迂回至兴元府，欲由此攻克四川，后被南宋军队打退，金兵、宋军在武关道上展开了多年的拉锯战。

两宋时期，诗文创作与商於古道关系最为密切的是北宋初年的王禹偁。王禹偁贬至商州为团练副使，谪居商州近两年，创作诗文二百余首，其中大部分都是描写商於古道沿途风光、民俗人情之作，其中著名者《村行》写商洛山中秋景“万壑有声含晚籁，数峰无语立斜阳。棠梨叶落胭脂色，荞麦花开白雪香”，最为后人称道。又有《感流亡》一首，描述一个因天灾从关中流亡到商州的贫苦之家所遭遇的一系列不幸及由此事引发的感叹：

……门临商於路，有客憩檐前。老翁与病妪，头鬓皆皤然。
呱呱三儿泣，茕茕一夫鳏。道粮无斗粟，路费无百钱。
聚头未有食，颜色颇饥寒。试问何许人，答云家长安。
去年关辅旱，逐熟入穰川。妇死埋异乡，客贫思故园。
故园虽孔迩，秦岭隔蓝关。山深号六里，路峻名七盘。
襁负且乞丐，冻馁复险艰。唯愁大雨雪，僵死山谷间。
我闻斯人语，倚户独长叹。尔为流亡客，我为冗散官。……

此诗继承杜甫的“三吏”“三别”，学习白居易“惟歌生民病”的新乐府，关心民生疾苦，单行素笔，文辞质朴，直写所见所思，没有一句虚辞，诗风平易淳朴，在西昆体、晚唐体流行的宋初诗坛上独树一帜，开宋诗散文化之先河。

寇准曾两度知邓州，又曾判永兴军（治所在今陕西西安），期间往还必经商於古道，曾作《秋日武关道中》等诗。著名理学家邵雍曾旅居商州，写下了不少吟咏古道的诗篇。《和商守西楼雪霁》写商州雪景，尾联曰“幽人自恨无佳句，景物从来不负人”，言语质朴，却含妙理，是深谙至理的理学家的本色。其他如刘敞、梅尧臣、司马光等与朋辈送别酬赠，均有诗文涉及商於。

金元时期，在商於古道上留下作品最多的是杨弘道和元好问。杨弘道（1187—1270）曾在金朝监麟游（今陕西宝鸡麟游）酒税，元军攻汴京时经由商洛避走南宋，至商於古道东端之内乡县，遇元好问，作《达内乡见县令裕之》，元好问字裕之，时为内乡县令，诗云“马蹄踏破洛南川，回首山城一片烟。入夜前途如抹漆，有时峻岭若登天”，写尽战争之中百姓的丧乱和恐惧。元好问为内乡县令，写下了不少有关古道的作品，其中不少是词作。宋词中经常出现“灞桥”“蓝桥”“蓝关”“商颜”“商於”“武关”等词，但几乎全是习语或用典，但元好问词中的“商於”却是实写实地实景，如《婆罗门引·菊潭秋》：

商於六里，野塘千古□烟霞。灵苗郁郁无涯，浩荡青冥风露，金素发清华。散霜丛弥岸，月影明沙。

仙经浪夸。种瑶草、养铅砂。争信琼杯芳荐，药镜黄芽。秋香晚节，也分到、山中宰相家。休更羡、刘阮桃花。

此词描写内乡菊潭的秋日风光。菊潭秋月是内乡八景之一，因潭在菊花山坳中，秋日山上菊花开时会倒映潭中，所以称菊潭。菊潭地处商於旧地，见证了千古烟霞；古来多少人和事，都不若在菊潭逍遥自在。这些作品是元好问一生最后的闲情之词。此后，元好问居母丧、辗转仕任，金亡后被囚、颠沛流离，再无此前的闲情逸致了。

至明代，南北贸易交流日渐频繁，商於古道上客商往来不断，古道焕发了新的活力。明宪宗成化以后，由于河套地区失陷、西北用兵的需要，粮食和物资多靠内地转运，渭河航运能力有限，湖广地区的粮食物资多由商於古道运入陕西，“东南各省入陕、甘货物，盖自汉口装载帆船运至老河口”，换载小船进入今丹江口市，“至荆子关换载寨河用篙小船”运入龙驹寨（今丹凤县城），再用骡马经商州、越秦岭、过蓝田，驮运至西安。[1]龙驹寨作为商於古道之上的水旱码头，“马骡商货，不让潼关道中”，[2]加之游宦西北、西南的士人，多会于此，龙驹寨更是繁盛一时。文人墨客，随意点染，留下了不少诗文。秦王朱诚泳喜好山水，又好诗文，常游蓝田、秦岭，对古道北段景致时时吟咏。名列“前七子”的王九思，罢官回乡，即取道商於，途中拜谒韩文公祠，留下了诗篇。同为“前七子”之一的何景明，曾任陕西提学副使、陕西参议抚治商洛道，期间由商於古道往来长安、商洛，并有诗文。吴显曾任商州知州，写下了一系列吟咏古道的诗篇。又，王维桢、徐学谟等人仕途游宦，道经商於，也有吟诵之作。

明末清初，商洛山区一度是李自成的战略根据地，李自成率起义军盘踞商洛，北上

[1] 陕西省地方志编纂委员会编《陕西省志·航运志》，陕西人民出版社，1996年。

[2] 徐霞客《徐霞客游记·游太华山日记》，中华书局，2009年。

可以进袭长安，南下可以从南阳直达湖湘，正是看到了商於古道的军事战略作用。现代作家姚雪垠创作长篇历史小说《李自成》，对这一段历史有较多的描述。明清之际的连年战事，严重摧残了商於古道的正常交通。清初太仓人毛师柱，由西北从商於古道回乡，几乎在古道的每一个停歇之处都留下了诗作。这些诗篇不但细致描绘了古道的风土人情，而且展现了战乱造成的民生凋敝，每一首诗里都充满着恐惧的情绪，应该是连年战事给诗人造成了巨大的心理阴影。

随着清代前期的休养生息，商於古道的交通状况和作用有所恢复。康乾年间的湖广填陕西移民潮中，迁至商南、丹凤、商州、山阳北部的安庆、江西、湖北移民，也经商於古道择地而居。清代中期以后，由于清廷重视经营西北，古道的作用和地位甚至超过明代，很多官员的西北、东南之行都取道商於，东南到西北的物资转运依然倚重商於古道，丹江水路、商於山路又繁盛起来。咸丰十年（1860），清政府在龙驹寨设厘金局，向过往货物收取厘金，仅“厘金”一项岁额即达十五万两白银，居全陕之冠。陕西居全国之中，西北连接甘、临，道通新疆，西南可入巴蜀，战略中枢的位置很重要，又加上陕、甘地区民族成分复杂，常起民族冲突，所以清政府派到陕西的军政大员往往都是出将入相的才干之士，毕沅、张祥和、林则徐都曾出任陕西巡抚，他们在任期间，出巡商洛，常有诗文，其中以张祥和留下的诗作为最多。晚清著名诗人樊增祥，曾任陕西布政使，也曾在商於古道上写下诗篇。另外，又有“戊戌六君子”之一的谭嗣同，曾由商於古道北上兰州，探望为官甘肃布政使的父亲，在古道上写下了多首思亲感怀的诗歌。其中长篇七古《秦岭》，吊古伤今、写景抒情，跌宕起伏、气势雄伟，表现了豪迈无畏的理想情怀。诗中有言：“誓向沙场为鬼雄，庶展怀抱无蹉跎。生平渴慕矍铄翁，马革一语心渐摩……谨再拜公与公别，束卷不复事吟哦。短衣长剑入秦去，乱峰汹涌森如戈。”十年之后，“戊戌变法”失败，谭嗣同慷慨赴死的决心在此诗中早有预兆。

四

进入20世纪，商於古道上又上演了更加壮丽的诗篇。1928年后，渭华起义的红军曾在古道沿线活动。1934年底，红二十五军到达洛南，开创鄂豫陕革命根据地。红二十五军盘踞商洛地区，依靠秦岭有利地形，以商於古道为战略中枢，指东打西，南下北上，一度打到长安县城。当代作家陈忠实的小说《白鹿原》，写鹿兆鹏、黑娃等人的革命，就是以此为历史背景。新中国成立以后，商於古道得到了比较好的修缮，由于新的建造技术的应用，新修道路可以逢山开洞、遇河架桥，不必处处随河水弯转，所以新修道路常常偏离古道，古道、新道时有离合。20世纪90年代以后，312国道（又称沪霍线，东起上海、西至新疆霍尔果斯）开通。312国道西安至河南段即是沿商於故道建成，只不过国道不但偏离了传统的古道，也避开了中华人民共和国成立后新修的新道。国道成了正道，新道成了偏道、辅道，而古道也就基本废弃了。当然，国道与新道、古道虽有偏离，但是在各地的基本走向和走势是一致的，古道毕竟是无数古人数千年踩踏出来的坚实印记，符合山水的自然走势，也符合自然的力学规律，有历史的合理性在内。国道、新道和古道的关系简直就是现代与传统的关系的绝妙象征。贾平凹小说《秦腔》的叙事，往往与312国道有关联，作者在小说的后记里明确提到这条路，小说也沿着这条路写：夏风回家走这条路，中星回家走这条路，庆满开公交车走的是这条路，夏雨开馆子在这条路边，集贸市场也设在这条路边……如果说《秦腔》写了市场经济冲击下农村社会的凋敝，那么312国道可以算是一个象征，市场经济正是通过这条路渗透到了棣花镇清风街，棣花镇的劳动力也是沿着这条路出走到城里去。这个意思，贾平凹在他的散文《棣花梦》中表达得更加清晰：

> 新街沿312国道东西延伸，南北两边楼房林立，商业门店栉鳞次比，很快先是房挤占了路边，再是人挤进了路面，把风驰电掣的车辆挤得像笨重的蜗牛。国道不畅开始下一轮改道，改道的结果宽松了街道而减了棣花的土地亩数，而建筑物像漫延的洪流迅速地布置了新改的国道。铁路要通过，高速路要通过，河道便取沙，河床下降了，水井干枯了，水田变成旱地，更可怕的是人们赖以生存的土地让几条路大口吞食。于是，人们开始在现有的土地上，改种粮为种莲菜，很快连片莲菜盛开千亩荷花，飘千亩荷香，吸引天下游客往返观赏。

《棣花梦》写沪陕高速公路陕西商洛段的修建对丹凤县棣花镇的影响，折射了当代乡村社会的变迁，可以看作是古道文学在今天的新发展。

鲁迅曾有名言："世上本没有路，走的人多了，也便成了路。"揭示了道路在人的实践活动中的次生性、偶然性。可是，一条道路一旦形成，它将召唤着越来越多的人来行走，所以它对后来人又有先在的引导作用。我们很难认定商於古道形成的年月，但是我们确切地看到许许多多的人因它走来、沿它而去。

其实，道路对人的价值远不止此，如果说时间和空间是万事万物存在和运动的基本维度，那么道路对于人类来说就具有本体存在的意义，因为它是人类在时间中留下的空间印痕。所以，对于个体，有人生道路；对于社会，有历史道路。因此，我们追述商於古道的历史，不但在历史的迷雾中看到了一个个鲜活的人生，而且能够通过不同的人生遭际看清历史的走向。同时，商於古道的文学又让我们领悟到了人类文化的本质：古人在古道上的事迹变成史书上的故事，史书的记载衍生出文学的吟诵，文学家的遭遇及其作品又成为后来文学家、艺术家创作的起点，这个不断衍生和演变的过程，就是文化不断增殖的过程，也是人类文化自我创造的本质。

（邱晓，西北大学文学院副教授。）

古典文献与文史研究

“公天下”与两汉士人的国家认知

曹胜高

两汉士大夫参与政治，是以公天下为国家认知，主动干预行政事务、自觉思考天下秩序的调整方式。受天命观的影响，两汉学者不断强化“再受命”的学理，推动西汉政权进行主动变革。在这一过程中，由尚贤思潮不断深化的禅让学说，经过儒家经典的阐述、儒生的论述以及谶纬学说的细化，被视为皇权转移的基本方式。公天下观念的不断细化，既出于学说的演进，又出于行政秩序的变化，更源自士大夫对政治态度的转换。讨论这一问题，可以看出两汉士大夫的国家认知与两汉皇权之间的离合关系，进而明晰两汉政治学说与学术思潮的互动方式。以上诸论此前学者或有涉及，[1]但三者之间的学理跨越，仍可进行更加清晰的论证，本文试为之。

一、秦汉“公天下”观念的形成

从《礼记·礼运》的阐释来看，“天下为公”所推崇的天下秩序，是以公共事务的共同管理、共同承担为特征，可以作为古代中国的社会理想。[2]其具体的行政运作，《六韬·文韬·文师》借姜太公回答周文王“树敛若何，而天下归之”的问题时，做了明确阐述：

> 天下非一人之天下，乃天下之天下也。同天下之利者则得天下，擅天下之利者则失天下。天有时，地有财，能与人共之者仁也。仁之所在，天下归之。……与人同忧同乐，同好同恶者，义也。义之所在，天下赴之。凡人恶死而乐生，好德而归利，能生利者道也，道之所在，天下归之。

[1] 参见曲利丽《从公天下到“王命论”：论两汉之际儒生政治理念的变迁》，《史学集刊》，2010年第4期；张分田、刘佳《论“王侯无种”和“天下为公”的基本思路》，《天津师范大学学报》，2012年第6期。

[2] 赵轶峰《中华传统文化中的“天下为公”及其现代回响》，《东北师大学报》，2011年第5期。

《汉书·艺文志·诸子略》“儒家类”著《周史六弢》6篇，班固自注：“惠、襄之间。或曰显王时，或曰孔子问焉。”颜师古注：“即今之《六韬》也，盖言取天下及军旅之事。弢字与韬同也。”陈振孙《直斋书录解题》、王应麟《汉书艺文志考证》、明代胡应麟《四部正讹》、张萱《疑耀》、黄震《日钞》、清姚鼐《读〈司马法〉〈六韬〉》、崔述《丰镐考信录》断为“伪书”。后银雀山汉简出，其残存内容与今本的《文韬》《武韬》《龙韬》等篇大多相合。该墓葬时不晚于汉武帝元狩五年（前118），竹简不避汉初皇帝名讳，当为西汉前所抄录。另，河北定县四十号汉墓发现定名为《太公》之简，有篇题13，其中《治乱之要》等3篇见于今传本，有6篇未见篇题，亦见于后世传本。另有记“武王问”“太公曰”的简文若干，可见《六韬》之论可能出于西汉前。这可以视为先秦较为完整的公天下的表述。此后《武韬·发启》又再次重述：“天下者，非一人之天下，乃天下之天下也。取天下者，若逐野兽，而天下皆有分肉之心。若同舟而济，济则皆同其利，败则皆同其害。”明确提出天下为全天下之民的天下，而非一家一人之天下，要想获得天下，必须与天下百姓同利害，方才能得到天下之民的支持。

如果我们对这一说法出现的时代尚存有犹疑的话，《吕氏春秋·贵公》的阐释足以证明在秦立国之前，“公天下”的说法已经被吕不韦所接受：“昔先圣王之治天下也必先公，公则天下平矣，平得于公。尝试观于上志，有得天下者众矣，其得之以公，其失之必以偏。凡主之立也生于公。……天下非一人之天下也，天下之天下也。”吕不韦修撰《吕氏春秋》，意在期望能够为秦之立国提供学理支撑，其更多站在一统天下的视角，审视已经变化了的社会现实。其中所重申的“天下非一人之天下”，直接否定了家天下、私天下的传统，强调国家是天下事务的总和，政治是天下秩序的总括。国家行政的立意，便是为天下百姓维持公共秩序。

《吕氏春秋》“公天下”的提法在西汉得到发展。刘邦立国之初，曾以“今吾以天之灵，贤士大夫定有天下，以为一家”的号召，将“共定天下”作为西汉治国策略。这一提法的直接意图，是期望能够换取士大夫对新生政权的支持。但客观上却承认了“公天下”的合理性，并由此成为西汉政治学说的一个基点。贾谊《新书·修政语下》再次引周文王与师尚父的对话：“故天下者，非一家之有也，有道者之有也。故夫天下者，唯有道者理之，唯有道者纪之，唯有道者使之，唯有道者宜处而久之；故夫天下者，难得而易失也，难常而易忘也，故守天下者，非以道，则弗得而长也。故夫道者，万世之宝也。”鼓励汉文帝按照公天下之道来行政，以求国家长治久安。

从有关史料来看，汉王室接受了“公天下”这一政治伦理。汉文帝时，廷尉张释之处理百姓惊动汉文帝舆驾一事，仅对惊驾者处以罚金。文帝非常生气，张释之明确说：“法者天子所与天下公共也。今法如此而更重之，是法不信于民也。”[1]其认为法令是天子用以维持天下秩序的公共权力，不能因为天子的好恶而随便处之。张释之以“天子所与天下公共”解释“法”，其立足点在于法的公共性。在他眼中，天子代表的不是个人，而是天下的责任，因而不能凭借一己之私的好恶来轻易改变用于维持天下秩序的“法”，这样才能取信于民。具有公共性的“法”得以保证，天下秩序才能够得以维持。

从王室内部，“公天下”体现为皇帝的权力并非一人所有，而为王室所共有。汉景帝时，窦太后一度想传位给梁孝王，但窦婴却说：“天下者，高祖天下，父子相传，此汉之约也，上何以得擅传梁王！”[2]窦太后与窦婴的争执，相同点在于认为帝位具有一定的公共性，可以在王室成员之间选择。但窦太后试图以子代替孙子继承，窦婴则认为汉王室是天下秩序的维持者，窦太后无权以一己之私来选择皇帝。这一认知的本身，便是强调皇权为皇族所有，而不是为一人所有。东汉永平元年（58），汉明帝让长水校尉樊儵、任隗审讯刘荆，其罪按律令当诛。汉明帝因不想诛杀其弟而愤怒，樊儵也有类似的说辞：“天下，高皇帝之天下，非陛下之天下也。”[3]认为明帝治天下，应当重视天下秩序，而不是轻易地按照个人私情来变通。

王室成员和朝廷官员讨论帝位传承、法律适用问题时站在公共立场上进行阐释，表明公天下观念在某种程度上成为两汉王室、朝廷官员所公认的政治伦理。在王室成员看来，汉家天下非一人之天下，乃是刘家之天下。在朝廷官员看来，天下基于公共利益而建立，代表天下利益的皇帝，其职务具有明显的公共性。也就是说作为皇帝，小而言之，代表的是王室的公共利益；大而言之，代表的是天下秩序。

这一认知在西汉学者的阐释中不断深化。汉宣帝时，盖宽饶引《韩氏易传》言：“五帝官天下，三王家天下，家以传子，官以传贤，若四时之运，功成者去，不得其人则不居其位。”[4]在当时的语境中，“官天下”是按照“天下为公”的思路，遵循“尚贤”的原则来实现权位的转换，而“家天下”则是将皇权维持在一家一族之中。宣帝认为此论有夺取刘家天下之虞，遂以大逆不道之罪致盖宽饶自杀。而在元延元年（前12），谷永回

[1] 司马迁《史记》，中华书局，1959年，第2754—2755页。
[2] 同上书，第2839页。
[3] 荀悦、袁宏著，张烈点校《两汉纪》，中华书局，2002年，第184页。
[4] 班固《汉书》，中华书局，1962年，第3247页。

答成帝关于灾异之问时却径言：“臣闻天生蒸民，不能相治，为立王者以统理之，方制海内非为天子，列土封疆非为诸侯，皆以为民也。垂三统，列三正，去无道，开有德，不私一姓，明天下乃天下之天下，非一人之天下也。”[1]再一次明确提出天下不在一家一族手中，应将之归于天下所有人，重新以“公天下”论之，显示此说后继有人。至汉哀帝时，鲍宣更为直接地说：“天下乃皇天之天下也……治天下者当用天下之心为心，不得自专快意而已也。”[2]将公天下之论推到新的高度，认为天下并非皇帝之天下，皇帝就不应该随意妄为，而应该按照天意治理国家，上不负天谴，下不辜民望。

“公天下”之观念，明确了士大夫干预天下事务的合理性。既然天下为公，皇帝只是公天下的产物，而不是公天下的结果，那么当内政出现严重问题时，士人便将矛头对准皇帝，可以讨论皇帝的过失来改良行政。东汉阳嘉二年（133），李固在《京师地震对策》中说：“《易》不远复，《论》不惮改，朋友交接且不宿过，况于帝王承天理物以天下为公者乎！”[3]认为普通人连朋友的过失都不能轻易隐瞒，更何况肩负着天下责任的皇帝？因而士大夫们不能轻易地原谅皇帝的过失，必须严厉批评，以担负天下责任。蔡邕在光和元年（178）的《对诏问灾异》说：“《易》曰‘得臣无家’，言有天下者，何私家之有？”以“公天下”之说，劝汉灵帝不要私设府库，行贪苛之政，不能以一己之私损天下之公，最终天怨人怒，以致酿成灾异。

需要明确的是，汉代学者、朝臣对“公天下”的理解，在两汉初期皆承认皇帝是天下利益的代表，拥护汉王室对天下的有效管理，即便有所不满，也是进行委婉劝谏。但随着汉王室的腐败和皇帝的无能，秉持着“公天下”的学理的士大夫，便立即转向对皇帝的严厉批评，要求其改良行政。当这种批评不能奏效，或者改良仍不能挽救连绵不断的灾异时，士大夫以“天下为公”的责任感，不再固守一家一君，转而提出对王室或者皇帝的替代方案，试图通过“再受命”来推动更为彻底的变革。

二、“再受命”与汉王室的执政危机

董仲舒的《春秋繁露·为人者天》言：“唯天子受命于天，天下受命于天子，一国则受命于君。君命顺，则民有顺命，君命逆，则民有逆命，故曰：‘一人有庆，兆民赖之。’此之谓也。”这一理论解释了汉何以取天下、何以定天下，并被汉王室作为解决帝王执政

[1] 班固《汉书》，第 3466—3467 页。

[2] 同上书，第 3089—3091 页。

[3] 荀悦、袁宏著，张烈点校《两汉纪》，第 357 页。

合法性的阐释体系。[1]但其学理缺失在于：既然汉王室及其代表汉天子受命于上天，上天通过祥瑞进行了表示，而且又会通过灾异进行警告。那么倘若这类灾异连绵不断地出现，汉王室及其代表汉天子该如何反应呢？

董仲舒后学的解释，当然是从阴阳相类中寻求答案。昭帝元凤三年（前 78）正月，“泰山莱芜山南匈匈有数千人声，民视之，有大石自立，高丈五尺，大四十八围，入地深八尺，三石为足。……后上林苑中大柳树断仆地，亦自立生，有虫食树叶成文字曰：‘公孙病已立’。”眭弘遂根据其师董仲舒的理论，认为泰山为代宗之岳，王者易姓告代之处。按照阴阳学说推断：“今大石自立，僵柳复起，非人力所为，此当有从匹夫为天子者。”[2]至于大柳自立重生，其原理是木性属阴，其象下民，应该有故废之家的公孙从民间受命而为天子。这一解释最后被史书记载，是因为刘病已以武帝曾皇孙的身份继承了皇位，是为宣帝。班固记述眭弘之说的目的，在于印证刘病已之所以继位，是出于天命。我们却从中可以看到，西汉中期民间的知识分子，已经可以随意讨论皇帝的废立以及接班人的选定。

这种带有预测之事，在两汉史料中被大量记载。如元帝初元四年（前 45），皇后曾祖父的墓门梓柱生枝叶，高高向上而出屋。刘向以为乃王氏贵盛，将代汉家之象。此后王莽代汉，便以此为据，表明王家得以继承汉家天下，上天早有预兆：“初元四年，莽生之岁也，当汉九世火德之厄，而有此祥兴于高祖考之门。门为开通，梓犹子也，言王氏当有贤子开通祖统，起于柱石大臣之位，受命而王之符也。”[3]将之作为其受命之兆，以阐释代汉之合乎天意。

眭弘让友人内官长赐替自己上奏时提出的建议是：汉朝皇帝应该寻访贤人，禅让帝位，一如殷王、周王的后裔，刘姓王室退居封国而为诸侯，以顺应天命，这是眭弘直接按照其师董仲舒所建立的受命论推断出来的新结论。在他眼中，倘若汉王室不能担负起历史责任，皇天可以重新授命，以寻找更合适的替代者。尽管眭弘、内官长赐被霍光以大逆不道之罪处死，但宣帝却因为从“公孙病已立”的谶言中受益，即位后封眭弘之子为郎。眭弘之子得以为郎，其学说便通过弟子严彭祖、颜安乐得以传承，进而培养出对

[1] 晋文《论经学与汉代“受命”论的诠释》，《学海》，2008 年第 4 期；葛志毅《战国秦汉之际的受命改制思潮与封禅：对封禅礼形成的学术思想探源》，《学习与探索》，2006 年第 5 期；葛志毅《战国秦汉之际的受命改制思潮与谶纬之学的兴起》，《中国古代社会与思想文化研究论集》，黑龙江人民出版社，2010 年，第 204—225 页。

[2] 班固《汉书》，第 3153—3154 页。

[3] 同上书，第 1413 页。

宣元学术影响深远的贡禹。

再受命学说有两个基点：一是阴阳刑德论，其将天生灾异视为上天之警告。河平、元延年间，岷山崩以致江水逆流，刘向便认为："周时岐山崩，三川竭，而幽王亡。岐山者，周所兴也。汉家本起于蜀汉，今所起之地山崩川竭，星孛又及摄提、大角，从参至辰，殆必亡矣。"[1]其按照阴阳学说，认为天地、日月、四时等秩序的错乱意味着君臣失序。若罪不在君，必然要有大臣替过；若罪在君，则必须反思君之能否胜任。二是尚贤论，墨子曾有"夫明乎天下之所以乱者，生于无政长。是故选天下之贤可者，立以为天子"之论，[2]主张贤者可为天子。秦汉儒家的圣人说进一步强化了贤者的天下责任。《大戴礼记·诰志》言："仁者为圣，贵次，力次，美次，射御次，古之治天下者必圣人。"强化了圣人对天下的责任。圣人既不可得，那么贤人则可以立为天子。《尚书纬·帝命验》便言："天道无适莫，常传其贤者。"肯定天下大乱，上天就会选择贤者担负天下责任。

从这两个基点出发，汉儒很容易推导出这样的结论：汉王室若能胜任，便可继续执政；倘若不能胜任时，便可以通过再受命的方式，完成天下责任的转换。汉哀帝时，夏贺良公开引《赤精子谶》的话："汉家历运中衰，当再受命，宜改元易号。"作为皇帝，哀帝与王室成员面对这种关乎汉家天下变色之论，只能采用被动防守的方式，选择了改元再受命："汉兴二百载，历数开元。皇天降非材之佑，汉国再获受命之符，朕之不德，曷敢不通！夫基事之元命，必与天下自新，其大赦天下。以建平二年为太初元年。号曰陈圣刘太平皇帝。"[3]这一诏书中体现出来的无奈，可以看出民间汹汹而来的再受命要求，已经在怀疑汉王室执政的合法性。而汉王室在群起而攻之的舆论中，只能勉为其难地被动应付。

如果说董仲舒的受命理论解决了汉王室执政的合法性，得到汉武帝的承认；那么阴阳刑德学说，便是通过祥瑞灾异分析汉王室执政的成败得失；再受命学说则是通过执政的成败得失，来重新审视汉王室执政的合理性。当阴阳刑德学说不能有效改变社会秩序、自然秩序时，西汉儒生没有去怀疑其学说的正误，而是直接怀疑汉王室执政的合理性。自认为精通阴阳五行的刘向，就曾在上疏中直接指出："王者必通三统，明天命所授

[1] 班固《汉书》，第1457页。

[2] 孙诒让《墨子间诂》，中华书局，2001年，第75页。

[3] 班固《汉书》，第340页。

者博，非独一姓也。……虽有尧舜之圣，不能化丹朱之子；虽有禹汤之德，不能训末孙之桀纣。自古及今，未有不亡之国也。”[1]这些带有训诫性质的直谏，实际反映出刘向的焦虑不安：倘若汉元帝仍不能顺应天意解决问题，汉王室的合理性便不断受到挑战，再受命理论所关注的“贤者得天下”，必然会成为现实。不信图谶的刘向对再受命的理论不能不重视，[2]关键在于这一理论的现实指向，是对皇帝进行废立。

哀平之际的士大夫对再受命学说深信不疑，[3]其中既有固守学理的学者，也有跃跃欲试的野心家。连博学多才的刘歆也在汉哀帝建平元年（前 6），因为期望能再授命于己，改名为秀，取字颖叔，以冀应符命。钱穆评价此间的思潮：“莽之篡汉，歆、舜之徒以革新政教相翼，而愚人争言符命，则甘、夏之流也。”[4]认为再受命之说乃朝廷层面的大舆论、民间层次的小舆论的共识，王莽正是在这样的舆论背景下得以再受命而代汉。扬雄在《剧秦美新》中阐述王莽代汉，其关键理据便是其上合天道，祥瑞叠出；下应民心，以王道行政，对汉政进行彻底革新，能够建立一个完善的新国家，合乎天下臣民的期望。

凭借再受命思潮代汉的王莽，很快也遭遇到再受命学说的攻击。地皇元年（20），精通天文历数的郅恽认为“方今镇、岁、荧惑并在汉分翼轸之域，去而复来，汉必再受命，福归有德”，[5]上书劝谏王莽禅位。郅恽又对友人说：“如有顺天发策者，必成大功。”[6]认为新莽气数已尽，必然有新君代出。更始败后，窦融召众豪杰、诸太守计议出路时，便有人提出：“及莽末，道士西门君惠言刘秀当为天子，遂谋立子骏。事觉被杀，出谓百姓观者曰：‘刘秀真汝主也。’”云云，[7]认为符命既然指向刘秀，就应该追随之。公孙述则根据“孔子作《春秋》，为赤制而断十二公，明汉至平帝十二代，历数尽也，一姓不得再受命”之说，认为汉家气数已尽，依照《录运法》《括地象》《援神契》等推演出新皇帝当出于西方，加之自己“手文有奇，及得龙兴之瑞”，[8]试图称帝。刘秀听闻后不得不通过对此类谶纬的重新解释，证明那些谶纬中的说法不是在暗示公孙述，而是在说自己。

---

[1] 班固《汉书》，第 1950—1951 页。

[2] 张衡曾在上书中说：“自汉取秦，用兵力战，功成业遂，可谓大事。当此之时，莫或称谶。若夏侯胜、眭孟之徒，以道术立名，其所述著，无谶一言。刘向父子领校秘书，阅定九流，亦无谶录。成、哀之后，乃始闻之。”

[3] 曾德雄《谶纬中的帝王世系及受命》，《文史哲》，2006 年第 1 期。

[4] 钱穆《两汉经学今古文平议》，商务印书馆，2005 年，第 86—87 页。

[5] 范晔《后汉书》，中华书局，1965 年，第 1024 页。

[6] 同上书，第 1024 页。

[7] 同上书，第 978 页。

[8] 同上书，第 538 页。

在此过程中，班彪通过《王命论》论述了再受命之人不在异姓中，只是刘家天下的再受命，鼓吹刘秀称帝的合法性。

刘秀称帝后，诏令尹敏“校图谶，使蠲去崔发所为王莽著录次比”，[1]就是通过对谶纬的校订，使再受命之说暗示的是再授命于刘，以证明东汉立国合乎天意。其随后拜谒西汉帝陵、修复长安旧宫及封禅泰山等，以及汉明帝立世祖庙、太学等，皆用意于再受命的合法性。[2]班固《南巡颂》言：“惟汉再受命，系叶十一，□帝典，协景和，则天经，郊高宗，光六幽，通神明。既禘祖于西都，又将袷于南庭。是时圣上运天官之法驾，建日月之旃旌，赁列宿而赞元。”便是以再受命之说赞美东汉王室合于天意。其《典引》更是通过对秦政的反思，总结东汉得以建立的原因：

> 是以凤皇来仪集羽族于观魏，肉角驯毛宗于外囿，扰缁文皓质于郊，升黄晖采鳞于沼，甘露宵零于丰草，三足轩翥于茂树。若乃嘉谷灵草，奇兽神禽，应图合谍，穷祥极瑞者，朝夕坰牧，日月邦畿，卓荦乎方州，羡溢乎要荒。……夫图书亮章，天哲也；孔猷先命，圣孚也；体行德本，正性也；逢吉丁辰，景命也。顺命以创制，定性以和神，答三灵之繁祉，展放唐之明文，兹事体大而允，寤寐次于圣心。瞻前顾后，岂蔑清庙惮敕天乎？[3]

班固以阴阳刑德说论述刘家再受命，有无穷的祥瑞出现，以表明天意如此。而东汉王室能够“案《六经》而校德，眇古昔而论功，仁圣之事既该，帝王之道备矣。至于永平之际，重熙而累洽，盛三雍之上仪，修衮龙之法服，敷鸿藻，信景铄，扬世庙，正予乐。人神之和允洽，群臣之序既肃”，[4]遵循圣人之说，起用贤人行政，建立起合乎王道政治理想的秩序形态，实现了再受命理论中描述的完美图景。

东汉王室有意识地宣扬刘姓的再受命，源自天意，得乎民心，并不断强化“汉家天下”的传承，使得东汉学者不再从皇权的更迭上来解决政治困境，转而思考外戚、宦官等人事的安排是如何左右朝政走向的。特别是随着桓谭、王充、张衡等人对谶纬学说进行学理上的反思，使得对西汉影响深远的“再受命”学说逐渐沉潜下来，不再能轻易决

[1] 范晔《后汉书》，第2558页。

[2] 同上书，卷九十九《祭祀志》注引蔡邕《表志》：“孝明立世祖庙，以明再受命祖有功之义。”

[3] 同上书，第1382—1384页。

[4] 同上书，第1361—1363页。

定皇权的更迭。但在古文经学中不断强化的禅让论，却成为越来越被推崇的政治学说，决定着汉末的政局。

三、“禅让”与汉家天下的终结

春秋时期形成的禅让学说，作为一种原始的民主思潮，体现了时人对天下责任转换的一种思考。[1]墨子的尚贤、尚同之说，主张选择“天下贤良圣知辩慧之人”立为天子，[2]已经削弱了传统的家天下概念。孟子所解释的尧、舜、禹何以能禅让，益、伊尹、周公、孔子何以有德而不能有天下，[3]论述了禅让得以实现的充分条件是德才兼备，必要条件是天子主动逊位。吕不韦在对禅让制度进行考察时，意识到禅让正是出于“公天下”的考量：“尧有子十人，不与其子而授舜；舜有子九人，不与其子而授禹，至公也。”[4]前任将权力移交给有德有才之人，体现的是“天下为公”的政治伦理。即将天下公权赋予天下，按照“人人可以为尧舜”的理念，挑选可以胜任君王之人继承王位。与之相对立的便是家天下，即将天下公权视为家族所有，只在家族中选择可继承王位之人，其他人对王位的觊觎被视为篡逆。

《吕氏春秋》所阐释的“贵公”思想，对秦始皇有所影响。《说苑·至公》记载了秦始皇曾有过禅让的念头：

> 秦始皇帝既吞天下，乃召群臣而议曰：“古者五帝禅贤，三王世继，孰是？将为之。”博士七十人未对。鲍白令之对曰：“天下官，则禅贤是也；天下家，则世继是也。故五帝以天下为官，三王以天下为家。”秦始皇帝仰天而叹曰：“吾德出于五帝，吾将官天下，谁可使代我后者？”鲍白令之对曰：“陛下行桀、纣之道，欲为五帝之禅，非陛下所能行也。”秦始皇帝大怒曰：“令之前！若何以言我行桀、纣之道也？趣说之，不解则死。”令之对曰：“臣请说之。陛下筑台干云，宫殿五里，建千石之钟，立万石之虡。妇女连百，倡优累千。兴作骊山宫室，至雍相继不绝。所以自奉者，殚天下，竭民力。偏驳自私，不能以及人。陛下所谓自营仅存之主也。何暇比德五帝，欲官天下哉？”始皇闇然无以应之，面有惭色，久之，曰：“令之之言，乃令众丑我。”遂罢谋，无禅意也。

[1] 李振宏《“禅让说”思潮何以在战国时代勃兴：兼及中国原始民主思想之盛衰》，《学术月刊》，2009年第12期。

[2] 孙诒让《墨子间诂》，第78页。

[3] 阮元《十三经注疏》，中华书局，1980年，第2737—2738页。

[4] 许维遹《吕氏春秋集释》，中华书局，2009年，第29页。

无论历史上是否确有其事，至少在刘向或者同时代的人看来，连秦始皇都认为有可能以禅让的形式传承帝位，说明禅让已经成为统治权转换的一种模式。从《吕氏春秋》基于公天下而对禅让的承认，以及陈胜吴广起义时喊出的“王侯将相宁有种乎”口号来看，秦始皇有可能从“公天下”与“非命”的思潮中接受“五帝官天下”的传统，认为可以按照“天下为公”的理想，从而将“禅让”作为一种选择。但鲍白令之对其政策毫不留情的贬低，使得秦始皇不再考虑禅让的选择。不过，柳宗元、王夫之还是认为秦放弃贵族分封制而选用郡县制，实现了朝廷官员的公选、政策的公议，[1]是特定历史条件下对“公天下”有限的实现。

秦始皇所理解的禅让，是出于对“帝道”的继承，期望按照五帝禅让的模式来转移天下权力。观察司马迁在《史记·武帝本纪》中的描述，可知在秦汉间已经形成共识，即禅让可以作为天下权力转移方式之一。作为禅让学说的支持者，司马迁必须回答燕王禅让子之而失败的教训，方才使得禅让学说能够具有完满性。司马迁在《史记·燕世家》中完成故事叙述之后，随即引用孟子建议齐王伐燕，表明燕国所谓的“禅让”，既非帝道所谓的“官天下”，亦非王道所谓的“公天下”，只不过是苏代、鹿毛寿、子之等人设计的一场阴谋，他们利用燕王哙对禅让的误读，通过纵横家的说辞将王位让于子之，最终导致燕国大乱。

汉儒所理解的禅让，寄托着他们对仁政的期盼和对王道的渴望，他们全面思考了其可能性和可行性。作为可能性，董仲舒在对策中明确指出：“尧在位七十载，乃逊于位以禅虞舜。尧崩，天下不归尧子丹朱而归舜。舜知不可辟，乃即天子之位，以禹为相，因尧之辅佐，继其统业，是以垂拱无为而天下治。”以此来回答汉武帝“盖闻虞舜之时，游于岩郎之上，垂拱无为，而天下太平”何以形成，[2]认为贤能在位是建立天下大治的根本。作为可行性，尧、舜、禹禅让的成功在两汉儒家学说中被不断美化，已经被视为历史经验。

在汉王室看来，禅让不仅是政治学说，而且是历史经验，这对“非刘氏而王”的家天下制度是实实在在的挑战。汉文帝在即位当年的诏书中，回答朝臣令其立太子的问题时说：

> 今纵不能博求天下贤圣有德之人而嬗天下焉，而曰豫建太子，是重吾不德

[1] 张传玺《秦汉中央集权制的“公天下”因素》，《文史知识》，2007年第6期。

[2] 班固《汉书》，第2506—2509页。

也。……今不选举焉，而曰必子，人其以朕为忘贤有德者而专于子，非所以忧天下也。朕甚不取也。[1]

汉文帝之所以立，是丞相陈平、太尉周勃等朝臣公议的结果。其作为汉高祖之后，身份地位皆不如汉高祖其他子孙，即位之初便立太子，容易为诸侯王所敌视，故以禅让之论婉拒。此诏中所传递出两个信息，一是有限承认了禅让的合理性，明确了汉家不能在全天下博选，而仅限于汉王室成员，在强化自身继承帝位的合法性的同时，也安慰支持禅让说的天下人。二是暗示其他王室成员有继承王位的可能，文帝不立太子，是在给那些觊觎王位者以希望，从而鼓励他们按照禅让所提倡的贤能、德行要求，固守职位，安心职事，一心一意辅佐朝廷。文帝即位之初，羽翼未丰，此诏通过有限禅让的暗示，暂时安抚了诸侯、朝臣和天下人。

但这一暂时表态的隐患在于，既然承认禅让的合理性，就鼓励了诸侯王对帝位的渴望，为诸侯坐大谋反提供了思想动因。吴王、淮南王等谋逆的背后，便是自认为有德而不能以禅让得位。同时，这也使得民间学者进一步要求扩大禅让的范围，使得贤能不仅可以出将入相，而且能够直接获得帝位。眭弘在《上书预推昌邑王宣帝事》中便公开提出："汉帝宜谁差天下，求索贤人，禅以帝位，而退自封百里，如殷周二王后，以承顺天命。"这表明在昭宣时期，民间学者对禅让的要求已经直接指向了汉家天下。

在再受命思潮的推波助澜下，禅让被视为实现再受命的方式。汉哀帝曾有过禅让的冲动：

后上置酒麒麟殿，贤父子亲属宴饮，王闳兄弟侍中中常侍皆在侧。上有酒所，从容视贤笑，曰："吾欲法尧禅舜，何如？"闳进曰："天下乃高皇帝天下，非陛下之有也。陛下承宗庙，当传子孙于亡穷。统业至重，天子亡戏言！"上默然不说，左右皆恐。于是遣闳出，后不得复侍宴。[2]

汉哀帝在酒酣耳热中，突然提出欲将帝位禅让，王闳急忙以天下非帝王之天下制止。汉哀帝冲动的背后，不光是对董贤父子的一己之喜，而是表明其对禅让制度的理解：从学

[1] 司马迁《史记》，第419页。
[2] 班固《汉书》，第3738页。

理上来看，禅让不仅在制度上合理、合法，在行为上也是至善、至美。

我们从文帝、哀帝的“禅让”行为中可以看出，汉王室一方面接受禅让学说，另一方面也对禅让存有高度警惕：禅让在学理上被美化的同时，汉家天下终结的方式也已经被确定：那就是通过禅让的方式，将天下移交给德才兼备的贤能之士。何时会完成禅让，取决于再受命的时机。这一时机的到来，则通过天降祥瑞的方式进行。

王莽便是在这样的背景下得以建立新朝，他所塑造的德才兼备形象，满足了朝臣、学者对贤能之士的全部想象，又通过不断出现的“天告帝符”的祥瑞推波助澜，使再受命的舆论至于高潮。进而通过论证唐承尧德，让王氏成为继承汉家天下的不二人选，而最终成为被禅让者。其在受禅即位时公开宣示：“予以不德，托于皇初祖考黄帝之后，皇始祖考虞帝之苗裔……赤帝汉氏高皇帝之灵，承天命，传国金策之书，予甚祗畏，敢不钦受！”[1]以天命、贤德和德运三者合一，[2]表明自己被禅让既有天意，更在于自己贤良。

东汉立国使“刘氏再受命”学说得以强化，但禅让学说并没有消解，反而成为正统史观加以强化。《汉书·律历志》列帝王世系，明确了唐尧、虞舜和伯禹之间的禅让关系，并将之作为信史，禅让的合理性得到了王朝与史学家的共同认同。荀悦亦有类似之言：“禅位于帝舜，号曰有虞氏，故为土德。即位五十载，禅位于伯禹，号曰夏后氏，故为金德。四百四十二年。”[3]明确禅让制度是历史经验，是天下秩序重建的基本模式。袁宏便说：

> 夫君位，万物之所重，王道之至公。所重在德，则弘济于仁义；至公无私，故变通极于代谢。是以古之圣人，知治乱盛衰，有时而然也。故大建名教以统群生，本诸天人而深其关键，以德相传，则禅让之道也。暴极则变，变则革代之义也。废兴取与，各有其会，因时观民，理尽而动。[4]

其认为禅让、革代是天下秩序转移的两种模式，其之所以形成在于天下为公。禅让是主

[1] 班固《汉书》，第 4095 页。

[2] 郑杰文认为禅让学说经过了“禅让天命说”“禅让贤德说”“禅让德运说”三个阶段的历史演化。参见郑杰文《禅让学说的历史演化及其原因》，《中国文化研究》，2002 年第 1 期。

[3] 荀悦、袁宏著，张烈点校《两汉纪》，第 2 页。

[4] 同上书，第 589 页。

动将权力移交给更具德能之士的和平转移。革代则是德能之士通过武力获得天下，在位者被动失去统治权，是以暴易暴。最终取决于哪种形式，是由不同的历史时势决定的。当汉献帝禅位于曹魏时，其诏书便说："瞻仰天文，俯察民心，炎精之数既终，行运在乎曹氏。……大道之行，天下为公，选贤与能，故唐尧不私于厥子，而名播于无穷。朕羡而慕之，今其追踵尧典，禅位于魏王。"[1]也是以"天下为公"为基调，公开承认自己的德能不及，遂按照选贤任能的方式禅于曹氏，以保证天下秩序的平稳过渡。

天下为公的国家认知，使得再受命与禅让成为皇权转化的基本方式，相继为魏、晋、宋、齐、梁、北齐、后周、陈、隋、唐、宋所采用。尽管在看似客客气气的禅让背后，是赤裸裸的攘夺与篡弑，[2]但至少禅让者与被禅让者共同对天下百姓展示着公天下的责任，心照不宣地维持着皇权的公共性。

（曹胜高，河南洛阳人，陕西师范大学文学院教授、博士生导师。）

---

[1] 荀悦、袁宏著，张烈点校《两汉纪》，第588页。

[2] 赵翼著，王树民校证《廿二史劄记校证》，中华书局，1984年，第143—147页。

“邦国之志”的整合与《世本》文献的生成*

刘　晓

《世本》是在前代世系文献的基础上，对其进行整合形成的无直接使用价值的纯文本世系文献。整合之后的世系具有链式结构特征，而其渊源则是奠世系制度生成的“邦国之志”。[1]同时，周王室通过奠世系树立的以黄帝为祖的帝系传承系统，是《世本》整合世系并得以形成清晰完整的链式结构的关键。本文试论《世本》整合对于《史记》在上古史建构、篇章布局以及叙述手法上的重要影响。

一、“邦国之志”的整合与《世本》链式世系结构的渊源

世系文献整合之前，其文献类型无外乎是《诗经》“瞽史之纪”“邦国之志”“祀典”“世”五种。[2]《诗经》与“瞽史之纪”采用的是宗庙颂唱的形式，与祭祀相关，其所侧重的是祖先的德业和受命正统性。[3]相对来说，其所保存的世系材料不但琐碎，也基本呈现不出完整的链条。如“祀典”是针对某一特定祭祀典礼而形成的仪式，在祭祀过程中，对前代先祖进行追述，并不对全部世祖进行言说，点状特点突出，传承脉络不明显。再如，“世”只是在教育国子时使用，也有追述本支本系的作用，更多注重诸侯的单支世系传承，亦不便于通览整个上古至两周的世系脉络。[4]

从文献式样来说，唯一可能具有链式结构特点的就只有“邦国之志”了。“邦国之志”虽然早已遗失，不能直接观察其所记载的世系传承材料。但从奠世系的应用场合和

* 基金项目：教育部哲学社会科学研究重大课题攻关项目“中华优秀传统文化的学理建构、价值认同与教育策略研究”（17JZD044）。

[1] 孙诒让《周礼正义》，中华书局，1987年，第2098页。

[2] 徐元诰《国语集解》，中华书局，2002年，第154、325、344、355、485页。

[3] 曹胜高《试论〈诗〉本的编订与形成》，《国学研究》第32卷，北京大学出版社，2013年，第131—146页。

[4]《国语·楚语上》申叔时言其当以“世”教育楚国太子，从这一点来说，“世”或当与“史”相似，各国皆有而各不相同。从两者的起源来看，世、史当皆源自于上古口传家谱系统，各族有各族之世，也自是有各自之史。而从其功用，即教育太子或者说教育国子来说，其目的是为了祭祀时的知晓叙次、日常知晓关系远近，故而其针对性应该非常强。从以上两点判断，“世”应该有多种。

记录方式角度，可以大致分析出这种世系文献的结构特征，以观察“邦国之志”与《世本》之间的渊源。

第一，奠世系与“邦国之志”的文献层级分布。《世本》分为帝系、纪、王侯谱、世家、大夫谱、传、氏姓、居、作、谥法十篇，是通过对原有奠世系过程档案的整合而形成的一个层次明确、结构庞大的世系系统。从文本形态来看，《世本》层次和篇章的产生，与“邦国之志”的文献产生层次有关。奠世系制度的应用场合是有层级的，在周王室，天子为世，诸侯为系；在诸侯国，诸侯为世，卿大夫为系。相对应的，其世系档案的记录自然也就产生分级。如《周礼》中的小史负责掌定世系，主要是对天子之世的书定，这一部分内容是天子所有，不予外传。同时小史还要负责诸侯之系的书定，将其系于天子之世，不但要留存周王室，还需要分赐诸侯以用于其宗庙祭祀。[1]这样一来，天子之世的文献材料只存在于周王室，诸侯之世的文献则分别保留于周王室和诸侯本国两种祭祀场合。[2]同样，诸侯国内，工史书世以为诸侯自存，宗祝书昭穆的材料，则存于诸侯宗庙又需要分赐给卿大夫。[3]同理，卿大夫的世系文献材料也就记录于诸侯宗庙及本支家庙两处。原本只是因为奠世系的应用场合而产生的世系文献层级分布，在王室衰微而奠世系制度不能正常发挥作用时，就会因记录产生场合不同而出现世系内容混乱。“邦国之志”的记录混乱时，需要一个更为完善的叙述世系的文献对其整合，以保证王室及诸侯世系的有序性。《世本》正是在“邦国之志”的基础上形成的集大成式的世系文献。

第二，“邦国之志”的应用目的决定其文献的多样性。因为应用目的和文献所存地点的不同，使得“邦国之志”中的世系材料更加复杂。天子之世是不变的，而诸侯之世的保存，一面在周王室由小史书定保存，一面在诸侯国内由工史书定保存，这样就产生了两种诸侯世的档案文献。《世本·王侯谱》中所记载的周之诸侯谱系，只是记载其所出之王世以及所当之王世。而《世本·世家》中所记载的周之诸侯谱系，则不完全与《王侯谱》相同，其记载的特点是不但有传承脉络，还有始封君、国氏、姓、爵等。这两种记载诸侯谱系的材料内容，应该分属于不同的材料来源。《王侯谱》当即“邦国之志”中的诸侯谱系内容，而《世家》则可能是诸侯“工史”所书者。“邦国之志”中的诸侯谱系，

[1] 孙诒让《周礼正义》，第2098—2102页。

[2] 当然，记录于两种祭祀场合的诸侯之世其侧重点是不同的，这一点可见下文分析。

[3] 徐元诰《国语集解》，第165页。

是通过奠世系而确定的，目的是为了叙次，将其系于某王之下，知其所出即可，故以简单的表的形式出现最为直观也最为切合。

而诸侯国内“工史”所书者，一方面是要明其受命封建的正统性，另一方面才是记述其诸侯传承之世以便于卿大夫系世。[1]明其受命，即“赐姓命氏”，[2]其所受之姓乃是其本族祀主，[3]所受之氏即其国号。因此，《王侯谱》中的诸侯谱系只强调所出之王世及所当之王世，就是因其所用只为了叙次。《世家》中的诸侯谱系则强调其所出之王及其姓氏等，是因为其所用乃是为了强调其受命正统及其传承次序，以维护诸侯之世及方便卿大夫系世。同样的，卿大夫谱系在《世本》中也分属于两篇，一是《大夫谱》，一是《传》。[4]前者以表的形式简单列出卿大夫所对应的诸侯之世，后者则详细记载了其所出及其分族命氏的过程。诸侯谱系和卿大夫谱系在《世本》中呈现出两种不同的样式，绝非偶然，乃是《世本》所整合的“邦国之志”的文献多样性特点所造成的。

第三，“邦国之志”呈现出多层面文献交织的特征。由奠世系所产生的“邦国之志”并不是单纯地为了记载周王室、诸侯、卿大夫世系传承而产生的文本，而是一种礼仪性文本，即作为礼仪活动时使用的基本材料，是奠世系过程中积累或者记录下来的档案材料。[5]在祭祀等场合中的奠世系的材料，存在于“邦国之志”中。例如，奠世系中的柩前定谥，便是采用讽诵前代治功之诗，作为谥号，[6]需要回顾先王一生功业，对其作大致的判断，给予一个特定的评价。这一过程不仅产生“谥法”，而且还要对其功过进行评价。“谥”也因此成为先王进入王世的位次，便于子孙在祭祀时叙次。在讽诵先王治功的奠世系制度松散之后，“谥”便成了《谥法》，仅作为《世系》文献的资料。

因奠世系制度而生出的“邦国之志”，还有其他层面的文献材料。《左传·隐公四年》载封建之时需要“赐姓命氏”，根据血缘亲疏来授予其命。在需要判断血缘亲疏的分封建国时，奠世系要发挥基础性的作用。对其所做的记录，整合之后就成了《世本·氏

---

[1] 卿大夫系世，指的是卿大夫按照所出之诸侯世次，将其分族之谱系编次于诸侯之世下。

[2] 杜预注，孔颖达等疏《春秋左传正义》，阮元校刻《十三经注疏》本，中华书局，2009 年，第 3764 页。

[3] 一般来说，始封君往往就是本族的祀主，但是也不排除特殊情况。如古国，陈国的祀主是舜帝，宋国祀主为汤。

[4] 至如《大夫谱》《传》的内容来源，具体来说也应该分为两种情况。一种是诸侯国大祭祀时，由宗祝书定的内容。另一种则是孙诒让所说的“正氏族谱牒之籍”，对于别族立氏者，既要在太史处登记，还需要小史记载于档案。这一过程也是《大传》所谓的“系之以姓而弗别”，所以由此还可以判断出《氏姓》篇，也当由原有的世系档案而来。《世本》将原属于不同层级和不同地域的世系文献档案加以汇编，从而形成了上至天子下至大夫的完整世系系统。

[5] “邦国之志”中的所有文献材料都是奠世系发生过程的记录。

[6] 孙诒让《周礼正义》，第 1866 页。

姓》。除了对奠世系时当下所发生的记录，在祭祀等场合中还需要对历代帝王、先祖的世系传承和治功进行追溯，这就要依靠原始口传的世系材料。这部分口传的世系材料，在祭祀场合中被记录下来成为“邦国之志”的材料，成为帝系或者诸侯之世的传承脉络。[1]在记录的过程中各自对应先祖的治功内容，而后经过整合就形成了《世本》中的《居篇》《作篇》。[2]所以说，“邦国之志”的多层面文献内容，也决定了经过整合的《世本》的基本篇章布局具有链式结构特征。

二、黄帝与《世本》链式结构的形成

“邦国之志”的层级分布、多样式和多层面，只是为《世本》世系的链式结构提供了材料基础，真正将这种链式结构建立起来，还必须解决一个重要问题：链式结构的形成必须满足线状和网状的共同需要，而要将线状和网状结合起来必须要解决其必然会出现的交叉点问题。为了使上古世系传承更加清晰合理，黄帝就成为解决这一问题的关键，即形成以黄帝为起点的世系传承脉络。

首先，在这个链式结构中，黄帝必须是单线条的帝系传承和网状支系的总起点。《世本》之前的世系文献，或者是单独存在于某一族群之内的单线世系传承脉络，[3]或者是继承西周以前传诵系统的《诗经》“瞽史之纪”。这些世系文献虽然呈线条状，能够将本族或者本支世系清楚地交代出来，但是由于前代材料杂乱，各自言说，不能满足单线条帝系传承的建构需要。[4]为了将原本各自族群的世系传承脉络建构成一条单线的帝系传承系统，就需要从时间层面上整合确定诸族群祖先起源的先后顺序。这就需要对各个族群原本的先祖进行排序。当然，这种排序的一个先决条件就是要承认姬周的大宗地位。在“祀典”中作为姬周世系之祖的黄帝，在周的世系形成过程中，就必然要成为这条单线帝系传承的起点。同时，将各族先祖排序，还能够解决各族当下在姬周所建立的世系传承

[1] 诸侯之世的传承脉络主要指的是异姓诸侯，如陈、杞、齐、楚、宋等，他们在本国祭祀时也需要对其先祖进行追溯，其本族口传文献中先祖的治功也被记录下来。如姜姓齐国之祖炎帝，其“火师”“火纪”之事见于《左传·昭公十七年》；芈姓楚国之祖祝融，其“火正”“作市”之事分别见于《左传·昭公二十九年》和《世本·作篇》。

[2]《居》《作》两篇，其具体的文献基础，也有存疑之处，但从其内容来看，类于《山海经》神话传说中结绳家谱部分对于重大事件的汇编，应该也是源自原始口传文献。或者是“邦国之志”中对先代帝王治功等内容的记录，或者是《世本》以原有的世系档案文献和《山海经》等书中的神话传说内容为基础整合而形成的。

[3]《山海经》中就大量存在着单线世系传承的族群谱系材料。

[4] 这一单线条帝系传承的建构，既需要明确大宗之世的传承脉络，还需要兼顾到小宗之系的分布。《诗经》“瞽史之纪”只是对周王室或者特定诸侯国的世系的记载，所以其传承线虽然明确也符合本族的需要，但是不能将自上古至西周的大宗之世囊括进去。《山海经》中的诸多族群世系传承也呈单线条，但是其各自记载各自的世系传承，因此只有本族的先后，而无法比较多个族群的世系先后顺序。

体系中的叙次问题，按照与黄帝关系的远近，诸族分别将自身的世系传承系于黄帝之后。这样，帝系传承和诸族叙次都以黄帝为参照得到统一协调，显得更加清晰合理。

完成这一任务应该要归功于西周所建立的奠世系制度，但是也不能忽略了《世本》在文献整合过程中的作用。原本存于“邦国之志”中的大宗之世和诸侯之系，只是相对明确，再下一层次的卿大夫以及其他不在姬周世系之内的诸族世系，在更高层面的世系文献中并没有记述。各自独立的世系文献，由于传统宗法制度的限制，不能直接与帝系线条发生关系，便只能在局部情况下了解卿大夫与大宗之世上某王的关系，无法知晓整个大的网状世系传承中其所处的位置。[1]因此，《世本》在整合“邦国之志”时，将其统一在一个层面之上，就需要对这个大的支脉进行汇总，黄帝就成为这个支脉的总起点。

同时，黄帝还成为《世本》整个世系建构的参照点。如《世本》开篇《帝系》所述黄帝以下的世系。

> 少典生轩辕，是为黄帝。黄帝生玄嚣，玄嚣生侨极，侨极生高辛，是为帝喾。帝喾生放勋，是为帝尧。黄帝生昌意，昌意生高阳，是为帝颛顼。[2]

在这一叙述中，是以世为经、以系为纬的。黄帝、帝喾、帝尧、帝颛顼的传承是天子之世，是世系的经，黄帝是其起点；其各自的生出，则是相对于天子之世的各个系，其后诸侯系世之时，就以黄帝为参照点进行。《世本·王侯谱》所述的王侯世谱是更为明显的链式结构。《王侯谱》共分八大谱系，即帝王世国号、颛顼属、喾属、尧属、舜属、夏属、殷属、周属。其中，以帝王世作为《王侯谱》的总领，以黄帝为起点，将历代之王天下者一一编列，是为《王侯谱》之经。而表中其他七属，也分别以与黄帝关系之远近为开端，将其传承脉络编列于各属之后，是为《王侯谱》之纬。这样一来，《王侯谱》也是经纬分明、主次有序的链式结构。这种经纬网络所整合出的《世本》世系文献，就具有明显的线状、网状结合的链式结构特点，而黄帝正是这个结构的关键点。

其次，黄帝是《世本》在世系文献整合的过程中，不断弥合新形势下的世系抵牾情况的核心点。原始世系传承过程中随着族群的扩大和部族联盟的建立，世系传承之间

[1] 邦国之志虽然有多种，因要分别大小宗，加上各自存放地点不同，卿大夫的世次只能在诸侯国内，与诸侯之世发生关系。虽然，在诸侯国内大祭祀时，也会对本国所出之王世进行交代，但是也只限于此。各国之间的卿大夫对各自所出之王世有所了解，但是对各自在整个大的王世中的位置却不一定都能了然。

[2] 宋衷注，秦嘉谟等辑《世本八种》，中华书局，2010年，第11页。

必然会出现交叉和抵牾之处。在奠世系严格发挥作用的西周时期，各诸侯国、族群之间的世系是按照姬周所建立的单线条帝系传承脉络来系世的，也就是说其世系传承中的交叉和抵牾之处被人为消除。春秋以降，随着奠世系制度不再发挥作用，诸国、诸族在系世之时，不再严格按照原本的姬周帝系进行，各自从其本族残存的原始记忆出发，结合当时的世系情况，创造出各种世系传承脉络，从而使网状世系传承再次出现了矛盾抵牾之处。

《世本》的整合需要对来源不同的世系内容加以弥合，为弥缝各国世系的不同记载而进行改定，其改定的依据就是以黄帝为核心的帝系传承脉络。以楚国为例，[1]楚国本族以祝融为祖，郑国言其为重、黎之后，[2]而又不属于姬周之族，晋国又说黎为颛顼氏之子，这就产生了世系的矛盾。[3]《世本》遂以互见之法作弥合，《帝系》中称帝颛顼之后，老童子三人，重、黎、吴回，吴回之后为楚祖季连。《王侯谱》中虽将楚国置于颛顼之后，但是不言其祖重黎、吴回等，只言其祖为鬻熊。[4]《世家》中则言其为高阳之后，其世系是高阳、称、卷章、黎、吴回、陆终、季连、鬻熊，与《帝系》《王侯谱》不完全相同。[5]

由此可见，《帝系》和《王侯谱》本应该是由收藏于周王室的“邦国之志”所整理成的文本文献，而《世家》则应该是由存于楚国宗庙中的世系材料所整理的。显然，在原本周王室所建构的世系传承系统中，楚国是不在其内的，而何以《帝系》《王侯谱》皆将楚国所出定为颛顼？这是楚国在系世之时，以自身宗庙中的世系传承体系附会于姬周所建构的帝系之上，从而产生的新的世系传承脉络。前两者为示人之用，后者为自身宗庙所用。[6]故后者以“高阳”为祖，更能反映楚国世系的原本情况，前者则是附会的结果。

---

[1] 例如对于重、黎的改定，重、黎在《国语·郑语》中为楚国之祖，而《左传·昭公二十九年》，重一面为句芒之官，是少皞氏之属，犁一面是祝融之官，是颛顼氏之子，显然分属于少皞氏、颛顼氏两族的重、黎，不能成为楚民族的始祖。为此，《世本·帝系》中，为了弥缝这一差别，先以句芒为人名，列入颛顼、穷极、敬康之后，又以重、黎出自颛顼、老童、骄福之后。穷极、骄福，音近，且都是颛顼之后，疑当《世本》写定之世，对于句芒和重的原始认识淡化，其间的联系已不明显，但在文献中重为句芒又是铁证，故《世本》将二者都列入颛顼之后，以音近而分属两支，实不知重本即句芒，而句芒又非人名，是官名。从这一点可以看出《世本》在战国之时，在对先秦世系的书定中，下了不少弥缝的功夫。这给我们正确认识先秦世系的传承，带来了很大的困扰。

[2] 徐元诰《国语集解》，第512—516, 464—469页。

[3] 杜预注，孔颖达等疏《春秋左传正义》，第2123—2124页。

[4] 宋衷注，秦嘉谟等辑《世本八种》，第31页。

[5] 同上书，第45—46页。

[6] 示人指的是将其世系附会于为世公认的姬周帝系之上，以言明其出身的合理合法性。自用指的是宗庙祭祀时自身之用，这种场合中是不能自欺欺人的，所以只能将“高阳”一系的传承列出来。

《世本》在处理这种附会世系的情况时，一方面不能抹杀其原本世系传承脉络，一方面又囿于不能完整地分辨诸国世系的实际情况，因此在对原有世系文献进行整合汇编之时，为化解其中的分歧和矛盾之处，只能以互见的方式，在不同篇章采取不同的说法，以此来弥合各种记载之间的差异。弥合的关键就是要承认其在姬周所建构的黄帝世系传承体系中的地位，以此来大致确定其身份位次。

三、《世本》世系文献对《史记》的影响

《世本》虽然不是直接使用的文献记录，不如“邦国之志”“祀典”等有实用价值。但是却具有更深层次的重建作用，其所建构的上古至两周的世系传承系统对后世影响深远。

首先，《世本》中的帝系传承是《史记》重建上古史的基础。《世本·帝系》以黄帝为起点，确立了以黄帝为首的帝系传承体系，从血缘传承角度和时间线索层面解决战国以来诸国诸族分立情况下，由各自上古神话传说组建形成的混乱先祖观和历史观。当时，各国各族从其残存的原有民族记忆出发，纷纷争神其祖，将其历史无止境地提前。而诸子为了言说之便，也纷纷上追各传说系统中的上古部族领袖，以至于在黄帝之上出现了许多原始部族的首领名号。这些名号在历史上的定位不清，兼在各自表述体系中又不相同，就直接导致了战国之时古史观的异常混乱。如有巢氏，其历史定位就不甚明了，《庄子·盗跖》言“古者禽兽多而人民少、于是民皆巢居以避之。昼拾橡栗、暮栖木上，故命之曰有巢氏之民”，[1]其后乃言“神农氏”，显然是将有巢氏视作早于神农、黄帝的远古帝王了。这种说法也见于《韩非子·五蠹》的记载“上古之世，人民少而禽兽众，人民不胜禽兽虫蛇。有圣人作，构木为巢以避群害，而民悦之，使王天下，号曰有巢氏”，[2]甚至在《逸周书·史记解》篇中将有巢氏定位为上古统一王朝的天子。[3]当然，有巢氏只是诸多上古“天子”之一，此外还有包括燧人氏、防风氏、伏羲氏、神农氏等在内的多种传说，当时出现的多种三皇、五帝传说就是这一时期混乱历史观的最好反映。

这种解说在战国之时，无论是为了诸家理论阐述的方便，还是出于人们追古的兴趣，常常自说自话，没有共识，给上古史的建构造成了极大的麻烦。《史记·五帝本纪》在对上古史的建构中，就必须面临这一问题。司马迁采用的方法，是按照《世本》帝系传承

[1] 郭庆藩《庄子集解》，中华书局，2010年，第262页。

[2] 王先慎《韩非子集解》，中华书局，2011年，第442页。

[3] 黄怀信等《逸周书汇校集注》，上海古籍出版社，2014年，第956页。

的主体历史脉络，对黄帝以前的伏羲、女娲、有巢氏、防风氏等一概不取，只将神农氏作为交代黄帝帝系起源的背景。这样，按照《世本》中的帝系传承体系，以之作为编次上古历史的时间线索，将诸家之说杂采融合，将战国建构的原本芜杂的上古史条析理清，形成了黄帝以来至三代清晰的历史传承系统。其后，纵有好事者在追述历史之时，将三皇等传说人物加入上古史再作编次，也不能动摇黄帝为核心的帝系传承体系。

其次，《世本》中的世系记叙模式，成为《史记》的记叙套路。按照《世本》中所建构的帝系、诸侯王、卿大夫的传承顺序，以帝系为经，以诸侯王、卿大夫为纬，这样在叙述之时就会包罗万象而又脉络清晰。《史记》便是采用这种方式，司马迁自言“二十八宿环北辰，三十辐共一毂”，[1]以十二本纪为“北辰”，三十世家、七十列传作为环列其侧的辐辏。这种叙述模式相较于《春秋》单纯以王世、诸侯年次作为线索的编年体史书，其叙述的深度、涉及的广度都要远超前代。

就其单篇而言，《史记》采用了《世本》的记叙模式。《世本》对世系的记叙模式，其中很重要的一点就是要理清源流。不论是王、诸侯、卿大夫，还是某一部族，都是按照这一支的始封君、国地、世系传承脉络的顺序，将一国、一族的世系编次列出。这种方式，便于正本清源，对于了解一国、一族的历史源流有帮助。《史记》中的诸本纪、世家，都是从其世系源头、始封情况开始说起，再按照世次顺序，将其历史发展脉络交代清楚。这一模式，基本为后世的官方史书所遵循。就其篇章叙述手法而言，《史记》采用了《世本》中的某些具体方法。前文已说，《世本》在处理世系传承中的抵牾情况之时，采用了“互见”的方法，既在各自叙述体系之中将历史线索完整地展现出来，同时还保留了异说留备后人分辨。《世本》为了弥合当时出现的世系抵牾之处，在不能确切分辨真伪的情况之下，采用了互见法的方式，[2]将抵牾之处都完整保存下来，为后人提供了一个完整的文献材料，也为《史记》所继承。

最后，《世本》的结构之法，为《史记》体例的建构提供了蓝本。《世本》正是对西周以来档案文献的整合，使得原本作为神话传说和档案资料存在的世系文献，得以形成体例完整的文本文献。从整体上说，《世本》分为帝系、纪、王侯谱、世家、大夫谱、传、氏姓、居、作、谥法十大类，既是一个庞大的世系系统，也是一个基本建构完整的史料系统。《史记》分作本纪、世家、列传、表、书，基本也就是继承了《世本》的篇章

[1] 司马迁《史记》，中华书局，2008年，第3319页。

[2] 张新科《史记与中国文学》，商务印书馆，2010年，第7页。

布局。其中，本纪其实就是《世本》中的帝系、纪的结合体，而世家是王侯谱、世家的结合，列传是大夫谱、传的结合。而十表则是对帝系、王侯谱、大夫谱的模仿和细化，八书则近于《居》《作》两篇。

《世本》的这种结构手法，也影响了《大戴礼记》，其《帝系》篇是对《世本·帝系》的继承，其《五帝德》篇则是新的结构，将世系传承和先王治功结合起来，其形态类似于“本纪”，可以视为介于两种之间的文献，其体例结构后为司马迁所接受，形成《本纪》文体。

（刘晓，西北大学中国文化研究中心讲师。）

论边塞诗的出现

——以梁陈时期的边塞乐府为中心

〔日〕松原朗文，张渭涛译

一、序论

边塞诗是唐诗中的一个重要类别，集中了岑参、高适、王昌龄等优秀边塞诗人的作品。近年来陆续有研究表明，边塞诗在先于唐代的六朝后期（梁陈时期）就已迅速成熟起来。[1]本文在回顾边塞诗前史的研究基础上，将就梁陈时期边塞诗形成与成熟的具体过程进行考察，以提出若干一己之见。

在《梁陈边塞诗试析》[2]一文中，作者樊荣论及边塞诗经历了何种流变，追溯了边塞诗的缘起，并将其派系概括如下（序号乃笔者所加）。

（1）边塞诗起源于《诗经·小雅》中的“采薇”“六月”“采芑”，以及《国风》中的“卫风·伯兮”“王风·君子于役”“秦风·无衣”等描写从军体验的诗篇。（2）到了汉代，在与匈奴长期战争以及经营西域的背景中则形成了边塞诗诞生的土壤，其中就出现了汉武帝的《天马歌》、汉代乐府的《上之回》《战城南》《陇头水》《关山月》《出塞》《入塞》等诗篇，边塞诗具体的主题得以成立。（3）接下来则有建安时代曹植的《白马篇》、刘宋时期鲍照的《代出自蓟北门行》与《代白马篇》。（4）北魏太和十九年（495）北魏孝文帝实行汉化政策，梁陈时期南北地域语言加深沟通之后，北方乐府则大量涌入，涌现出国界战争、使臣通行、文化交流、皇族爱好等诸多题材，使得边塞诗的创作呈现出活泼多样的特点。

不只是樊荣，很多边塞诗论者都一致认为，边塞诗可上溯自《诗经》的从军诗，且又多见于从《诗经》到梁陈之间的汉魏晋宋等时代，更加强了其连续性。

然而就上述说法而言，本论认为必须要更正两点具体细节。上面论点（2）中，《陇

---

［1］ 根据陈笑《论梁陈边塞诗的盛况及其汉代情结》（《哈尔滨学院学报》2005年第3期）一文统计，逯钦立《先秦汉魏晋南北朝诗》中收录约有180首“边塞诗”，梁陈时期约有110首，梁陈以前则只有40首。

［2］ 樊荣《梁陈边塞诗试析》，《新乡师范高等专科学校学报》2000年第3期。

头水》《关山月》《出塞》《入塞》等横吹曲系乐府，虽说是西汉李延年所作，但无论是古辞甚或是魏晋宋齐时期的拟作均无存世，曲辞则最初出现于后来的梁陈时期。即必须要更正的是，边塞诗的主要题目（乐府曲题）多数并非出自于汉代，而是到了梁陈时期才得以全部出现。就论点（3）应该更正的是，边塞诗虽说在梁陈之前的魏晋宋齐时代也有所延续，但是，除去曹植、鲍照那样特例的作者以外，凡此三百年间边塞诗的创作可谓乏善可陈。通过对上述这两个事实的确认，就意味着边塞诗其实是形成于梁陈的这一事实。而上述两个观点错误的根源在于，将上溯至《诗经》的从军诗与梁陈之后的边塞诗这两者直接相连的这一误解之上。本文认为在考察边塞诗之际，以往那种认为《诗经》以来以战争体验为题材的从军诗（下文略作从军诗），到了梁陈之间也从未间断，进而就认为是“增加了边塞诗的数量”，“充实了边塞诗的题材”，边塞诗就此便得到了持续性发展等观点是错误的，这种错误的认识必须要重新加以批判。

二、什么是边塞诗

要定义边塞诗并非易事。与其要下定义，倒不如以成熟于唐代的边塞诗为基准，将边塞诗里的若干特征先行抽绎出来将更为有效。

边塞诗就其字面而言，意即以东西南北四方边塞（边疆）为舞台而创作的诗歌。且由于其边疆往往是汉族与其他民族多有争议之地，因此战争也就会成为其重要题材。然若以成熟于盛唐的边塞诗为基准的话，却又具有些许不同的印象。首先，盛唐的边疆是仅限定于北方的边疆，[1]且对于战争的具体描写较少，而实际上却侧重于描写边疆迥异的风土。先来看下面这些具有代表性的边塞诗。

葡萄美酒夜光杯，欲饮琵琶马上催。醉卧沙场君莫笑，古来征战几人回。（王翰《凉州词》）

黄河远上白云间，一片孤城万仞山。羌笛何须怨杨柳，春风不渡玉门关。（王之涣《凉州词》）

秦时明月汉时关，万里长征人未还。但使龙城飞将在，不教胡马度阴山。（王昌龄《出塞》）

[1] 高适的《李云南征蛮诗并序》虽然描写的是天宝十二载（753）李宓南诏（云南）征伐之事，但是以往这样取材于南方边塞的诗篇并不算作是边塞诗。

单车欲问边，属国过居延。征蓬出汉塞，归雁入胡天。

大漠孤烟直，长河落日圆。萧关逢候骑，都护在燕然。（王维《使至塞上》）

北风卷地白草折，胡天八月即飞雪。忽然一夜春风来，千树万树梨花开。

散入珠帘湿罗幕，狐裘不暖锦衾薄。将军弓角不得控，都护铁衣冷难著。

瀚海阑干百丈冰，愁云惨淡万里凝。

中军置酒饮归客，胡琴琵琶与羌笛。纷纷暮雪下辕门，风掣红旗冻不翻。

轮台东门送君去，去时雪满天山路。山回路转不见君，雪上空留马行处。（岑参《白雪歌送武判官归京》）

走马西来欲到天，辞家见月两回圆。今夜不知何处宿，平沙万里绝人烟。（岑参《碛中作》）

王翰、王之涣、王昌龄之作皆为古乐府系列的作品，即并非将自己的体验直接反映在作品之中，而是按照乐府传统作法来题咏而成。然而相对于此，王维、岑参的诗篇却是依据自我边塞体验之作。但虽说这两组诗作的性格如此相异，但双方仍均以西北边疆为舞台，并非直接描写战争，而是意在以与中国内地迥异的风土为主题来吟咏，在这一点上基本性质趋同。即仅就此点而言，二者并称边塞诗而无不协调。

此外就战争相关的诗句检索来看，虽有王翰的“古来征战几人回”，王昌龄的“不教胡马度阴山”等句，但要注意的是，二者皆止于对战争的预感或记忆，却并非是对战争的具体描写。以唐代西北边疆为舞台的边塞诗，与意在直接关注战争的从军诗之间，是划着一条分界线的。

唐代边塞诗中，虽对战争行为的关注度不高，却对边疆风土显示出了旺盛的好奇心。王翰《凉州词》中的“葡萄美酒夜光杯，欲饮琵琶马上催”即对西域风物（葡萄美酒、夜光杯、琵琶）表现出了浓厚的兴趣。而王之涣《凉州词》中的“黄河远上白云间，一片孤城万仞山”则对展现朔北雄大风景而如此用墨精深。亦或如王昌龄《出塞》“秦时明月汉时关，万里长征人未还”那样展示出广阔无垠的宇宙时空，使人生发出悲壮慷慨之情。阅读这些边塞诗的人们在此感受到的，并非是战争的残酷或从军的艰辛，而是被激发出了对奇异雄壮世界的向往之心。即便是在其中增添了战争的刀光剑影，那也只是刺激精神向往的一味调剂罢了。

当然，唐代也存在与此风格迥异的边塞诗。

蓟门逢古老，独立思氛氲。一身既零丁，头发白纷纷。
勋庸今已矣，不识霍将军。（高适《蓟门行五首》其一）
策马自沙漠，长驱登塞垣。边城何萧条，白日黄云昏。
一到征战处，每愁胡虏翻。岂无安边书，诸将已承恩。
惆怅孙吴事，归来独闭门。（高适《蓟中作》）

这两首诗篇与上文中边塞诗的不同之处在于：第一，两首均以东北边疆为舞台；第二，二者均描写了士兵的辛苦。这两首诗既歌咏了那些未立军功而飘零落魄的老兵，也描写了作者冒着胡兵出没的危险而在边境线上策马守边的亲身体验。然而，虽然高适的边塞诗描述了从军体验的辛酸，可谓是优秀的从军诗，但是准确地说，却并不能称之为边塞诗的典型。[1]

此外，在此也很有必要再例举一下杜甫的前后《出塞》。一提到乐府《出塞》，正如前例王昌龄等人的诗作那样，梁陈以来一般都会写成典型的边塞诗。而杜甫却反以从军诗为之，并赋以讽喻的用意，这恰能显示出杜甫的个性来。

戚戚去故里，悠悠赴交河。公家有程期，亡命婴祸罗。
君已富土境，开边一何多。弃绝父母恩，吞声行负戈。（《前出塞九首》其一）
我本良家子，出师亦多门。将骄益愁思，身贵不足论。
跃马二十年，恐辜明主恩。坐见幽州骑，长驱河洛昏。
中夜间道归，故里但空村。恶名幸脱免，穷老无儿孙。（《后出塞五首》其五）

这两首诗分别是以“交河”（高昌即吐鲁番）与“幽州”（蓟门）为舞台。在以北方边疆为舞台这一点上，满足了边塞诗的必要条件。但是前者中“君已富土境，开边一何多”一句使人想起《兵车行》中的“边庭流血成海水，武皇开边意未已”；而后者中“中夜间道归，故里但空村。恶名幸脱免，穷老无儿孙”一句，亦让人想起《无家别》中“贱子因阵败，归来寻旧蹊。久行见空巷，日瘦气惨凄”等句。这些诗句都在诉说从军的悲惨，以揶揄那些为政者驱使民众陷入无用的战争，因而可谓政治批判诗。因此，杜甫

[1] 蓟州（幽州）乃战国时期燕国疆域，历史上认为是中原域内之地。这或许就是蓟州诗篇无法获得边塞诗典型性的一个主要理由。此外，蓟州风土亦与河北地理相邻，这也与边塞诗所定性的“与中原迥异的异域风土”相违背。

这样的诗篇，也并不能算作边塞诗。

前面六首乃边塞诗的典型，而如果要将高适与杜甫的诗篇视为边塞诗的话，那则属于特例。这种区别与作品的评价无关。重要的是，相对于特意要保留在魏晋（乃至《诗经》）以来的从军诗系谱中的后四首诗而言，前面六首则是萌生于梁代成熟于盛唐时期的新型边塞诗，即可以确认的是，从军诗与边塞诗是两种各自具有不同主题的类型。

三、乐府《从军行》——从"从军诗"到"边塞诗"

边塞诗是从军诗（以战争体验为题材的诗歌）经过自我差异化之后发展而来的。但是毫无疑问，从军诗是边塞诗的重要渊源。因此在考察边塞诗时，就必须与从军诗进行比较研究。就从军诗的历史而言自可追溯至《诗经》，而在论及出现于梁陈的边塞诗时，更为重要的却在于考量作为其分娩母体的自汉魏至宋齐的从军诗，而本文所要考察的就是，此时的从军诗到底经历了如何的周折才羽化蜕变成为梁陈边塞诗这一问题。

建安以降，诗歌成为一种文人自觉创作的行为。而当时的从军诗又是如何创作出来的呢？若欲究其本质，可试以乐府《从军行》(《乐府诗集》卷三十二相和歌辞）为例来考察。选取这首乐府题"从军行"的理由在于，此题实乃魏晋以降集中了最多从军诗的一个题目。[1]

> 《古今乐录》曰："'从军行'，王僧虔云，荀录所载左延年'苦哉'一篇今不传"。《乐府题解》曰："'从军行'皆军旅苦辛之辞"。《广题》曰："左延年（曾仕于魏文帝曹丕、明帝曹叡的音乐家）辞云：'苦哉边地人，一岁三从军。三子到敦煌，二子诣陇西。五子远斗去，五妇皆怀身'。陈伏知道又有'从军五更转'。"(《乐府诗集》卷三十二相和歌辞"从军行"解题）。

由上可见，左延年《从军行》古辞亦取其首句"苦哉"二字作为别称。而由此别称也可印证，"从军行"的确是以叙述从军士兵辛苦为主题的。

乐府《从军行》中现存最早之作乃王粲五首。其内容构成是叙述跟随曹操从军四方的经历：五首其一交代了从军地域，并包括了平定西北民族（獯虏·羌夷）的经过；其

[1] 魏晋宋齐时期从军诗的重要作者是曹植和鲍照。曹植有《白马篇》，鲍照有《代东武吟》《代出自蓟北门行》《代陈思王白马篇》等代表作。然而二人乐府题的作品却很少，不足以定为考察对象。

二、三、四则将内容重点放在了对魏国最大劲敌东吴的征服经略之上；其五则在总结从军的同时，描述了最后凯旋的情形，并对五首组诗进行了总括。现试将各诗要点抽绎如下。

其一：“相公征关右，赫怒震天威。一举灭獯虏，再举服羌夷。西收边地贼，忽若俯拾遗。”（西北民族）

其二：“我君顺发时，桓桓东南征。泛舟盖长川，陈卒被隰坰。”（东南东吴）

其三：“从军征遐路，讨彼东南夷。方舟顺广川，薄暮未安坻。”（东南东吴）

其四：“连舫逾万艘，带甲千万人。率彼东南路，将定一举勋。”（东南东吴）

其五：“悠悠涉荒路，靡靡我心愁。四望无烟火，但见林与丘。城郭生榛棘，蹊径无所由。”（总括）

这样的排列与比例忠实反映着曹魏统一战争的实际情况。而其也自然带来一个结果，即王粲的诗并不像后世边塞诗那样只是一味突出西北边疆。

其后晋宋时期的“从军行”则是一路承袭了王粲诗作所指引的方向。

而当时王粲的诗作却未必是要有意识地去网罗从军的全方位性的，只是为了在五首组诗中逐一记下曹操征战的过程，结果就写成了各个方向上的全方位从军记录。陆机就曾尝试在一首诗中，写出了王粲诗里这种“全方位网罗”的特征，并使其上升成为一种观念性的维度。即不仅描写了四个方向与四个季节，还描绘出了地势的高低（深谷与崇山），使其笔触遍及世界的角角落落，从而就在一篇作品中浓缩了从军行为可以设想到的全部情形。

> 苦哉远征人，飘飘穷四遐。南陟五岭巅，北戍长城阿。
> 溪谷深无底，崇山郁嵯峨。奋臂攀乔木，振迹涉流沙。
> 隆暑固已惨，凉风严且苛。夏条焦鲜藻，寒冰结冲波。
> 胡马如云屯，越旗亦星罗。飞锋无绝影，鸣镝自相和。
> 朝餐不免胄，夕息常负戈。苦哉远征人，拊心悲如何。（陆机《从军行》）

正如“苦哉远征人，飘飘穷四遐”所言，从军四方，即提示要跟随军队去可以想象得到的世界上任何一个地方。而承接此句的“南陟五岭巅，北戍长城阿”中，所谓“四遐”这个观念性空间的广大性，就由南方境界的“五岭”与北方境界的“长城”两个地名来得以具体确认出来。

此外还通过布置并描写地势的高低落差（“溪谷深无底”对比“崇山郁嵯峨”）、气候的寒暑变化（“隆暑固已惨”对比“凉风严且苛”）、民族的多样性（“胡马如云屯”对比“越旗亦星罗”）、持续不断的紧张感（“朝餐不免胄”对比“夕息常负戈”）四组对比，就将大体上可以想象得到的各种从军劳苦的情形，都网罗在这一首《从军行》之中了。

而颜延之的作品，则是对陆机忠实的继承与发展。其不只包罗六合（四方·高低）与四时，而且还导入了历史（时间上的延长）的观念，从而丰富扩大了其诗歌世界。

> 苦哉远征人，毕力干时艰。秦初略扬越，汉世争阴山。
> 地广旁无界，岩阿上亏天。峤雾下高鸟，冰沙固流川。
> 秋飙冬未至，春液夏不涓。闽烽指荆吴，胡埃属幽燕。
> 横海咸飞驷，绝漠皆控弦。驰檄发章表，军书交塞边。
> 接镝赴阵首，卷甲起行前。羽驿驰无绝，旌旗画夜悬。
> 卧伺金柝响，起候亭燧烟。逖矣远征人，惜哉私自怜。（颜延之《从军行》）

诗中表示北方境界的词语有“阴山、胡埃、幽燕、横海”；表示南方境界的词则有“扬越、闽烽、荆吴、绝漠”等；而表示时间则包罗了“秋飙、冬、春液、夏”等四季用语。而“地广旁无界，岩阿上亏天”一句则显示出世界在水平和垂直两个方向上的广大性；“秦初略扬越，汉世争阴山”一句则以对偶的手法描绘出在历史时间延展中的从军行为。

下面再以沈约《从军行》为例。沈约是一位长寿诗人，这首诗应是不晚于其殁年即梁初 513 年（天监十二年）之前的诗作。

> 惜哉征夫子，忧恨良独多。浮天出鲲海，束马渡交河。
> 云萦九折嶝，风卷万里波。维舟无夕岛，秣骥乏平莎。
> 凌涛富惊沫，援木阙垂萝。红飔鸣叠屿，流云照层阿。
> 玄埃晦朔马，白日照吴戈。寝兴流征怨，寤寐起还歌。
> 晨装岂辍警，夕垒讵淹和。苦哉远征人，悲矣将如何。（沈约《从军行》）

这首沈约的诗，当然也是在全方位详尽描写从军行为多样性这一点上，承继了陆机、颜延之以来的谱系。由开头与结尾的言辞明显可见，三者之间存在着自觉的继承关系。

陆机："苦哉远征人，飘飘穷四遐……苦哉远征人，拊心悲如何。"

颜延之："苦哉远征人，毕力干时艰……逖矣远征人，惜哉私自怜。"

沈约："惜哉征夫子，忧恨良独多……苦哉远征人，悲矣将如何。"

乐府是一种以模仿承袭前人之作为特征的诗歌类别，因此围绕着每个乐府题都形成了共享相同主题与表现手法的作品群。"从军行"即为这样一个典型例证，始于王粲，经陆机、颜延之、沈约发展而来的"从军诗"的创作目标是：将从军主题设定在方位、地势、气候等多样情形之下，从而将从军行为普泛化并加以描写。从这样的谱系来看，要将从军仅限定在特定区域中的想法是很难产生的。

若将自曹魏到刘宋的"从军行"谱系进行如上总结的话，那么梁代以降的"从军行"就会展示出一个全新的局面。

论及梁代"从军行"闻名于世的作者，既已例举的沈约为其最初一位，其后续还有吴均、萧子显、萧纲、萧绎、刘孝仪、戴嵩等人。[1] 为简便起见，现以作者殁年为基准顺次例举其作品如下。

从陆机到沈约，"从军行"的传统出现较大改变的是吴均。

> 男儿亦可怜，立功在北边。阵头横却月，马腹带连钱。
>
> 怀戈发陇坻，乘冻至辽边。微诚君不爱，终自直如弦。（吴均《从军行》）

在这里，以往"从军行"的特征——即对从军行为多样性的关注、特别是对全方位性的关照，在此则均被完全舍弃。诗中所描写的西北"陇坻"和东北的"辽边"，是与首联"男儿亦可怜，立功在北边"所提示的内容相互呼应的。可见吴均是将从军明确限定在北方的。

且在"男儿亦可怜，立功在北边"中还有一处值得关注，即吴均此句中以积极的姿

[1] 梁代《从军行》中最早一首乃《乐府诗集》三十二所引江淹（444—505）之作。然在逯钦立《先秦汉魏晋南北朝诗》中收有江淹如下两首，其一乃《杂体诗三十首》中第二首"李都尉陵从军"（四部丛刊本《江文通文集》卷四，《文选》卷三十一所收）；其二乃《古意报袁功曹诗》（四部丛刊本《江文通文集》卷三），由此可以判断，此两首当初的诗题皆并非《从军行》。

态表露出将从军视为一种人生出人头地和官场飞黄腾达的机遇，而这也正是以往视从军为苦役的这一传统基调现在面临着迫于改变的一个信号。

此外，要说吴均《从军行》的创新之处，其韵律也可圈可点。全诗由“二四不同”韵句所构成的四韵八句新体诗，既显示出当时最先进的韵律工整的新体诗成果，又具有较以往“从军行”两倍以上的容量，而且还是对不甚留意平仄的古体诗的一个巨大的飞跃。因此可将吴均这首诗理解为，是将新鲜韵律与崭新的“从军行”主题设定合二为一的一次尝试。

下面要读的萧子显《从军行》也同样具有新鲜的韵律风格。一目了然的是其将五言与七言糅合为一种崭新的五七言的新体裁，且其五言部分仍以当时新鲜的韵律手法（即二四不同）所构成。[1]

> 左角明王侵汉边，轻薄良家恶少年。纵横向沮泽，凌厉取山田。
> 黄尘不见景，飞蓬恒满天。邀功封浞野，窃宠劫祁连。
> 春风春月将进酒，妖姬舞女乱君前。（萧子显《从军行》）

与吴均相同，此诗也完全舍弃了陆机以来在从军诗方向上追求的全方位性，而是将作品的方位限定在北方，使得这篇作品具有了凝缩性。

若举这首《从军行》中的新增素材，则有“左角明王（匈奴之王）”及“祁连（甘肃南缘的山脉）”。“从军行”中开始提及长城以北之地，即始于此诗（前揭吴均诗中方位仅止于“陇坻、辽边”）。而“从军行”中开始明确提到敌对民族（匈奴），也是以此诗为滥觞的。[2]此诗在方位上限定于北方，且与异民族角逐朔外也符合主题焦点，这样此诗就向着成熟于其后的“边塞诗”大大地迈进了一步。这里特别需要关注的是，此诗“黄尘不见景，飞蓬恒满天”两句，使朔外风土开始得到了具体的描写。以往的《从军行》中可见的北方风土描写，皆如陆机“寒冰结冲波”，颜延之“冰沙固流川”，吴均“乘冻至辽边”那样，尚未走出大写意式的观念性描写的范围，

---

[1] 七言部分原则上也满足了韵文的条件，只有“春风春月将进酒”一句不满足二六对的条件（二四不同则四句全部遵守）。

[2] 王粲《从军行》其一中虽亦言及征伐“獯虏（匈奴），羌夷（西藏）”，然是诗乃以中国域内为舞台，故与萧子显之作的设定并不相同。

相对于此，萧子显则前进到了使用“黄尘、飞蓬”这样的个别意象来进行工笔细描的地步，前后二者大相径庭。萧子显之作可谓抢先开启了其后边塞诗以关注风土为重要特征的风气。

而“轻薄良家恶少年”“妖姬舞女”这两句的出现也值得关注。意即富家公子因驱于功名而奔赴塞外征战，后于胜利凯旋之际，在君主的庆功宴上畅饮着春酒，醉眼朦胧地欣赏着翩翩起舞的妖姬舞女。该诗继承了吴均诗所提示的“立功在北边”的功名心，并给予了诗歌更加鲜明的诗性意象，诗中并没有那些奔赴战场忍耐从军辛酸的士兵形象。以前由陆机到沈约的诗人们皆在各自诗首配以“苦哉远征人”（陆机、颜延之）、“惜哉征夫子”（沈约）之句，以表明“从军行”从军辛苦的主题。而到了萧子显却一改以往主题设定的基调，这一点需要提前确认。萧子显《从军行》的定位，较吴均则更前进了一步。由吴均与萧子显二人向着新《从军行》所尝试的创作摸索，其后则由梁代后期的诗人们进一步继续深化。

梁代后期诗人中最具独创性的是萧纲。中大通三年（531）随着昭明太子萧统驾崩、萧纲被册立为皇太子之后，萧纲成为名副其实的文坛中心。风靡于那个时代的“宫体诗”就是由萧纲及猬集其门下的东宫文人群体确立起来的。这一点于文学史有明文记载，但实际上萧纲最大的功劳，却在于确立了边塞诗这种诗歌类型。

贰师惜善马，楼兰贪汉财。前年出右地，今岁讨轮台。
鱼云望旗聚，龙沙随阵开。冰城朝浴铁，地道夜衔枚。
将军号令密，天子玺书催。何时反旧里，遥见下机来。（萧纲《从军行二首》其一）

贰师将军李广利为求骏马而进军大宛，沿途平定了贪图汉朝财宝的楼兰。前年才攻打了陇右，今年又征伐轮台。远望军旗则如鳞云般密集，而龙沙的沙漠则随着阵地的展开而更显腹地辽阔。身披铠甲的战马奔驰在冰城，士兵们则在堑壕中衔枚匍匐，将军向将士下达了严令，天子则颁布了诏书，号召军队决一死战。只是我何时才能回到故里，妻子何时才能停下手中的织机出门来迎接我呢，而我又能否等到这一天呢?

云中亭障羽檄惊，甘泉烽火通夜明。贰师将军新筑营，嫖姚校尉初出征。
复有山西将，绝世爱雄名。三门应遁甲，五垒学神兵。

白云随阵色，苍山答鼓声。迤逦观鹅翼，参差睹雁行。

先平小月阵，却灭大宛城。善马还长乐，黄金付水衡。

小妇赵人能鼓瑟，侍婢初笄解郑声。庭前桃花飞已合，必应红妆起见迎。（萧纲《从军行二首》其二）

萧纲的这两首诗也放弃了以往网罗四方的全方位性，而是仅仅聚焦于西北边疆一处（其一的楼兰、轮台，其二的甘泉、大宛）。而过去以从军辛苦为主题的传统却再也无处可寻。可见在此点上萧纲是承袭了梁代前期吴均与萧子显的新式从军行而作的。

萧纲的这首《从军行》更是超越了吴均与萧子显，向着新的尝试迈出了一步。

其创新之处第一点在于，诗歌舞台扩大到长城以北。萧子显言及“祁连”之际既已显示出了这个征兆。萧纲则更是将其扩张到了极限。前此的“从军行”，都是以所谓中原内地（即长城以南至五岭以北[1]）为舞台的世界，而萧纲则是超越了这个限制。打个比喻来说，萧子显只不过是向着长城战战兢兢地迈出了一只脚，而萧纲则是跨越长城而一路远去了。萧纲诗中的边疆并非负面意义上“仅仅远离中原那遥远边陲”的一片土地而已，而是被他描绘成了一片“与中原决然不同的世界”，并且萧纲力主富有独特性的价值与特征，认为这是一片充满了魅力的土地。因此可以说，萧纲诗中所描写的边疆，正是宣告了这个超越因循契机的到来。

萧纲于《从军行》其二开篇部分提及了“贰师”，此贰师实指奉汉武帝之命远征大宛、并缴获汗血宝马的贰师将军李广利。在此特别要提请注意的是，诗中借李广利之名引出大宛这个地名。大宛现位于乌兹别克斯坦共和国费尔干纳，当时属于伊朗裔民族的国家，由张骞的报告而始知东方中国的存在；其后汉武帝又派遣李广利的远征军征服了此地，并为中原带回了汗血宝马。其诗中的“大宛”与“善马”所唤起的印象，正是那片紫须绿眼的胡人所居住的“与中原决然不同的世界”，并且提示出那里并非因中原文化的缺席而黑暗一片，而是一个放射出与中原迥异的文明之光的“外国”。

萧纲这首《从军行》的创新之处第二点在于，诗中还引入了闺怨要素。于其一尾联所配置的“何时反旧里，遥见下机来”、又于其二末尾所配置的“小妇赵人能鼓瑟，侍婢初笄解郑声。庭前桃花飞已合，必应红妆起见迎”等诸句，使得长久期盼丈夫从军归

[1] 陆机《从军行》中有“南陟五岭巅，北戍长城阿”。

来的女性形象得以在诗中正式登场。陆机以降的“从军行”可谓皆以描述从军之苦并兼以续写杀伐场景而使二者相反相成，而萧子显诗句“春风春月将进酒，妖姬舞女乱君前”中所出现的女性，或可解释为君主所赏赐的酒宴余兴的一部分，却与闺怨似是而非。以此观点来看，萧纲在《从军行》中所引入的闺怨要素，应理解为是其崭新的作品设计的一个成果。而萧纲其后的边塞诗，为了丰富扩大其反映内容而走上了与闺怨相融合的道路，可谓其萌芽的确肇始于此。

陈代的《从军行》则是位于梁代的延长线之上的。

黄河流水急，骢马送征人。谷望河阳县，桥度小平津。
年少多游侠，结客好轻身。代风愁枥马，胡霜宜角筋。
羽书劳警急，边鞍倦苦辛。康居因汉使，庐龙称魏臣。
荒戍唯看柳，边城不识春。男儿重意气，无为羞贱贫。
（康居：现即撒马尔罕，庐龙：即幽州）（王褒《从军行二首》其二）

将军定朔边，刁斗出祁连。高柳横长塞，榆关接远天。
井泉含阵竭，风火映山然。欲知客心断，旌旌万里悬。
（高柳：即山西大同，榆关：即内蒙古河套）（张正见《从军行》）

从军玉门道，逐虏金微山。笛奏梅花曲，刀开明月环。
鼓声鸣海上，兵气拥云间。愿斩单于首，长驱静铁关。
（金微：即新疆与外蒙边界，梅花曲：即乐府“梅花落”，铁关：位于撒马尔罕以东）（李白《从军行二首》其一）

若概括梁陈的“从军行”，则有以下三个特征：其一是，除去唯一例外的萧绎的一首以长江流域为舞台的诗篇以外，[1]已经确认的是，其余全部皆以北部边疆为舞台而呈现出

[1] 梁元帝萧绎《从军行》：“宝剑饰龙渊，长虹画彩旃。山虚和铙管，水净写楼船。连鸡随火度，燧象带烽然。洞庭晚风急，潇湘夜月圆。荀令（荀勖）多文藻，临戎赋雅篇。”现在看来，就历史上“从军行”这首同一主题的诗作而言，可归纳如下：王粲先作有一组五首的《从军行》；陆机、江淹、沈约后来则各自在同一首诗内网罗了全方位的多样性；萧纲萧绎两兄弟则在各自诗中分头负责了不同的方位（哥哥负责北方，弟弟负责南方）。诚若如此的话，萧绎这首《从军行》可谓顾及全方位网罗性的最后一个范例。

大体趋同的态势。其二是，王粲或陆机、颜延之、沈约的作品，均与之前将从军描写成残酷而充满艰辛的做法相决绝。在他们看来从军并不只是被强制的苦痛，有时还会出现表明立功出世等积极动机的范例。其三是，闺怨的手法屡屡为边塞风土添彩增色。如此形成的崭新风格，与曾经的从军诗性质迥异，从而更适宜被称之为“边塞诗”。

四、乐府《燕歌行》——从闺怨诗到边塞诗

《燕歌行》作为边塞诗中具有代表性的一种乐府题而广为人知（范例是高适的《燕歌行》），但是当初却曾与边塞诗无甚瓜葛。本节将考察《燕歌行》获得边塞诗风格的过程。

现存古辞中并未见“燕歌行”，曹丕所做的两首（如下）是已知最早的作品。《乐府解题》中将这两首诗概括为“言时序迁换，行役不归，妇人怨旷无所诉也”。即不论时间流逝还是季节变换，外出服役的丈夫仍然尚未归来，闺房中孤独等待的妻子则满怀愁怨的思念之情等，所谓“燕歌行”就是以上述内容为主题的一种闺怨诗。[1]

秋风萧瑟天气凉，草木摇落露为霜，群燕辞归雁南翔。
念君客游多思肠，慊慊思归恋故乡，君何淹留寄他方。
贱妾茕茕守空房，忧来思君不敢忘，不觉泪下沾衣裳。
援琴鸣弦发清商，短歌微吟不能长。明月皎皎照我床，星汉西流夜未央。
牵牛织女遥相望，尔独何辜限河梁。（曹丕《燕歌行》其一）

别日何易会日难，山川悠远路漫漫。郁陶思君未敢言，寄声浮云往不还。
涕零雨面毁容颜，谁能怀忧独不欢。展诗清歌聊自宽，乐往哀来摧肺肝。
耿耿伏枕不能眠，披衣出户步东西。
仰看星月观云间，飞鸧晨鸣声可怜，留连顾怀不能存。（其二）

加上《乐府解题》的点评，从曹丕到刘宋的《燕歌行》中，还有两点共通之处。第一是，时间为秋天，其一“秋风萧瑟天气凉，草木摇落露为霜，群燕辞归雁南翔”等句就设定了这个寂寥的季节。魏的曹叡（明帝）诗中有“秋草卷叶催枝茎，翩翩飞蓬常独

[1] 关于《燕歌行》的命题，《乐府诗集》所引《乐府解题》中解释：“燕，地名也，言良人从役于燕，而为此曲。”曹丕的这两首《燕歌行》中并未标明燕地，令人难以置信。

征”；西晋陆机诗中有“四时代序逝不追，寒风习习落叶飞，蟋蟀在堂露盈墀”；刘宋谢灵运诗中有“孟冬初寒节气成，悲风入闺霜依庭，秋蝉噪柳燕辞楹”；谢惠连诗中有“四时推迁迅不停，三秋萧瑟叶辞茎，飞霜被野雁南征”等，不论哪一首都将季节设定在了秋季，而这早已成为《燕歌行》创作的条件。第二是，为了要专门描写女子的闺怨，男子的情况则并无具体说明。而就其所限定的男子的描写来看，就有如“客游”（曹丕、谢灵运）、“游子”（曹叡）、“远游”（陆机）等词语，而这些却都是传统意义上用以叙述宦游商贾的羁旅或是侠客放浪的用语，与从军并无关联。唯一例外的是谢灵运的“念君行役怨边城，君何崎岖久徂征”一句，显示出了奔赴边疆从军之意。但其边城之所在仍不明确，且并无可供判断此处是北方边城或边塞的依据。

即到了刘宋为止的《燕歌行》，最多也不过是以思妇怨情为主题的闺怨诗而已，且诗中并未显示出对男子境遇的任何关注，总之，只是一种与边塞诗毫无关联的存在罢了。

然而《燕歌行》在梁代诗人群体——萧子显、萧绎、王褒、庾信——的手中，却焕发出了新的生机。随后引用的这三首互相唱和的萧绎、王褒、庾信之诗，因被视为萧绎江陵即位时期（552）所作，故而萧子显（487—535）之作则应先于王褒诸人之作而成。

这首梁代前期萧子显所做的《燕歌行》一读便知，到了刘宋时期，诗人们的作品正在走入一个与此前不同的世界。

风光迟舞出青蘋，兰条翠鸟鸣发春。洛阳梨花落如雪，河边细草细如茵。
桐生井底叶交枝，今看无端双燕离。五重飞楼入河汉，九华阁道暗清池。
遥看白马津上吏，传道黄龙征戍儿。明月金光徒照妾，浮云玉叶君不知。
思君昔去柳依依，至今八月避暑归。明珠蚕茧勉登机，郁金香花特香衣。
洛阳城头鸡欲曙，丞相府中乌未飞。夜梦征人缝狐貉，私怜织妇裁锦绯。
吴刀郑绵络，寒闺夜被薄。芳年海上水中凫，日暮寒夜空城雀。（萧子显《燕歌行》）

这首诗采用了隔句韵且中途换韵，相对于曹丕以来《燕歌行》一韵到底的句句韵，则是韵律上的一个大转换。这一点也预示了这首《燕歌行》在历史上所具有的划时代的意义。

这首诗映入眼帘的第一个变化就是，如“风光迟舞出青蘋，兰条翠鸟鸣发春。洛阳梨花落如雪，河边细草细如茵”所说的那样，季节设定在了春天。这是对从曹丕到谢灵运现存的五篇《燕歌行》中，每一篇都将季节设定为秋季的传统的一大变更。（不过中间的“思君昔去柳依依，至今八月避暑归”又转换回到了秋季，这应是受了先行作品的影响。）

第二个变化是，《燕歌行》在历史上第一次明确了男主人公所在地，这一点不能错过。“遥看白马津上吏，传道黄龙征戍儿”中说的“黄龙”，即位于现在辽宁省开原市西北一带，当时属于北方的边疆。

回顾一下历史就知道，从曹丕到谢惠连的《燕歌行》中，关于男性主人公均仅漠然提及“远别”或“久别”，却并未提示其所在位置的具体信息。这个事实可以理解为传统的《燕歌行》专注描写闺中的孤独女子，而对男性信息有意识地缄口隐藏。如此考虑的话，此诗中男子的所在地不仅做到了特别定位，而且还是黄龙那样一个东北边疆的具体地名，这就不能看作是一个单纯偶然的原因了。然而，到底为什么是黄龙呢？这恐怕是为了与乐府题《燕歌行》相互对应，故而认为在此提及燕的地名会比较合适吧。到了齐梁时期则提倡按照乐府题的字面意义来创作歌辞（乐府赋题法）。萧子显《燕歌行》提到了位于“燕”地的黄龙，应该就是按照这个乐府赋题法来作诗的（第七节详述）。

黄龙刚好也属于燕地，因历史上其地域常被定为北方边疆（正对着敌对民族），故而诗中男主人公并非商旅或宦游，而是作为一名从军士兵来描写的。结果是以北方边疆与从军为题材的此诗，也满足了作为边塞诗的基本条件。而《燕歌行》向着边塞诗演变的契机，就在于黄龙这个地名。[1]

话虽如此，萧子显此诗中出现的“边塞”，却远不符实。“望见白马津（黄河渡口）的差人喊话询问之际，对方顺便将出征黄龙士兵的消息告诉了我”，诗中仅作如上叙述，此外却并无深入描写边塞黄龙风土之句，且也未描述出该男子从军生活的任何具体细节。《燕歌行》原本就是一种闺怨诗，而要从闺怨诗一举完成到边塞诗的转变却并非易事。

下面再来看一首王褒之作。

根据《周书》卷四十一及《北史》卷八十三《王褒传》[2]的记载来看，《燕歌行》是由王褒首唱，而梁元帝萧绎以及诸诗人随之唱和的。推测其时乃侯景之乱（548—552）

---

[1] 其后梁元帝萧绎《燕歌行》首句中有“燕赵佳人本自多，辽东少妇学春歌。黄龙戍北花如锦，玄菟城前月似蛾”。此处也重现了黄龙地名。而且“燕、辽东、黄龙、玄菟”等皆为燕地（蓟北）地名。

[2]《北史》卷八十三文苑传《王褒传》中有“及魏征江陵，元帝授褒都督城西诸军事。栅破，从元帝入金城。俄而元帝出降，褒遂与众俱出，见柱国于谨，甚礼之。褒曾作《燕歌》，妙尽塞北寒苦之状，元帝及诸文士并和之，而竞为悽切之辞，至此方验焉。”

之后的江陵时代，现存有王褒、萧绎、庾信的三首诗。

初春丽晃莺欲娇，桃花流水没河桥。
蔷薇花开百重叶，杨柳拂地数千条。
陇西将军号都护，楼兰校尉称嫖姚。
自从昔别春燕分，经年一去不相闻。
无复汉地关山月，唯有漠北蓟城云。
淮南桂中明月影，流黄机上织成文。
充国行军屡筑营，阳史讨虏陷平城。
城下风多能却阵，沙中雪浅讵停兵。
属国小妇犹年少，羽林轻骑数征行。
遥闻陌头采桑曲，犹胜边地胡笳声。
胡笳向暮使人泣，长望闺中空伫立。
桃花落地杏花舒，桐生井底寒叶疏。
试为来看上林雁，应有遥寄陇头书。
（充国、阳史：皆为将军的称号）（王褒《燕歌行》）

本诗所采取的隔句韵以及偶数句的韵律结构，正好是证明此诗属于萧子显之后“燕歌行第二代”的证据。如此看来王褒沿着萧子显《燕歌行》向着边塞诗所开拓的道路，更加前进了一步。萧子显《燕歌行》具有与边塞世界相接触的接点，是由于诗中出现了“燕之地名即黄龙”。然而王褒《燕歌行》中与燕地的相互关联，却仅限于“无复汉地关山月，唯有漠北蓟城云”两句，但燕地之外的边塞地名如“陇西”“楼兰”“平城（山西大同）”等却多有记入。或许在王褒看来，《燕歌行》既已定位为边塞诗，故而反倒没有必要特别束缚在与燕地的固有关系之上了。[1]

王褒的《燕歌行》若除去开篇与末尾描写女性的各四句以外，全诗约七成内容中的十八句，都在花费笔墨描写荒凉的边塞风土以及从军男子的思乡之情。而从曹丕到陆机、

［1］作为唱和的萧绎之作，与燕的关系颇为深厚（燕赵、辽东、黄龙、玄菟等地名），而此外就仅提及了“交河”。然而庾信之作则与王褒相似，除了燕（辽水、蓟门）以外，还罗列了诸如“代北、晋阳、疏勒、阳关、细柳”等其他的边塞地名。

谢灵运、谢惠连这一系列的《燕歌行》，因皆是以闺怨为主题的诗作，故而对男子的境遇并无具体交代。而在其中稍早的萧子显之作中，虽然男子作为奔赴边塞黄龙从军的人物出场，但对于男子的生活以及风土的特征却并无具体描述。

与这些《燕歌行》相比较即可得知，王褒之作是向着边塞诗大大地前进了一步的。而被认为是唱和王褒《燕歌行》的萧绎与庾信之作，则在作为以北方边疆为舞台的边塞诗这一点上，与王褒之作可谓其揆一也。

五、《陇西行》与《雁门太守行》的嬗变

上文对魏晋以来拟作《从军行》《燕歌行》的乐府，到了梁代为何会突然加深向边塞诗倾斜的过程，进行了确认。

在此再追加两则与上文平行的乐府事例。第一个是《陇西行》。《乐府诗集》所引《乐府解题》中，就《陇西行》的本事说明如下：

> "古辞云'天上何所有，历历种白榆'。始言妇有容色，能应门承宾。次言善于主馈，终言送迎有礼。……若梁简文《陇西四战地》，但言辛苦征战，佳人怨思而已。"

即古辞过去是以描述妇人容色与妇德为内容的。[1]然而简文帝萧纲将这首《陇西行》改写成了以兵士从军辛苦及女性思念从军丈夫的悲情为主题。《乐府解题》指出到了梁简文帝萧纲手上的《陇西行》，转变成了一种平添了闺怨主题的边塞诗。而其转变的契机则可能在于活用了乐府赋题法，即以切合乐府题（陇西行）之意来创作歌辞。

> 陇西四战地，羽檄岁时闻。护羌拥汉节，校尉立元勋。
> 石门留铁骑，冰城息夜军。洗兵逢骤雨，送阵出黄云。
> 沙长无止泊，水脉屡萦分。当思勒彝鼎，无用想罗裙。（萧纲《陇西行三首》其二[2]）

[1]《陇西行·古辞》"……好妇出迎客，颜色正敷愉。伸腰再拜跪，问客平安不。……娶妇得如此，齐姜亦不如。健妇持门户，一胜一丈夫。"末尾两句"若有贤惠的媳妇在家操持家务，那将胜过一个堂堂的大男子汉"就归纳总结了这首诗的宗旨。

[2] 其一："边秋胡马肥，云中惊寇入。勇气时无侣，轻兵救边急。沙平不见虏，嶂崄还相及。出塞岂成歌，经川未遑汲。乌孙涂更阻，康居路犹涩。月晕抱龙城，星流照马邑。长安路远书不还，宁知征人独伫立。"其三："悠悠悬旆旌，知向陇西行。减灶驱前马，衔枚进后兵。沙飞朝似幕，云起夜疑城。迥山时阻路，绝水极稽程。往年郅支服，今岁单于平。方观凯乐盛，飞盖满西京。"

梁陈时期的《陇西行》有萧纲3首以及庾肩吾1首合计4首。全部都是以陇西以西的边疆为舞台的边塞诗。而古辞中原有的赞美妇德之辞，在此都已消失殆尽。

关于简文帝的三篇诗作，有三点值得注意。第一点，诗中有对边塞风土的具体描写，如“洗兵逢骤雨，送阵出黄云。沙长无止泊，水脉屡萦分”。第二点，诗中表明了对于立功出世的积极态度，如“当思勒彝鼎”。第三点，诗中运用闺怨手法如“无用想罗裙”给予作品以情趣变化。[1]这三点也是在唐代成熟的边塞诗中经常可见的重要特征，可以认为这些特点都是经由萧纲确立起来的创作手法。此外，如果再追加一点的话，那则是诗中显示出了对西域腹地（中亚）的关切。例如萧纲其一“乌孙涂更阻，康居路犹涩”及其三“往年郅支[2]服，今岁单于平”等诸句，其描写的世界已然远远超越了陇西之地，甚至达到了中亚的康居（撒马尔罕）。所谓边塞诗，就是对与中原本土迥异的风土文化展现出好奇心，并以此为主轴的一种文学样式。这首诗对于西域腹地的关切，也可理解为上述边塞诗特性的一部分。

《陇西行》于唐代也有边塞诗。下举王维之作为例，此诗中可见陇西以西的酒泉之名。

> 十里一走马，五里一扬鞭。都护军书至，匈奴围酒泉。
> 关山正飞雪，烽火断无烟。（王维《陇西行》）

下面再来看《雁门太守行》的情况。

《雁门太守行》古辞[3]是赞美洛阳令东汉王涣断案公平深受人民爱戴的事迹的（《后汉书》卷七十六《循吏列传·王涣传》）。吴竞《乐府古题要解》中有如下说明（序号为笔者所加）：

---

[1] 庾肩吾《陇西行》末尾有“寄语幽闺妾，罗袖勿空萦”一句，可设想与萧纲诗作之间互有影响关系。

[2] 郅支单于（？—前36，呼韩邪单于之兄）征服乌孙，并与康居国（撒马尔罕）联姻。

[3] 根据《乐府诗集》卷三十九《相和歌辞》记录古辞如下：“孝和帝在时，洛阳令王君，本自益州广汉蜀民。少行官，学通五经论（一解）。明知法令，历世衣冠。从温补洛阳令。治行致贤，拥护百姓，子养万民（二解）。外行猛政，内怀慈仁。文武具备，料民富贫。移恶子姓。篇著里端（三解）。伤杀人，比伍同罪对门，禁鍪矛八尺，捕轻薄少年，加笞决罪，诣马市论（四解）。无妄发赋，念在理冤。敕吏正狱，不得苛烦。财用钱三十，买绳礼竿（五解）。贤哉贤哉，我县王君。臣吏衣冠，奉事皇帝。功曹主簿，皆得其人（六解）。临部居职，不敢行恩。清身苦体，夙夜劳动。治有能名，远近所闻（七解）。天年不遂，早就奄昏。为君作祠，安阳亭西。欲令后世，莫不称传（八解）。”此外，《乐府诗集》注有：“右一曲，晋乐所奏。”

按古歌词，（1）历述涣本末，与传合。（2）而曰《雁门太守行》，所未详。（3）若梁简文帝“轻霜中夜下”，备言边城征战之思，皇甫规雁门之问，盖据题为之也。

（1）虽然古辞与洛阳令王涣传记的内容相符，但是结果上，（2）古辞内容与乐府题《雁门太守行》之间却相互背离。[1]然而，（3）萧纲切合乐府题之意叙述了“边城征战之思”（据题为之），乐府题与歌词内容之间的矛盾得以解消——即可以解释为，萧纲活用了乐府的赋题法，为《雁门太守行》打开了新的一页。

下面例举的萧纲二首，以“边城”“幽并”（其一），“陇暮”“边衣”“悲笳”“胡塞”“定远”“单于”（其二）等用语点缀其间，均是描写边塞战斗的作品，与乐府题《雁门太守行》中“雁门”地名所唤起的印象之间显得很协调。[2]但实际上却与以洛阳令王涣为主题的古辞内容之间毫无关联。

轻霜中夜下，黄叶远辞枝。寒苦春难觉，边城秋易知。
风急旌旗断，涂长铠马疲。少解孙吴法，家本幽并儿。
非关买雁肉，徒劳皇甫规。（萧纲《雁门太守行二首》其一）

陇暮风恒急，关寒霜自浓。枥马夜方思，边衣秋未重。
潜师夜接战，略地晓摧锋。悲笳动胡塞，高旗出汉墉。
勤劳谢功业，清白报迎逢。非须主人赏，宁期定远封。
单于如未系，终夜慕前踪。（其二）

除萧纲外，梁陈时期褚翔（506—549）也传有《雁门太守行》。下面这首褚翔之作，内容是按照“幽州→郑国→雁门→日逐（西匈奴）→康居（撒马尔罕）→大宛→小月（小月氏）”的顺序，叙述也由东北向西北按地名来排列，从而将边塞世界大规模地铺展开

[1]《宋书·乐志》中以《洛阳行·雁门太守行八解》为题所做。当时分为《洛阳行》《雁门太守行》二题进行，或采取了两说合记的形式，是一部证实了乐府题与古辞内容分歧的资料。

[2] 萧纲以后的《雁门太守行》总体来说是边塞诗。如李贺有名之作：“黑云压城城欲摧，甲光向日金鳞开。角声满天秋色里，塞上燕脂凝夜紫。半卷红旗临易水，霜重鼓寒声不起。报君黄金台上意，提携玉龙为君死。”其中“黑云压城城欲摧，甲光向日金鳞开”两句应是将萧纲“潜师夜接战，略地晓摧锋。悲笳动胡塞，高旗出汉墉”的文字脱胎换骨之后的结果。

来。并且诗作还在末尾增添了闺怨的情趣（闺中妾）。

三月杨花合，四月麦秋初。幽州寒食罢，郑国采桑疏。
便闻雁门戍，结束事戎车。去岁无霜雪，今年有闰余。
月如弦上弩，星类水中鱼。戎车攻日逐，燕骑荡康居。
大宛归善马，小月送降书。寄语闺中妾，勿怨寒床虚。（褚翔《雁门太守行》）

六、乐府赋题法与乐府作法的质变

以上就魏晋以来保有累积的乐府作品《从军行》《燕歌行》《陇西行》《雁门太守行》而言，对其到梁代转变成为边塞诗的过程予以了确认。这些诗作的共同特征均在于：(1)以梁代为分界线且其前后均有大的断层；(2)成熟于后世的边塞诗的特征即“以西北边疆为舞台，且并不直接描写战争”（参照第二节“什么是边塞诗”）在此发生了变化，此处毋宁说是在关注不同于中原内地的风土并以此为主题；(3)常常附带有闺怨的色彩[1]等等。

乐府同时发生的这一连串质变，追究其发生的原因就很重要。在这一点上钱志熙先生的话富有启示意义。他认为原因在于齐梁时期乐府赋题法的成立。[2]下面就简单整理一下钱氏的观点。他认为，魏晋南北朝时代文人所做的乐府拟作方法有以下三类：

A. 切合原曲调（曲子）作词，题目也使用原来的曲调名称（乐府题）。（“建安体”）
B. 不切合原曲调，而是模拟古辞作词，即为魏（黄初年间）至晋宋之间的拟乐府。（晋宋体）
C. 既不切合原曲调，也不切合古辞，而只是切合乐府题所做的拟乐府，即为齐梁至唐代的主流。（齐梁体）

总之，A乃乐府尚未散佚原曲调之前的乐府拟作法，即所谓“原谱填新词”的方法。B乃原曲调散佚之后模拟旧体歌辞（古辞）内容而做的“无谱填古辞”的作法。而C就

[1] 由闺怨诗发展而来的“燕歌行”，反而发生了闺怨中附带边塞要素的变化。
[2] 钱志熙《齐梁拟乐府诗赋题法初探》(《北京大学学报》(哲学社会学版)，1995年第4期)。根据钱志熙的考证，赋题法的出处为永明八年前后由沈约首唱、并经诗友们唱和的“赋鼓吹曲”（汉代铙歌十八曲的“巫山高”“芳树”“有所思”“临高台”），而谢朓《赋杂曲名》等皆由此续来。

是这里谈及的“赋题法”，既不切合曲调也无视古辞的内容，可谓“歌词创作只切合乐府题的字面意义”的作法。

值得注意的是，这样一来赋题的乐府就与咏物诗的作法相类似了。所谓咏物诗即要歌咏某种事物，则预先指定其为题目而后再歌咏之；赋题乐府也是将要吟咏的乐府题作为题目后，再根据题目歌咏之，二者皆要“定‘题’歌‘咏’”——即使用了“题咏”的手法。[1]永明时期的竟陵八友之中，唱和之际的题咏最为流行。在二者共通的环境中，咏物诗和赋题乐府得以形成。

乐府赋题法主要是对于“横吹曲”的应用，梁代后期以降，继萧纲之后文人们又创作了大量的赋题乐府。

据《乐府解题》，汉代横吹曲有李延年创制的28曲，魏晋以降仅流传下来“黄鹄”“陇头”“出关”“入关”“出塞”“入塞”“折杨柳”“黄覃子”“赤之扬”“望行人”10曲。其后又有“关山月”“洛阳道”“长安道”“梅花落”“紫骝马”“骢马”“雨雪”“刘生”等新曲加入，全部共计18曲。其18曲中的13曲即“黄鹄”“陇头”“入塞”“折杨柳”“黄覃子”“赤之扬”“关山月”“洛阳道”“长安道”“紫骝马”“骢马”“雨雪”“刘生”皆为自梁代后半期至陈代首次发表的作品。[2]横吹曲大部分中并无古辞或先行的拟作，这就意味着横吹曲并没有受到以往传统的束缚，赋题法为横吹曲的创作提供了合适的条件。

说起来横吹曲正如下文记载的那样，“其始亦谓之鼓吹，马上奏之，盖军中之乐也。北狄诸国，皆马上作乐”（郭茂倩《乐府诗集》卷二十一《横吹曲辞》解题），横吹曲原本是北狄的乐曲。其本身就包含着与边塞之间的联想纽带。再加上“陇头”“出关”“入关”“出塞”“入塞”“折杨柳”“关山月”等乐府题的字眼，更令人印象鲜明地联想起边塞的风土来。到了梁代横吹曲由赋题法创作之际，以边塞为主题的乐府当然也就自然而然地出现了。

以上就钱志熙先生关于乐府赋题法所做的分析，本文从边塞诗的观点作了摘要和整

---

[1] 文会上的同时同座的唱和中，参加者全员都要求选择同等距离的题材，而且要排除基于个人经验的题材，而在大家面前所提供的事物或乐府题即为唱和的题材。总之，并非是个人的体验咏题，而是被选中的题咏。详见拙著《中国离别诗形成论考》之《永明时期离别诗的竞争性创作》（中华书局，2014年）。

[2] 在剩下的五曲中，“出塞”中有古辞（不过根据孙尚勇（《横吹曲考论》，《中国音乐学》2003年第一期）观点，由对偶或平仄来看是梁陈时期的作品）；“梅花落”中有刘宋的鲍照之作；而“入关”则有梁代前期的吴均之作。同时，“出关”“望行人”是唐人最早发表的作品。根据王运熙《乐府诗论丛·汉代鼓吹曲考》，“横吹曲”中古辞也不存在（“出塞”例外），此外魏晋人的拟作也不存在，其理由是“本来横吹曲就是有乐曲而无歌辞的”。钱志熙也支持此论。

理。正是由于乐府赋题法积极调动起了那些原本与边塞没有关联的乐府题，这才诞生了大量的边塞乐府。尤其是借着那些仅有乐府题流传下来、既无古辞也无先行拟作的横吹曲系的乐府题（如“陇水曲”“关山月”），使得一系列的边塞乐府得以出现。如果梁代以降根据赋题法所做的“陇头”“出关”“入关”“出塞”“入塞”“折杨柳”“关山月”等边塞诗都不存在的话，那么梁陈以及唐代边塞诗的世界的确会陷入积贫积弱的境地。正如钱志熙先生所言，正是赋题法经由横吹曲所适用的这一过程，才创作出了大量的边塞诗，此言不虚。

七、乐府赋题法的实际状态

然而，如果说正是由于有了“乐府赋题法”才使得边塞诗得以成立的话，那么这却肯定是一个误解。应该看到，“乐府赋题法”的确促进了刚刚诞生的边塞诗的成长，但是孕育出边塞诗的却并非是“乐府赋题法”本身。其个中经纬，可通过检视简文帝萧纲的创作情况来辨明。身为一名梁代诗人，萧纲创作了最多的边塞诗。然而在萧纲边塞诗中应用“乐府赋题法”创作的诗歌却连一篇也没有。即大部分的边塞诗都是在并未运用“乐府赋题法”的情况下创作出来的。

那么，下面就要例举赋题法与边塞诗创作直接相关的代表作汉代横吹曲，来确认是何时且是经由何人才开始将二者结合起来展开创作的，并且尤其要特别关注与边塞关涉极深的下列十种乐府题：“陇头”“出关”“入关”“出塞”“入塞”“关山月”“紫骝马”“骢马”“雨雪”“刘生”（限于六朝）。

“陇头水”：元帝萧绎、刘孝威、车敩、陈后主二首、徐陵、顾野王、谢燮、张正见、江总二首；

“陇头”：陈后主；

“出关”：无（首次发表者为唐代魏徵）；

“入关”：吴均；

“出塞”：（古辞）、刘孝标、王褒；

“入塞”：王褒；

“关山月”：元帝萧绎、陈后主、陆琼、张正见、徐陵二首、贺力牧、阮卓、江总、王褒；

“紫骝马”：简文帝萧纲、元帝萧绎、陈后主、李燮、徐陵、张正见、陈暄、祖孙登、独孤嗣宗、江总；

“骢马”：　车敠、刘孝威；

“骢马驱”：元帝萧绎、刘孝威、徐陵、江总；

“雨雪”：　陈后主；

“雨雪曲”：江晖、张正见、江总、陈暄，谢燮；

“刘生”：　元帝萧绎、陈后主、张正见、刘庄、江晖、徐陵、江总；

由以上结果可知，萧纲以前的横吹曲创作，其实仅限于梁代前期吴均的“入关”一例而已。其他的“陇头水”“出关”“出塞”“入塞”“关山月”“骢马”“雨雪”“刘生”等皆为萧纲之后的诗人创作的。总之，比起萧纲来，真正根据横吹曲赋题大量创作边塞诗的是萧纲之后的诗人群体。然而，如果要看萧纲自己的横吹曲诗作的话，仅“紫骝马”一首而已。但与此同时，梁代留下最多边塞诗的诗人，却又正是萧纲本人。[1]如此矛盾纠结的事实，即尽管萧纲一人就创作了大量的边塞诗，然而其中由赋题法所做的横吹曲边塞诗却仅止于一首的这个矛盾本身说明，与其说横吹曲赋题是边塞诗兴盛的诱因，倒不如说，正是在萧纲所量产的边塞诗对周围诗人群体的刺激之下，横吹曲赋题才诱发了边塞诗的诞生。

下面整理一下梁代边塞诗创作与乐府赋题法之间是如何相互关联的。而清理二者之间的瓜葛，有以下三个路径。

（1）由乐府赋题法而诞生新的边塞诗，这就相当于横吹曲赋题孕育出边塞诗之例；

（2）由乐府赋题法而改变了既有乐府诗的作法或主题、继而使其转变为边塞诗，如《燕歌行》《陇西行》《雁门太守行》等诸例；

（3）本与乐府赋题法并无瓜葛，却改变了既有乐府诗的作法或主题、并使其向边塞诗转变，《从军行》就是一例。

加以如上整理，就能够条分缕析地来考察，那动辄就被笼统地观念化的梁代边塞诗是如何形成的这个问题。进一步核对上面的调查结果可知，萧纲是专以（2）（3）两个方法来创作边塞诗的；而另一方面，出现最晚的方法（1）则是在晚于萧纲的时代里才发挥了影响力。

---

[1]　可以认定是萧纲边塞诗的作品如《上之回》《从军行二首》《陇西行三首》《雁门太守行三首》《明君词》《度关山》等共计十一首，皆为乐府。

通过如上整理来概括梁代边塞诗的情况，则可得出如下结论。边塞诗与乐府赋题法是几乎同期形成于梁代的。就其过程而言，乐府赋题法常常成为刺激并推动边塞诗创作的要因［即（2）］。然而在与乐府赋题法并不相关的情况下，边塞诗却有自行成立的前例［即（3）］，而这就说明了，乐府赋题法并非是形成边塞诗不可或缺的前提条件。

总之，就梁代边塞诗的形成这一问题，必须明白"边塞诗的形成"与"乐府赋题法的形成"这二者之间并不存在相互依存的关系，只不过是碰巧同时产生的两起孤立的事件而已。

八、陈代边塞诗的成熟

话虽如此，然而就边塞诗的成熟与定型而言，乐府赋题法所实现的作用却很大。

文学类型一旦萌生之后，并非就此原封不动地成熟与定型下来。就拿萌生于永明时期的咏物诗来说，梁代以降其创作是逐渐趋于弱化的，也就是说，咏物诗虽曾经在南齐流行一时，但其后并没有得到更大的发展。相较之下，形成于梁代的边塞诗到了陈代却更为盛行，以至于到了唐代成为诗歌的一大重要类型而被确立了下来。二者在陈代之后分道扬镳的主要原因在于，边塞诗在陈代经由乐府赋题法使得横吹曲系的边塞诗得到了大规模的创作。换言之，乐府赋题法在这个"边塞诗的成熟与定型"阶段起到了决定性的作用。

边塞诗中横吹曲所占比例之高，可例举陈代有代表性的边塞诗作家徐陵、张正见、江总三人的诗作来予以印证。

徐陵流传下来的边塞诗有《骢马驱*》《出自蓟北门行》《陇头水二首*》《关山月二首*》《紫骝马*》《刘生*》8首。其中横吹曲系乐府（带*标记）就占了其中7首。

在张正见所创作的边塞诗《度关山》《从军行》《战城南》《君马黄二首》《陇头水二首*》《关山月*》《紫骝马*》《雨雪曲*》《刘生*》《饮马长城窟行》《明君词》13首诗中，横吹曲系乐府占据其中6首。

而江总所创作的边塞诗即《陇头水二首*》《折杨柳*》《关山月*》《紫骝马*》《骢马驱*》《雨雪曲*》《刘生*》8首，实际上均为横吹曲系乐府。

由此三者之例可以明见，支撑着陈代边塞诗大半的是由赋题法所创作的横吹曲系乐府。结合文学史上由陈入唐贯穿而来的边塞诗的成熟与定型，乐府赋题法为边塞诗的发展提供了坚固的基础，此言并不为过。

关于陈代边塞诗还要换一个角度来考察，即边塞诗全部都为乐府的比例在急剧上升。

乐府是一种包含多样主题的文学种类，边塞诗也是其中的重点题材。然而陈代乐府的大部分却都在向边塞诗转变。

承继于梁代边塞诗的形成，到了陈代边塞诗的创作可谓是一种流行现象了。这一点从陈代主要诗人边塞诗中乐府所占据的比例就可以轻松地感觉出来（而在此之所以仅涉及乐府的比例，是由于六朝时期的边塞诗毫无例外都是专由乐府体来创作的）。

颇具象征意味的是徐陵。作为《玉台新咏集》的编者，徐陵当之无愧地是宫体诗的代表性作家。但是同时却不能忽略的是，徐陵还是这个时期边塞诗的一位重要作者。边塞诗竟然成为最吸引当时宫体诗诗人群体的一个主题。徐陵所做的乐府有 19 首:《骢马驱》《中妇织流黄》《出自蓟北门行》《陇头水二首》《折杨柳》《关山月二首》《洛阳道二首》《长安道》《梅花落》《紫骝马》《刘生》《乌棲曲二首》《杂曲》《长相思二首》。

而 19 首中的《骢马驱》《出自蓟北门行》《陇头水二首》《关山月二首》《紫骝马》《刘生》8 首，则均是边塞诗。而且如果在此就题材范围而言，再加上言及边塞的《长相思二首》的话，边塞诗所占比例又会更大一些。[1]

同样在张正见的 44 首乐府诗中边塞诗就有 13 首。而在江总的 33 首乐府中边塞诗也有 7 首。

如此看来，在陈代有代表性的诗人群体中，边塞诗的创作已经尤为普遍了，[2] 而这也就意味着形成于梁代的边塞诗当时并未在一阵过眼烟云般的流行后终止。陈后主陈叔宝与被称为狎客的江总、孔范二人一起，当时曾被批评是忘却了政治上的危机而沉溺于宫体文学之中。但是即便是在当时宫体诗如此全盛的情形之中，边塞诗却依然被积极不断地创作出来，而这本身就意味着边塞诗是作为能够满足当时诗人们审美要求的最具魅力的一种类型，从众多文学题材中被甄别挑选出来的。

结语

对于那些流落江南的梁陈两代的诗人而言，北方的边塞正如字面意义那样其实是处于其“经验世界”之外的一个存在。他们之中谁也没有真正体验过边塞为何物，尽管如

[1] 其一:“长相思，望归难，传闻奉诏戍皋兰。龙城远，雁门寒，愁来瘦转剧，衣带自然宽。念君今不见，谁为抱腰看。”其二:“长相思，好春节，梦里恒啼悲不洩。帐中起，窗前咽。柳絮飞还聚，游丝断复结。欲见洛阳花，如君陇头雪。”

[2] 此前的南齐谢朓，在其 33 首乐府中竟无一首边塞诗。殁于梁初的沈约在其 50 首乐府中也仅有 4 首可算得上是边塞诗（即《昭君辞》《从军行》《饮马长城窟行》《白马篇》，况且《从军行》还是转变为边塞诗之前的传统意义上的从军诗）。

此，他们还是一直驱动着想象的力量，来持续不断地描写那片从未见过的边塞世界。从这个意义上说，边塞倒是位于他们文学世界中心的一种存在。

看来那些由梁至陈的诗人们，一方面将宫体诗手法运用到圆熟至极，另一方面却又煞费苦心地要从宫体诗沉闷狭隘的世界中逃亡出来，因为他们精神上正在向往着那个与宫体诗迥然不同的世界。而正是边塞那广漠的风土在逼仄如彼的诗人面前所展现出来的那股粗犷与野性，才造就了他们精神上的那片完美绝伦的世界。

梁陈的诗人们，看来是在《诗经》以来描写战争痛苦体验的从军诗那一套陈词滥调中，早已察觉不出什么魅力来了。与其如此倒不如说，他们是在边塞那片迥异的风土中感受到了一股新鲜扑鼻的魅力，即所谓由边塞诗所具象化出来的那种刚健质朴的美学魅力。正是对于这种美学的孜孜以求，才逐渐成就了梁陈那股崭新的文学思潮。而正是作为对这种文学思潮的一种体现方式，边塞诗才得以在梁代初步形成，到陈代则走向成熟与定型。而正因为陈代沉溺于那种宫体诗闭塞沉闷的世界之中不能自拔，才造就出了培育边塞诗最优良的土壤，这绝不是一种空洞的悖论。

宫体诗与边塞诗，这二者并非仅仅限于一种相互排斥而毫无关联的并存状态，倒不如理解为二者是一种在作者精神上互补完形的关系，而且二者的手法还能够在同一首作品中不断地加深融合。边塞诗中闺怨要素的浸透与闺怨诗中边塞世界的潜入，即为其一大明证也。

本文是在日本中国诗文研究会编《中国诗文论丛》第24期（2005年12月）所发表的《边塞诗的出现——以梁陈边塞乐府为中心》一文的基础上，重新加以修订而成的。

（松原朗，日本专修大学文学部教授，日本中国学会理事，日本杜甫学会副会长。张渭涛，日本共爱学园前桥国际大学副教授。）

论唐代浙东的宗教空间与文学创作活动

——以浙东佛教寺院与唐人诗歌创作为考察中心

李芳民

两浙居古越之地，山川之美，世所共谈。自晋室过江，其即以自然形胜吸引了南下之世家大族与诸多文化精英徙居于此，遂使山水之邦复兼人文之胜，其中浙东地区，尤以儒释交流、释玄会通、文采风流而称闻天下，其流风余韵，影响至为深远。隋唐以降，佛教兴盛，承六朝之遗风，浙东亦为佛徒弘法之重地，不仅高僧云集，梵宫林立，而且儒释交流、诗文唱和之流风不坠，甚而踵事增华，超迈前朝，由此而儒释交往及其与文学之关联，也成为此地令人瞩目的文学现象。其中犹值得注意的是，在释俗交往活动中，为数众多的佛教寺院，不仅是这一时期诗文唱和的重要题材与表现内容，而且还是释俗交往的活动空间与唱和场所，在促进本地区文学活动的活跃方面，有着极为重要的作用与意义。本文所关注与讨论的，主要是浙东佛教寺院这一空间场所与唐代浙东地区文学生成之间的关联。据唐代行政地理区划，浙东在唐属江南东道，包括越、明、台、婺、衢、处、温七州。不过，因杭州濒临钱江，为古越之西境，且自盛中唐以后，其政治经济地位渐趋重要，文化上也与浙东具有一体之特点，故文中所论，虽以浙东七州为主，但亦将杭州列入考察范围。另外，浙西之湖州，因人物交往之关系，亦间或涉及，这是需要特为说明的。

一、尝览高逸传，山僧有遗踪：唐前浙东佛寺之特征及其文化意义

佛教自东汉时传入中国，其中心主要在中原之长安、洛阳。江南地区自东吴起，虽已有高僧踪迹及传法活动，然其发展状况，终究不能比京中原，但山川之美，已为佛徒所瞩目。东晋以降，随着政治、文化重心之偏移，东南地区的佛教亦迅速发展起来，一批高僧于山川佳胜之地，择地栖居，究心佛理，传译佛法，遂使这里渐成高僧云集之地。而这些高僧，同时也多肇造寺舍，创设招提，加上世家大族之舍宅为寺，遂形成了两浙名僧与名寺相辉映的宗教文化景观，其中以会稽为中心的浙东地区，名僧名寺尤为著名，

所谓“民性敏柔而慧，尚浮屠氏之教”（《舆地纪胜》卷十引《三朝国事鉴》）、“吾瓯多名山水，然皆错以佛老之庐”（《万历温州府志》）也。由于寺之初创，多与名僧相关，名僧驻锡，亦为寺院增辉，二者相辅相成，特别是后世文人仰慕前代风流，名僧驻锡之寺，常成为追怀感慨、兴发诗情的现地场景，故以下就僧传所及浙东名僧所居之佛寺，分别时代，略作勾稽呈示。

浙东佛寺，其初创者多大德耆宿，故其往往具有浓郁的文化蕴涵。唐人姚合曾慨叹“越中多有前朝寺，处处铁钟石磬声”（《送文著上人游越》），而皎然则由僧传而怀想其人，称道“尝览高逸传，山僧有遗踪”（《奉陪陆使君长源诸公游支硎寺寺即支公学道处》）。故以下就慧皎《高僧传》、道宣《续高僧传》中名僧所居之六朝至隋时的浙东佛寺（兼及余杭），勾稽列表如下。

序号	寺名	高僧	属地	出处	备注
1	棲光寺	支遁	越州剡县	《高僧传》卷四	（支遁）“晚移石城山，又立棲光寺。宴坐山门，游心禅苑，木喰涧饮，浪志无生”。
2	元华寺	于法兰、于法开	越州剡县	《高僧传》卷四	《晋剡山于法兰》：“后闻江东山水，剡县称奇，乃徐步东瓯，远瞩嶀嵊，居于石城山足，今之元华寺也。”
3	白山灵鹫寺	于法开	越州剡县	《高僧传》卷四	《晋剡白山于法开》：（开）“还剡石城，续修元华寺，后移白山灵鹫寺。”
4	嘉祥寺	慧虔 释超进 释慧皎	越州山阴	《高僧传》卷五 《高僧传》卷七 《续高僧传》卷六	“虔乃东游吴越，嘱地宏通。以晋义熙之初，投山阴嘉祥寺。” 《宋山阴灵嘉寺释超进》：“郡守琅琊王琨请居邑西嘉祥寺，寺本岷祖荟所创也。” 《梁会稽嘉祥寺释慧皎传》：“释慧皎，未详氏族，会稽上虞人，学通内外，博训经律，住嘉祥寺，春夏弘法，秋冬著述。”
5	方显寺	僧诠	杭州余杭	《高僧传》卷七	《宋余杭方显寺释僧诠》：“后平昌孟顗，于余杭立方显寺，请诠居之……吴国张畅、张敷，谯国戴颙、戴勃，并慕德结交，崇以师礼。”
6	灵嘉寺	释超进	越州山阴	《高僧传》卷七	《宋山阴灵嘉寺释超进》：“时平昌孟顗，守在会稽，藉甚风猷，乃遣使迎接，安置山阴灵嘉寺。”
7	显明寺	释慧基	杭州钱塘	《高僧传》卷八	《齐山阴法华山释慧基》：“基法应获半，悉舍以为福……还止钱塘显明寺。”

续表

序号	寺名	高僧	属地	出处	备注
8	法华寺	释慧基 释僧翼	越州山阴	《高僧传》卷八 《高僧传》卷十三	《齐山阴法华山释慧基》："倾之，仍止山阴法华寺。尚学之徒，追踪问道。" 《宋山阴法华山释僧翼》："以晋义熙十三年（417），与同志昙学沙门，俱游会稽，履访山水。至秦望西北，见五岫骈峰，有耆阇之状，乃结草成庵，称曰法华精舍。太守孟顗、富人陈载，并倾心挹德，赞助成功。"
9	宝林精舍（寺）	释慧基	越州会稽	《高僧传》卷八	《齐山阴法华山释慧基》："元徽中，复被征诏。始行过浙水。复动疾而还。乃于会稽山立宝林精舍。""特进庐山何胤为造碑文于宝林寺，铭其遗德。"
10	城傍寺	释慧基	越州会稽（？）	《高僧传》卷八	《齐山阴法华山释慧基》："（慧基）以齐建武三年（496）冬十一月卒于城傍寺，春秋八十有五。"
11	云门寺	释智顺	越州山阴	《高僧传》卷八	《梁山阴云门山寺释智顺》："后东游禹穴，止于云门精舍。法轮之盛，复见江左。""陈郡袁盎制文，法华寺释慧举又为之墓志。"
12	法华台寺	释昙斐	越州剡县	《高僧传》卷八	《梁剡法华台释昙斐》："释昙斐，本姓王，会稽剡人……居于乡邑法华台寺，讲说相仍，学徒成列。"
13	南岩寺	释法藏	越州剡县	《高僧传》卷八	《梁剡法华台释昙斐》："斐同县南岩寺有沙门法藏，亦以戒素见称，喜放救生命，兴立图像。"
14	隐岳寺	帛僧光	越州剡县	《高僧传》卷十一	《晋剡隐岳山帛僧光》："……经三日，又梦见山神，自言移往章安县寒石山住，推室以相奉。尔后薪采通流。道俗宗事。乐禅来学者，起茅茨于室侧，渐成寺舍，因名隐岳。"
15	临泉寺	释昙超	杭州钱塘	《高僧传》卷十一	《齐钱塘灵隐山释昙超》："超明旦即往临泉寺，遣人告县令，办船于江中，转《海龙王经》。"
16	显义寺	竺法纯	越州山阴	《高僧传》卷十二	《晋山阴显义寺竺法纯》："竺法纯，未详何许人。少出家，止山阴显义寺。"
17	天柱寺	释法慧	越州山阴	《高僧传》卷十二	《齐天柱山释法慧》："释法慧……以宋大明之末，东游禹穴，隐于天柱山寺，诵《法华》一部。"
18	齐坚寺	释道琳	杭州富阳	《高僧传》卷十二	《梁富阳齐坚寺释道琳》
19	泉林寺	释道琳	杭州富阳	《高僧传》卷十二	《梁富阳齐坚寺释道琳》："后居富阳县泉林寺，寺常有鬼怪，自琳居则消。"
20	齐熙寺	释道琳	杭州富阳	《高僧传》卷十二	《梁富阳齐坚寺释道琳》："梁初，琳出居齐熙寺。"

续表

序号	寺名	高僧	属地	出处	备注
21	乐林精舍	释僧翼	越州山阴	《高僧传》卷十三	《宋山阴法华山释僧翼》："翼同游县学沙门，后移卜秦望山之北，号乐林精舍。"
22	悬溜精舍	释道敬	越州山阴	《高僧传》卷十三	《宋山阴法华山释僧翼》："时有释道敬，本琅琊胄族，晋右将军王羲之曾孙避世出家，情爱丘壑。栖于若耶山，立悬溜精舍。"
23	北仓寺	释法开	杭州余杭	《续高僧传》卷六	《梁余杭西寺释法开传》："释法开，姓俞，吴兴余杭人，稚年出家，住北仓寺。"
24	西寺	释法开	杭州余杭	《续高僧传》卷六	《梁余杭西寺释法开传》："吏部尚书琅琊王峻、永嘉太守吴兴丘墀皆揖敬推尚，愿求悬诚，后还余杭，止于西寺。"
25	国清寺	释智顗	台州始丰	《续高僧传》卷十七	《隋国师智者天台山国清寺释智顗传》《隋天台国清寺释智越传》
26	瀑布寺	释慧达	台州始丰	《续高僧传》卷三十	《隋天台山瀑布寺释慧达传》："释慧达，姓王，家于襄阳，幼年在道缮修成务，或登山临水，或邑落游行，但据形胜之所，皆厝心寺宇，或补缉残废，为释门之所宅也。后居天台之瀑布寺，修禅系业。"

表中所勾稽之佛寺，并非浙东及杭州自六朝至隋时浙东及杭州佛寺之全部，而只是僧传中与名僧相关者。尽管如此，从中也可看出其一些基本特征。一是越州是整个浙东佛寺中名僧最多的地区；二是除了有名僧驻锡弘法外，其中一些佛寺还为名僧所创或修造，如剡县的棲光寺、元华寺、隐岳寺，山阴的法华寺、悬溜精舍，会稽之宝林精舍（寺），即分别与支遁、于法开、帛僧光、僧翼、道敬、慧基等密切相关；三是一些地方官礼敬名僧，相关佛寺的创设也多与之相关。如孟顗曾于余杭立方显寺，迎僧诠居之，任会稽守时，迎僧超进居灵嘉寺，又与富人陈载，襄助僧翼建造法华寺。这反映了当时浙东地区地方官与士庶对佛教的态度。其实，浙东士庶虔诚奉佛，舍宅为寺者，不乏其人，不少越中名寺，都与之多有关联。其中见于宋人施宿（嘉泰）《会稽志》所载者，即有如下数寺：

大中禹迹寺，在府东南四里二百二十六步。晋义熙十二年骠骑郭将军舍宅置寺，名觉嗣。唐会昌五年例废，大中五年僧居玄诣阙，请僧契真复开此寺，并置禅院于北庑，诏赐名大中禹迹，且命契真居所置禅院。

大能仁禅寺，在府南二里一百四步。本晋许询舍宅，号祇园寺。

戒珠寺在府东北六里四十七步蕺山之南。本晋右将军王羲之故宅。或曰：其别业也。门外有二池，曰鹅池、墨池。其为寺不知所始。

光相寺，在府西北三里三百七步，后汉太守沈勋公宅，东晋义熙二年宅有瑞光，遂舍为寺。安帝赐光相额，给事中傅公崧卿退居北海里第，去寺最近，数杖屦过之。

淳化寺在县南三十里。中书令王子敬所居也。义熙三年，有五色祥云见，安帝诏建云门寺。会昌毁废，大中六年观察使李褒奏再建，号大中拯迷寺，淳化五年十一月改今额。

天衣寺在县南三十里。晋义熙十三年高僧昙翼结庵，诵《法华经》，多灵异，内史孟顗请置法华寺。至梁，惠举禅师亦隐此山，武帝征之不至。

祇园寺在县西北一百步。东晋咸和六年许询舍山阴、永兴二宅建寺，号崇化，穆帝降制云，山阴旧宅名曰祇园，永兴新宅号曰崇化。会昌废，建隆元年重建。

觉苑寺在县东北一百三十步。齐建元二年江淹子昭玄舍宅建。会昌废。大中二年重建，赐名昭玄寺。祥符中避圣祖名改今额。

福庆寺在县东南七十里。晋将军何充宅也。世传充尝设大会，有一僧形容甚丑，斋毕掷钵腾空而去，且曰："此当为寺，号灵嘉。"充遂舍为灵嘉寺。唐会昌五年废，晋天福七年重建。[1]

浙东地区当时名僧与官僚士庶对佛寺创设有如此之兴趣，实与其时浙东士族爱好山水自然、崇尚文义的个性以及江左玄释合流的风气有关。《晋书·王羲之传》即载云："羲之雅好服食养性，不乐在京师，初渡浙江，便有终焉之志。会稽有佳山水，名士多居之，谢安未仕时亦居焉。孙绰、李充、许询、支遁等皆以文义冠世，并筑室东土，与羲之同好。"[2]王羲之、谢安、孙绰、李充、许询皆为当时江左著名文人，而支遁则为一代高僧，他们之间的关系，所体现的乃是当时名士与名僧的交往关系。名僧的学养以及其思辨能力，往往能够打动名士，从而加强了他们之间的思想交流。《高僧传》中有关支遁与谢安、王羲之交往过程的记述，可为注脚：

（支遁）每至讲肆，善标宗会，而章句或有所遗，时为守文者所陋。谢安闻而善

[1] 施宿（嘉泰）《会稽志》卷七，文渊阁四库全书本。
[2] 房玄龄等《晋书》，中华书局，1974年，第2098—2099页。

之，曰：“此乃九方堙之相马也，略其玄黄，而取其骏逸。”王洽、刘恢、殷浩、许询、郗超、孙绰、桓彦表、王敬仁、何次道、王文度、谢长遐、袁彦伯等，并一代名流，皆著尘外之狎。

遁尝在白马寺与刘系之等谈《庄子·逍遥篇》，云：“各适性以为逍遥矣。”遁曰：“不然，夫桀跖以残害为性，若适性为得者，彼亦逍遥矣。”于是退而注《逍遥篇》。群儒旧学，莫不叹服。后还吴，立支山寺，晚欲入剡。谢安为吴兴，与遁书曰：“思君日积，计辰倾迟，知欲还剡自治，甚以怅然。人生如寄耳，顷风流得意之事，殆为都尽。终日戚戚，触事惆怅，唯迟君来，以晤言消之，一日当千载耳。此多山县，闲静，差可养疾，事不异剡，而医药不同，必思此缘，副其积想也。”王羲之时在会稽，素闻遁名，未之信，谓人曰：“一往之气，何足言。”后遁既还剡，经由于郡，王故诣遁，观其风力。既至，王谓遁曰：“《逍遥篇》可得闻乎？”遁乃作数千言，标揭新理，才藻惊绝。王遂披衿解带，流连不能已。乃请住灵嘉寺，意存相近。[1]

谢安、王羲之，作为东晋王、谢两大家族的代表人物，是当时江左士族之精英，由于他们与支遁之间在玄学思辨中形成的崇尚学识、钦敬高明的关系，遂成为后世儒佛交往中令后人极为神往的风流徽标。这些发生于浙东的佛寺创设、玄佛交流形成的流风余韵，经过历史的积淀，成为后世文人与僧徒交往的典范与楷式。柳宗元在追溯晋宋之际儒释交往关系时即尝云：

昔之桑门上首，好与贤士大夫游。晋宋以来，有道林、道安、远法师、休上人，其所与游，则谢安石、王逸少、习凿齿、谢灵运、鲍照之徒，皆时之选。[2]

李逊则特别关注到越中山水形胜以及越中释俗交往关系的地域性特点：

越州好山水，峰岭重迭，逦迤皆见。鉴湖平浅，微风有波，山转远转高，水

[1] 慧皎《高僧传·晋剡沃洲山支遁》，中华书局，1992年，第160页。

[2] 柳宗元《送文畅上人登五台遂游河朔序》，《柳宗元集》卷二十五，中华书局，1979年，第667页。以下凡引柳文，皆出此书，仅注卷数、页码。

转深转清。故谢安与许询、支道林、王羲之常为越中山水游侣。以安之清机，询、道林之高逸，羲之之知止，虽生知者，思过已半，乌知其又不因外奖，积成精洁邪？[1]

因此，可以说晋宋以降的儒佛交往之风，在中国宗教史、文化史、文学史上，都产生了极为深远的影响，而唐代文人与释门僧徒的交往，正是基于对这种流风余韵的后世承传。

二、满庭秋月对支郎：浙东佛教寺院与释俗交往

由于唐代文学与佛教的同步兴盛，文人和僧徒的交往关系，无论是广度、频度还是深度，都要远过六朝，特别是唐代僧人中能诗文者以及擅长音乐、绘画、美术等伎艺者人数增多，使得文人和僧人的交往关系变得更为密切。经过隋唐两代，浙东佛寺的数量也较六朝时期大为增加，[2]江南地区作为唐代佛教传播的密集区，驻锡浙东佛教寺院的高僧人数也就非常可观。中唐以后，由于江南诗僧的大量出现以及中原文人因避乱寓居江南，佛徒与文人的交往从规模数量与层次上，都达到了中国文学史上的高峰。[3]佛寺作为僧徒生活、栖息之地，也往往成为释俗交往中佛徒与文人交流独特的空间场所。就佛寺作为唐代释俗之间文学与宗教交往的空间场所所呈现的形式而言，从现有文献看，主要有以下几种样态。

一是爱好诗文的高僧以及地方官员，多在寺院中举行文会，唱和吟咏。由于江南多诗僧，寺院中的文会活动较其他地区更为热闹，特别是中唐时期两浙寺僧的文会，影响尤大。而最突出的当然是浙西以皎然、颜真卿为主导的湖州诗会，但浙东以地方官及寺僧为首的寺院诗歌唱和活动，亦可与浙西比肩。如明州国宁寺之宗亮，《宋高僧传》即载云：

晚年专事禅寂，不出寺门。处士方干赠诗云：“秋水一泓常见底，涧松千尺不生

[1] 李逊《游妙喜寺记》，见董诰等《全唐文》卷五四六，上海古籍出版社，1990年，第5452页。

[2] 据拙作《唐五代佛寺辑考》统计，属于唐江南东道的杭州、越州、明州、台州、婺州、衢州、处州、温州八州，佛寺总数为120所。其中杭州36所、越州35所、明州10所、台州14所、婺州4所、衢州5所、处州12所、温州4所。虽然可能还有遗漏，但大致可以看出浙东各州寺院的数量分布情形。

[3] 关于江南诗僧的创作特点，刘禹锡在《澈上人文集纪》中曾有论及，见瞿蜕园《刘禹锡集笺证》，上海古籍出版社，1989年，第519—520页。较为系统详细地讨论浙东诗僧及创作情况的，则有姜光斗先生的《论浙东的僧诗》一文，见《唐代文学研究》第六辑，广西师范大学出版社，1996年。

枝。空门学佛知多少，剃尽心花只有师。”……亮恒与沙门贯霜、棲梧、不吟数十人，皆秉执清奇，好迭为文会，结林下之交。撰《岳林寺碑》《诗集》三百许首，赞颂并行于代……亮为江东生罗隐追慕，乐安孙郃最加肯重，著《四明郡才名志序》，诸儒骏士外，独云：“释宗亮多为玄士先达仿仰焉。”[1]

中唐浙东地方官主导的寺院唱和活动，也充分说明了浙东佛教寺院空间与文学创作活动的关联。如果说大历中浙西诗会唱和活动的倡导者是时任湖州刺史的颜真卿与僧人皎然，那么，浙东诗会唱和的主导者则分别为地方官鲍防、元稹。浙东诗会活动可分为前后两次，前一次在大历中，以浙东观察使从事鲍防为主导；后一次则在穆宗长庆三年至文宗太和二年（823—828），以浙东观察使元稹为主导。

大历中浙东诗歌唱和活动的开展，鲍防的作用极为重要。穆员《鲍防碑》载：“（鲍防）天宝中……举进士高第，调太子正字。中州兵兴，全德违难，辞永王，去来瑱，为李光弼所致，光弼上将薛兼训授专征之命于越，辍公介之……东越仍兼于农，盗复于人。自中原多故，贤士大夫以三江五湖为家，登会稽者如鳞介之集渊薮，以公故也。”[2]可知鲍防在浙东的职务，乃薛兼训的从事，但以其德能却对当时文人的汇聚产生了巨大的影响。据邹志方考证，“鲍防在越州，作为浙东观察使薛兼训从事，前后共九年（肃宗宝应元年至代宗大历五年，即762—770）。”[3]据此可知其诗歌唱和活动的时间区间。围绕大历中以鲍防为主导的浙东唱和活动的勾勒，学界相关研究已较充分，[4]但对于联唱活动与寺院之间的关联，并未给予特别的关注。根据今人对大历浙东唱和的考证成果，其十四首联句中，以寺院为活动空间或唱和内容与之有关的有五首，其分别是：《寻法华寺西溪联句》《云门寺小溪茶宴怀院中诸公》《自云门还泛若耶溪入镜湖寄院中诸公》《花严寺松潭》《登法华寺最高顶忆院中诸公》。这些唱和诗原本都收在《大历年浙东联唱集》二卷之中，但此集已散佚不存，所幸宋人孔延之所编《会稽掇英总集》中

[1] 赞宁《宋高僧传》卷二十七，中华书局，1987年，第686页。以下凡引此书，出版单位等信息，不再加注。

[2] 穆员《鲍防碑》。见董诰等《全唐文》卷七八三，第3630页。以下凡引《全唐文》，皆出此，出版社等信息不再加注。

[3] 邹志方《“浙东唱和”考索（续）》，《绍兴师专学报》1992年第1期。

[4] 相关成果见邹志方《“浙东唱和”考索》，《绍兴师专学报》1991年第4期，《“浙东唱和”考索（续）》，《绍兴师专学报》1992年第2期；尹占华《大历浙东和湖州文人集团的形成和诗歌创作》，《文学遗产》2000年第4期；俞林波《〈大历浙东联唱集〉考论》，《东南大学学报》2008年第2期；许仙、彭卫红《浙东联唱集团的人员构成与创作特点分析》，《三峡论坛》2015年第6期。另外，贾晋华的《唐代集会总集与诗人群研究》（北京大学出版社，2001年）也有“《大历年浙东联唱集》与浙东诗人群”专节论述。

保存了其中之部分内容，而上述与寺院相关的唱和诗，恰好保存了下来。关于《大历初浙东联唱集》的具体内容与联唱诗人，邹志方《“浙东联唱”考》及许仙、彭卫红《浙东联唱集团的人员构成与创作特点分析》等文皆有勾稽，此不具。不过，从联唱内容看，《寻法华寺西溪联句》《自云门还泛若耶溪入镜湖寄院中诸公》《登法华寺最高顶忆院中诸公》三首联句，是以游赏寺院周边山水为主要内容的，因要切题，其中也有涉及寺院的句子，但毕竟不以寺院为中心。而《云门寺小溪茶宴怀院中诸公》《花严寺松潭》两首，其联唱活动就在寺院之中，描写内容也多围绕寺院环境、人事展开，比较典型地反映了寺院空间与诗歌创作之间的关系。这里且以《云门寺小溪茶宴怀院中诸公》为例，略作呈示：

喜从林下会，还忆府中贤（严维）。石路云门里，花宫玉笥前（谢良弼）。日移侵岸竹，溪引出山泉（裴晃）。猨饮无人处，琴听浅溜边（吕渭）。黄粱谁共饭，香茗忆同煎（郑槩）。暂与真僧对，遥知静者便（阙允初）。清言皆亹亹，佳句又翩翩（庾骙）。竟日怀君子，沈吟对暮天（贾肃）。

从联唱诗可知，本次联唱共有 8 人参加，以严维为首唱。严维开头两句，即切题中“云门寺小溪茶宴”之意，又包含题中“怀诸公”之旨，可谓入手擒题，开端不错。谢良弼、裴晃二人，继严维之后，承接其意，进一步破题，说明小溪、茶宴之环境。吕渭、郑槩则点明溪边、茶宴之意。阙（据《全唐诗》参与唱和者，或当为“陈”）允初、庾骙则围绕唱和的寺院特点作为对诗题中“云门寺”的照应。贾肃二句收尾，以景句作结，再次点明怀人之意，是对题中“怀院中诸公”的照应。一场联句，能够将诗题之意，完整而又有序地展开，收束完美，是不容易的，它需要联唱者既有敏锐的诗才，还要对诗歌艺术有精到的把握，可以看出，这一场寺院空间场所的联唱活动，对于诗人诗歌才艺既是一次考验，也是一次磨练，从而说明了寺院与诗人创作活动、诗思锻炼之间的关联。

而另一次由鲍防组织的寺院唱和活动，则是对诗人佛教体悟能力的考验。鲍防《云门寺济公上方偈序》云：“己酉岁，仆忝尚书郎，司浙南之武，时府中无事，墨客自台省而下者，凡十有一人，会云门济公之上方，以偈者，赞之流也，始取于佛事云。”[1]可知这次联唱，专以偈语创作为主。此次联唱参加者亦为 8 人，共作偈语 11 篇，皆存于《会

[1]《会稽掇英总集》卷一五，引自陈尚君《全唐文补编》（上册），中华书局，2005 年，第 648 页。

稽掇英总集》卷十五中。偈语是与佛教关涉的一种特殊文体，这场寺院诗歌创作活动，以偈语写作为主，既切合佛教寺院的环境特点，又提升了诗人的佛禅智慧，还扩大了诗人文体创作的范围，其意义当然是值得注意的。

穆宗长庆至文宗太和时以浙东观察使元稹为核心的唱和活动，主要成员是其幕府的文人。《旧唐书·元稹传》载："会稽山水奇秀，稹所辟幕职，皆当时文士，而镜湖、秦望之游，月三四焉。而讽咏诗什，动盈卷帙。"[1]但"元稹在广辟僚属的同时还广泛结交当地的文士和佛道人物，以其地位和影响吸引了诸多名士参与其使府的唱和，这些本土文士和佛道人物成为浙东唱和活动的另一主力军。"[2]另外在杭州任刺史的白居易也曾参与与元稹的唱和。以上这些唱和活动也多有与越州著名寺院相关者，如徐凝的《酬相公再游云门寺》，赵嘏的《九日陪越州元相公燕龟山寺》《陪元相公游云门寺》，元稹的《题天衣寺》《游云门寺》，白居易的《题法华山天衣寺》《宿云门寺》等。从诗题可知，其游寺活动频繁，曾在寺院宴饮并留宿寺院。

除了寺院僧人、地方官员主导的诗会外，文人自发组织的浙东寺院的唱和活动，也不鲜见。梁肃在《游云门寺诗序》中即载云：

> 上德与汗漫为友，无江海而闲；其次则仁智相从，有山水为乐。故合志同方，贤者有柴桑之隐；游道同趣，吾徒为云门之会，其造适一也。先会一日，沙门释去諠命我友，相与探玉笥，上会稽，然后泝若耶，过凤林而南。意欲脱人世之羁鞅，穷林泉之遐奥。于是舍舟清澜，反策闲原；递杳霭而历岖嵚，入深翠以泛回环，遂至于云门。观其群山迭翠，秦望拔起；五峰巉巉，列壑沉沉，上摩碧落，旁涌金界。其下则百泉会流，蓄为澄潭，涵虚镜彻，激濑玉漱。泠泠之声，与地籁唱和，不待竽磬，而五音叠作。眺听不足，则凝思宴息，恍焉疑诸天楼观，列在咫尺。庭衢之中，别有日月。既而动步真境，静聆法音。合漆园一指之喻，诣净名无住之本。万累如洗，百骸坐空。视松乔为弱丧，轻世界于枣叶。盖道由境深，理自外奖故也。昔之远公纪庐山，谢客题石门，道流胜赏，今古一贯。曷可不赋，贻云山羞？乃各为诗，以志斯会。同乎道者，有陇西李公受、高阳齐霞举，约会未至，亦请同赋此

[1] 刘昫《旧唐书》卷一六六，中华书局，1975年，第4336页。

[2] 戚晓婷《元稹浙东幕诗酒文会活动考论》，《闽江学刊》2012年第3期。关于元稹浙东幕府唱和的具体情况，此文有较详的考论，可参。

篇，用广夫游衍之致云。[1]

二是浙东寺院多高僧，其常成为官僚文人交往的对象，不仅促进了唐代儒释之间思想的交流，还促生了不少重要的佛教碑铭与赠序之文的写作，官僚文人因而也成为佛教思想的重要传播者。关于儒释交流的情形，佛教僧传见诸记载者甚多。如越州法华寺玄俨："故洛州刺史徐峤、工部尚书徐安贞，咸以宗室设道友之礼；国子司业康希铣、太子宾客贺知章、朝散大夫杭州临安县令朱元昚，亦以乡曲具法朋之契。开元二十六载，恩制度人，采访使润州刺史齐澣、越州都督景诚、采访卢见义、泗州刺史王弼，无不停旟净境，秉承法训。"[2]会稽开元寺之昙一："刃有余地，时兼外学，常问《周易》于左常侍褚无量，论《史记》于国子司业马贞。遂渔猎百氏，囊括《六籍》，增广闻见，自是儒家，调御人天，皆因佛事。公卿向慕，京师藉甚。时丞相燕国公张说、广平宋璟、尚书苏瓌、兖国陆象先、秘书监贺知章、宣州泾县令万齐融，皆以同声并为师友，虽支许之会虚（灵？）嘉，宗雷之集庐岳，未足多也。"[3]余杭宜丰寺灵一："每禅诵之隙，辄赋诗歌事，思入无间，兴含飞动。潘阮之遗韵，江谢之阙文，必能缀之，无愧古人。循循善诱，门弟子受教，若良田之纳膏雨焉。一迹不入族姓之门，与天台道士潘志清、襄阳朱放、南阳张继、安定皇甫曾、范阳张南史、吴郡陆迅、东海徐凝、景陵陆鸿渐为尘外之友，讲德未道，朗咏终日。其终篇必博之以文，约之以修，量其根之上下而授之药焉。"[4]越州称心寺大义："海贼袁晁窃据剡邑，至于丹丘。义因与大禹寺迴律师同诣左溪朗禅师所，学止观，而多精达。前后朝贵归心者，相国杜鸿渐、尚书薛兼训、中丞独孤峻、洺州刺史徐峤、次徐浩，皆宗人也。"[5]高僧大德的碑铭文中，也不乏这样的记录。如杭州余姚龙泉寺之道一："以儒墨者般若之笙簧，词赋者伽陀之鼓吹，故博通外学，时复著文。在我法中，无非佛事。故李大理升期、崔河南希逸，尝抚本州岛，麾幢往复；故成御史广业、卢华州元裕、兵部韩员外，赏屈身郡邑，舲舸洄沿。"[6]衢州龙兴寺体公卒后，"信安王禕、赵太常颐真、郑庶子倬、李中丞丹、前相国李梁公岘皆为此州，躬往

[1] 梁肃《游云门寺诗序》，见《全唐文》卷五一八，第2331页。
[2] 赞宁《宋高僧传》卷十四，第344页。
[3] 同上书，第352—353页。
[4] 同上书，卷十五，第360页。
[5] 同上书，第362—363页。
[6] 李华《杭州余姚县故大律师碑》，见《全唐文》卷三一九，第1430页。

围绕。赵太常敬因长老，立文殊万圣之象；李梁公增感先人，泣下双林之间。”[1]在一些高僧碑铭或赠序之作中，文人也常通过此类文章的写作，弘传佛教宗派之大旨。梁肃的《送沙门鉴虚上人归越序》即总结、归纳天台宗之止观法门云：“昔如来乘一大因缘，菩萨以普门示现，自《华严》肇开，至双林高会，无小无大，同归佛界，及大雄示灭，学路派别。世既下衰，教亦陵迟。故龙树大士病之，乃用权略，制诸外道，乃诠《智度》，发明宗极。微言东流，我惠文禅师得之，由文字中入不二法门，以授南岳思大师。当时教尚简密，不能广被，而空有诸宗，扇惑方夏。及大师受之，于是开止观法门。其教大略即身心而指定慧，即言说而诠解脱。演善权以鹿菀为初，明一实用法花为宗。合十如十界之妙，趣三观三智之极。自发心至于上圣，行位昭明，无相夺伦。然后诞敷契经，而会同之，涣然冰释，心路不惑。窥其教者，藏焉修焉，盖无入而不自得焉。”[2]李吉甫《杭州径山寺大觉禅师碑铭并序》则对禅宗源流及其在中土的传承与思想特点做了简要概述，云：“如来自灭度之后，以心印相付嘱，凡二十八祖至菩提达摩，绍兴大教，指授后学。后之学者，始以南北为二宗。又自达摩三世传法于信禅师，信传牛头融禅师，融传鹤林马素禅师，素传于径山，山传国一禅师。二宗之外，又别门也。於戏！法不外来，本同一性。惟佛与佛，转相证知。其传也，无文字语言以为说；其入也，无门阶经术以为渐。语如梦觉，得本自心。”[3]由此可以看，唐代文人由于儒释交往关系的密切，不仅在更深的层次上容受领悟了佛教思想，而且还成为这种思想的自觉传播者。

佛教在唐代发展兴盛的同时，也不断接受中国文化的影响，寺院及高僧树立碑志即是其表现形式之一。沈亚之云：“自佛行中国已来，国人为缁衣之学，多几于儒等。然其师弟子之礼，传为严专。到于今世，则儒道少衰，不能与之等矣。”[4]元稹也说：“僧之徒思得声名人文其事以自广。予始以长庆二年相先帝无状，谴于同州，明年徙会稽，路出于杭。杭民竞相观睹，刺史白怪问之，皆曰：‘非欲观宰相，盖欲观曩所闻之元、白耳。’由是僧之徒误以予为名声人，相与日夜攻刺史白乞予文。予观僧之徒所以经于石、文于碑，盖欲相与为不朽计，且欲自大其本术。”[5]可见，佛教徒为了扩大影响，著名文人往往成为其追逐的对象。浙东地区当时名僧辈出，梵宫众多，故唐代有许多官僚与著名文

[1] 李华《衢州龙兴寺故律师体公碑》，见《全唐文》卷三一九，第1430页。

[2] 梁肃《送沙门鉴虚上人归越序》，见《全唐文》卷五一八，第2333页。

[3] 李吉甫《杭州径山寺大觉禅师碑铭并序》，见《全唐文》卷五一二，第2305页。

[4] 沈亚之《送洪逊师序》，见《全唐文》卷七三五，第3365页。

[5] 元稹《永福寺石壁法华经记》，见《全唐文》卷六五四，第2944页。

人都为浙东的寺院与高僧撰写过碑铭文字，其中著名者，即有李邕、李华、万齐融、权德舆、李吉甫、梁肃、冯宿、元稹、白居易、卢简求、沈亚之、于季友等。[1]这些著名文人的文章，不仅对于扩大浙东佛教高僧的影响产生了很大的作用，同时也使浙东的佛教寺院平添风韵而声名大著。

三是浙东高僧、诗僧在以诗文切劘为中心的儒释交往中，往往起着纽带与中介的作用，并在培植诗人、提高诗艺等方面多所贡献。灵澈是越州著名的诗僧，诗名甚高，《唐才子传》谓其"虽结念云壑，而才名拘牵，罄息经微，吟讽无已。所谓拔乎其萃，游方之外者也。"[2]权德舆称赞曰，"上人心冥空无，而迹寄文字，故语甚夷易，如不出常境，而诸生思虑，终不可至。其变也，如风松相韵，冰玉相叩，层峰千仞，下有金碧。耸鄙夫之目，初不敢视，三复则淡然天和，晦于其中。故睹其容览其词者，知其心不待境静而静。况会稽山水，自古绝胜，东晋逸民，多遗身世于此。夏五月，上人自庐峰言旋，复于是邦。予知夫拂方袍，坐轻舟，泝沿镜中，静得佳句。然后深入空寂，万虑洗然，则向之境物，又其稊稗也。"[3]其实灵澈虽属方外，但其早年学诗，即师从越中诗人严维，成名后，又教授诗法于著名诗人刘禹锡。刘禹锡曾记述说："上人在吴兴，居何山，与昼公为侣。时予方以两髦执笔砚，陪其吟咏，皆曰孺子可教。后相遇于京洛，与支、许之契焉。"[4]

灵一是居于越州云门寺的著名诗僧，声望较高，也有较大的影响。《唐才子传》谓其"白业精进，居若耶溪云门寺，从学者四方而至矣。尤工诗，气质淳和，格律清畅……与皇甫昆季、严少府、朱山人、澈上人等为诗友，酬赠甚多。刻意声调，苦心不倦，驰誉丛林。"[5]所谓皇甫昆季、严少府、朱山人、澈上人，分别谓皇甫冉、皇甫曾兄弟、诗人严维、朱放及诗僧灵澈，都是当时越中著名诗人与诗僧。由此也可见灵一以其所居云门寺为中心，对释俗两界诗歌创作交流活动所起的作用。

---

[1] 李邕有《越州华严寺钟铭并序》《国清寺碑并序》《秦望山法华寺碑并序》；李华有《台州乾元国清寺碑》《杭州开元寺新塔碑》《杭州余姚县龙泉寺故大律师碑》《衢州龙兴寺故律师体公碑》《故左溪大师碑》；万齐融有《阿育王寺常住田碑》《法华寺戒坛院碑》；权德舆有《会稽虚上人石帆山灵泉北坞记》；李吉甫有《杭州径山寺大觉禅师碑铭并序》；梁肃有《越州开元寺律和尚塔碑铭并序》；冯宿有《兰溪县灵隐寺东峰新亭记》；元稹有《永福寺石壁法华经记》；白居易有《沃洲山禅院记》；卢简求有《杭州盐官县海昌院禅门大师塔碑》；沈亚之有《移佛记》；于季友有《阿育王寺碑后记》。可见浙东寺院及其僧徒与官僚文人之间互动关系之紧密。

[2] 傅璇琮主编《唐才子传校笺》第一册，中华书局，1987年，第620页。

[3] 权德舆《送灵澈上人庐山回归沃洲序》，见《全唐文》卷四九三，第2226页。

[4] 刘禹锡《澈上人文集纪》，见瞿蜕园《刘禹锡集笺证》，上海古籍出版社，1989年，第519—520页。

[5] 傅璇琮主编《唐才子传校笺》第一册，第530—532页。

另一著名的江左诗僧皎然，居浙西之湖州杼山寺，但在扩大两浙诗坛的影响以及促进释俗两界诗歌交流方面，曾发挥了积极的影响与作用。他与当时文坛的领袖人物或具有重要地位的官僚文人之间，都保持着良好的交游关系。在给权德舆的书信中，曾述及他对权德舆的仰慕以及与当代著名诗人的交往，云："初贫道闻足下盛名，未睹制述，因问越僧灵澈、（阙）古豆卢次方，佥曰：'杨、马、崔、蔡之流。'贫道以二子之言，心期足下，日已久矣！但未识长卿、子云之面，所恨耳。先辈作者故李员外遐叔、故皇甫补阙茂正、故严秘书正文、故房吴县元警、故阎评事士和、故朱拾遗长通、故处士韦，此数子，畴昔为林下之游。遐叔当时极许贫道四十韵之作，其略曰：'中宵发耳目，形静神不役。色天夜清迥，花漏明滴沥。东风吹杉梧，幽月到石壁。此中一悟心，可与千载敌。'又曰：'不然作山计，改服乘下泽。君隳元亮冠，我脱潜师屐。各倚高松根，共逃金闺籍。'又《能、秀二祖义门赞》，其略曰：'二公之心，如月如日。四方无云，当空而出。'遐叔因此相重。元警著《道交论》，比于高云独鹤，意谓关于诗而不关于事。贫道亦无推焉。今再遇足下见知，则东山遗民，时免槲琴绝弦于知己矣！"同时，他在信中还极力向权德舆推介越中诗僧灵澈及其诗歌以及豆卢次方的文章，称："灵澈上人，足下素识，其文章挺拔瑰奇，自齐梁以来，诗僧未见其偶。但此子迹冥累迁，心无营营。虽然，至于月下风前，犹未废是。公远之友豆卢次方，才识超迈，所得经奇，飘飘然有凌云之气而不轻浮。此乃山僧惠眼远见。亦尝与论物理，极天人之际，言至简正，意不虚诞。足下精鉴，岂无此子乎？在于贫道，不得不言耳！"[1]不仅如此，他还投赠书函，将灵澈推荐给当时诗坛的领袖人物包佶，竭力推奖灵澈的诗歌创作成就。文甚恳切感人，读之令人感慨，虽其文稍长，但为展现当时两浙释俗两界的诗歌交往关系，乃不避烦琐，引述如下：

……今海内诗人，以中丞为龙门，贤与不肖，雷同愿登。仰测中丞之为心，固进善而拒不工也。昼无西施之容，不合辄议西施之美，然心之服矣，其敢蔽诸？今之驰疏，实有所荐。有会稽沙门灵澈，年三十有六，知其有文十余年，而未识之。此则闻于故秘书郎严维、随州刘使君长卿、前殿中皇甫侍御曾，尝所称耳。及上人自浙右来湖上见存，并示制作，观其风裁，味其情致，不下古手，不傍古人，则向之严、刘、皇甫所许，畴今所觌，则三君之言，犹未尽上人之美矣。读其《道边古

[1] 皎然《答权从事德舆书》，见《全唐文》卷九一七，第4234—4235页。

坟》诗，则有“松树有死枝，冢上唯莓苔，石门无人入，古木花不开。”答《范秘书》作，则有“绿竹岁寒在，故人衰老多。”《云门雪夜》作，则有“天寒猛虎叫岩雪，松下无人空有月，千年像教人不闻，烧香独为鬼神说。”《石帆山》作，则有“月色静中见，泉声深处闻。”《题李尊师堂》，则有“古庙茅山下，诸峰欲曙时。真人是皇子，玉堂生紫芝。”《题曹溪能大师蒋山》作，则有“禅门至六祖，衣钵无人得。”《登天姥岑望天台山》作，则有“天台众山外，岁晚当寒空。有时半不见，崔嵬在云中。”《伤古墓》作，则有“古墓碑表折，荒垄松柏稀。”《福建还登黎岭望越中》作，则有“秋深知气正，家近觉山寒。”《九日作》，则有“山僧不记重阳日，因见茱萸忆去年。”《宿延平津怀古》作，则有“今非古狱下，莫向斗间看。”又有《归湖南》诗，则有“山边水边待月明，暂向人间借路行。如今还向山边去，惟有湖水无行路。”此僧诸作皆妙，独此一篇，使昼见欲弃笔砚。伏惟中丞高鉴宏量，其进诸乎？其舍诸乎？方今天下有故，大贤勤王，辄以非急干请视听，亦昭愚老不达时也。然上人秉心立节，不可多得。其道行定慧，无惭安远。尝著《律宗引源》二十一卷，为缁流所归。至于玄言道理，应接靡滞，风月之间，亦足以助君子高兴也。[1]

信中大量征引灵澈诗篇与佳句，推赏之至。这既是擅长诗道的两个高手之间的诗艺品鉴，也是当时两浙释俗两界诗歌交流留下的极为珍贵的文献资料，从中可以看到越中诗僧灵澈进入诗坛著名诗人视野的过程。

三、云门、法华、沃洲、天台：唐代浙东佛教题材诗文的典型文学地理意象

唐代的浙东地区，以山水风光、人文蕴涵及宗教景观等因素，吸引了众多文人，并留下了数量可观的文学作品，当代学者因对之有“唐诗之路”的概括。[2]但是，就浙东对唐代文人的吸引力而言，自然山水、人文蕴涵及宗教景观三者，常常是紧密结合、融为一体的，而其在后世的文学表现中，围绕宗教景观的书写，则体现得较为集中。故在唐代与浙东相关的文学作品中，宗教特别是佛教景观题材之作占了极为重要的比重，而与佛教寺院及其高僧相关的诗文又是其中最具有特点与价值者。据不完全统计，唐代浙

[1] 皎然《赠包中丞书》。见《全唐文》卷九一七，第4235页。

[2] “唐诗之路”是由当地学者竺岳兵先生于20世纪90年代提出的。据竺岳兵先生统计，唐代与浙东“唐诗之路”相关的诗人达340多人。见竺岳兵《剡溪——唐诗之路》一文（《唐代文学研究》第六辑，第867页。广西师范大学出版社，1996年）。又据袁因、周一渤、竺岳兵、傅璇琮《唐诗之路——中国文人的山水走廊》文称，“有四百多位诗人在这里流连忘返，吟咏不绝，留下了1500多首唐诗”。文见《艺苑》2008年第10期。

东佛教题材的诗歌约有200首左右，文章44篇（另有涉及杭州者9篇未计），以佛教寺院为背景的小说1篇（即何延之《兰亭记》）。应该说，这些以诗文为主的作品，就其艺术表现而言，则又形成了一些典型性的文学地理意象，这些意象的蕴涵，虽各有侧重，但大致是以山水与宗教为核心的。山水为宗教之依托，宗教为山水之灵魂，寺院、自然形胜与僧人则是其表现的对象，而能够体现浙东之特征的，则又以云门、法华、沃洲、天台最为典型。

越州佛寺众多，而云门、法华为最。云门、法华之所以成为越州佛教寺院之冠冕，则又基于其所处的山水环境与地理位置。同为越州寺院，称心寺亦当时名寺，但却不能与云门、法华相提并论，原因即与其所处之位置有关。施宿云："称心在唐为名寺，与云门、天衣埒……。云门、天衣，至今游会稽山水者必至焉，惟称心在海隅，独以僻远，寺又芜茀，故诗人骚客有终不一到者，名亦晦而不彰，岂独人材有不遇哉！"[1]云门、法华则不同，它们位于越州之秦望山麓，山水绝胜，地理位置亦殊见优越。关于秦望山，（嘉泰）《会稽志》引《太平御览》云："山在州城正南，涉境便见。秦始皇帝登山以望南海，自平地取山顶七里，悬磴孤危，峭路险绝，攀萝扪葛，然后得至。山上无甚高木，当由地迥多风所致。山南有谯岘，中有大城，王无余之旧都也。句践语范蠡曰：'先君无余国，在南山之阳，社稷宗庙在湖之南。'山有三巨石屹立如笋，龙池冬夏不竭，俗号圣水。傍有崇福侯庙。"[2]云门、法华二寺的著名，即与此有关。关于云门寺，（嘉泰）《会稽志》载云："在县南三十里，中书令王子敬所居也。义熙三年，有五色祥云见，安帝诏建云门寺。会昌毁废，大中六年观察使李褒奏再建，号大中拯迷寺。……有弥陀道场，杭僧圆照书额，门外有桥亭，名丽句亭，刻唐以来名士诗最多。……或谓云门寺本面东，主秦望而对陶宴等山，如列屏障……"。诗人对云门寺记忆最深的，即是其山水胜观。宋之问诗描写其环境云："云门若耶里，泛鹢路才通。夤缘绿筱岸，遂得青莲宫。"（《宿云门寺》）孙逖诗则更详细："香阁东山下，烟花象外幽。悬灯千嶂夕，卷幔五湖秋。画壁馀鸿雁，纱窗宿斗牛。更疑天路近，梦与白云游。"（《宿云门寺阁》）朱放则写到云门寺给他的最深刻印象："长忆云门寺，门前千万峰。"可见山水之于云门寺之重要。法华寺也是如此。法华寺亦称天衣寺，对其创建缘起及周围山色景观，李邕《秦望山法华寺碑铭并序》曾记述云："法华者，晋义熙十二年，释昙翼法师之所建也。师初依庐山远公，后诣

[1] 施宿《（嘉泰）会稽志》卷七，文渊阁四库全书本。

[2] 同上书卷九。

关中罗什，深入禅慧，尤邃佛乘，虽礼数枢衣，而名称分坐。与沙门昙学俱游会稽，觏秦望西北山，其峰五莲，其溪双带，气象灵胜，林壑虚闲。比兴耆阇，营卜兰若，羞涅槃食，纳如来衣，专积法华，永言实意。”[1]万齐融《法华寺戒坛院碑》也称道说：“越邑精舍，时称法华。晋沙门昙翼曾结庵层巅……信如来之福庭，是菩萨之隐岳。”[2]对此，诗人在诗中也有生动地描写：“高岫拟耆阇，真乘引妙车。空中结楼殿，意表出云霞。”（宋之问《游法华寺》）“岩空驺驭响，树密旆旌连。阁影凌空壁，松声助乱泉。开门得初地，伏槛接诸天。向背春光满，楼台古制全。群峰争彩翠，百谷会风烟。香象随僧久，祥乌报客先。”（皇甫冉《奉和独孤中丞游法华寺》）宋人孔延之《会稽掇英总集》中，所汇辑以云门寺、天衣寺（法华寺）相关的唐人诗歌即分别为60首和13首，合计73首。[3]由于云门、法华二寺之于越中佛教寺院的意义，故唐人孙郃送僧人游越即云：

> 越中山水名于天下，山寺云门、法华又名焉。尝忆北海游越，越帅日率从事乐妓酒馔访北海，北海不乐，因曰：“某久住此，盖为云门、法华二寺，今日携酒乐，大似方便发遣。”越帅乃已。（此出孙相公《谱书》，《谱书》是颜鲁公作）又见朱仿（放）诗曰：“长忆云门寺，门前千万峰。”郃尝居越中，每吟此诗，未游二寺尝以为过。上人名僧也，又游名寺。前欲游天台，今游云门、法华二寺，宜哉！乃知灵鹤不之蓬岛则在青田，有异凡禽游不择地。[4]

沃洲于唐属越州剡县，本以山名，但其山水佳胜，已非山所限，特别是东晋时高僧与名士聚集于此，遂成为融山水、人文、宗教为一体的越州胜境。（万历）《绍兴府志》云：“沃洲山在县东三十五里，山高五百余丈，围十里，与天姥山对峙，道家称为第十五福地。晋白道猷、法深、支遁皆居之，戴、许、王、谢十八人与之游。号为胜会，亦白莲社之比也。吴虎臣《漫录》：沃洲、天姥，号山水奇绝处。有鹅鼻峰，支遁放鹤峰、养马坡。又有石封门、题字岩、灵澈锡杖泉，有瀑布泉，飞注雪潭。又有钟井，疾者饮之或愈。通剡四明山，外绕大溪。”[5]其中白道猷、法深、支遁、戴逵、王羲之、许询、谢

[1] 李邕《秦望山法华寺碑铭并序》，见《全唐文》卷二六二，第1177页。

[2] 万齐融《法华寺戒坛碑》，见《全唐文》卷三三五，第1500页。

[3] 有关诗歌，见孔延之《会稽掇英总集》卷六七之“云门寺”、卷八之“天衣寺”。

[4] 孙郃《送无作上人游云门、法华序》，见《全唐文》卷八二〇，第3827页。

[5] 张元忭（万历）《绍兴府志》卷五，明万历刻本。

安等于此流连赏会，尤增魅力，白居易对其山水、人物以及二者之相得益彰，做了最出色的概括，云："东南山水，越为首，剡为面，沃洲、天姥为眉目。夫有非常之境，然后有非常之人栖焉。晋、宋以来，因山洞开，厥初有罗汉僧西天竺人白道猷居焉，次有高僧竺法潜、支道林居焉，次又有干、兴、渊、支、遁、开、威、蕴、崇、实、光、识、裴、藏、济、度、逞、印凡十八僧居焉，高士名人有戴逵、王洽、刘恢、许玄度、殷融、郗超、孙绰、桓彦表、王敬仁、何次道、王文度、谢长霞、袁彦伯、王蒙、卫玠、谢万石、蔡叔子、王羲之凡十八人，或游焉，或止焉。故道猷诗云：'连峰数千里，修林带平津。茅茨隐不见，鸡鸣知有人。'谢灵运诗云：'暝投剡中宿，明登天姥岑。高高入云霓，还期安可寻。'盖人与山相得于一时也。"[1]十八僧人与十八高士，无疑提升了沃洲山的文化高度。至唐代，沃洲成了唐人诗歌中为人所最熟悉的隐逸的代名词，且常将此地之高隐与支遁相联系。"孤云将野鹤，岂向人间住。莫买沃洲山，时人已知处"（刘长卿《送方外上人》），"沃洲能共隐，不用道林钱"（刘长卿《初到碧涧召明契上人》），"身归沃洲老，名与支公接"（皇甫曾《赠沛禅师》），"坚轻筇竹杖，一枝有九节。寄与沃洲人，闲步青山月"（高骈《邛竹杖寄僧》）。梁肃在送僧归越时，也将沃洲作为越州佛教胜境之代名词："至人不在方，实相无所住，此沙门鉴虚所以顺理而随世也。适游皇都，谈天于重云之殿；今也于归，将休于沃洲之山。泛然无事，独与道俱。遇物成不迁之论，闲吟有定后之作，可谓远也矣。"[2]将沃洲、支遁相联系，并成为具有文化蕴涵与指称意义的文学意象，在唐时已经定型，宋以后则为文人所习用。宋人吴处厚《游沃洲山真封院并序》即将自晋唐以来的文学描写作为典实，并以其作为游览追寻之胜观，虽因世易时移，未能惬其初怀，但却也别有解会，亦可作为越州沃洲山文化蕴涵之诠注：

> 越山惟沃洲最著，乐天之记详矣。晋人喜旷达而尚清虚，故山水之游一时特盛。在九江庐阜，则浮屠慧远为之主，而宗、雷辈十有八人从之；在剡之沃洲，则浮屠支遁为之主，而王、谢辈亦十有八人从之。要皆遁世避地，相与为方外之适耳。余尝历九江，浮浔阳，过于柴桑之间，访其所为东、西二林者，而慧远、宗、雷之迹，往往犹可辨识，彷徨不能去者久之。念沃洲窟于一隅，无因而至，上下其心者数矣。近偶祇役于新昌，初甚不慊，徐而闻沃洲乃在其境，遂挈而东，不惮奔走顿撼之劳，

[1] 白居易《沃洲山禅院记》，见朱金城《白居易集校笺》，上海古籍出版社，1988年，第3684—3685页。
[2] 梁肃《送沙门鉴虚上人归越序》，见《全唐文》卷五一八，第2333页。

欲促偿其愿，又且幸为沃洲一时主人也。一日风甚寒，天姥盛雪，适会邑有移文，乘兴便往，值暝不及，遂宿于默林僧舍。平明过真封院，先至养马坡，陟鹅鼻峰，入门谒道猷影堂，访支遁庵基，观锡杖泉，前眺放鹤峰，徘徊而还。大抵山川气象皆荒替雕落，非向时所闻之沃洲也。虽然，环抱之意趣，奔骤之态度，尚皆一一可爱，乃知古人选胜皆有所谓，唯嗜山之深者知之，不可为俗人言也。因为古格长韵以纪之云。[1]

天台山为越之东南名山之一，唐改州称台州，即因天台山以为名。天台山之盛名传于天下，一缘于其所具有的天然的山水形胜，二缘于东晋时作家孙绰著赋以称扬，三则与其所具有的宗教蕴涵有关。（嘉定）《赤城志》即云："台以山名州，自孙绰一赋，光价殆十倍。今以其所登载，质之见闻，秀概神标，炳炳如星日，非若野史浪记谈河说海诬诞而不经也。按道书，洞天福地于是邦为盛。夫神仙之事，虽圣贤所不齿，然必有灵区异境而后宅焉。故州于东南，无虑百数，而台山之诡异巉绝，独称雄于世，闤阓之间家面岾帻，亦他邦所无也。夫岂以其巉然之阜、卷然之石，能使人铺说而诵咏哉？隐几澄思，必有得诸其山之外者矣。"[2]天台山虽以神秀幽隽著称，但早期却未能如五岳一般著名天下而为登临览胜者所趋鹜。孙绰《游天台山赋》即慨叹："天台山者，盖山岳之神秀者也。涉海则有方丈、蓬莱，登陆则有四明天台。皆玄圣之所游化，灵仙之所窟宅。夫其峻极之状，嘉祥之美，穷山海之瑰富，尽人神之壮丽矣。所以不列于五岳，阙载于常典者，岂不以所立冥奥，其路幽迥。或倒景于重溟，或匿峰于千岭。始经魑魅之途，卒践无人之境。举世罕能登陟，王者莫由禋祀。故事绝于常篇，名标于奇纪。"[3]自东晋以后，随着士族之南下，东南逐渐得到开发，天台山之美，亦渐为人所关注，孙绰之赋天台，应是其在当时受到士人关注的表现之一。而这一时期志怪小说中演绎的"刘晨阮肇"故事，则既是当时人们对天台山充满好奇与兴趣的体现，同时也大大增强了天台山的文化魅力。

如果说六朝时期天台山主要是作为道教福地而著称的仙山，那么，隋唐以降，随着佛教势力的发展，天台山亦逐渐成为佛教弘法的重要空间。从方志所载看，六朝时期天

[1] 见孔延之《会稽掇英总集》卷四，文渊阁四库全书本。

[2] 陈耆卿（嘉定）《赤城志》卷一八，文渊阁四库全书本。

[3] 萧统《文选》卷一一，上海古籍出版社，1986年，第493—494页。

台山虽已有佛教寺院，但声名闻于天下的大寺则阙如，而至隋时这种情况有了大改观，其中智顗入天台创立国清寺，则是这一转变的标志。国清寺的创立，是佛教势力对天台这一道教色彩很浓的名山的强力介入。李邕《国清寺碑并序》记载云："国清寺者，隋开皇十八年智者大师之所建也。大师强植之根，已于千万佛所；本性之照，岂于一百年间？是以相眉雪光，慈目水净，入不住地，得无上缘。五部律仪，具分金界；三昧定力，更立宝山。始入天台，居于佛陇，则知冥符事现，玄感名征，构室者不立于空，托迹者必兴于物。是寺本题天台，先是大师尝梦定光禅师教曰：'寺若成，国必清。'大业元年，僧智璪启其禅以为号，炀帝从而改焉。至义宁之初，寺宇方就，事属皇运，言符圣僧。"[1]智顗初入天台，居于佛陇，当时尚未有寺院之创设，他借助定光禅师托梦之语，发出了向政治力量靠拢的信号。果然，他后来得到了隋炀帝的帮助，完成了寺院的创设，以"至义宁之初，寺宇方就，事属皇运，言符圣僧"，完成了寺院创设与政治神话的呼应，而国清寺也藉此在原本以道教为主的天台山赢得了自己新的发展空间。国清寺这一与世俗政治结合的遗风，后来也再次得到体现。李华《台州乾元国清寺碑》载云："天宝十五载，逆将犯阙，虏尘翳郊庙。上皇哀苍生，避狄幸蜀；皇帝誓复君父之耻，理兵于朔方。避狄，仁之盛也；复耻，孝之大也。惟仁盛孝大，故不逾年而收京师，奉陵寝。凶孽走而天降之戮，化气和而人至于道。巍巍乎！尧舜之烈，不足比崇。天子齐心玄默，运行慈煦，为元吉卿士妙讲化之宗，以为五帝三王之道，皆如来六度之余也。厥初生人，降及中古，君臣父子，日用而不知，故元圣师竺乾而升有古。先师宣尼有言：三皇五帝，皆非圣者，而西方有圣人，其为大千之尊，乳育群圣明矣。夫玉帛非为礼之本，舍玉帛则无以为礼；象饰岂施教之源，舍象饰则无以为教。建塔庙为礼容，履霜坚冰，物有其渐，于是卿士从，兆人从，九围之中，列刹相望矣。盈川，非古邑也，襟东江西山，因而城之。寺在远郊，信者劳止。自官吏耆耋，至于商旅，咸以津梁未建，为愧为羞。邑城之西，有净名废寺，背连山而面通川。杉栝昼暝，缁褐经行；寒潭夕清，车马无声，境胜心闲，十金果成。耆寿徐君赞、录事徐知古等请于县令陇西李公平，平请于前刺史赵郡李公丹，丹请于河南等五道度支使御史中丞京兆第五公琦，琦闻于天子，墨制曰可。僧义璇等伏以乾元之初，元恶扫除，国步既清，庙易名牓，因改曰'乾元国清寺'，昭睿功也。"[2]将安史之乱的平定，王朝之中兴，再次和国清寺联系起来，并赐以新的寺额

[1]《全唐文》卷二六二，第1176页。

[2] 同上书，卷三一八，第1425页。

“乾元国清寺”。

国清寺在天台山的创建，标志着天台山的宗教蕴涵从此兼有了佛、道二家的特色。其中道观也不乏著名者，如金庭观即被认为处于天台北门第二十七洞天桐柏洞中，为天台山水最佳胜处。这种佛、道兼具的天台山文化特色，在唐人的诗歌中，也不乏有所表现。许浑的《早发天台中岩寺度关岭次天姥岑》诗即写道：“来往天台天姥间，欲求真诀驻衰颜。星河半落岩前寺，云雾初开岭上关。丹壑树多风浩浩，碧溪苔浅水潺潺。可知刘阮逢人处，行尽深山又是山。”吴越僧的《武肃王有旨，石桥设斋会进一诗，共六首》其二也有句云：“仙源佛窟有天台，今古嘉名遍九垓。石磴嵌空神匠出，瀑泉雄壮雨声来。景强偏感高僧上，地胜能令远思开。一等翘诚依此处，自然灵贶作梯媒。”其中“仙源佛窟有天台”诗句，可以看作是对天台山所具有的佛、道二教共享的宗教特色的体认与概括。

但是从更多的诗歌表现来看，天台山在唐人心中，对佛教的体认已大大超越对道教的体认。一是僧人似已将天台当作佛教的圣地，唐诗中送人尤其是送僧人赴天台之诗，为数甚众，其大都是以佛教为旨归的。如“孤云出岫本无依，胜境名山即是归。久向吴门游好寺，还思越水洗尘机。浙江涛惊狮子吼，稽岭峰疑灵鹫飞。更入天台石桥去，垂珠璀璨拂三衣”（刘禹锡《送元简上人适越》），“天台山最高，动蹑赤城霞。何以静双目，扫山除妄花。何以洁其性，滤泉去泥沙。灵境物皆直，万松无一斜。月中见心近，云外将俗赊。山兽护方丈，山猿捧袈裟。遗身独得身，笑我牵名华”（孟郊《送超上人归天台》），等等。二是在书写佛寺情境时，天台也常作为佛教名寺指代的对象。如方干《寒食宿先天寺无可上人房》：“双扉桧下开，寄宿石房苔。幡北灯花动，城西雪霰来。收棋想云梦，罢茗议天台。同忆前年腊，师初白阁回。”张乔《游歙州兴唐寺》：“山桥通绝境，到此忆天台。竹里寻幽径，云边上古台。鸟归残照出，钟断细泉来。为爱澄溪月，因成隔宿回。”除此之外，唐人有时也还赋予其更复杂丰富的意义，如任华《送虔上人归会稽觐省便游天台山序》：

图书所载名山，如天台者鲜矣，故老莱游于斯，应真游于斯，虔上人亦游于斯。老莱崇于孝者也，应真崇于道者也，二公之美，上人兼而有焉。上人缁侣之澄、肇，词场之沈、谢，读尽贝叶，能了于空，净如莲花，不着于水。不然，安得众君子礼敬若是焉？言归膝下，则孝名为戒；将游物外，而朗咏长川。岂徒荫长松以隐身，承瀑布以洗足？是将采掇灵药，搜访仙经，归献北堂，永同西母也。镜湖秋月，当见色空；稽山片云，能引诗兴；剡溪白鸟，知尔无机；云门疏钟，讶君来暮，岂不谓然耶？[1]

其中还将具有儒家孝道特色的老莱子融入天台山的文化中。但从总体来看，天台在唐人诗人中，由于国清寺及智顗的巨大影响，其作为佛教空间的意象象征，则占有绝对的比重。因此可以说，从六朝以来作为道教福地著名的天台山，经过隋唐的演变，在唐人诗文中，已经成为以佛教蕴涵为主要特色的典型的文学地理意象。

浙东属古越之地，自晋宋以降，为江南最具有魅力的地区，至唐代有众多的文人留恋吟咏，也留下了大量精彩的华章。而佛教寺院，作为实体性的空间存在，由于儒释交流的流风余韵的影响，成为众多文人栖息、流连、交往的场所，这些佛寺空间中的歌唱和活动、围绕浙东佛教寺院形成的文学景观以及唐代诗文中以浙东佛教为蕴涵形成的典型性的本土文学地理意象，都是唐代文学研究中值得总结与关注的，对其进行深入研究，不仅对于挖掘浙东宗教空间的文学特色很有价值，同时对于揭示唐代文学中佛教文学景观及其意义，也将大有裨益。“闻道稽山去，偏宜谢客才。千岩泉洒落，万壑树萦回。东海横秦望，西陵绕越台。湖清霜镜晓，涛白雪山来。八月枚乘笔，三吴张翰杯。此中多逸兴，早晚向天台。”（李白《送友人寻越中山水》）山水、才藻、宗教，可以说是浙东地域文化的基本内涵与主要特征，同时也是浙东佛教寺院题材文学书写的主要对象。

本文原刊于《中国俗文化研究》第十七辑

（李芳民，西北大学文学院教授。）

[1] 见《全唐文》卷三七六，第1691页。

岑参边塞诗：唐代两京文人情调在西部边塞土壤中结出的硕果

胡永杰

岑参是边塞诗苑中少有的对边塞风光持欣赏态度，并以细致奇丽的笔触给予大量描画展示的诗人。他的边塞诗不仅数量多、艺术成就高，而且在边塞诗发展史上也具有开创性或开拓性意义。

中国古代边塞之地历来为汉民族和周边少数民族的冲突或战争之地，而且这里艰苦苍凉的环境、离家万里的地理位置也和人们的生存、生活构成冲突。将士和文人们置身于此，多是为了戍边、战争和出使行旅等，这导致中原文人对边塞之地的认识、体验和吟咏以民族的冲突、环境的艰苦、遭遇的惨烈及内心情感的激愤愁苦等内涵为主导，很难以一种平静的心态、欣赏的眼光去予以审视和体验，具有显著的悲剧性特征。所以，除了一些文人或僧侣的西域旅行记，如玄奘的《大唐西域记》等，能对西域或西部地区自然环境、风土人情作较为客观具体的描叙外，诗人们在以两京为主的中原文坛中那种固有的风流逸韵、高情雅致在边塞之地几乎没有绽放的机会。边塞诗的内容长期以来都是以描述杀敌报国的情怀、建功立业的志向、边地生活的艰苦、遭际的凄惨、心情的孤寂愁苦及思乡怀归等为主。

纵观历代边塞诗歌，真正以欣赏的眼光去审视、描状边塞之地者，当首推岑参。他真正把中原文人的生活方式、审美情调带进了边塞之地，其边塞诗的独特风貌和成就取得，与此不无关系。

一、诗酒风流与塞上豪情

诗酒雅集、赠答酬唱，是中原文人生活的基本方式之一，也是其诗歌产生的主要环境之一。这一风气，唐代尤盛，特别是在两京之地，几无断绝。如高宗时期洛阳高正臣林亭中举行的几次宴集，与会文人达十数位，相关诗歌后来还被编为《高氏三宴诗集》。岑参长期在洛阳、长安一带居住，自然也深染了这一风气。如他曾和高适、储光曦、杜甫登临长安慈恩寺塔，同题赋诗。他的《崔驸马山池重送宇文明府得苗字》诗云："竹里过红桥，花间藉绿苗。池凉醒别酒，山翠拂行镳。"（《全唐诗》卷200）[1]《送胡象落第归王屋别业》诗云："置酒聊相送，青门一醉眠。"（《全唐诗》卷200）《与鄠县源少府泛洋陂得人字》诗："载酒入天色，水凉难醉人。清摇县郭动，碧洗云山新。吹笛惊白鹭，垂竿跳紫鳞。怜君公事后，陂上日娱宾。"（《全唐诗》卷200）总之，包括岑参在内的唐代两京文人关于这类生活的描写在诗歌中比比皆是，无需赘述，这是他们日常化的一种生活方式。但这种诗酒风流的风气在边塞诗中很少体现。唐代边塞军幕中宴饮娱乐生活当也时常存在，如高适《燕歌行》中云："战士军前半死生，美人帐下犹歌舞。"（《全唐诗》卷213）不过诗人们对于此种生活很难有吟咏的雅兴，偶有写及，也是像高适这样出于批判的态度。

岑参则把这种诗酒风流的生活和情调带进了边塞诗中。他天宝八载（749）至十载（751）入安西节度使高仙芝幕，天宝十三载（754）至至德元载（756）在北庭节度使封常清幕，有两段较长时间的边塞生活。[2]在西部边塞之地，他共有40余首诗歌留存，其中同僚友朋间的宴集送行、酬唱赠答之作达30余首。如《临洮泛舟赵仙舟自北庭罢使还京》《凉州馆中与诸判官夜集》《酒泉太守席上醉后作》《武威送刘判官赴碛西行军》《敦煌太守后庭歌》《送李副使赴碛西官军》《玉门关盖将军歌》《白雪歌送武判官归京》《热海行送崔侍御还京》《轮台歌奉送封大夫出师西征》《走马川行奉送出师西征》《奉陪封大夫宴得征字时封公兼鸿胪卿》《奉陪封大夫九日登高》《陪封大夫宴瀚海亭纳凉得时字》《北庭西郊候封大夫受降回军献上》《使交河郡，郡在火山脚，其地苦热无雨雪，献封大夫》《献封大夫破播仙凯歌六首》《敷水歌送窦渐入京》《天山雪歌送萧治归京》《火山云歌送别》《行军雪后月夜宴王卿家》《登北庭北楼呈幕中诸公》《北庭贻宗学士道别》《赵将军歌》《北庭作送李别将摄伊吾令充使赴武威》《送四镇薛侍御东归》等。可见，宴集酬唱是其边塞之作产生的主要环境和动因。

我们来看他诗中的具体描写。《北庭贻宗学士道别》诗云："忽来轮台下，相见披心胸。饮酒对春草，弹棋闻夜钟。"（《全唐诗》卷198）这和两京中的文士生活情形几无二致，何其风雅！《行军雪后月夜宴王卿家》诗云："子夜雪华余，卿家月影初。酒香薰枕席，炉气暖轩除。晚岁宦情薄，行军欢宴疏。相逢剩取醉，身外尽空虚。"（《全唐诗》

[1]《全唐诗》，中华书局，1960年。按，本文引岑参诗据《全唐诗》者，皆为此本，下不一一出注。

[2] 据陈铁民、侯忠义《岑参集校注·岑参年谱》，上海古籍出版社，1981年，第481—492页。

卷200）诗中虽带悲凉之气，但两人雪后月夜对酒的幽雅，依旧洋溢着两京文人的韵致。《奉陪封大夫九日登高》诗云："九日黄花酒，登高会昔闻。霜威逐亚相，杀气傍中军。横笛惊征雁，娇歌落塞云。边头幸无事，醉舞荷吾君。"（《全唐诗》卷200）秋日登高置酒赋诗，乃中原文人的传统，岑参和封常清等在北庭之地演绎此事，苍凉劲烈的景象与天高气爽、诗酒风流的韵致相互交融辉映，可谓别有一番风味。《白雪歌送武判官归京》诗云："中军置酒饮归客，胡琴琵琶与羌笛。纷纷暮雪下辕门，风掣红旗冻不翻。轮台东门送君去，去时雪满天山路。山回路转不见君，雪上空留马行处。"（《全唐诗》卷199）诗酒饯别，也是两京文人风气，在边塞的漫漫雪景和军帐的豪情异韵中款款送别，也是一种格外动人的别样风致。

可见，岑参把两京文人诗酒风流的生活方式带到了西部边塞之地，对这里文学活动的兴盛及边塞诗的发展都会有促进作用。因为文人宴集是一种审美化、诗化的生活方式。这种场合中，诗和酒是其基本构成要素，本身就可看作文学活动。而且这是文人的群体活动，在酒和诗的佐助下，易于激发较高的兴致，不会像在"烽火城西百尺楼，黄昏独上海风秋"（王昌龄《从军行七首》其一，《全唐诗》卷143）、"不知何处吹芦管，一夜征人尽望乡"（李益《夜上受降城闻笛》《全唐诗》卷283）那样的环境中，易于产生孤独哀愁之感。但另一方面，两京环境中，诗酒宴集场合产生的诗歌又往往具有风雅有余，骨力不足，个性不够鲜明等特点。岑参把这种生活方式带进西部边塞，其实也给文人风雅的情调与边地环境融合带来了契机。由此看岑参的边塞诗，我们关注上文所论他给边塞之地文学带来风雅韵致的一面的同时，也需关注边塞风情气质带给他诗歌奇异之彩和豪壮之气的另一面。上举《奉陪封大夫九日登高》《白雪歌送武判官归京》等诗都是两京文人情调和西部边塞气质完美融合的典型例子，其他如《北庭贻宗学士道别》诗，即便在"饮酒对春草，弹棋闻夜钟"的幽雅之中，也有着"今且还龟兹，臂上悬角弓。平沙向旅馆，匹马随飞鸿。孤城倚大碛，海气迎边空。四月犹自寒，天山雪濛濛"的劲健苍茫之气。

所以说，岑参的边塞诗实乃两京文人诗意的生活方式和审美眼光与西部边塞地区的风土、风情、风物等相互交流、相互促进的产物，是两者交融结出的独特而丰硕的果实。

二、山水耽赏与异域奇观

岑参边塞诗中，最为人所称赏者无疑是他对奇丽壮观的塞上景色的描绘。对于边塞环境，以前诗歌中也常有描写，但多是为烘托戍边、征战将士们惨烈的遭际、孤苦的生活或英勇豪迈的气概等情事而加以涉及，诗中对其态度也多是畏怯愁怨，而非欣赏，总体而言环境或景物自身并没有获得独立的审美地位。像王维《使至塞上》“大漠孤烟直，长河落日圆”（《全唐诗》卷 126）、李白《关山月》“明月出天山，苍茫云海间”（《全唐诗》卷 163）这样的描绘，岑参之前是很少见的。

岑参笔下开始出现大量对边塞风光持欣赏和审美化态度的作品。如《白雪歌送武判官归京》中所描状：“北风卷地白草折，胡天八月即飞雪。忽然一夜春风来，千树万树梨花开。散入珠帘湿罗幕，狐裘不暖锦衾薄。将军角弓不得控，都护铁衣冷难著。瀚海阑干百丈冰，愁云黪淡万里凝。”（《全唐诗》卷 199）这首诗本是宴集送别之作，却以如此大段的景色描状发端，明显可以感受到他内心对此瑰奇壮观景色涌动着难抑的激赏之情。再如：

> 天山有雪常不开，千峰万岭雪崔嵬。北风夜卷赤亭口，一夜天山雪更厚。能兼汉月照银山，复逐胡风过铁关。交河城边飞鸟绝，轮台路上马蹄滑。晻霭寒氛万里凝，阑干阴崖千丈冰。将军狐裘卧不暖，都护宝刀冻欲断。（《天山雪歌送萧治归京》《全唐诗》卷 199）
>
> 火山突兀赤亭口，火山五月火云厚。火云满山凝未开，飞鸟千里不敢来。平明乍逐胡风断，薄暮浑随塞雨回。缭绕斜吞铁关树，氛氲半掩交河戍。迢迢征路火山东，山上孤云随马去。（《火山云歌送别》《全唐诗》卷 199）
>
> 君不见走马川行雪海边，平沙莽莽黄入天。轮台九月风夜吼，一川碎石大如斗，随风满地石乱走。（《走马川行奉送出师西征》《全唐诗》卷 199）

这些诗歌和《白雪歌送武判官归京》一样，都是送行之作，但开篇却都是对西部之地景色的纵情歌咏，可看出他心中那股难耐的激赏之情。

岑参何以能对边塞之地景色有如此喜爱或欣赏的态度？其中原因当比较多样，很难简单地归结于某一或某些因素。但有三个方面比较重要，值得探讨。第一是当时西部边塞地区相对安定的形势，使他有闲暇和平静的心态去欣赏边地风光。第二是岑参在两京文人都市与山林两种生活兼顾的风气中形成的对山水自然景色的耽赏之情。第三是岑参之前的审美趣味中就具有“好奇”的特点。第一个原因后文将作专门谈论，这里仅对后两者略作分析。

唐代两京文人生活中一个很突出的现象是，这种生活并不是单一的仕宦生活，而是都市仕宦和城外山林隐居兼顾的状态。如初唐时期宋之问等“方外十友”即是兼顾在洛城内干谒仕宦和在嵩山隐居学道两种生活；[1]盛唐时王维在长安也曾亦官亦隐，兼顾朝中为官和辋川别业隐居两种生活。这是唐代两京文人普遍的生活状态，这样的生活状态下文人们与山水自然的联系大为加强，使山林隐居、山水游赏成为他们日常化、常态化的生活方式或生活内容，无疑会培养文人们对山水自然的热爱之情和欣赏眼光。岑参也不例外，他在洛阳的嵩山、陆浑山、缑氏山、王屋山，长安终南山的高冠潭口都曾隐居过，就如他《感旧赋并序》中所云：“十五隐于嵩阳，二十献书阙下。”“我从东山，献书西周，出入二郡，蹉跎十秋。”[2]岑参在洛阳、长安期间，山水、隐逸之作占据其诗歌的主要位置。如可能为他现存最早的诗歌即描写的山中隐居生活：“田中开白室，林下闭玄关。卷迹人方处，无心云自闲。竹深喧暮鸟，花缺露春山。胜事那能说，王孙去未还。”（《丘中春卧寄王子》）[3]又如《缑山西峰草堂作》诗云：“结庐对中岳，青翠常在门。遂耽水木兴，尽作渔樵言。”（《全唐诗》卷198）《自潘陵尖还少室居止秋夕凭眺》诗云：“草堂近少室，夜静闻风松。月出潘陵尖，照见十六峰。九月山叶赤，谿云淡秋容。火点伊阳村，烟深嵩角钟。”（《全唐诗》卷198）《因假归白阁西草堂》诗云：“雷声傍太白，雨在八九峰。东望白阁云，半入紫阁松。胜概纷满目，衡门趣弥浓。”（《全唐诗》卷198）都表现出他对山林隐居生活和山水风光的耽爱之情。

岑参对山水景观的耽爱中还具有显著的“好奇”倾向。如杜甫即称他：“岑参兄弟皆好奇，携我远来游渼陂。”（《渼陂行》）[4]《河岳英灵集》评价他诗歌也云：“参诗语奇体峻，意亦造奇。至如‘长风吹白茅，野火烧古桑’，可谓逸才。又‘山风吹空林，飒飒如有人’，宜称幽致也。”[5]《河岳英灵集》所选岑参诗歌主要是他在洛阳、长安时之作，内容以描绘山水景色和隐居生活为主，并非就其边塞诗而言。[6]上引“月出潘陵尖，照见十六峰。九月山叶赤，谿云淡秋容”“雷声傍太白，雨在八九峰。东望白阁云，半入紫阁

[1] 胡永杰《宋之问：别业与吏隐生活》对相关问题有过探讨，可参看《光明日报》，2019年7月29日。

[2] 陈铁民、侯忠义《岑参集校注》卷五，第437、439页。

[3] 同上书，卷一，第1页。

[4] 萧涤非《杜甫全集校注》卷二，人民文学出版社，2014年，第443页。

[5] 傅璇琮《唐人选唐诗新编·河岳英灵集》（卷中），中华书局，2014年。

[6]《河岳英灵集》所选诗歌起于开元二年（714），止于天宝十二载（753），岑参则于天宝八载（749）至十载（751）入安西节度使高仙芝幕，天宝十三载（754）至肃宗至德元载（756）在北庭节度使封常清幕。殷璠编选《河岳英灵集》时，岑参的北庭之作尚未产生。

松”等句，也都有着奇警俊逸的特点。可见，岑参早年在两京的山林隐居生活中已经具有了对山水自然的耽赏之情，并在审美趣味和风格上表现出超出一般的俊逸奇警特征。

岑参带着这种对山水自然的耽爱情怀和“好奇”眼光来到西部边塞，这里雄伟的雪山火山、广袤的大漠原野、超乎想象的狂风大雪，处处都是雄奇壮丽、触目惊心的景象。在这样的景色面前，更容易激发出他的惊奇激赏之情。总之，以上几个因素为岑参能够以欣赏的心态和眼光去看待西部边塞风光提供了条件。而从边塞诗发展的角度看，岑参的到来也为边塞环境和风光在诗歌中获得独立的审美地位，以鲜明、瑰奇、富于个性的形象出现在诗歌中，提供了契机。而从中原与西部边塞之地审美交流的角度看，岑参则为两京文人热爱自然山水的趣味情调，欣赏自然山水的眼光、观念，流播于西部边塞地区提供了契机；为西部边地自然环境涂上美的色彩、韵味提供了契机；也为中原两京幽雅、高逸的文学情调植根于边塞之土，吸收其奇异壮丽的色彩，雄劲苍茫的气骨，从而结出新的果实，提供了契机。而且，岑参在边塞诗中也以其实绩较为完美地实现了这样的交融。

三、园林幽致与边塞风骨

还值得注意的是，岑参把两京文人园林别业的生活方式也带进了边塞之地。他在《优钵罗花歌序》中曾提及在北庭营建园林之事：

> 天宝景申岁，参忝大理评事，摄监察御史，领伊西北庭支度副使。自公多暇，乃于府庭内栽树种药，为山凿池，婆娑乎其间，足以寄傲。[1]

天宝景（丙）申岁即天宝十五载（756），岑参这时在北庭节度使封常清幕中任支度副使。他此次在北庭约三年时间［天宝十三载（754）夏秋间至至德二载（757）六月之前］，[2] 遂在支度府院中营建园林。他在《优钵罗花歌》诗中也云：“移根在庭，媚我公堂。”《使院中新栽柏树子呈李十五栖筠》又云：“爱尔青青色，移根此地来。不曾台上种，留向碛中栽。脆叶欺门柳，狂花笑院梅。”（《全唐诗》卷200）可见他对这个园林的营建颇为精心，不仅“栽树种药，为山凿池”，种植梅柳，而且还把中原之地的柏树、生长于天山的

［1］陈铁民、侯忠义《岑参集校注》卷二，第179页。

［2］据陈铁民、侯忠义《岑参集校注·岑参年谱》，第487—492页。

优钵罗花移植于此。

园林别业生活本为唐代中原文人，特别是两京地区文人中极盛行的一种生活方式，当时在长安、洛阳一带居住的文人几乎人人都有园林别业。[1]岑参长期在两京居住，自然也不例外。所知者，他在洛阳一带有王屋山别业、嵩阳少室别业、缑氏山别业、陆浑别业，[2]在长安则有高冠草堂等别业。[3]但文人们在边塞之地营建园林别业，把两京生活中园林别业栖居的幽致带入西部地区者却很少见。岑参是仅见的这样一位诗人。可见他在两京时受这种园林别业的遗世“寄傲”幽致沾染甚深，即便短暂地在边塞军中，也难以割舍这种生活。他把中原的柏树“移根此地来”“留向碛中栽”，其实也是把两京文人园林别业生活中的幽情雅致移植到了西部边塞。

岑参在北庭这个园林中的诗作留存不多，仅有《优钵罗花歌》《使院中新栽柏树子呈李十五栖筠》两首：

> 白山南，赤山北，其间有花人不识，绿茎碧叶好颜色。叶六瓣，花九房，夜掩朝开多异香，何不生彼中国兮生西方。移根在庭，媚我公堂，耻与众草之为伍，何亭亭而独芳。何不为人之所赏兮，深山穷谷委严霜。吾窃悲阳关道路长，曾不得献于君王。（《优钵罗花歌》《全唐诗》卷199）
>
> 爱尔青青色，移根此地来。不曾台上种，留向碛中栽。脆叶欺门柳，狂花笑院梅。不须愁岁晚，霜露岂能摧。（《使院中新栽柏树子呈李十五栖筠》《全唐诗》卷200）

这两首诗，一首专咏西部边地的优钵罗花，一首写中原的柏树，但它们都具有中原审美内涵和西部边塞环境融合的特点。

柏和松常常并称，乃中原文人生活和审美中常有之物，作为坚贞不屈、高洁独立等品质的象征。岑参以前也曾咏及，如《范公丛竹歌》云：“君莫爱南山松树枝，竹色四时也不移。寒天草木黄落尽，犹自青青君始知。”（《全唐诗》卷199）《感遇》诗云：“君不

[1] 参看李浩《唐代园林别业考论》（修订版），西北大学出版社，1996年；《唐代园林别业考录》，上海古籍出版社，2005年。

[2] 参看岑参《南池夜宿思王屋青萝旧斋》《自潘陵尖还少室居止秋夕凭眺》《感旧赋并序》《缑山西峰草堂作》《巴南舟中思陆浑别业》等诗。

[3] 参看岑参《初授官题高冠草堂》《终南山双峰草堂作》《因假归白阁西草堂》《早发焉耆怀终南别业》《宿蒲关东店忆杜陵别业》《过酒泉忆杜陵别业》等诗。

见拂云百丈青松柯，纵使秋风无奈何，四时常作青黛色，可怜杜花不相识。”（《全唐诗》卷199）《使院中新栽柏树子呈李十五栖筠》诗中，柏树的品格在内涵上和他以前所写并无不同，没有刻意翻新出奇，但这首诗的境界却翻进了一层，显得更为动人。其原因正在于这里柏树所处的环境不同，乃是从中原移根于边地，它的生长环境不再是备受人们呵护的“台上”，而是艰苦至极的“碛中”。在西陲荒凉之地，在梅、柳皆惶然失色的背景中，柏树不仅不减其苍翠之色，而且其劲健的品格和“碛中”环境反而相得益彰，更为契合。可见，这里诗歌的境界得以升华，主要就是得益于边地环境对中原意象的磨砺和烘托。它成为两京文人精神、审美情调在西部边地土壤中播种、开花、结果之情形的象征。

优钵罗花则是纯粹的异域之花，自然会具有奇异的特点，岑参在《优钵罗花歌序》中对此专门作了详细的描写：

> 交河小吏有献此花者，云得之于天山之南。其状异于众草，势巃嵸如冠弁；嶷然上耸，生不傍引；攒花中折，骈叶外包；异香腾风，秀色媚景。[1]

岑参作为中原来的诗人，不可避免地会以故有的审美眼光视之，所以从它身上读出了亭亭独芳、清高独守这种深谷幽兰般的品质，这其实是中原文士固有的品节和审美趣味。但这种品格寄寓于异域之花，绽放于遥远苍凉的边塞之地，就显得格外珍奇而可贵。

总之，岑参在北庭园林中所作诗歌虽不多，这两首咏物诗及其序足可使我们窥得他在这里“寄傲”园林生活的情形。两首诗都是以两京文人的审美精神为内核，披以异域风物或环境的异彩，并在苍凉艰苦的环境中磨砺出独特的审美风骨。这同样也是两京文人情调与西域环境融合后的结晶。

四、岑参边塞诗独特成就形成的原因

从上文所论述可以看到，岑参的边塞诗之所以取得丰富多姿、独树一帜的成就，主要原因在于他把两京文人的生活方式带进了边塞之地。这种生活方式很大程度上是审美性的、文学化的，具有显著的文雅之气。这样的生活方式和情调显然有利于诗兴抒发和文学创作的兴盛，也利于他对边塞景象和风情持以欣赏和审美化的态度。但是，我们也

[1] 陈铁民、侯忠义《岑参集校注》卷二，第179—180页。

需注意，其实唐代边塞诗人基本都是两京文人，都具有这样的情调和生活方式，为什么大多数诗人在边塞生活和诗歌创作中没有把它们带入？这又和他们在边地所处的具体环境和生活状态有关。

岑参之所以能如此，离不开当时西部边地形势较为稳定的环境和他较为悠闲的生活状态；也和他在安西、北庭幕中与幕主高仙芝、封常清等关系较为融洽不无关系。这样的环境和状态下，他能够有平静的心态去欣赏边地风光及生活。关于此，岑参自己在诗中即反复谈及。如《首秋轮台》诗云："轮台万里地，无事历三年。"（《全唐诗》卷 200）《奉陪封大夫九日登高》诗："边头幸无事，醉舞荷吾君。"（《全唐诗》卷 200）《登北庭北楼呈幕中诸公》诗："上将新破胡，西郊绝烟埃。边城寂无事，抚剑空徘徊。幸得趋幕中，托身厕群才。"（《全唐诗》卷 198）《奉陪封大夫宴得征字时封公兼鸿胪卿》诗："西边虏尽平，何处更专征。幕下人无事，军中政已成。"（《全唐诗》卷 200）《使交河郡，郡在火山脚，其地苦热无雨雪，献封大夫》诗："军中日无事，醉舞倾金罍。"（《全唐诗》卷 198）这表明，天宝年间岑参在西部边地时，当时战事较少，生活颇为平静悠闲，这是他和同僚们能够践行雅集酬唱、诗酒风流生活的一个必要条件。

《凉州馆中与诸判官夜集》诗则云："河西幕中多故人，故人别来三五春。"（《全唐诗》卷 199）《北庭西郊候封大夫受降回军献上》诗云："何幸一书生，忽蒙国士知。侧身佐戎幕，敛衽事边陲。"（《全唐诗》卷 198）这则表明，当时西部边地幕府中文人较多，封常清等幕主又重视才士，相互关系较为和谐。这种人事环境无疑也为岑参经常践行文雅生活提供了条件和动力。

总之，岑参在西部边塞生活时间较长，又值当时环境较为安定，他的生活和心态都比较平静。作为在两京地区成长起来的诗人，他身上无疑会带有中原文人情调的种子，在此条件下，这些种子得以在边塞之地播撒，为西部地区带来了文雅之气。同时这些种子又吸取西部环境中的异域色彩、边地气骨、军中豪情等养分，结出了既富于中原文人情韵，又带有异域瑰奇气质的新的果实。从这个角度论，岑参的边塞诗可谓两京文人情调的种子在西部边塞土壤中结出的硕果。

（胡永杰，河南省社会科学院文学研究所副研究员。）

中唐“格诗”之诗体观念考

——以《中兴间气集》《白氏文集》为中心*

任雅芳

“格诗”一词内涵丰富，如唐末五代将符合科举规范的样本诗称为“格诗”，[1]明清一些诗论家则称律诗为“格诗”，[2]本文主要讨论的是中唐时期高仲武、白居易等人在诗文集中提出的作为诗体的“格诗”。关于中唐这一“格诗”的诗体概念，历来有两种说法最为流行。

一是将“格诗”基本等同于“齐梁格”。如清李锳《诗法易简录》卷三“齐梁体”按语云：“齐梁体为唐律所自出，乃由古入律之间，既异古调，又未成律，故别为一格。唐《白香山集》有格诗，李义山、温飞卿集皆有齐梁格诗，皆此体也。其诗有平仄而乏黏联，其句中调叶平仄亦在疏密之间。”[3]在此基础上，王力《汉语诗律学》总结出“格诗”的三大特点：“（一）只有五言，没有七言；（二）每句的平仄非常近律，除第三字不拘平仄外，其余平仄与律句完全相同；（三）常有拗黏，间有拗对。”[4]

二是将“格诗”视为律诗之外的所有古体诗歌之总称。如清汪立名编《白香山诗集》后集一“格诗凡八十九首”题下按语云：“唐人诗集中无号‘格诗’者，即大历以还，有‘齐梁格’‘元白格’‘元和格’‘葫芦’‘辘轳’‘进退’诸格，多兼律诗体而言，不专主古体也。顾‘格诗’之义虽亡考，而见诸公之文章者可证。《元少尹集序》：‘……著格诗若干首，律诗若干首，赋述铭记等若干首，合三十卷。’由是观之，格者但别于律诗之谓。公前集既分古调、乐府、歌行，以类各次于讽谕、闲适、感伤之卷，后集不复分类

* 本文为教育部人文社会科学研究青年基金项目“东亚文化圈中《白氏文集》的书籍史研究”（项目号18YJC751039）阶段性研究成果。

［1］参见《旧五代史·晋书·李怿传》载：“时常侍张文宝知贡举，中书奏落进士数人，仍请诏翰林学士院作一诗一赋，下贡部，为举人格样。学士窦梦征、张砺辈撰格诗格赋各一，送中书，宰相未以为允。”

［2］如清初王士禛（号阮亭）即称律诗为格诗。参见清赵执信《谈龙录》载：“顷见阮翁杂著，呼律诗为‘格诗’，是犹欧阳公以八分为隶也。”

［3］李锳《诗法易简录》，《续修四库全书》本，上海古籍出版社，2002年，1702册，第518页。

［4］王力《汉语诗律学》，上海教育出版社，2005年，第417页。

别卷，遂统称之曰‘格诗’耳。”[1]陈寅恪进一步对“格诗”作了狭义、广义的区分，其《论元白诗之分类》云：“就广义言之，格与律对言，格诗即今所谓古体诗，律诗即今所谓近体诗，此即汪氏所论者也。就狭义言之，格者，格力骨格之谓。”[2]

以上两种说法皆有可取之处，但亦有可讨论的空间。检唐人文集中较早提出“格诗”概念且有相应诗作保存的主要是高仲武所编的《中兴间气集》和白居易所撰的《白氏文集》，本文即主要通过分析此二集中格诗的收录情况及其平仄规律，探究“格诗”这一诗体观念的产生与“格诗”体式、体调之特点。

一、“格诗”体式特征：双头平仄律及换头术的应用

“格诗”即古诗，这一认识主要源于学者对《中兴间气集》《白氏文集》的考察。如《白氏文集》后集中“格诗歌行杂体”“格诗”等标目皆存，陈寅恪据此认为：“‘格诗’依乐天之意，唯其前集之古调诗始足以当之，然则《白氏长庆集》五一‘格诗’下复系歌行杂体者，即谓歌行杂体就广义言之固可视为格诗，若严格论之，尚与格诗微有别也。”[3]可见，《白氏文集》标目并不十分严密，细论歌行杂体当与格诗有别，故陈寅恪在定义“格诗”时，区分广义、狭义以求弥合其说。而狭义“格诗”当是这一概念延展的基础，“格诗”与古体诗的区别亦在此间，值得进一步探究。

《中兴间气集》所录孟云卿小序云：“余感孟君平生好古，著《格律异门论》及《谱》二篇以摄其统焉。”[4]王运熙据此认为：“所谓‘格律异门’，是说格诗、律诗创作门径不同。”“格诗和律诗对举，指古体诗。可见高仲武编选《中兴间气集》时，人们已用格诗称古体诗。”[5]虽将格诗等同于古体稍有泛化之意，但从其与律诗对举的角度来说，确实能够提示我们：“格诗”并非是在古体诗歌发展进程中自然形成的，而是在律体定型过程中自觉创造出与之有别的诗歌体式。那么，格诗的体式当受到律体的影响，不论是律化还是反律化，都会表现出一定的体式特点。相较而言，律体产生之前的古诗则未必有此鲜明倾向。

赵翼《瓯北诗话》云：“古来诗未有以‘格’称者，大历以后始有。”[6]“格诗”概念

[1] 汪立名编《白香山诗集》，文渊阁四库全书本，第六册，卷21，第1页。

[2] 陈寅恪《元白诗笺证稿》，商务印书馆，1962年，第319页。

[3] 同上。

[4] 傅璇琮、陈尚君、徐俊编《唐人选唐诗新编》，中华书局，2014年，第524页。

[5] 王运熙《唐人的诗体分类》，《中国文化》第十二期，第155页。

[6] 赵翼《瓯北诗话》卷四，凤凰出版社，2009年，第33页。

产生于中唐时期，《中兴间气集》是较早明确收录格诗的选集，高仲武《唐中兴间气集序》云："仲武不揆菲陋，辄罄謏闻，博访词林，采察谣俗，起自至德元首，终于大历十四年已未。述者二十六人，诗总一百三十四首，分为两卷，七言附之，略叙品汇人伦，命曰《中兴间气集》。"又云："今之所收，殆革前弊。但使体状风雅，理致清新，观者易心，听者竦耳，则朝野通取，格律兼收。"[1]序中明确写出"七言附之"，说明所谓的"格律兼收"当主要针对五言而发。其中孟云卿尤以古调著称，高仲武专为其作《格律异门论》，而集中所选孟诗皆为五言，恐怕格诗正宗即为五言。此外，白居易《白氏文集》之《后序》云："迩来复有格诗五十首……是时大和二年秋"，[2]查后集所录大和二年（828）及此前所作五言古诗之数与此相合，说明"格诗"当就五言而论。至于《白氏文集》卷目有些标明"格诗歌行杂体"，有些仅标"格诗"，当非严谨的诗体界定，而是说明卷中主要收录作品为格诗而已。[3]可见，"格诗"最初之体式应是从唐人五言诗的创作中生发出的，即便存有七言格诗，亦是由五言体式扩展而来。王力等学者认为格诗仅有五言，从格诗主体的创作情况来看，当属事实。

（一）"格诗"与传统五古之别

汉魏五古虽不似律诗那样声律严格，但自有其调声协韵的方式。《文镜秘府论》"调声"条云："以字轻重清浊间之须稳。至如有轻重者，有轻中重，重中轻，当韵之即见。且庄字全轻，霜字轻中重，疮字重中轻，床字全重。如清字全轻，青字全浊。诗上句第二字重中轻，不与下句第二字同声为一管。"[4]傅璇琮《〈河岳英灵集〉音律说探索》认为"轻重清浊"是指抑扬律，而非平仄律。汉魏古诗多符合此类调声法，如"罗衣何飘飖，长裾随风还"之句，虽不合平仄，却合于轻重清浊的抑扬关系。至于唐人的古诗创作，亦多遵循特殊的"拈二"律，即"一联出句第二字与对句第二字的平仄或清浊、轻重相反（即对），有时全篇用平仄，有时全篇兼用平仄和清浊、轻重。"[5]

从唐人格诗的创作实际来看，亦能看到对古诗"拈二"律的遵循，如果说汉魏古诗主要体现在抑扬律，那么格诗受到平仄律的影响则更为明显。在律体逐渐确立的过程中，

[1] 傅璇琮、陈尚君、徐俊编《唐人选唐诗新编》，第451页。

[2] 宋绍兴本作"迩来复有格诗"，要文抄本"格诗"下有"五十首"，参见谢思炜《白居易诗集校注》，中华书局，2017年，第1653页。

[3] 杜晓勤《六朝声律与唐诗体格》，北京大学出版社，2017年。"白集中'格诗'与'齐梁格诗'之关系"一节认为"格诗"卷并非是说卷中仅有此种诗体，而是突出格诗数量多或视其为重要诗体。

[4] 〔日〕遍照金刚撰、卢盛江校考《文镜秘府论汇校汇考》，中华书局，2015年，第108页。

[5] 傅璇琮、李珍华《河岳英灵集研究》，中华书局，1992年，第70—97页。

一些唐人总结的诗法保存了平仄律演进的面貌。如《文镜秘府论》载元兢《诗髓脑》“调声之术”有换头、护腰、相承。其中换头即“拈二”平仄律。具体而言，“换头者”：“此篇第一句头两字平，次句头两字去上入；次句头两字去上入，次句头两字平；次句头两字又平，次句头两字去上入；次句头两字又去上入，次句头两字又平。如此轮转，自初以终篇，名为双换头，是最善也。若不可得如此，则如篇首第二字是平，下句第二字是用去上入；次句第二字又用去上入，次句第二字又用平：如此轮转终篇，唯换第二字，其第一字与下句第一字用平不妨，此亦名为换头，然不及双换。”[1]兴膳宏《文镜秘府论译注》云：“元兢虽未用平仄的名称，但平声和上去入三声相对应，表明他事实上认识到平仄的概念。”换头术被认为是古体诗走向律化的重要一步，而格诗的创作对换头术的运用尤为值得注意。以《中兴间气集》所录五言古诗（即格诗主体）22 首为例，对其平仄分析如下：[2]

诗人	诗题	内容	平仄	声律特点
钱起	广德初銮驾出关后愁望之作	愁看秦川色，惨惨云景晦。 乾坤暂运行，品物遗覆载。 黄尘涨戎马，紫气随龙旂。 掩泣指关东，日月祆氛外。 臣心寄远水，朝海去如带。 周德更休明，天衢伫开泰。	平平平平仄，仄仄平仄仄。 平平仄仄平，仄仄中仄仄。 平平仄平仄，仄仄平平仄。 仄仄仄平平，仄仄平平仄。 平平仄仄仄，平仄仄平仄。 平仄中平平，平平仄平仄。	共 12 句。三仄调 1 句。“双头平仄”10 句，占 83.3%。
	太子李舍人城中别业与二三文士逃暑	下车失炎暑，重门深绿篁。 宫臣礼嘉客，林表开兰堂。 兹席兴难尽，澄罍照墨场。 鲜风吹印绶，密坐皆馨香。 美景惜文会，清吟迟羽觞。 东陵晚来好，极目趣何长。 鸟道挂疏雨，人家残夕阳。 城隅拥归骑，留醉恋琼芳。	仄平仄平仄，平平中仄平。 平平仄平仄，平仄平平平。 平仄中中仄，平平仄仄平。 中平中仄仄，仄仄平平平。 仄仄仄平仄，平平中仄平。 平平仄平仄，仄仄中平平。 仄仄仄平仄，平平平仄平。 平平仄平仄，中仄仄平平。	共 16 句。三平调 2 句。“双头平仄”14 句，占 87.5%。
李希仲	蓟北行	旄头有精芒，胡骑猎秋草。 羽檄南渡河，边庭用兵早。 汉家爱征战，宿将今已老。 辛苦羽林儿，从戎榆关道。 一身救边速，烽火通蓟门。 前军飞鸟断，格斗尘沙昏。 寒日鼓声急，单于夜将奔。 当复徇忠节，身死报国恩。	平平仄平平，平仄仄平仄。 仄仄平仄平，平平仄平仄。 仄平仄平仄，仄仄平仄仄。 平仄仄平平，平平平平仄。 仄平中平仄，平仄平仄平。 平平平仄仄，仄仄平平平。 平仄仄平仄，平平仄中平。 平仄仄平仄，平仄仄仄平。	共 16 句。三平调 1 句。“双头平仄”14 句，占 87.5%。然“复”一作“须”，则占 100%。

[1] 遍照金刚撰、卢盛江校考《文镜秘府论汇校汇考》，第 149 页。

[2] 傅璇琮、陈尚君、徐俊编《唐人选唐诗新编》，第 460—530 页。诗句的前两字一般被称作句头，平仄考察则重点落实在每句的第二字上。为方便表述，姑且以“双头平仄”指出句、对句的第二字平仄相对。如平仄相粘，轮转终篇，则标明“换头”。

续表

诗人	诗题	内容	平仄	声律特点
苏涣 嘉靖本、汲本题作《变律格诗》	变律诗	日月东西行，不照大荒北。 其中有毒龙，灵怪人莫测。 开目为辰光，闭目为夜色。 一开复一闭，明晦无休息。 居然六合内，旷哉天地德。 天地且不言，世人浪喧喧。	仄仄平平平，仄仄仄平仄。 平平仄仄平，平仄平仄仄。 平仄平平平，仄仄平仄仄。 仄平仄仄仄，平仄平平仄。 平平仄仄仄，仄平平仄仄。 平仄中仄平，仄平中平平。	共12句。三平、三仄调各2句，“双头平仄”6句，占50%。
	同前	毒蜂成一窠，高挂恶木枝。 行人百步外，目动魂亦飞。 长安大道边，挟弹谁家儿。 右手持金丸，引满无所疑。 一中纷下来，势若风雨随。 身如万箭攒，宛转迷所之。 徒有疾恶心，奈何不知几。	仄平平仄平，平仄仄仄平。 平平仄仄仄，仄仄平仄平。 平平仄仄平，仄仄平平平。 仄仄平平平，仄仄平仄平。 仄仄平仄平，仄仄平仄平。 平平仄仄平，中仄平仄平。 平仄仄仄平，仄平仄中平。	共14句。三平调2句，三仄调1句。“双头平仄”10句，占71.4%。
	同前	养蚕为素丝，叶尽蚕不老。 倾筐对空林，此意向谁道。 一女不得织，万夫受其寒。 一夫不得意，四海行路难。 祸亦不在大，福亦不在先。 世路险孟门，吾徒当勉旃。	仄平中仄平，仄仄平仄仄。 平平仄平平，仄仄仄平仄。 仄仄仄仄仄，仄平仄平平。 仄平仄仄仄，仄仄中仄平。 仄仄仄仄仄，仄仄仄仄平。 仄仄仄仄平，平平中仄平。	共12句。三仄调3句（五仄2句）。“双头平仄”10句，占83.3%。
郎士元	题刘相公三湘图	昔别醉衡霍，迩来忆南州。 今朝平津邸，再得潇湘游。 稍辨郢门树，依然芳杜洲。 微明三巴峡，咫尺万里流。 去鸟不知倦，远帆生暮愁。 涔阳指天末，北渚空悠悠。 枕上见渔父，坐中长狎鸥。 谁言魏阙下，自有东山幽。	仄仄仄平仄，仄平仄平平。 平平平平仄，仄仄平平平。 中仄仄平仄，平平平仄平。 平平平平仄，仄仄仄仄平。 仄仄仄平仄，仄平平仄平。 平平仄平仄，仄仄平平平。 仄仄仄平仄，仄平中仄平。 平平仄仄仄，仄仄平平平。	共16句。三平调3句，三仄调1句。“双头平仄”16句，占100%。换头。
李季兰	登山望阎子不至	望远试登山，山高湖水阔。 相思无晓夕，相望经年月。 郁郁山木荣，绵绵野花发。 别后无限情，逢君一时说。	仄仄仄平平，平平平仄仄。 平平平仄仄，平仄平平仄。 仄仄平仄平，平平仄平仄。 仄仄平仄平，平平仄平仄。	共8句。“双头平仄”8句，占100%。
窦参	湖上闲居之作	避影将息阴，自然知音稀。 向来深林中，偶亦有所窥。 飞鸟口衔食，引雏上高枝。 但各子其子，宁知宜不宜。 止止复何言，物情方自知。	仄仄中仄平，仄平平平平。 仄平平平平，仄仄仄仄平。 平仄仄平仄，仄平仄平平。 仄仄仄平仄，中平平仄平。 仄仄仄平平，仄平平仄平。	共10句。三平调2句（四平2句）。“双头平仄”10句，占100%。
	登潜山观	山势欲相抱，一条微径盘。 攀萝歇复行，始得凌仙坛。 闻道葛夫子，此中炼还丹。 丹成五色光，服之生羽翰。 灵草空自绿，余霞谁复餐。 至今步虚处，犹有孤飞鸾。 幽幽古殿门，下压浮云端。 万丈水声落，四时松色寒。 既入无何乡，转嫌人事难。 终当远尘俗，高卧从所安。	平仄仄中仄，仄平平仄平。 平平仄仄平，仄仄平平平。 中仄仄平仄，仄平仄平平。 平平仄仄平，仄平平仄中。 平仄平仄仄，平平平仄平。 仄平仄平仄，中仄平平平。 平平仄仄平，仄仄平平平。 仄仄仄平仄，仄平平仄平。 仄仄平平平，仄平平仄平。 平平仄平仄，平仄中仄平。	共20句。三平调4句。“双头平仄”18句，占90%。

续表

诗人	诗题	内容	平仄	声律特点
窦参	迁谪江表久未归而作	一自经放逐，徘徊无所从。 便为寒山云，不得随飞龙。 名岂不欲保，归岂不欲早。 久无三月资，难遂万里道。 离心与羁思，终日常草草。 人生年几齐，忧苦即先老。 谁能假羽翼，使我畅怀抱。	仄仄中仄仄，平平平仄平。 中平平平平，仄仄平平平。 平仄仄仄仄，平仄仄仄仄。 仄平平仄平，中仄仄仄仄。 平平仄平仄，平仄平仄仄。 平平平中中，平仄仄中仄。 平平仄仄仄，仄仄仄平仄。	共 14 句。三平调 2 句，三仄调 4 句（四仄 3 句）。“双头平仄”12 句，占 85.7%。
皇甫曾	赠霈禅师	南岳满湘沅，吾师经利涉。 身归沃洲老，名与支公接。 静教传荆吴，道缘止渔猎。 观色空不染，对境心自惬。 室中人寂寞，门外山重叠。 天台积幽梦，早晚更负笈。	平仄仄平中，平平中仄仄。 平平仄平仄，平仄平平仄。 仄仄平平平，仄平仄平仄。 中仄中仄仄，仄仄平仄仄。 仄平平仄仄，平仄平中仄。 平平仄平中，仄仄仄仄仄。	共 12 句。三平、三仄调各 1 句（五仄 1 句）。“双头平仄”10 句，占 83.3%。
孟云卿	夏末田园观雨兼晴后作	贫贱少情欲，借荒种南陂。 我非老农圃，安得良土宜。 秋成不廉俭，岁馀多馁饥。 顾视仓廪间，有粮不成炊。 晨登南原上，雨歇清蝉悲。 早麦既芃芃，晚田尚离离。 五行孰堪废，万物常及时。 贤哉数夫子，开翅情莫违。	平仄仄平仄，仄平仄平平。 仄平仄平仄，平仄平仄平。 平平仄平仄，仄平平仄平。 仄仄平仄中，仄平仄平平。 平平平平仄，仄仄平平平。 仄仄仄平平，仄平中平平。 仄平仄平仄，仄仄平仄平。 平平仄平仄，平仄平仄平。	共 16 句。三平调 1 句。“双头平仄”14 句，占 87.5%。
	汴河阻风	清晨自梁宋，挂席之楚城。 出浦风潮恶，傍滩舟欲横。 大河海东注，群动皆窅冥。 白雾鱼龙气，黄云牛虎形。 苍茫迷所适，危惧安暂宁。 信此天地内，孰于身命轻。 丈夫苟未达，所向须存诚。 前路舍舟去，东南应晚晴。	平平仄平仄，仄仄平仄平。 仄仄平平仄，中平平仄中。 仄平仄平仄，平仄平仄平。 仄仄平平仄，平平平仄平。 平平平仄仄，平仄平仄平。 中仄平仄仄，仄平平仄中。 仄平仄仄仄，仄仄平平平。 平仄仄平仄，平平中仄平。	共 16 句。三平、三仄调各 1 句。“双头平仄”16 句，占 100%。换头。
	邺城怀古	朝发淇水南，将寻北燕路。 魏家旧城阙，寥落无人住。 伊昔天地屯，曹公独中据。 群臣将北面，白日忽西暮。 三台竟寂寞，万事良难固。 雄图安在哉，衰草沾霜露。 崔嵬长河北，尚想应刘墓。 古树藏乖龙，荒茅伏秋兔。 永怀故池馆，数子连章句。 逸兴驱山河，雄词变云雾。 我行睹遗迹，精爽如相遇。 斗酒将酬君，悲风白杨树。	平仄平仄平，中平仄中仄。 仄平仄平仄，平仄平平仄。 平仄平仄平，平平仄中仄。 平平中仄仄，仄仄仄平仄。 平平仄仄仄，仄仄平平仄。 平平平仄平，平仄中平仄。 平平平平仄，中仄中平仄。 仄仄平平平，平平仄平仄。 仄平仄平仄，仄仄平平仄。 仄仄平平平，平平仄平仄。 仄平仄中仄，平仄中中仄。 仄仄平平平，平平仄平仄。	共 24 句。三平调 3 句，三仄调 1 句。“双头平仄”24 句，占 100%。

续表

诗人	诗题	内容	平仄	声律特点
孟云卿	伤情	为长心易忧，早孤意恒伤。 出门先踌躇，入户亦彷徨。 此生一何苦，前事安可忘。 兄弟先我没，孤幼盈我傍。 旧居近东南，河水新为梁。 松柏今在兹，君何思故乡。 四时与日月，万物各有常。 寒风一夕起，草木无不霜。 行行当自勉，不忍再思量。	中仄平仄平，仄平仄平平。 仄平平平平，仄仄仄平平。 仄平仄平仄，平仄平仄中。 平仄平仄仄，平仄平仄中。 仄平仄平平，平仄平平平。 平仄平仄平，平平中仄平。 仄平仄仄仄，仄仄仄仄平。 平平仄仄仄，仄仄平仄平。 平平平仄仄，仄仄仄平平。	共18句。三平、三仄调各2句（四平1句）。“双头平仄”16句，占88.9%。
	伤时二首	徘徊宋郊上，不见平生亲。 独立正伤心，悲风来孟津。 大方载群物，生死有常伦。 虎豹不相食，哀哉人食人。 岂伊逢世运，天道亮云云。	平平仄平仄，仄仄平平平。 仄仄中平平，平平平仄平。 仄平仄平仄，平仄仄平平。 仄仄仄中仄，平平平仄平。 仄平平仄仄，平仄仄平平。	共10句。三平调1句。“双头平仄”10句，占100%。换头。
		太虚流素月，三五何明明。 光耀侵白日，贤愚迷至精。 四时更变化，天道有亏盈。 常恐今夜没，须臾还复生。	仄平平仄仄，平仄平平平。 平仄平仄仄，平平平仄平。 仄平仄仄仄，平仄仄平平。 平仄平仄仄，平平平仄平。	共8句。三平、三仄各1句。“双头平仄”100%。换头。
刘湾	出塞曲	将军在重围，音信绝不通。 羽书如流星，飞入甘泉宫。 倚是并州儿，少年心胆雄。 一朝随召募，百战争王公。 去年桑干北，今年桑干东。 死是征人死，功是将军功。 汗马牧秋月，疲兵卧霜风。 仍传左贤王，更欲图云中。	平平仄平平，平仄仄仄平。 仄平平平平，平仄平平平。 仄仄平平平，仄平平仄平。 仄平平仄仄，仄仄平平平。 仄平平平仄，平平平平平。 仄仄平平仄，平仄平平平。 仄仄仄平仄，平平仄平平。 平平仄平平，中仄平平平。	共16句。三平调7句（四平、五平各1句）。“双头平仄”12句，占75%。
	虹县严孝子墓作	至性教不及，因心天所资。 礼闻三年丧，尔独终身期。 下由骨肉恩，上报父母慈。 礼闻哭有卒，汝独哀无时。 前后松柏林，荆棘结蒙笼。 墓门白云闭，泣血黄泉中。 草服蔽枯骨，垢容戴飞蓬。 举声哭苍天，万木皆悲风。	仄仄仄仄仄，平平平仄平。 仄平平平平，仄仄平平平。 仄平仄仄平，仄仄仄中平。 仄平仄仄仄，仄仄平平平。 平仄平仄平，平仄仄平平。 仄平仄平仄，仄仄平平平。 仄仄仄平仄，仄平仄平平。 仄平仄平平，仄仄平平平。	共16句。三平调5句（四平1句），三仄调2句（五仄1句）。“双头平仄”14句，占87.5%。
	李陵别苏武	汉武爱边功，李陵提步卒。 转战单于庭，身随汉军没。 李陵不爱死，心存归汉阙。 誓欲还国恩，不为匈奴屈。 身辱家已无，长居虎狼窟。 胡天无春风，虏地多积雪。 穷阴愁杀人，况与苏子别。 发声天地哀，执手肝肠绝。 白日为我阴，愁云为我结。 生为汉家臣，死为胡地骨。 万里长相思，终身望南月。	仄仄仄平平，仄平平仄仄。 仄仄平平平，平平仄平仄。 仄平仄仄仄，平平平仄仄。 仄仄平仄平，仄平平平仄。 平仄平仄平，中平仄平仄。 平平平平平，仄仄平仄仄。 平平平仄平，仄仄平仄仄。 仄平平仄平，仄仄平平仄。 仄仄仄仄平，平平仄仄仄。 平平仄平平，仄平平仄仄。 仄仄平平平，平平中平仄。	共22句。三平调3句（五平1句），三仄调2句。“双头平仄”18句，占81.8%。

续表

诗人	诗题	内容	平仄	声律特点
刘湾	云南行	百蛮乱南方，群盗皆蝟起。 军马疲中原，征伐从此始。 白门大和城，来往一万里。 去者无全生，十人九人死。 代马卧汤山，燕兵哭泸水。 妻行求死夫，父行求死子。 苍天满愁云，白骨积荒垒。 哀哀云南行，十万同已矣。	仄平仄平平，平仄平仄仄。 平仄平平平，平仄中仄仄。 仄平仄中平，平仄仄仄仄。 仄仄平平平，仄平仄平仄。 仄仄仄平平，中平仄平仄。 中平平仄平，仄平平仄仄。 平平仄平平，仄仄仄平中。 平平平平平，仄仄中仄仄。	共 16 句。三平调整 3 句（五平 1 句），四仄调 1 句。“双头平仄”12 句，占 75%。“军马”一作“骚然”，则占 87.5%。

通过上表分析，《中兴间气集》所录 22 首格诗中，换头者有 4 首。王力《汉语诗律学》称之为“新式五古”，即“出句第二字和对句第二字平仄相反，这是对；后一联的出句第二字和前一联的对句的第二字平仄相同，这是黏”。[1]这种新式五古已多见于王昌龄、孟浩然、王维等盛唐诗人的作品中，唐人的五古创作运用换头术，可谓受律体影响的一大新变。显然，运用换头术也是格诗的重要特点之一，但从数据来看，换头格诗仅占 18.2%。也就是说，新式五古仅是格诗最近律体之一步，不过就其多数而言，尚不能达到换头的程度。而换头术的前提是“双头平仄”的要求，即出句、对句第二字平仄相对，但两联之间未必相黏。通过上表分析，可以看出每首诗中“双头平仄”之句占比均在 50% 以上。这一点与汉魏五古区别显著。如以阮籍《咏怀》八十二首为例，[2]“双头平仄”在 50% 以下的有 23 首，占组诗四分之一强。可见，汉魏五古遵循注重轻重清浊的抑扬律，自然有相当一部分创作与平仄要求相差甚远。而《中兴间气集》所录格诗的“双头平仄”均在 50% 以上，此是唐人自觉追求所致。

通常古诗的律化程度由使用律句或律联的多少来判断，但以孟云卿《夏末田园观雨兼晴后作》、苏涣《变律诗》（其三）等诗为例，诗中并没有标准律联，而“双头平仄”则达到 87.5% 及 83.3%，由此角度亦可见其明显受平仄律影响。孟云卿作品被高仲武誉为“一时之英”，集中选录 6 首，其中 3 首换头，另外 3 首“双头平仄”分别占 87.5%、100% 和 88.9%，可见孟诗作为《格律异门论》之“格诗”代表，最鲜明的体式特点之一就是对“双头平仄”有一个较高的要求。

[1] 王力《汉语诗律学》，第 407 页。
[2] 陈伯君《阮籍集校注》，中华书局，1987 年，第 210—405 页。

通过分析《中兴间气集》所录22首作品，可知与古诗相比，“格诗”体式自有其特点。具体而言，大致可分为三种类型：第一，全诗换头，即“新式五古”；第二，全诗“双头平仄”；第三，半诗及以上“双头平仄”。

（二）“格诗”与“齐梁格”之别

唐诗作品中多有留存齐梁格诗，足见“齐梁格”作为一种诗歌体式在唐代的流行状况。从初盛唐及之前的齐梁格作品来看，或近于永明体、或律化程度很高，如《文镜秘府论》“调声”篇之“齐梁调诗”存张渭《题故人别业》、何逊《伤徐主簿》等诗。王力《汉语诗律学》认为“格诗”即“齐梁格”：“有些人以为格诗和普通五古并无分别，似乎因为看见普通五古也有拗对和拗黏；殊不知普通五古的平仄可以有拗句，而格诗则专用律句，或近律句，其分别是很显明的。后来刘长卿王昌龄诸人采用齐梁的律句和近律句而加以黏对，就成为新式的五古，李白杜甫诸人模仿陶谢，不取齐梁，就成为仿古的五古。这两条道路也是很显明的。”[1]可见，王力将多采齐梁律句和近律句且注重黏对的“新式五古”视为齐梁格的标准体式。

然而，唐人“齐梁格”的概念具有历时性，初唐至中唐所存的齐梁格作品，其体式标准并不统一。如中唐“齐梁格”的病犯现象非常突出，杜晓勤《六朝声律与唐诗体格》即通过分析白居易、刘禹锡等诗人的齐梁格声律，发现其有意犯永明诗律避忌的声病，可以说中唐的“齐梁格”是专门的病犯格。托名白居易的《金针诗格》云：“诗有齐梁格。四平头：谓四句皆平字入是也。两平头：谓第一句第三句用平字入是也。”可见，平头犯即“齐梁格”典型表现之一。“齐梁格”是在律体成立之后，反观齐梁时期诗歌在律化进程中表现出的独特性而生成的。简而言之，既近于律诗的文本面貌，又以失黏失对为体式特征。[2]

“格诗”确与“齐梁格”有交集，但并不等同。中唐齐梁格诗的体式要求使其不时特出于其他格诗作品之外。以《白氏文集》卷二一“格诗歌行杂体”为例，对其中五言作品的平仄分析如下：[3]

[1] 王力《汉语诗律学》，第417—418页。

[2] 邝行健《吴体与齐梁体》，《唐代文学研究》，1994年，第589—602页。

[3] 白居易《白氏文集》（影宋绍兴本），国家图书馆出版社，2017年，第四册，第1—26页。

诗题	内容	平仄	声律特点
郡斋旬假命宴呈座客示郡僚	公门日两衙，公假月三旬。 衙用决簿领，旬以会亲宾。 公多及私少，劳逸常不均。 况为剧郡长，安得闲宴频。 下车已三月，开筵始今晨。 初点军厨突，一拂郡榻尘。 既备献酬礼，亦具水陆珍。 萍醅箬溪醑，水鲙松江鳞。 侑食乐悬动，佐欢妓席陈。 风流吴中客，佳丽江南人。 歌节点随袂，舞香遗在茵。 清奏凝未阕，酡颜气已春。 众宾莫遽起，群僚且逡巡。 无轻一日醉，用犒九日勤。 微彼九日勤，何以治吾民。 微此一日醉，何以乐吾身。	平平仄仄中，平仄仄平平。 中仄仄仄仄，平仄仄中平。 平平仄平仄，中仄平仄平。 仄平仄仄中，平仄平仄平。 仄平仄平仄，平平仄平平。 平仄平平仄，仄仄仄仄平。 仄仄仄平仄，仄仄仄仄平。 平平仄平仄，仄仄平平平。 仄仄仄平仄，仄平仄仄中。 平平平平仄，平仄平平平。 平仄仄平仄，仄平中仄平。 平仄中仄仄，平平仄仄平。 仄平仄仄仄，平平中平平。 平平仄仄仄，仄仄仄仄平。 平仄仄仄平，平仄中平平。 平仄仄仄仄，平仄仄平平。	共32句。三平调2句，三仄调4句（四仄2句）。“双头平仄”18句，占56.3%。
题西亭	朝亦视簿书，暮亦视簿书。 簿书视未竟，蟋蟀鸣座隅。 始觉芳岁晚，复嗟尘务拘。 西园景多暇，可以少踌躇。 池鸟澹容与，桥柳高扶疏。 烟蔓嫋青薜，水花披白蕖。 何人造兹亭，华敞绰有余。 四檐轩鸟翅，复屋罗蜘蛛。 直廊抵曲房，窈窕深且虚。 修竹夹左右，清风来徐徐。 此宜宴嘉宾，鼓瑟吹笙竽。 荒淫即不可，废旷将何如。 幸有酒与乐，及时欢且娱。 忽其解郡印，他人来此居。	平仄仄仄平，仄仄仄仄平。 仄平仄仄仄，仄仄平仄平。 仄仄平仄仄，仄平平仄平。 平平仄平仄，仄仄仄平平。 平仄中平中，平仄平平平。 平仄仄平仄，仄平平仄平。 平平仄平平，中仄仄仄平。 仄平平仄仄，仄仄平平平。 仄平仄仄平，仄仄中中平。 平仄仄仄仄，平平平平平。 仄平仄平平，仄仄平平平。 平平仄仄仄，仄仄平平平。 仄仄仄仄仄，仄平平中平。 仄平仄仄仄，平平平仄平。	共28句。三平调5句（五平1句），三仄调5句（五仄、四仄各1句）。“双头平仄”22句，占78.6%。
郡中西园	闲园多芳草，春夏香靡靡。 深树足佳禽，旦暮鸣不已。 院门闭松竹，庭径穿兰芷。 爱彼池上桥，独来聊徙倚。 鱼依藻长乐，鸥见人暂起。 有时舟随风，尽日莲照水。 谁知郡府内，景物闲如此。 始悟喧静缘，何尝系远迩。	平平平平仄，平仄平仄仄。 中仄仄平平，仄仄平仄仄。 仄平仄平仄，中仄中平仄。 仄仄平仄平，仄平平仄仄。 平平仄中仄，平仄平仄仄。 仄平平平平，仄仄平仄仄。 平平仄仄仄，仄仄平中仄。 仄仄平仄中，平平仄仄仄。	共16句。三平调1句，三仄调2句。“双头平仄”14句，占87.5%。
北亭卧	树绿晚阴合，池凉朝气清。 莲开有佳色，鹤唳无凡声。 唯此闲寂境，惬我幽独情。 病假十五日，十日卧兹亭。 明朝吏呼起，还复视黎甿。	仄仄仄平仄，平平平仄平。 平平仄平仄，仄仄平平平。 中仄平仄仄，仄仄平仄平。 仄仄仄仄仄，仄仄仄平平。 平平仄中仄，平仄仄平平。	共10句。三平调1句，三仄调1句（五仄1句）。“双头平仄”6句，占60%。
一叶落	烦暑郁未退，凉飙潜已起。 寒温与盛衰，递相为表里。 萧萧秋林下，一叶忽先委。 勿言微摇落，摇落从此始。	平仄仄仄仄，平平中仄仄。 平平仄仄平，仄平中仄仄。 平平平平仄，仄仄仄中仄。 仄平平中仄，中仄中仄仄。	共8句。三仄调1句（四仄1句）。“双头平仄”6句，占75%。

续表

诗题	内容	平仄	声律特点
崔湖州赠红石琴荐焕如锦文无以答之以诗酬谢	赪锦支绿绮，韵同相感深。 千年古涧石，八月秋堂琴。 引出山水思，助成金玉音。 人间无可比，比我与君心。	平仄平仄仄，仄平中仄平。 平平仄仄仄，仄仄平平平。 仄仄平仄中，仄平平仄平。 平平平仄中，中仄仄平平。	共 8 句。三平、三仄各 1 句。“双头平仄”8 句，占 100%。换头。
同微之赠别郭虚舟炼师（五十韵）	我为江司马，君为荆判司。 俱当愁悴日，始识虚舟师。 师年三十馀，白皙好容仪。 专心在铅汞，余力工琴棋。 静弹弦数声，闲饮酒一卮。 因指尘土下，蜉蝣良可悲。 不闻姑射上，千岁冰雪肌。 不见辽城外，古今冢累累。 嗟我天地间，有术人莫知。 得可逃死籍，不唯走三尸。 授我参同契，其辞妙且微。 六一阏扃鐍，子午守雄雌。 我读随日悟，心中了无疑。 黄牙与紫车，谓其坐致之。 自负因自叹，人生号男儿。 若不佩金印，即合翳玉芝。 高谢人间世，深结山中期。 泥坛方合矩，铸鼎圆中规。 炉橐一以动，瑞气红辉辉。 斋心独叹拜，中夜偷一窥。 二物正诉合，厥状何怪奇。 绸缪夫妇体，狎猎鱼龙姿。 简寂馆钟后，紫霄峰晓时。 心尘未净洁，火候遂参差。 万寿觊刀圭，千功失毫厘。 先生弹指起，姹女随烟飞。 始知缘会间，阴骘不可移。 药灶今夕罢，诏书明日追。 追我复追君，次第承恩私。 官虽小大殊，同立白玉墀。 我直紫微闼，手进赏罚词。 君侍玉皇座，口含生杀机。 直躬易媒孽，浮俗我瑕疵。 转徙今安在，越峤吴江湄。 一提支郡印，一建连帅旗。 何言四百里，不见如天涯。 秋风旦夕来，白日西南驰。 雪霜各满鬓，朱紫徒为衣。 师从庐山洞，访旧来于斯。 寻君又觅我，风驭纷逶迤。 帔裾曳黄绢，须发垂青丝。 逢人但敛手，问道亦颔颐。 孤云难久留，十日告将归。 款曲话平昔，殷勤勉衰羸。 后会杳何许，前心日磷缁。 俗家无异物，何以充别资。 素笺一百句，题附元家诗。 朱顶鹤一只，与师云间骑。 云间鹤背上，故情若相思。 时时摘一句，唱作步虚辞。	仄平平中仄，平平平中平。 平平平仄仄，仄仄平平平。 平平平仄平，仄仄仄平平。 平平仄平仄，平仄平平平。 仄平平仄平，平仄仄仄平。 平仄平仄仄，平平平仄平。 仄平平仄仄，平仄平仄平。 仄仄平平仄，仄平仄平平。 平仄平仄中，仄仄平仄平。 仄仄平仄仄，仄平仄平平。 仄仄平中仄，平平仄中平。 仄仄仄平仄，仄仄仄平平。 仄仄平仄仄，平平仄平平。 平平仄仄平，仄平仄仄平。 仄仄平仄仄，平平中平平。 仄仄仄平仄，仄仄仄仄平。 平仄平平仄，中仄平平平。 中平平仄仄，仄仄平平平。 平仄仄仄仄，仄仄平平平。 平平仄中仄，中仄平仄平。 仄仄中平仄，仄仄平仄平。 平平平仄仄，仄仄平平平。 仄仄仄平仄，仄平平仄平。 平平仄仄仄，仄仄仄平平。 仄仄仄平平，平平仄平平。 平平中仄仄，仄仄平平平。 仄平中仄中，平仄仄仄平。 仄仄平仄中，仄平平仄平。 平仄仄平平，仄仄平平平。 平平仄仄平，中仄仄仄平。 仄仄仄平仄，仄仄仄仄平。 平仄仄平仄，仄平平仄平。 仄平仄平仄，平仄仄平平。 仄仄平平仄，仄仄平平平。 仄平平仄仄，仄仄平仄平。 平平仄仄仄，仄仄平平平。 平平仄仄平，仄仄平平平。 仄平仄仄仄，平仄平平平。 平平平平仄，仄仄平平平。 平平仄仄仄，平仄平平平。 仄平仄平仄，平仄平平平。 平平仄仄仄，仄仄仄中平。 平平中仄平，仄仄仄中平。 仄仄仄平仄，平平仄平平。 仄仄仄平仄，平平仄中平。 仄平平仄仄，平仄平仄平。 仄平仄仄仄，平仄平平平。 平仄仄仄仄，仄平平平平。 平平仄仄仄，仄平仄平平。 平平仄仄仄，仄仄仄平平。	共 100 句。三平调 17 句（四平 1 句），三仄调 10 句（四仄 2 句）。“双头平仄”78 句，占 78%。

续表

诗题	内容	平仄	声律特点
双石	苍然两片石，厥状怪且丑。 俗用无所堪，时人嫌不取。 结从胚浑始，得自洞庭口。 万古遗水滨，一朝入吾手。 担舁来郡内，洗刷去泥垢。 孔黑烟痕深，罅青苔色厚。 老蛟蟠作足，古剑插为首。 忽疑天上落，不似人间有。 一可支吾琴，一可贮吾酒。 峭绝高数尺，坳泓容一斗。 五弦倚其左，一杯置其右。 洼樽酌未空，玉山颓已久。 人皆有所好，物各求其偶。 渐恐少年肠，不容垂白叟。 回头问双石，能伴老夫否。 石虽不能言，许我为三友。	平平仄仄仄，仄仄仄仄仄。 仄仄平仄平，平平平仄仄。 仄平平中仄，仄仄仄平仄。 仄仄中仄平，仄平仄平仄。 中平平仄仄，仄仄仄中仄。 仄仄平平平，仄平平仄仄。 仄平平仄仄，仄仄仄中仄。 仄平平仄仄，仄仄平平仄。 仄仄平平平，仄仄仄平仄。 仄仄平仄仄，中平平仄仄。 仄平仄平仄，仄平仄平仄。 平平仄仄平，仄平平仄仄。 平平仄仄仄，仄仄平平仄。 中仄仄平平，仄平平仄仄。 平平仄平仄，平仄仄平仄。 仄平仄平平，仄仄中平仄。	共32句。三平调2句，三仄调3句（五仄1句）。“双头平仄”26句，占81.3%。
宿东亭晓兴	温温土炉火，耿耿纱笼烛。 独抱一张琴，夜入东斋宿。 窗声度残漏，帘影浮初旭。 头痒晓梳多，眼昏春睡足。 负暄檐宇下，散步池塘曲。 南雁去未回，东风来何速。 雪依瓦沟白，草绕墙根绿。 何言万户州，太守常幽独。	平平仄平仄，仄仄平中仄。 仄仄仄平平，仄仄平平仄。 平平仄平仄，平仄平平仄。 平仄仄平平，仄平平仄仄。 仄平平仄仄，仄仄平平仄。 平仄仄仄平，平平平平仄。 仄平仄平仄，仄仄平平仄。 平平仄仄平，仄仄平平仄。	共16句。“双头平仄”14句，占87.5%。
自咏五首	朝亦随群动，暮亦随群动。 荣华瞬息间，求得将何用。 形骸与冠盖，假合相戏弄。 何异睡着人，不知梦是梦。	平仄平平仄，仄仄平平仄。 平平仄仄中，平仄中平仄。 平平仄中仄，仄仄中仄仄。 平仄仄仄平，仄平仄仄仄。	共8句。三仄调1句。“双头平仄”6句，占75%。
又	一家五十口，一郡十万户。 出为差科头，入为衣食主。 水旱合心忧，饥寒须手抚。 何异食蓼虫，不知苦是苦。	仄平仄仄仄，仄仄仄仄仄。 仄平平平平，仄平中仄仄。 仄仄仄平平，平平平仄仄。 平仄仄仄平，仄平仄仄仄。	共8句。三平调1句（四平1句），三仄调3句（五仄1句）。“双头平仄”6句，占75%。
又	公私颇多事，衰惫殊少欢。 迎送宾客懒，鞭笞黎庶难。 老耳倦声乐，病口厌杯盘。 既无可恋者，何以不休官。	平平中平仄，平仄平仄平。 中仄平仄仄，平平平仄中。 仄仄仄平仄，仄仄中平平。 仄平仄仄仄，平仄仄平平。	共8句。三仄调1句。“双头平仄”6句，占75%。
又	一日复一日，自问何留滞。 为贪逐日俸，拟作归田计。 亦须随丰约，可得无限剂。 若待足始休，休官在何岁。	仄仄仄仄仄，仄仄平中仄。 中平仄仄仄，仄仄平平仄。 仄平平平仄，仄仄平仄仄。 仄仄仄仄平，平平仄平仄。	共8句。三仄调2句（五仄1句）。“双头平仄”6句，占75%。
又	官舍非我庐，官园非我树。 洛中有小宅，渭上有别墅。 既无婚嫁累，幸有归休处。 归去诚已迟，犹胜不归去。	平仄平仄平，平平平仄仄。 仄平仄仄仄，仄仄仄仄仄。 仄平平仄中，仄仄平平仄。 平仄平仄平，中中仄平仄。	共8句。三仄调2句（五仄1句）。“双头平仄”6句，占75%。

续表

诗题	内容	平仄	声律特点
和微之听妻弹别鹤操因为解释其义依韵加四句	义重莫若妻，生离不如死。 誓将死同穴，其奈生无子。 商陵追礼教，妇山不能止。 舅姑明旦辞，夫妻中夜起。 起闻双鹤别，若与人相似。 听其悲唳声，亦如不得已。 青田八九月，辽城一万里。 徘徊去住云，呜咽东西水。 写之在琴曲，听者酸心髓。 况当秋月弹，先入忧人耳。 怨抑掩朱弦，沉吟停玉指。 一闻无儿叹，相念两如此。 无儿虽薄命，有妻偕老矣。 幸免生别离，犹胜商陵氏。	仄仄仄仄中，平平仄中仄。 仄平仄中仄，平仄平平仄。 平平仄仄仄，仄仄仄平仄。 仄平平仄平，平平中仄仄。 仄平平仄仄，仄仄平中仄。 中平平仄平，仄平仄仄仄。 平平仄仄仄，平平仄仄仄。 平平仄仄平，平仄平平仄。 仄平仄平仄，中仄平平仄。 仄平平仄中，中仄平平仄。 中仄仄平平，平平平仄仄。 仄平平平中，中仄仄中仄。 平平平仄仄，仄平平仄仄。 仄仄平仄中，中中平平仄。	共28句。三仄调4句。“双头平仄”18句，占64.3%。
题故元少尹集后二首	黄壤讵知我，白头徒忆君。 唯将老年泪，一洒故人文。	平仄仄平仄，仄平平仄平。 中平仄平仄，仄仄仄平平。	共4句。“双头平仄”占100%。换头。
	遗文三十轴，轴轴金玉声。 龙门原上土，埋骨不埋名。	平平平仄仄，仄仄平仄平。 平平平仄仄，平仄仄平平。	共4句。“双头平仄”占100%。
和微之四月一日作	四月一日天，花稀叶阴薄。 泥新燕影忙，蜜熟蜂声乐。 麦风低冉冉，稻水平漠漠。 芳节或蹉跎，游心稍牢落。 春华信为美，夏景亦未恶。 飐浪嫩青荷，重栏晚红药。 吴宫好风月，越郡多楼阁。 两地诚可怜，其奈久离索。	仄仄仄仄平，平平仄平仄。 中平中仄平，仄仄平平仄。 仄平平仄仄，仄仄平仄仄。 平仄仄中平，平平中平仄。 平平中中仄，仄仄仄仄仄。 仄仄仄平中，中平仄平仄。 平平仄平仄，仄仄平平仄。 仄仄平仄平，平仄仄中仄。	共16句。三仄调1句(五仄1句)。“双头平仄”14句，占87.5%。
吴中好风景(二首)	吴中好风景，八月如三月。 水荇叶仍香，木莲花未歇。 海天微雨散，江郭纤埃灭。 暑退衣服干，潮生船舫活。 两衙渐多暇，亭午初无热。 骑吏语使君，正是游时节。	平平仄平仄，仄仄中平仄。 仄仄仄平平，仄平平仄仄。 仄平平仄仄，平仄中平仄。 仄仄中仄中，平平平仄仄。 仄平仄平仄，平仄平平仄。 中仄仄仄平，中仄平平仄。	共12句。“双头平仄”10句，占83.3%。
又	吴中好风景，风景无朝暮。 晓色万家烟，秋声八月树。 舟移管弦动，桥拥旌旗驻。 改号齐云楼，重开武丘路。 况当丰熟岁，好是欢游处。 州民劝使君，且莫抛官去。	平平仄平仄，平仄平平仄。 仄仄仄平平，平平仄仄仄。 平平仄平仄，平仄平平仄。 仄仄平平平，平平仄平仄。 仄平平仄仄，仄仄平平仄。 平平仄仄平，中仄平平仄。	共12句。三平、三仄调各1句。“双头平仄”12句，占100%。
答(白太守行)	吏满六百石，昔贤辄去之。 秩登二千石，今我方罢归。 我秩讶已多，我归惭已迟。 犹胜尘土下，终老无休期。 卧乞百日告，起吟五篇诗。 朝与府吏别，暮与州民辞。 去年到郡时，麦穗黄离离。 今年去郡日，稻花白霏霏。 为郡已周岁，半岁罹旱饥。 襦袴无一片，甘棠无一枝。 何乃老与幼，泣别尽霑衣。 下惭苏人泪，上愧刘君辞。	仄仄仄仄仄，仄平仄仄平。 仄平仄平仄，平仄平中平。 仄仄仄仄平，仄平平仄平。 中中平仄仄，平仄平平平。 仄仄仄仄仄，仄平仄平平。 平仄仄仄仄，仄仄平平平。 仄平仄仄平，仄仄平平平。 平平仄仄仄，仄平仄平平。 中仄仄平仄，仄仄平仄平。 平仄平仄仄，平平平仄平。 平仄仄仄仄，仄仄仄平平。 仄平平平仄，仄仄平平平。	共24句。三平调4句，三仄调5句(五仄2句、四仄2句)。“双头平仄”14句，占58.3%。

续表

诗题	内容	平仄	声律特点
别苏州	浩浩姑苏民，郁郁长洲城。 来惭荷宠命，去愧无能名。 青紫行将吏，班白列黎甿。 一时临水拜，十里随舟行。 饯筵犹未收，征棹不可停。 稍隔烟树色，尚闻丝竹声。 怅望武丘路，沉吟浒水亭。 还乡信有兴，去郡能无情。	仄仄平平平，仄仄平平平。 平平仄仄仄，仄仄平平平。 平仄中中仄，平仄仄平平。 仄平中仄仄，仄仄平平平。 仄平中仄平，平仄仄仄平。 中仄平仄仄，中平平仄平。 仄仄仄平仄，平平仄仄平。 平平中仄中，仄仄平平平。	共16句。三平调5句，三仄调1句。“双头平仄”12句，占75%。
卯时酒	佛法赞醍醐，仙方夸沆瀣。 未如卯时酒，神速功力倍。 一杯置掌上，三咽入腹内。 煦若春贯肠，暄如日炙背。 岂独支体畅，仍加志气大。 当时遗形骸，竟日忘冠带。 似游华胥国，疑反混元代。 一性既完全，万机皆破碎。 半醒思往来，往来吁可怪。 宠辱忧喜间，惶惶二十载。 前年辞紫闼，今岁抛皂盖。 去矣鱼返泉，超然蝉离蜕。 是非莫分别，行止无疑碍。 浩气贮胸中，青云委身外。 扪心私自语，自语谁能会。 五十年来心，未如今日泰。 况兹杯中物，行坐长相对。	仄仄仄中平，平平平仄仄。 仄平仄平仄，平仄平仄仄。 仄平仄仄仄，平仄仄仄仄。 仄仄平仄平，平平仄仄仄。 仄仄平仄仄，平平仄仄仄。 平平平平平，仄仄中中仄。 仄平平平仄，平仄仄平仄。 仄仄仄平平，仄平平仄仄。 仄仄中仄平，仄平中仄仄。 仄仄平仄中，平平仄仄仄。 平平平仄仄，平仄平仄仄。 仄仄平仄平，平平平中仄。 仄平仄中仄，中仄平平仄。 仄仄仄平平，平平中平仄。 平平平仄仄，仄仄平平仄。 仄仄平平平，仄平平仄仄。 仄平平平仄，中仄中中仄。	共34句。三平调2句（五平1句），三仄调5句。“双头平仄”34句，占100%。
自问行何迟	前月发京口，今辰次淮涯。 二旬四百里，自问行何迟。 还乡无他计，罢郡有余资。 进不慕富贵，退未忧寒饥。 以此易过日，腾腾何所为。 逢山辄倚棹，遇寺多题诗。 酒醒夜深后，睡足日高时。 眼底一无事，心中百不知。 想到京国日，懒放亦如斯。 何必冒风水，促促赴程归。	平仄仄平仄，平平仄平平。 仄平仄仄仄，仄仄平平平。 平平平平仄，中仄仄平平。 仄仄仄仄仄，仄仄平平平。 仄仄仄中仄，平平平仄中。 平平仄仄仄，仄仄平平平。 仄中仄平仄，仄仄仄平平。 仄仄仄平仄，平平仄仄平。 仄仄平仄仄，仄仄仄中平。 平仄仄平仄，仄仄仄平平。	共20句。三平调3句，三仄调3句（五仄1句）。“双头平仄”12句，占60%。
除日答梦得同发楚州	共作千里伴，俱为一郡回。 岁阴中路尽，乡思先春来。 山雪晚犹在，淮冰晴欲开。 归欤吟可作，休恋主人杯。	中仄平仄仄，平平仄仄平。 仄平中仄仄，平仄平平平。 平仄仄平仄，平平平仄平。 平中中仄仄，平仄仄平平。	共8句。三平调1句。“双头平仄”6句，占75%。

续表

诗题	内容	平仄	声律特点
有感（三首）	鬓发已斑白，衣绶方朱紫。 穷贱当壮年，富荣临暮齿。 车舆红尘合，第宅青烟起。 彼来此须去，品物之常理。 第宅非吾庐，逆旅暂留止。 子孙非我有，委蜕而已矣。 有如蚕造茧，又似花生子。 子结花暗凋，茧成蚕老死。 悲哉可奈何，举世皆如此。	仄仄仄平仄，中仄平平仄。 平仄中仄平，仄平中仄仄。 平中平平仄，仄仄平平仄。 仄平仄平仄，仄仄平平仄。 仄仄平平平，仄仄仄平仄。 仄平平仄仄，中仄平仄仄。 仄平平仄仄，仄仄平平仄。 仄仄平仄平，仄平平仄仄。 平平仄仄平，仄仄平中仄。	共 18 句。三平调 1 句。“双头平仄”12 句，占 66.7%。
又	莫养瘦马驹，莫教小妓女。 后事在目前，不信君看取。 马肥快行走，妓长能歌舞。 三年五岁间，已闻换一主。 借问新旧主，谁乐谁辛苦。 请君大带上，把笔书此语。	仄仄仄仄平，仄平仄仄仄。 仄仄仄仄平，仄仄平中仄。 仄平仄中仄，仄仄平平仄。 平平仄仄中，仄平仄仄仄。 仄仄平仄仄，平仄平平仄。 中平仄仄仄，仄仄平仄仄。	共 12 句。三仄调 3 句。“双头平仄”6 句，占 50%。
又	往事勿追思，追思多悲怆。 来事勿相迎，相迎亦惆怅。 不如兀然坐，不如塌然卧。 食来即开口，睡来即合眼。 二事最关身，安寝加餐饭。 忘怀任行止，委命随修短。 更若有兴来，狂歌酒一盏。	仄仄仄平平，平平平平仄。 平仄仄平中，平平仄平仄。 仄平仄平仄，仄平仄平仄。 仄平仄平仄，仄平仄仄仄。 仄仄仄平平，平仄平平仄。 中平中中仄，中仄平平仄。 中仄仄中平，平平仄仄仄。	共 14 句。三仄调 2 句。“双头平仄”8 句，占 57.1%。
宿荥阳	生长在荥阳，少小辞乡曲。 迢迢四十载，复到荥阳宿。 去时十一二，今年五十六。 追思儿戏时，宛然犹在目。 旧居失处所，故里无宗族。 岂唯变市朝，兼亦迁陵谷。 独有溱洧水，无情依旧绿。	平仄仄平平，仄仄平平仄。 平平仄仄仄，仄仄平平仄。 仄平仄仄仄，平平仄仄仄。 平平平仄平，中平中仄仄。 仄平仄仄仄，仄仄平平仄。 仄平仄仄平，中仄平平仄。 仄仄平平仄，平平平仄仄。	共 14 句。三仄调 4 句。“双头平仄”8 句，占 57.1%。
经溱洧	落日驻行骑，沉吟怀古情。 郑风变已尽，溱洧至今清。 不见士与女，亦无芍药名。	仄仄仄平中，平平平仄平。 仄平仄仄仄，平仄仄平平。 仄仄仄仄仄，仄平仄仄平。	共 6 句。三仄 2 句（五仄 1 句）。“双头平仄”100%。换头。
喜雨	圃旱忧葵堇，农旱忧禾菽。 人各有所私，我旱忧松竹。 松干竹焦死，眷眷在心目。 洒叶溉其根，汲水劳僮仆。 油云忽东起，凉雨凄相续。 似面洗垢尘，如头得膏沐。 千柯习习润，万叶欣欣绿。 十日浇灌功，不如一霡霂。 方知宰生灵，何异活草木。 所以圣与贤，同心调玉烛。	仄仄平平中，平仄平平仄。 平仄仄仄平，仄仄平平仄。 平平仄平仄，仄仄仄平仄。 仄仄仄平平，仄仄中平仄。 中平仄平仄，平仄平中仄。 仄仄仄仄平，中平仄中仄。 平平仄仄仄，仄仄平平仄。 平仄平仄平，仄平仄仄仄。 平平仄平平，平仄仄仄仄。 仄仄仄仄平，中平中仄仄。	共 20 句。三仄调 3 句（四仄 1 句）。“双头平仄”14 句，占 70%。

续表

诗题	内容	平仄	声律特点
题道宗上人十韵并序	如来说偈赞，菩萨著论议。 是故宗律师，以诗为佛事。 一音无差别，四句有诠次。 欲使第一流，皆知不二义。 精洁霅戒体，闲澹藏禅味。 从容恣语言，缥缈离文字。 旁延邦国彦，上达王公贵。 先以诗句牵，后令入佛智。 人多爱师句，我独知师意。 不似休上人，空多碧云思。	中平仄仄仄，平仄仄仄仄。 仄仄平仄平，仄平中仄仄。 仄平平中仄，仄仄仄平仄。 仄仄仄仄平，平平仄仄仄。 平仄中仄仄，平仄中中仄。 平平仄仄平，仄仄中平仄。 中平平仄仄，仄仄平平仄。 中仄平仄中，仄仄仄仄仄。 平平仄平中，仄仄中平仄。 仄仄平仄平，中平仄平中。	共 20 句。三仄调 4 句（五仄、四仄各 1 句）。“双头平仄”16 句，占 80%。
寄皇甫宾客	名利既两忘，形体方自遂。 卧掩罗雀门，无人惊我睡。 睡足斗薮衣，闲步中庭地。 食饱摩挲腹，心头无一事。 除却玄晏翁，何人知此味。	平仄仄仄仄，平仄平仄仄。 仄仄平仄平，平平平仄仄。 仄仄仄仄中，平仄平平仄。 仄仄平平仄，平平平仄仄。 平仄平仄平，平平中仄仄。	共 10 句。三仄调 1 句（四仄 1 句）。“双头平仄”6 句，占 60%。
寄庾侍郎	一双华亭鹤，数片太湖石。 巉巉苍玉峰，矫矫青云翮。 是时岁云暮，淡薄烟景夕。 庭霜封石棱，池雪印鹤迹。 幽致竟谁别，闲静聊自适。 怀哉庾顺之，好是今宵客。	仄平平平仄，仄仄仄平仄。 平平中仄平，仄仄平平仄。 仄平仄平仄，仄仄平仄仄。 平平中仄平，平仄仄仄仄。 平仄仄平仄，平仄平仄仄。 平平仄仄平，仄仄平平仄。	共 12 句。三仄调 1 句（四仄 1 句）。“双头平仄”10 句，占 83.3%。
寄崔少监	微微西风生，稍稍东方明。 入秋神骨爽，琴晓丝桐清。 弹为古宫调，玉水寒泠泠。 自觉弦指下，不是寻常声。 须臾群动息，掩琴坐空庭。 直至日出后，犹得心和平。 惜哉意未已，不使崔君听。	平平平平平，仄仄平平平。 仄平平仄仄，平仄平平平。 中平仄平中，仄仄平平平。 仄仄平仄仄，仄仄平平平。 平平平仄仄，仄平仄平平。 仄仄仄仄仄，中仄平平平。 仄平仄仄仄，仄仄平平平。	共 14 句。三平调 7 句（五平 1 句），三仄调 2 句（五仄 1 句）。“双头平仄”8 句，占 57.1%。
落花	留春春不住，春归人寂寞。 厌风风不定，风起花萧索。 既兴风前叹，重命花下酌。 劝君尝绿醅，教人拾红萼。 桃飘火焰焰，梨堕雪漠漠。 独有病眼花，春风吹不落。	平平平仄仄，平平平仄仄。 中平平仄仄，平仄平平仄。 仄平平平中，中仄平仄仄。 仄平平仄平，中平仄平仄。 平平仄仄仄，平仄仄仄仄。 仄仄仄仄平，平平中仄仄。	共 12 句。三仄调 2 句（四仄 1 句）。“双头平仄”8 句，占 66.7%。
别毡帐火炉	忆昨腊月天，北风三尺雪。 年老不禁寒，夜长安可彻。 赖有青毡帐，风前自张设。 复此红火炉，雪中相暖热。 如鱼入渊水，似兔藏深穴。 婉软蛰鳞苏，温燉冻肌活。 方安阴惨夕，遽变阳和节。 无奈时候迁，岂是恩情绝。 毳帘逐日卷，香燎随灰灭。 离恨属三春，佳期在十月。 但令此身健，不作多时别。	仄仄仄仄平，仄平平仄仄。 平仄仄平平，仄平平仄仄。 仄仄平平仄，平平仄中仄。 仄仄平仄平，仄平中中仄。 中平仄平仄，仄仄中中仄。 仄仄仄平平，平平仄平仄。 平平平仄仄，仄仄平平仄。 平仄平仄平，仄仄平平仄。 仄平仄仄仄，平仄平平仄。 中仄仄平平，平平仄仄仄。 仄仄仄平仄，仄仄平平仄。	共 22 句。三仄调 2 句。“双头平仄”18 句，占 81.8%。

续表

诗题	内容	平仄	声律特点
六年春赠分司东都诸公(时为河南尹)	我为同州牧，内愧无才术。 忝擢恩已多，遭逢幸非一。 偶当谷贱岁，适值民安日。 郡县狱空虚，乡闾盗奔逸。 其间最幸者，朝客多分秩。 行接鸳鹭群，坐成芝兰室。 时联拜表骑，间动题诗笔。 夜雪秉烛游，春风携榼出。 花教莺点检，柳付风排比。 法酒澹清浆，含桃嫋红实。 洛童调金管，卢女铿瑶瑟。 黛惨歌思深，腰凝舞拍密。 每因同醉乐，自觉忘衰疾。 始悟肘后方，不如杯中物。 生涯随日过，世事何时毕。 老子苦乖慵，希君数牵率。	仄平中平仄，仄仄平平仄。 仄仄平仄平，平平仄平仄。 仄平仄仄仄，仄仄平平仄。 仄仄仄平平，平平仄中仄。 平平仄仄仄，平仄平中仄。 中仄平仄平，仄平平平仄。 平平仄仄仄，中仄平平仄。 仄仄仄仄平，平平平仄仄。 平平平仄仄，仄仄平平仄。 仄仄仄平平，平平仄平仄。 仄平中平仄，平仄平平仄。 仄仄平中中，平平仄仄仄。 仄平中仄仄，仄仄中平仄。 仄仄仄仄平，仄平平平仄。 平平平仄中，仄仄平平仄。 仄仄仄平平，平平仄中仄。	共32句。三仄调4句。“双头平仄”32句，占100%。换头。
九日代罗樊二妓招舒著作(齐梁格)	罗敷敛双袂，樊姬献一杯。 不见舒员外，秋菊为谁开。	平平仄平仄，平平仄仄平。 仄仄平平仄，平仄仄平平。	共4句，“双头平仄”占0%。
赠韦处士六年夏大热旱	骄阳连毒暑，动植皆枯槁。 旱日干密云，炎烟焦茂草。 少壮犹困苦，况予病且老。 既无白栴檀，何以除热恼。 汗巾束头鬓，膻食熏襟抱。 始觉韦山人，休粮散发好。	平平平仄仄，仄仄平平仄。 仄仄中仄平，平平平仄仄。 仄仄中仄仄，仄平仄仄仄。 仄平仄平平，平仄平仄仄。 仄平仄平仄，平仄平平仄。 仄仄平平平，平平仄仄仄。	共12句。三平调1句，三仄调2句。“双头平仄”12句，占100%。

上表共录白居易格诗作品40首，其中换头4首，全诗“双头平仄”5首，其余作品“双头平仄”均在50%以上，仅有一首“双头平仄”为0%，即标注“齐梁格”的《九日代罗樊二妓招舒著作》。表中录白居易《题故元少尹集后二首》，此为吊元宗简之作。白居易《故京兆元少尹文集序》云：“著格诗一百八十五，律诗五百九。”元宗简集今已不存，但由序言推知其格诗创作应较为突出。白居易吊元二诗亦皆为格诗，其一使用换头术，其二符合全诗“双头平仄”，可见白氏当是用正宗的格诗体式悼念之。

《九日代罗樊二妓招舒著作》这首齐梁格诗前两句对仗工稳，形近律绝，而从声律来看，犯平头且出句与对句皆不对，二、三句亦不黏。齐梁格的平头病及失黏失对正与格诗要求的“双头平仄”略有冲突，特别在篇幅短小时，这种体式差异更明显。可见，中唐“齐梁格”并不是“格诗”中最典型的一种，反而是较为独特的门类。或许正因如此，白居易才在卷中专门标注诗体。陈寅恪即认为：“至于格诗诸卷中又有于题下特著齐梁格者，盖齐梁格与古调诗同为五言，尤须明其不同于狭义之格诗也。”[1]

由于格诗与齐梁格皆介于古、律之间，被看作“变古入律之渐”，所以古今不少学者将“格诗”等同于“齐梁格”。如纳兰性德《通志堂集》卷一八《渌水亭杂识四》云：“建安无偶句，西晋颇有之，日盛月加，至梁陈，谓之格诗，有排偶而无粘。沈、宋又加剪裁，遂成五言唐律。”但通过分析比对，可以见出“格诗”与“齐梁格”之明显差异，表现如下。

第一，格诗通常都能保持“双头平仄”占50%以上，换头术亦较为常见，同时多用三平调或三仄调以保持古体特征。齐梁格（尤其是中唐时期）则有意犯永明体或律体的声病，以此独特体式区别于律诗。两者虽皆以不合律为原则，但所用诗法各异。

第二，虽然不少格诗亦多用律句或近律句，但整体而言对仗方面不如齐梁格要求严格。齐梁格形式整齐近律，格诗则对仗句式与古诗笔法兼用，甚至特意用一些乐府体常用句法，迥异于律体，如同字对的大量使用。如白居易“朝亦视簿书，暮亦视簿书”，苏涣“开目为晨光，闭目为夜色”，刘湾“去年桑干北，今年桑干东”“死是征人死，功是将军功”“妻行求死夫，父行求死子”等句。

二、“格诗”体调特征：由刺世之高古转向独善之闲适

“格诗”不仅有体式上的意义，体调特征同样是其重要的构成要素。《文镜秘府论》“论文意”云：“凡作诗之体，意是格，声是律；意高则格高，声辨则律清。”元稹《上令狐相公诗启》云：“然以为律体卑痺，格力不扬，苟无姿态，则陷流俗。”[2]可见，唐人所谓的“格”，兼有立意高远、骨力雄健的含义。宋人更将“格力”纳入诗法，如严羽《沧浪诗话》“诗辨”云：“诗之法有五：曰体制，曰格力，曰气象，曰兴趣，曰音节。”[3]陶明濬《诗说杂记》卷七释“格力”之意曰：“格力如人之筋骨，必须劲健。”陈寅恪亦将狭义“格诗”定义为“格力骨格”之作。而从《中兴间气集》到《白氏文集》收录的格诗来看，唐大历时期至会昌年间的格诗体调特征当是随时代而逐渐变化的。简而言之，中唐格诗所宗之祖为陈子昂，而体调变革则在白居易。

（一）早期“格诗”对感时刺世的推崇：溯源陈子昂《感遇》三十八首

《中兴间气集》所录格诗在体式与体调两方面都有鲜明特征。就体式而言，格诗与律

[1] 陈寅恪《元白诗笺证稿》，第319页。
[2] 董诰等编《全唐文》，上海古籍出版社，1990年，第2942页。
[3] 严羽著、郭绍虞校释《沧浪诗话校释》，人民文学出版社，1983年，第7页。

体相对，但诗歌体式又不等同于律体成熟前的古体。“双头平仄”明显受律化影响，而三平调、三仄调的频繁出现又强调了古诗声调。就体调而言，高仲武《唐中兴间气集序》言明录诗标准：“唐兴一百七十载，属方隅叛涣，戎事纷纶，业文之人，述作中废。粤若肃宗、先帝，以殷忧启圣，反正中原。伏惟皇帝，以出震继明，保安区宇，国风雅颂，蔚然复兴，所谓文明御时，上以化下者也。”[1]集中收录作品以继承《诗经》“国风雅颂”为标榜，祛浮游、除淫靡之诗格调自高，其中“格诗”更推崇感时刺世的高古之作。如苏涣《变律格诗》云：“徒有疾恶心，奈何不知几。”孟云卿《汴河阻风》云：“丈夫苟未达，所向须存诚。”刘湾《云南行》云：“百蛮乱南方，群盗皆蝟起。军马疲中原，征伐从此始。”诸如此类或感时知微、或循道正身、或悯人刺世之作，奠定了格诗的主流基调。

值得注意的是，格诗代表作家多以陈子昂为楷模。如《中兴间气集》苏涣诗前小序云：“三年中作变体律诗（题目《变律诗》，嘉靖本、汲本作‘变律格诗’）十九首，上广州连帅李公勉，其文意长于讽刺，亦有陈拾遗一鳞半甲，故善之。”[2]又，《中兴间气集》所录孟云卿诗前小序云：“祖述沈千运，渔猎陈拾遗，词气怨伤，如‘虎豹不相食，哀哉人食人’，方于《七哀》‘路有饥妇人，抱子弃草间’，则云卿之句深矣。虽效于陈、沈，才能升堂，犹未入室，然当今古调，无出其右，一时之英也。”[3]中唐格诗的创作明确追溯到唐初的陈子昂，这说明陈子昂古诗当对格诗的体式确立及提倡的正宗体调有直接影响。以下对陈子昂代表作《感遇》三十八首进行分析，以揭示其对格诗体式、体调的示范意义。[4]

感遇	内容	平仄	特点
一	微月生西海，幽阳始化升。 圆光正东满，阴魄已朝凝。 太极生天地，三元更废兴。 至精谅斯在，三五谁能征。	平仄平平仄，平平仄仄平。 平平中平仄，平仄仄平平。 仄仄平平仄，平平中仄平。 仄平仄平仄，平仄平平平。	共8句。三平调1句。“双头平仄”8句，占100%。换头。
二	兰若生春夏，芊蔚何青青。 幽独空林色，朱蕤冒紫茎。 迟迟白日晚，嫋嫋秋风生。 岁华尽摇落，芳意竟何成。	平仄平平仄，平仄平平平。 平仄平平仄，平平仄仄平。 平平仄仄仄，仄仄平平平。 仄平仄中仄，平仄仄平平。	共8句。三平调2句，三仄调1句。“双头平仄”6句，占75%。
三	苍苍丁零塞，今古缅荒途。 亭堠何摧兀，暴骨无全躯。 黄沙漠南起，白日隐西隅。 汉甲三十万，曾以事匈奴。 但见沙场死，谁怜塞上孤。	平平平平仄，平仄仄平平。 平仄平平仄，仄仄平平平。 平平仄平仄，仄仄仄平平。 仄仄平仄仄，平仄仄平平。 仄仄平平仄，平平仄仄平。	共10句。三平调1句。“双头平仄”6句，占60%。

[1] 傅璇琮、陈尚君、徐俊编《唐人选唐诗新编》，第451页。

[2] 同上书，第491页。

[3] 同上书，第524页。

[4] 陈子昂撰、徐鹏校点《陈子昂集》，上海古籍出版社，2013年，第3—14页。

续表

感遇	内容	平仄	特点
四	乐羊为魏将，食子殉军功。 骨肉且相薄，他人安得忠。 吾闻中山相，乃属放麑翁。 孤兽犹不忍，况以奉君终。	仄平中仄仄，仄仄仄平平。 仄仄中平仄，平平平仄平。 平平平平仄，仄仄仄平平。 平仄中仄仄，仄仄仄平平。	共8句。“双头平仄”6句，占75%。
五	市人矜巧智，于道若童蒙。 倾夺相夸侈，不知身所终。 曷见玄真子，观世玉壶中。 窅然遗天地，乘化入无穷。	仄平平仄仄，平仄仄平平。 平仄中平仄，仄平平仄平。 仄仄平平仄，中仄仄平平。 仄平中平仄，中仄仄平平。	共8句。“双头平仄”6句，占75%。
六	吾观龙变化，乃知至阳精。 石林何冥密，幽洞无留行。 古之得仙道，信与元化并。 玄感非象识，谁能测沦冥。 世人拘目见，酣酒笑丹经。 昆仑有瑶树，安得采其英。	平平平仄仄，仄平仄平平。 仄平平中仄，平仄平平平。 仄平仄平仄，中仄平仄中。 平仄平仄仄，平平仄平平。 仄平平仄仄，平仄仄平平。 平平仄平仄，平仄仄平平。	共12句。三平调1句。“双头平仄”10句，占83.3%。
七	白日每不归，青阳时暮矣。 茫茫吾何思，林卧观无始。 众芳委时晦，鶗鴂鸣悲耳。 鸿荒古已颓，谁识巢居子。	仄仄仄仄平，平平平仄仄。 平平平平平，平仄中平仄。 仄平中平仄，中仄平平仄。 平平仄仄平，平仄平平仄。	共8句。三平调1句（五平1句）。“双头平仄”8句，占100%。
八	吾观昆仑化，日月沦洞冥。 精魄相交构，天壤以罗生。 仲尼推太极，老聃贵窅冥。 西方金仙子，崇义乃无明。 空色皆寂灭，缘业亦何成。 名教信纷藉，死生俱未停。	平平平平仄，仄仄平仄平。 平仄中平仄，平仄仄平平。 仄平平仄仄，仄平仄仄平。 平平平平仄，平仄仄平平。 中仄平仄仄，中仄仄平平。 平仄中平仄，仄平平仄平。	共12句。“双头平仄”6句，占50%。
九	圣人秘元命，惧世乱其真。 如何嵩公辈，诙谲误时人。 先天诚为美，阶乱祸谁因。 长城备胡寇，嬴祸发其亲。 赤精既迷汉，子年何救秦。 去去桃李花，多言死如麻。	仄平仄平仄，仄仄仄平平。 中平平平仄，平仄仄平平。 平平平中仄，平仄仄平平。 平平仄平仄，平仄仄平平。 仄平仄平仄，仄平平中平。 仄仄平仄平，平平仄中平。	共12句。“双头平仄”10句，占83.3%。
十	深居观元化，悱然争朵颐。 谗说相啖食，利害纷噬嗤。 便便夸毗子，荣耀更相持。 务光让天下，商贾竞刀锥。 已矣行采芝，万世同一时。	中平中平仄，仄平平仄平。 中仄中仄仄，仄仄平平平。 平平平平仄，平仄中中平。 仄平仄平仄，平仄仄平平。 仄仄中仄平，仄仄中仄平。	共10句。三平调1句。“双头平仄”4句，占40%。
十一	吾爱鬼谷子，青溪无垢氛。 囊括经世道，遗身在白云。 七雄方龙斗，天下乱无君。 浮荣不足贵，遵养晦时文。 舒之弥宇宙，卷之不盈分。 岂徒山木寿，空与麋鹿群。	平仄仄仄仄，平平平仄平。 平仄中仄仄，中平仄仄平。 仄平平平仄，平仄仄平平。 平平仄仄仄，平仄仄平平。 平平中仄仄，中平仄平中。 仄平平仄仄，中仄平仄平。	共12句。三仄调2句（四仄1句）。“双头平仄”10句，占83.3%。然“舒之”一作“舒可”，则占100%。

续表

感遇	内容	平仄	特点
十二	呦呦南山鹿，罹罟以媒和。 招摇青桂树，幽蠹亦成科。 世情甘近习，荣耀纷如何。 怨憎未相复，亲爱生祸罗。 瑶台倾巧笑，玉杯殒双蛾。 谁见枯城蘖，青青成斧柯。	平平平平仄，平仄仄平平。 平平平仄仄，平仄仄平平。 仄平平仄仄，平仄平平平。 中平仄中仄，中仄平仄平。 平平平仄仄，仄平仄平平。 平仄平平仄，平平平仄平。	共12句。三平调1句。“双头平仄”10句，占83.3%。
十三	林居病时久，水木淡孤清。 闲卧观物化，悠悠念无生。 青春始萌达，朱火已满盈。 徂落方自此，感叹何时平。	平平仄平仄，仄仄中平平。 平仄中仄仄，平平仄平平。 平平仄平仄，平仄仄仄平。 平仄平仄仄，仄中平平平。	共8句。三平调1句。“双头平仄”6句，占75%。
十四	临岐泣世道，天命良悠悠。 昔日殷王子，玉马遂朝周。 宝鼎沦伊谷，瑶台成故丘。 西山伤遗老，东陵有故侯。	平平仄仄仄，平仄平平平。 仄仄中中仄，仄仄仄平平。 仄仄平平仄，平平平仄平。 平平平中仄，平平仄仄平。	共8句。三平调1句，三仄调1句。“双头平仄”4句，占50%。
十五	贵人难得意，赏爱在须臾。 莫以心如玉，探他明月珠。 昔称夭桃子，今为春市徒。 鸱鸮悲东国，麋鹿泣姑苏。 谁见鸱夷子，扁舟去五湖。	仄平中仄仄，仄仄仄平平。 仄仄平中仄，中平平仄平。 仄中中平仄，平中平仄平。 平平平平仄，平仄仄平平。 平仄平平仄，平平仄仄平。	共10句。“双头平仄”8句，占80%。
十六	圣人去已久，公道缅良难。 蚩蚩夸毗子，尧禹以为谩。 骄荣贵工巧，势利迭相干。 燕王尊乐毅，分国愿同欢。 鲁连让齐爵，遗组去邯郸。 伊人信往矣，感激为谁叹。	仄平仄仄仄，平仄仄平平。 平平平平仄，平仄仄中中。 平平仄平仄，仄仄仄平平。 中平平仄仄，中仄仄中平。 仄平仄中仄，中仄仄平平。 平平仄仄仄，仄仄中平中。	共12句。三仄调2句。“双头平仄”12句，占100%。
十七	幽居观大运，悠悠念群生。 终古代兴没，豪圣莫能争。 三季沦周赧，七雄灭秦嬴。 复闻赤精子，提剑入咸京。 炎光既无象，晋虏纷纵横。 尧禹道既昧，昏虐势方行。 岂无当世雄，天道与胡兵。 咄咄安可言，时醉而未醒。 仲尼溺东鲁，伯阳遁西溟。 大运自古来，旅人胡叹哉。	平平中仄仄，平平仄平平。 平仄仄平仄，平仄仄平平。 平仄平平仄，仄平仄平平。 仄平仄平仄，平仄仄平平。 平平仄平仄，仄仄平平平。 平仄仄仄仄，平仄仄平平。 仄平中仄平，平仄仄平平。 仄仄平仄平，平仄平仄中。 仄平仄平仄，仄平仄平平。 仄仄仄仄平，仄平平中平。	共20句。三平调、三仄调各1句（四仄1句）。“双头平仄”10句，占50%。
十八	逶迤势已久，骨鲠道斯穷。 岂无感激者，时俗颓此风。 灌园何其鄙，皎皎於陵中。 世道不相容，嗟嗟张长公。	平平仄仄仄，仄仄仄平平。 仄平仄仄仄，平仄平仄平。 仄平平仄仄，仄仄平平平。 仄仄仄平平，平平中仄平。	共8句。三平调1句，三仄调2句。“双头平仄”8句，占100%。
十九	圣人不利己，忧济在元元。 黄屋非尧意，瑶台安可论。 吾闻西方化，清净道弥敦。 奈何穷金玉，雕刻以为尊。 云构山林尽，瑶图珠翠烦。 鬼工尚未可，人力安能存。 夸愚适增累，矜智道逾昏。	仄平仄仄仄，平仄仄平平。 平仄平平仄，平平平仄中。 平平平平仄，平仄仄中平。 仄平平平仄，平仄仄中平。 平仄平平仄，平平平仄平。 仄平仄仄仄，平仄平平平。 平平仄平中，平仄仄平平。	共14句。三平调1句，三仄调2句。“双头平仄”14句，占100%。

续表

感遇	内容	平仄	特点
二十	玄天幽且默，群议曷嗤嗤。 圣人教犹在，世运久陵夷。 一绳将何系，忧醉不能持。 去去行采芝，勿为尘所欺。	平平平中仄，平仄仄平平。 仄平中中仄，仄仄仄平平。 仄平中平仄，平仄仄平平。 仄仄中仄平，仄中平仄平。	共8句。“双头平仄”6句，占75%。
二一	蜻蛉游天地，与物本无患。 飞飞未能去，黄雀来相干。 穰侯富秦宠，金石比交欢。 出入咸阳里，诸侯莫敢言。 宁知山东客，激怒秦王肝。 布衣取丞相，千载为辛酸。	平平平平仄，仄仄仄平中。 平平仄平仄，平仄平平平。 中平仄平仄，平仄中平平。 仄仄平平仄，平平仄仄平。 中平平平仄，仄仄平平平。 仄平仄平仄，平仄中平平。	共12句。三平调2句。“双头平仄”12句，占100%。
二二	微霜知岁晏，斧柯始青青。 况乃金天夕，浩露沾群英。 登山望宇宙，白日已西暝。 云海方荡潏，孤鳞安得宁。	平平中仄仄，仄平仄平平。 仄仄平平仄，仄仄平平平。 平平仄仄仄，仄仄仄平平。 平仄平仄仄，平平平仄平。	共8句。三平、三仄调各1句。“双头平仄”4句，占50%。
二三	翡翠巢南海，雄雌珠树林。 何知美人意，娇爱比黄金。 杀身炎州里，委羽玉堂阴。 旖旎光首饰，葳蕤烂锦衾。 岂不在遐远，虞罗忽见寻。 多材信为累，嗟息此珍禽。	仄仄平平仄，平平平仄平。 平平仄平仄，平仄中平平。 仄平平平仄，中仄仄平平。 仄仄平仄仄，平平仄仄平。 仄仄仄平仄，平平仄仄平。 平平中中仄，平仄仄平平。	共12句。“双头平仄”12句，占100%。
二四	挈瓶者谁子，姣服当青春。 三五明月满，盈盈不自珍。 高堂委金玉，微缕悬千钧。 如何负公鼎，被夺笑时人。	仄平仄平仄，中仄平平平。 平仄平仄仄，平平仄仄平。 平平中平仄，平仄平平平。 中平仄平仄，中仄仄平平。	共8句。三平调2句。“双头平仄”8句，占100%。
二五	玄蝉号白露，兹岁已蹉跎。 群物从大化，孤英将奈何。 瑶台有青鸟，远食玉山禾。 昆仑见玄凤，岂复虞云罗。	平平中仄仄，平仄仄中平。 平仄中仄仄，平平中仄平。 平平仄平仄，仄仄仄平平。 平平仄平仄，仄仄平平平。	共8句。三平调1句。“双头平仄”8句，占100%。
二六	荒哉穆天子，好与白云期。 宫女多怨旷，层城闭蛾眉。 日耽瑶池乐，岂伤桃李时。 青苔空萎绝，白发生罗帷。	平平仄平仄，仄仄仄平平。 平仄平仄仄，平平仄平平。 仄仄平平仄，仄平平仄平。 平平平中仄，仄仄平平平。	共8句。三平调1句。“双头平仄”8句，占100%。
二七	朝发宜都渚，浩然思故乡。 故乡不可见，路隔巫山阳。 巫山彩云没，高丘正微茫。 伫立望已久，涕落霑衣裳。 岂兹越乡感，忆昔楚襄王。 朝云无处所，荆国亦沦亡。	平仄平平仄，仄平中仄平。 仄平仄仄仄，仄仄平平平。 平平仄平仄，平平中平平。 仄仄仄仄仄，仄仄平平平。 仄平仄平仄，仄仄仄平平。 平平平仄仄，平仄仄平平。	共12句。三平、三仄调各2句（五仄1句）。“双头平仄”8句，占66.7%。
二八	昔日章华宴，荆王乐荒淫。 霓旌翠羽盖，射兕云梦林。 揭来高唐观，怅望云阳岑。 雄图今何在，黄雀空哀吟。	仄仄平平仄，平平仄平平。 中平仄仄仄，仄仄平仄平。 仄平平平仄，仄仄平平平。 平平平平仄，平仄平平平。	共8句。三平调2句，三仄调1句。“双头平仄”8句，占100%。

续表

感遇	内容	平仄	特点
二九	丁亥岁云暮，西山事甲兵。 赢粮匝邛道，荷戟争羌城。 严冬阴风劲，穷岫泄云生。 昏曀无昼夜，羽檄复相惊。 拳跼兢万仞，崩危走九冥。 籍籍峰壑里，哀哀冰雪行。 圣人御宇宙，闻道泰阶平。 肉食谋何失，藜藿缅纵横。	平仄仄平仄，平平仄仄平。 平平仄平仄，中仄平平平。 平平平平仄，平仄仄平平。 平仄平仄仄，仄仄仄平平。 平仄平仄仄，平平仄仄中。 仄仄平仄仄，平平平仄中。 仄平仄仄仄，中仄仄平平。 仄仄平平仄，平仄仄平平。	共16句。三平调1句。“双头平仄”12句，占75%。
三十	揭来豪游子，势利祸之门。 如何兰膏叹，感激自生冤。 众趋明所避，时弃道犹存。 云渊既已失，罗网与谁论。 箕山有高节，湘水有清源。 唯应白鸥鸟，可为洗心言。	仄平平平仄，仄仄仄平平。 中平平平仄，仄仄仄平平。 仄平平仄仄，平仄仄平平。 平平仄仄仄，平仄仄平平。 平平仄平仄，平仄仄平平。 中平仄平仄，仄仄仄平平。	共12句。三仄调1句。“双头平仄”12句，占100%。
三一	可怜瑶台树，灼灼佳人姿。 碧华映朱实，攀折青春时。 岂不盛光宠，荣君白玉墀。 但恨红芳歇，凋伤感所思。	仄平平平仄，仄仄平平平。 仄平仄平仄，平仄平平平。 仄仄中平仄，平平仄仄平。 仄仄平平仄，平平仄仄平。	共8句。三平调2句。“双头平仄”8句，占100%。
三二	索居独几日，炎夏忽然衰。 阳彩皆阴翳，亲友尽睽违。 登山望不见，涕泣久涟洏。 宿昔感颜色，若与白云期。 马上骄豪子，驱逐正蚩蚩。 蜀山与楚水，携手在何时。	仄平仄仄仄，平仄仄平平。 平仄平平仄，中仄仄平平。 平平仄仄仄，仄仄仄平平。 仄仄仄平仄，仄仄仄平平。 仄仄平平仄，中仄中平平。 仄平仄仄仄，平仄仄平平。	共12句。三仄调3句。“双头平仄”6句，占50%。
三三	金鼎合神丹，世人将见欺。 飞飞骑羊子，胡乃在峨眉。 变化固幽类，芳菲能几时。 疲疴苦沦世，忧痗日侵淄。 眷然顾幽褐，白云空涕洟。	平仄仄平平，仄平中仄平。 平平中平仄，平仄仄中平。 仄仄仄平仄，平平平仄平。 平平仄平仄，平仄仄平平。 仄平仄平仄，仄平中仄平。	共10句。“双头平仄”8句，占80%。
三四	朔风吹海树，萧条边已秋。 亭上谁家子，哀哀明月楼。 自言幽燕客，结发事远游。 赤丸杀公吏，白刃报私仇。 避仇至海上，被役此边州。 故乡三千里，辽水复悠悠。 每愤胡兵入，常为汉国羞。 何知七十战，白首未封侯。	仄平中仄仄，平平平仄平。 平仄平平仄，平平平仄平。 仄平平平仄，仄仄仄仄平。 仄平仄平仄，仄仄仄平平。 仄平仄仄仄，中仄仄平平。 仄平平平仄，平仄仄平平。 仄仄平平仄，平中仄仄平。 平平仄仄仄，仄仄仄中平。	共16句。三仄调2句。“双头平仄”14句，占87.5%。
三五	本为贵公子，平生实爱才。 感时思报国，拔剑起蒿莱。 西驰丁零塞，北上单于台。 登山见千里，怀古心悠哉。 谁言未亡祸，磨灭成尘埃。	仄中仄平仄，平平仄仄平。 仄平中仄仄，仄仄仄平平。 平平平平仄，仄仄平平平。 平平仄平仄，平仄平平平。 平平仄中仄，中仄平平平。	共10句。三平调3句。“双头平仄”8句，占80%。

续表

感遇	内容	平仄	特点
三六	浩然坐何慕，吾蜀有峨眉。 念与楚狂子，悠悠白云期。 时哉悲不会，涕泣久涟洏。 梦登绥山穴，南采巫山芝。 探元观群化，遗世从云螭。 婉娈将永矣，感悟不见之。	仄平仄平仄，平仄仄中平。 仄仄仄平仄，平平仄平平。 平平平仄仄，仄仄仄平平。 仄平平平仄，平仄平平平。 中平中平仄，中仄平平平。 仄仄平仄仄，仄仄仄仄平。	共12句。三平调2句。“双头平仄”10句，占83.3%。
三七	朝入云中郡，北望单于台。 胡秦何密迩，沙朔气雄哉。 籍籍天骄子，猖狂已复来。 塞垣无名将，亭堠空崔嵬。 咄嗟吾何叹，边人涂草莱。	平仄平平仄，仄仄平平平。 平平平仄仄，平仄仄平平。 仄仄平平仄，平平仄仄平。 仄平平平仄，平仄平平平。 仄平平平仄，平平平仄平。	共10句。三平调2句。“双头平仄”6句，占60%。
三八	仲尼探元化，幽鸿顺阳和。 大运自盈缩，春秋迭来过。 盲飙忽号怒，万物相纷劘。 溟海皆震荡，孤凤其如何。	仄平中平仄，平平仄平平。 仄仄仄平仄，平平仄平平。 平平仄中仄，仄仄平平平。 平仄平仄仄，平仄平中平。	共8句。三平调1句。“双头平仄”4句，占50%。

上表所录作品中“双头平仄”占50%以下者仅有1首，说明与汉魏古诗重清浊轻重、而不拘平仄的调声方式不同，陈子昂之作虽未有“格诗”之名，但已具备其基本体式特征。相较汉魏古诗，陈诗体现出明显的律化倾向。如阮籍《咏怀》八十二首中“双头平仄”0%有2首（其九、七三），全诗“双头平仄”2首（其六、八二），但无一首换头。可见，平仄律流行之前，古诗作品在自然调声法之下可能出现完全运用或完全不用“双头平仄”的情况，不过概率都不高，换头术则更为少见。《感遇》组诗正体现出介于传统古诗和中唐格诗之间的过渡特征：38首中换头1首，全诗“双头平仄”13首，虽然换头术的运用明显少于中唐格诗，但全诗“双头平仄”的比例占组诗三成左右，说明自觉遵循出、对句第二字相对的诗法已与《中兴间气集》《白氏文集》所录格诗近似。

从诗歌体调来看，陈子昂《感遇》组诗以感时刺世为主，高古劲健，正与其《修竹篇序》所提倡的“风骨”“兴寄”相合。卢藏用《右拾遗陈子昂文集序》云：“道丧五百岁而得陈君。……崛起江汉，虎视函夏，卓立千古，横制颓波，天下翕然，质文一变。……至于感激顿挫，微显阐幽，庶几见变化之朕，以接乎天人之际者，则《感遇》之篇存焉。”[1]其诗之体调、风格对唐人影响巨大，杜甫、韩愈、白居易等著名诗人皆有盛赞。《中兴间气集》所录格诗中阐幽知机、感时论世、坎壈咏怀等主题均可在《感遇》

[1] 董诰等编《全唐文》，第1061页。

中找到原型，其复兴风雅、摒弃浮靡之高古体调亦是中唐格诗推崇之正宗。

（二）“格诗”体调的转向：“古调”之“闲适”诗的光大

面对安史之乱后的残破与衰败，有志于复兴盛唐的诗人们自觉将目光投向了骨鲠忠义、振声激扬的陈子昂作品，《感遇》三十八首被视为唐代复古思潮之先导。中唐时期“古调”作品逐渐盛行，对其发展线索稍加梳理，亦能见出《感遇》的影响。《中兴间气集》所录孟云卿小序赞其格诗为“一时之英”，“当今古调，无出其右”。可见，“祖述沈千运，渔猎陈拾遗”的孟云卿被视作中唐古调创作的高手，而其效仿的两位前贤之一沈千运略早于孟氏，亦以古体创作而称名于世。元结所编《箧中集》录沈千运古诗四首，对其评价甚高，《箧中集》序云：“吴兴沈千运，独挺于流俗之中，强攘于已溺之后，穷老不惑，五十余年，凡所为文，皆与时异。故朋友后生，稍见师效，能侣类者有五六人。”[1]《箧中集》所录沈千运四首作品具体如下：[2]

诗题	内容	平仄	特点
感怀弟妹	今日春气暖，东风杏花折。 筋力又不如，却羡涧中石。 神仙杳难准，中寿稀满百。 近世多夭伤，喜见鬓发白。 杖藜竹树间，宛宛行旧迹。 岂知林园主，却是林园客。 兄弟可为半，空为亡者惜。 冥冥无再期，哀哀望松柏。 骨肉能几人，年大自疏隔。 性情谁免此，与我不相易。 惟念得尔辈，时看慰朝夕。 平生兹已矣，此外尽非适。	平**仄**平仄中，平**平**仄平仄。 平仄仄仄中，仄仄仄平仄。 平**平**仄平仄，中**仄**平仄仄。 仄仄平中平，仄仄仄仄仄。 仄平仄仄平，仄仄平仄仄。 仄**平**平平仄，仄**仄**平平仄。 平仄仄中仄，中中平仄仄。 仄**仄**平仄平，平**平**中平仄。 仄仄平中平，平仄仄平仄。 仄**平**平仄仄，仄**仄**仄中仄。 平**仄**仄仄仄，平**平**仄平仄。 平**平**平仄仄，仄**仄**仄平仄。	共24句。三仄调2句（五仄、四仄各1句）。“双头平仄”14句，占58.3%。
赠史修文	故人阻千里，会面非别期。 握手于此地，当欢反成悲。 念离宛犹昨，俄已经数期。 畴昔皆少年，别来鬓如丝。 不道旧姓名，相逢知是谁。 曩游尽骞翥，与君仍布衣。 岂曰无其才，命理应有时。 别路渐欲少，不觉生涕洟。	仄**平**仄平仄，仄**仄**平仄平。 仄**仄**平仄仄，中**平**中平平。 仄**平**仄中仄，平**仄**中仄平。 平**仄**平仄平，仄**平**仄中平。 仄**仄**仄仄平，平**平**中仄平。 仄平仄平仄，仄平平仄平。 仄仄平平平，仄仄中仄平。 仄仄中仄仄，仄仄平仄平。	共16句。三平调1句。“双头平仄”10句，占62.5%。

[1] 元结编《箧中集》，徐乃昌编《随庵丛书》本，第1页。

[2] 同上书，第2—3页。

续表

诗题	内容	平仄	特点
濮中言怀	圣朝优贤良，草泽无遗匿。 人生各有志，在余胡不激。 一生但区区，五十无寸禄。 衰退当弃捐，贫贱招毁讟。 栖栖去人世，迍踬日穷迫。 不如守田园，岁宴望丰熟。 壮年失宜尽，老大无筋力。 始觉前计非，将贻后生福。 童儿斯学稼，少女未能织。 顾此忘知己，终日求衣食。	仄平平平平，仄仄平平仄。 平平仄仄仄，仄平平仄仄。 仄平仄平平，仄仄平仄仄。 平仄中仄平，平仄平仄仄。 平平仄平仄，平仄仄平仄。 仄平仄平平，仄仄中平仄。 仄平仄平仄，仄仄平平仄。 仄仄平仄平，中平仄平仄。 平平平仄仄，仄仄仄平仄。 仄仄中中仄，平仄平平仄。	共20句。三平调1句（四平1句），三仄调1句。“双头平仄”14句，占70%。
山中作	栖隐非别事，所愿离风尘。 不辞城邑游，礼乐拘束人。 迩来归山林，庶事皆吾身。 何者为形骸，谁是智与仁。 寂寞了闲事，而后知天真。 咳唾矜崇华，迂俯相屈伸。 如何巢与由，天子不得臣。	平仄平仄仄，仄仄平平平。 仄平平仄平，仄仄平仄平。 仄平平平平，仄仄平平平。 平仄平平平，平仄仄仄平。 仄仄仄平仄，平仄平平平。 中仄平平平，平仄中仄平。 中平平仄平，平仄仄仄平。	共14句。三平调6句（四平1句）。“双头平仄”6句，占42.9%。

从诗歌体调及内容来看，沈千运亦秉承了《感遇》三十八首感时伤怀之传统、高古质朴之诗风，然而除了关怀世事、感思际遇，作者超尘远俗、守道立身的个性亦相当突出，与元结赞其“独挺于流俗”的品格一致。孟云卿的古调诗创作直承沈千运，上溯至陈子昂，唐人古调诗的发展线索可见一斑。贞元、元和时期，韩愈、孟郊、元稹、白居易等活跃于诗坛，古调创作更是蔚为大观。《白氏文集》前集中即专有卷目列“古调诗”。

从体式上看，古调应与律体相对，如元稹《见人咏韩舍人新律诗因有戏赠》云：“喜闻韩古调，兼爱近诗篇。”那么，与律体相对的“格诗”又与“古调”存在怎样的关系呢？上表分析了沈诗四首的平仄特点，无换头，无全诗“双头平仄”，“双头平仄”占50%以上者3首，占50%以下者1首。整体而言，沈诗的律化程度甚至低于《感遇》组诗。前文总结了格诗体式的三种类型，前两类皆不见于沈诗，说明沈诗并不算典型的格诗体式。

这一点在《白氏文集》中亦有相同表现，如以《白氏文集》卷五“古调诗·闲适一”（凡五十三首）为例，全诗“双头平仄”有5首，分别是《早秋独夜》《听弹古渌水》《松斋自题》《冬夜与钱员外同直禁中》《秋山》。而“双头平仄”占50%以下者有10首之多，分别是《永崇里观居》《早送举人入试》《前庭凉夜》《禁中》《寄李十一建》《旅次华州，赠袁右丞》《效陶潜体诗十六首》其一、十三、十五、十六，其中《前庭凉夜》《禁中》无“双头平仄”。这与前文举例《白氏文集》卷二一“格诗歌行杂体”的平仄特点相差较大，部分五古明显不遵守格诗体式的要求。

《白氏文集》卷目题名前后并不一致，前集古体诗题为“古调诗”“古体诗”，后集则题“格诗”。但这并不是说格诗仅存于后集。白居易《编集拙诗成一十五卷因题卷末戏赠元九李二十》云：“每被老元偷格律，苦教短李伏歌行。”所谓“格律”即指格诗与律诗。又，《白氏文集》后集序有“迩来复有格诗、律诗”之语，“复”字亦说明此前曾做格诗，前集当有收录。钱志熙《元白诗体理论探析》认为：“古调是体现讽谕之旨的，格诗则高者仅至于吟咏情性，低者不免于流连风物，也就是元稹所说的‘词虽近古而止于吟写性情者’，其不同于律诗体者，只在于体制、语言、格调之比较高古，所以白氏又称其为格诗。”[1]这也就提示我们“古调”与“格诗”有交集，但两者侧重点不同，因而要从体式、体调两方面来分析。

就体式而言，格诗之体式有相对明确的平仄要求和典型体制。而古调诗中诗歌体式较为驳杂，既有格诗，亦有受律化影响较少或故意排斥律化的古体作品，范围明显较广。

从诗歌体调来看，格诗的发展过程明显有一种转向，即：由刺世之高古转向独善之闲适。《白氏文集》前集“古调诗”中包括讽喻、闲适、感伤三大类（感伤三标为“古体”），然而三者所承载的教化功能差别明显。皮日休《论白居易荐徐凝屈张祜》云：“余尝谓文章之难，在发源之难也。元、白之心，本乎立教，乃寓意于乐府，雍容宛转之词，谓之‘讽谕’，谓之‘闲适’。”[2]讽喻、闲适植根于儒家立教，感伤则更为私人化、情感化。其中讽喻诗显然是最具有现实关怀的作品，亦被视为古调的典型。这与陈子昂《感遇》三十八首、《中兴间气集》所录格诗的感时刺世传统一脉相承，高古的诗风之下体现的是诗人的道义担当。也就是说，《白氏文集》前集中所录格诗包含于古调诗之中，其体调特征分别对应讽喻、闲适和感伤三类作品，其中前两类格调更为高古，又以讽喻最能体现中唐格诗刺世之传统。

然而，《白氏文集》后集卷目以“格诗”取代了“古调”题名。一则说明后集中五言古体的诗歌体式相对纯粹，集中于格诗。二则说明体调亦单纯化，不需进一步甄别其风骨格调之高下或教化功用之大小。前集中“古调”分讽喻、闲适、感伤三类，主要对

[1] 钱志熙《元白诗体理论探析》，《中国文化研究》2003年春之卷。

[2] 董诰等编《全唐文》，第3705页。

应刺时世、重操守、咏情性的内容，其骨力劲健之感依次减弱。后集中基本以闲适诗为主体，鲜有讽喻之作。闲适本为古调三类之一，后集则成为绝对的担纲者，那么，后集“格诗”所谓的“格力骨骼”之下已不再有感时刺世的底蕴，转而强调的是持节守正的独善人格。

（任雅芳，西北大学中国文化研究中心讲师，主要研究方向是唐人文集编纂。）

令狐楚《御览诗》编纂意旨发微

——基于文学、政治双视角的考察*

孟　飞

《御览诗》，又名《唐新诗》《选进集》《元和御览》，[1]是“唐人选唐诗”中唯一一部奉敕编纂的诗集。《御览诗》虽然编纂于元和年间，但所选知名诗人多为大历、贞元间人，实际不能代表元和诗风，且其选诗题材狭窄，风格轻艳，后世评价并不高。关于《御览诗》研究，主要有傅璇琮先生撰写的《唐人选唐诗新编·御览诗》前记，对版本等问题进行了详细考证；[2]此外，孙桂平《唐人选唐诗研究》、吕光华《今存十种唐人选唐诗考》等论著亦有专节考论。[3]在“诗到元和体变新”（白居易《余思未尽加为六韵重寄微之》）的背景之下，出现了《御览诗》这样一部看似与元和诗风格格不入的诗选，其编纂意义何在？值得进一步发掘。

本文将首先对《御览诗》纂进时间进行考辨，以准确判断其历史背景；然后对其选录的诗人，尤其是不为后世所知的诗人进行考证，并对选录诗篇的题材、风格等进行分析，以综合判断其选录标准。在此基础上，笔者将结合其时的政治情势及文学状况，对《御览诗》的编纂意义进行评价，对令狐楚的编纂意旨进行发微。

一、《御览诗》纂进时间

关于令狐楚《御览诗》的纂进时间，学界说法不一。《四库全书总目》云：“是书乃

---

* 本文为国家社会科学基金项目“唐代书籍形制与文学传播研究”（一般项目，项目号 19BZW069）阶段性研究成果。

[1] 见陆游《跋唐御览诗》（《渭南文集》卷二六，四部丛刊景明活字本）、陈振孙：《直斋书录解题》卷一五（清武英殿聚珍版丛书本）。又，《选进集》，陆游跋作《选集》；《唐新诗》，《四库全书总目·御览诗提要》讹作《唐歌诗》。

[2] 傅璇琮、陈尚君、徐俊编《唐人选唐诗新编》（增订本），中华书局，2014 年。

[3] 孙桂平《唐人选唐诗研究》（中国社会科学出版社，2012 年），吕光华《今存十种唐人选唐诗考》（花木兰文化出版社，2005 年）。关于《御览诗》的研究还有以下几篇论文：杨传庆《〈御览诗〉研究》，东北师范大学硕士论文，2007 年；夏娱《〈御览诗〉研究》，西南大学硕士论文，2008 年；刘勇、赵萍君《〈御览诗〉选录简论》（《商洛学院学报》，2010 年第 1 期）；刘勇、赵萍君《〈御览诗〉诗歌选录体裁论略》（《牡丹江大学学报》2011 年 11 期），向回《〈御览诗〉选诗标准论略》（《乐府学》2014 年）；高肿骅《从〈御览诗〉看元和诗坛风尚》（《华东师范大学学报》2006 年第 1 期；赵荣蔚《元和后期诗风之变与〈御览诗〉》（《松辽学刊》2010 年第 5 期）等，与本文相关的论文将会在论述中引用。

宪宗时奉勅编进，其结衔题翰林学士朝议郎守中书舍人。考楚本传称皇甫镈与楚厚善，荐为翰林学士，进中书舍人。元和十二年，裴度以宰相领彰义节度使，楚草制，其词有所不合，停楚学士，但为中书舍人，则此书之进，在元和十二年以前也。”[1]

傅璇琮先生在《唐人选唐诗新编·御览诗》的前记中，根据新、旧《唐书》令狐楚本传相关记载，将纂进时间推定为元和九年至十二年之间。[2]其后陈尚君据岑仲勉先生《翰林学士壁记注补》，以“翰林学士朝议郎守中书舍人”为令狐楚元和十二年三月至八月间所任官，定其集编于此时。[3]孙桂平认为陈尚君没有辨析“守中书舍人”“中书舍人”含义的不同，论断有误，他据《旧唐书》令狐楚本传“元和十三年四月，出于华州刺史”的记载，推断《御览诗》纂进当在元和十二年夏至元和十三年四月之间。[4]此外还有其他说法，如吕玉华认为《御览诗》纂进在元和九年至十三年四月间等。[5]

令狐楚元和年间的仕历，傅璇琮先生《唐翰林学士传论》“令狐楚”条考证甚详。其中涉及令狐楚《御览诗》署衔问题的关键史料有以下几则：

> 元和九年，（皇甫）镈初以财赋得幸，荐俛、楚俱入翰林，充学士，迁职方郎中、中书舍人，皆居内职。……（元和十二年夏，）宪宗方责度用兵，乃罢逢吉相任，亦罢楚内职，守中书舍人。（《旧唐书·令狐楚传》）
>
> （元和九年十一月戊戌，）以职方员外郎、知制诰令狐楚为翰林学士。（《旧唐书·宪宗纪下》）
>
> （元和）十二年三月，迁中书舍人。（丁居晦《重修承旨学士壁记》）
>
> 元和十二年二月二十四日，以职方郎中、知制诰、翰林学士，赐绯鱼袋充。三月二十日，正除。（元稹《承旨学士院记》）

根据《旧唐书》的记载，令狐楚元和九年（814）十一月戊戌入为翰林学士。其出院的时间，傅璇琮先生据令狐楚元和十二年八月因草制《授裴度彰义军节度使制》而被宪

---

[1]《四库全书总目》卷一八六。

[2] 傅璇琮、陈尚君、徐俊编《唐人选唐诗新编·御览诗》前记，第533页。

[3] 陈尚君《唐人编选诗歌总集叙录》，《唐代文学丛考》（中国社会科学出版社，1997年），第192页。吕光华亦同其说，见《今存十种唐人选唐诗考》，第122页。此说法后亦为傅璇琮先生所采纳，见傅氏著《唐翰林学士传论》，辽海出版社，2005年，第486页。

[4] 孙桂平《唐人选唐诗研究》，第264页。

[5] 吕玉华《唐人选唐诗述论》，文津出版社，2004年，第78页。

宗罢免“内职”的记载，[1]断在元和十二年八月。也就是说，令狐楚充任翰林学士的时间为元和九年十一月至元和十二年八月。根据丁居晦《重修承旨学士壁记》、元稹《承旨学士院记》的记载，令狐楚在元和十二年三月二十日被迁为中书舍人。又据《旧唐书》记载，令狐楚“元和十三年四月，出为华州刺史”，可以推断他任中书舍人在元和十二年三月至元和十三年四月之间。

署衔“翰林学士朝议郎守中书舍人”，意味着令狐楚兼任两官，[2]满足这一条件的只能是在元和十二年三月至八月之间。陈尚君先生的判断是可以据信的。孙桂平先生虽然质疑其说，但缺乏坚实的证据，他猜测：“令狐楚罢内职之后，无实务可理，而近赋闲之人，所以宪宗敕编《御览诗》，当藉此表示安慰之意”，[3]并无事实的依据，而且如果令狐楚编纂《御览诗》在罢免“内职”之后，则不当署“翰林学士”。[4]至于吕玉华等人的说法，乃是综合傅璇琮、孙桂平两位先生的观点，可不予置评。

二、《御览诗》所选录诗人

《御览诗》共选录三十位诗人，除了李益、卢纶、韦应物、司空曙、张籍等数人之外，其余大多数鲜为后世所知。考证其生平事迹和创作情况，有助于我们更好地认识《御览诗》的选录标准。

1. 刘方平　13 首

两《唐书》无传，《唐才子传》有传。据傅璇琮先生考证，刘方平约生于开元十八、九年（730、731），卒年不详。[5]《唐才子传》载其“与元鲁山交善，隐居颍阳大谷，尚高不仕。皇甫冉、李颀等相与赠答”。[6]皇甫冉有多首赠诗（《寄刘方平大谷田家》《寄刘方平》《答张諲刘方平兼呈贺兰广》《刘方平西斋对雪》《秋夜戏题刘方平壁》《之京留别刘方平》《刘方平壁画山水》等诗），刘方平有《秋夜寄皇甫冉郑丰》诗，知两人交好。

---

[1]《资治通鉴》元和十二年八月条：“李逢吉不欲讨蔡，翰林学士令狐楚与逢吉善，度恐其合中外之势以沮军事，乃请改制书数字，且言其草制失辞。壬戌，罢楚为中书舍人。”

[2] 中唐时期中书舍人、翰林学士可同时兼任，如白居易曾撰《元稹除中书舍人翰林学士赐紫金鱼袋制》（《白氏长庆集》卷三三）：“是用命尔变中书舍人，以司诏令……是用命尔为翰林学士，以备访问”，可知其时两官可以兼任。

[3] 孙桂平《唐人选唐诗研究》，第 276 页。

[4] 按王鸣盛《十七史商榷》卷七六：“旧《哀帝纪》：‘天祐元年三月，敕：翰林学士户部侍郎杨注是宰臣杨涉亲弟，兄既秉于枢衡，弟故难居宥密，可守本官，罢内职。’本官谓户部侍郎，内职为翰林学士……唐以翰林学士为内职也。”

[5] 傅璇琮等《唐才子传校笺》，第 590—591 页。

[6] 同上书，第 590 页。

2. 皇甫冉　16首

《唐才子传》有传。皇甫冉生于开元四、五年（716、717），天宝十五载进士，卒于大历四、五年（769、770）间，生平详见傅璇琮先生考证。[1]

3. 刘复　4首

《全唐诗》："刘复，登大历进士第，官水部员外郎。"按孟郊曾作《失意归吴因寄东台刘复侍御》诗，"东台"为官署名，一说唐高宗时曾改门下省为东台，后因以沿称门下省，一说唐时为东都御史台的省称。韩愈元和七年作《集贤院校理石君墓志铭》，[2]称"尚书水部郎刘复"曾为石平作铭。又《元和姓纂》卷五载有"水部员外郎刘复"，又《吴郡志》卷四三引《明皇杂录》亦称"吴中水部员外郎刘复"，知刘复元和间曾为水部员外郎。张祜《叙诗》论述古今诗歌源流，其中有"四面近刘复，远与何相追"[3]之语，将刘复与王昌龄、李杜、张九龄、韦应物等人并举，可见刘复在当时诗名甚盛。又《金石录》载有《唐戏马台铭》，注云："刘复撰，薛宥正书，贞元五年七月。"[4]

4. 郑锡　10首

《唐诗纪事》："锡登宝应进士第，宝历间为礼部员外郎"。[5]据李翱所撰《故歙州长史陇西李府君墓志铭》记载，郑锡为歙州长史李则之长女婿。[6]李则卒于宝历三年（827），享年七十四，其生年当在天宝十二载（753），元和十二年（817）64岁。若郑锡为其长女婿，其时至多不过三四十岁。又李端有《与郑锡游春》《卧病别郑锡》《樵歌呈郑锡司空文明》诗，司空曙有《送郑锡》诗，[7]知郑锡、李端、司空曙为同时友也。

5. 柳中庸　9首

《全唐诗》："柳中庸名淡，以字行，河东人。宗元之族，御史并之弟也。与弟中行皆有文名，萧颖士以女妻之。仕为洪府户曹"。[8]《唐才子传》卷四"李端"条："与处士京

[1] 傅璇琮等《唐才子传校笺》，第562—569页。

[2]《昌黎先生文集》卷二五，宋蜀本。

[3]《张承吉文集》卷十，宋刻本。

[4] 赵明诚《金石录》卷九，《四部丛刊续编》景旧钞本。又见载于《宝刻类编》卷四，粤雅堂丛书本。

[5]《唐诗纪事》卷二八。

[6] 李翱《故歙州长史陇西李府君墓志铭》，《李文公集》卷一五，《四部丛刊》景明成化本。

[7] 见《文苑英华》卷二七五，题注："曙曾事此君季父"。

[8]《全唐诗》卷二五七。

兆柳中庸、大理评事江东张芬友善唱酬”，按李端有《留别柳中庸》《送张芬归江东兼寄柳中庸》《宿瓜洲寄柳中庸》《江上别柳中庸》《江上逢柳中庸》《溪行逢雨与柳中庸》等诗，知两人友好。又柳中庸大历初年曾经参加颜真卿湖州诗会，与杨凝、杨凭等人列名联句诗，见黄本骥《颜鲁公湖州宾客考》。[1]

6. 李嘉佑　2首

《唐才子传》有传。生平仕历见傅璇琮《唐代诗人丛考·李嘉佑考》。约卒于建中元年（780）以后。与司空曙、钱起友好，司空曙有《送李嘉佑正字括图书兼往扬州觐省》诗，钱起有《寄袁州李嘉佑员外》诗。

7. 李端　8首

李嘉佑之侄，“大历十才子”之一，《唐才子传》有传，生平仕历参见傅璇琮《唐代诗人丛考·李端考》。

8. 卢纶　32首

“大历十才子”之一，《新唐书》《唐才子传》有传。生平仕历见傅璇琮《唐才子传校笺》考证。

9. 李何　1首

生平无考。按《御览诗》名下注云：“旧刻‘和’，非”。检《元和郡县志》卷二九，有宣城郡太守李和，天宝四年曾上奏事，疑或即此李和。

10. 张起　1首

生平无考。刘长卿有《送张起崔载华之闽中》《送崔载华张起之闽中》两诗，知与刘长卿友好。

11. 郑鏦　4首

其人生平前此无考，如傅璇琮言：“郑鏦诗四首，《文苑英华》《唐诗纪事》等皆未载，《全唐诗》卷七六九所载，即全采自《御览诗》，入世次爵里无考类。如《御览诗》不载，则李何、郑鏦连姓名也未为世所知。”[2]笔者于《事类备要》后集卷四六检得一

[1] 颜真卿《颜鲁公文集》卷一九，三长物斋丛书本。

[2] 傅璇琮、陈尚君、徐俊《唐人选唐诗新编》，第536页。

则材料，用补其人生平：“郑鏦字利用，为太子詹事，鏦卒，弟代为詹事。”又按柳宗元《河东先生集》卷一二《先君石表阴先友记》：“郑利用，余庆从父兄也……由大理少卿为御史中丞，复由中丞为大理少卿。”知郑鏦即郑利用，以字行。郑利用贞元元年举贤良方正能言极谏科（见《册府元龟》卷六四五、《唐会要》卷七六），大历八年进士。疑与集中郑锡为昆弟行。

12. 司空曙　5 首

《新唐书》卷二〇三《文艺传》下附见《卢纶传》。生平仕历见傅璇琮《唐才子传校笺》卷四。与卢纶、李端等人相友好。

13. 于鹄　3 首

生平考证见傅璇琮《唐才子传校笺》卷四。张籍有《别于鹄》《伤于鹄》诗，知两人友好。

14. 顾况　10 首

生平考证见傅璇琮《唐才子传校笺》卷三。

15. 韦应物　6 首

生平考证见傅璇琮《唐才子传校笺》卷四。

16. 纥干着　4 首

生平无考。

17. 杨凌　17 首

与杨凝、杨凭为三兄弟，并有文才，时号“三杨”，见《新唐书》卷一六〇《杨凭传》。据孟二冬《登科记考补正》，杨凭大历九年登进士第，杨凌大历十一年或十二年登进士第，杨凝大历十三年登进士第。杨凭约卒于元和末年，杨凌约卒于贞元六年，杨凝卒于贞元十九年。关于“三杨”之事迹，柳宗元《唐故兵部郎中杨君墓碣》《先君石表阴先友记》《与杨京兆凭书》及权德舆《兵部郎中杨君集序》等文言之甚详。

18. 杨凝　29 首

参见“杨凌”条。

19. 李宣远　1首

《唐诗纪事》："贞元进士登第"，其他不详。

20. 卢殷　14首

元和五年卒，年六十五，生平见韩愈所作《登封县尉卢殷墓铭》(《昌黎先生文集》卷二五)。孟郊有《同从叔简酬卢殷少府》《吊卢殷》(十首)等诗。韩愈言其"诗可录传者，在纸凡千余篇"，今存世止14首，赖《御览诗》以传。[1]

21. 姚系　1首

贞元元年进士，其后归隐，与韦应物友好，韦应物有《送姚系还河中》诗，生平考证见傅璇琮《唐才子传校笺》卷五。

22. 马逢　5首

贞元五年进士，生平考证见傅璇琮《唐才子传校笺》卷五。按元稹《天坛上境》诗序云："贞元二十年五月十四日，夜宿天坛石幢侧。十五日，得盩厔马逢少府书……"，知马逢贞元二十年时官任少府。元和年间当亦在世。诗五首，皆赖《御览诗》以传。

23. 刘皁　4首

《全唐诗》卷四七二："贞元间人。"按唐张读《宣室志》卷五载："元和初，董叔经为河西守时，有彭城刘皁……"或即此人，籍彭城，元和间在世。

24. 李益　36首

生于天宝五载(746)，卒于大和三年(829)，最新生平考证参见《新发现的崔郾佚文〈李益墓志铭〉及其文献价值》(《文学遗产》2009年第5期)一文。按李益有《校书郎杨凝往年以古镜贶别今追赠以诗》《述怀寄衡州令狐相公》《赠内兄卢纶》等诗，知其与杨凝、令狐楚友善，卢纶为其内兄(妻子之兄)。

[1]《全唐诗》收13首，遗漏《金灯》诗1首。卷五六三有卢溵，浙东处士，收诗2首，另一为《和李尚书命妓饯崔侍御》。《万首唐人绝句诗》卷四二，李纳作《听盛小丛歌赠崔侍御》，有诸人奉和之作，卢溵其一。《唐诗纪事》卷五九有卢溵，云其为浙东处士。佟培基《全唐诗重出误考》，第337页303条"卢殷"，辨《遇边使》《移住别居》《堋口逢友人》三诗非罗隐诗。同书第438页390条，辨卢溵、卢殷实二人，卢溵为宣宗时浙东处士，与李讷有交往；卢殷为德宗、宪宗时人，官至登封县尉。

25. 李愿　2 首

按唐有两李愿，一为西平李晟之子，李愬之弟；一为韩愈送归盘谷之隐士。《御览诗》所选诗人当为后者，元和间尚在世。考辨见杭世骏《订讹类编》续补卷下“两李愿”、阎若璩《博湖掌录》“辨李愿非西平子”等。

26. 张籍　1 首

生平考证见傅璇琮《唐才子传校笺》卷五。张籍与令狐楚友善，有《寄令狐宾客》《送令狐尚书赴东都留守》等诗。

27. 霍总　6 首

《唐诗纪事》言其“咸通时为池州刺史”，[1]《全唐诗》袭其说。穆员《蝗旱诗序》载，“甲子岁秋，大旱，螽蝗生”，“余时从师于东周，居镇之府，僚友霍总赋《蝗旱》诗一章，七十有二句。”[2]按甲子岁当为唐德宗兴元元年。穆员贞元年间任东都留守杜亚之佐府，授侍御史。霍总为其僚友，其时当亦在杜亚幕。又武元衡有《同张惟送霍总赴池州》诗，知两人相友好。霍总当为贞元间人，不当为咸通时人。

28. 杨凭　18 首

参见“杨凌”条。

29. 杨巨源　14 首

生平考证见《唐才子传校笺》卷五。与令狐楚交谊甚厚。贞元七年，令狐楚登进士第，桂管观察史王拱聘楚为从事，楚往谢辞，杨巨源曾作《别鹤词送令狐校书之桂府》为其送行。杨氏今存诗篇中，《酬令狐员外直夜书怀见寄》《将归东都寄令狐舍人》《和令狐舍人酬峰上人题山栏孤竹》《酬令狐舍人》《和令狐郎中》《和汴州令狐相公白菊》等诗，皆与令狐楚酬唱之作。

30. 梁锽　10 首

《国秀集》选其诗二首，题职衔为“执戟”。岑参有《题梁锽城中高居》诗，钱起有《秋夕与梁锽文宴》诗，李颀有《别梁锽》诗，中有“虽云四十无禄位，曾与大军掌书

[1] 计有功《唐诗纪事》卷五八，《四部丛刊》景明嘉靖本。

[2]《文苑英华》卷七一七，又见《全唐文》卷七八三。

记”之句，知其曾入藩镇幕府。又按：宋高似孙《剡录》卷十有“唐方士梁锽《进恒春草》诗”，[1]全诗见《文苑英华》卷一八九，题作《方士进恒春草》，知《剡录》有误，梁锽非方士也。

《御览诗》之前的诗选，多于序中注明选诗起讫时间，如《河岳英灵集》“起甲寅，终癸巳”;《国秀集》“自开元以来，维天宝三载，谴谪芜秽，登纳菁英，可被管弦者都为一集”;《中兴间气集》“起自至德元首，终于大历十四年己未”。《御览诗》一名《唐新诗》，所谓“新”，是相对“旧”而言，则其选诗在时间上当有所断限。序与献表今已不存，无从考知，只可从所选诗人的生活年代加以推测。

《四库全书总目》云：“韦应物为天宝旧人，其余李端、司空曙等皆大历以下人，张籍、杨巨源并及于同时之人，去取凡例，不甚可解。”傅璇琮先生认为《御览诗》所收三十位诗人，“都是肃、代和德宗时人，即主要是大历和贞元时代的诗人。”笔者通过考证，发现《御览诗》所选不乏元和年间在世的诗人，如张籍、李益、杨巨源、杨凭、刘复、郑锡、马逢、李愿、卢殷、刘皁等，占总人数的1/3，为数并不为少。其中李益、杨巨源、张籍、杨凭等人，在当时诗坛颇有影响，上述结论也许可据此修正。《御览诗》一名《唐新诗》，其“新”大约体现在两个方面，其一诗体以近体为主，其二就是选录新近诗人。

陆游跋引《卢纶墓碑》云：“元和中，章武皇帝命侍丞采诗第名家，得三百一十篇，公之章句，奏御者居十之一。”可见《御览诗》选录诗人，皆为当时“名家”，只是后世声名不彰而已。如杨巨源之诗在当时广受称誉，白居易《赠杨秘书巨源》“清句三朝谁是敌，白须四海半为兄”；张籍《送杨少尹赴凤翔》“诗名往日动长安，首首人家卷里看”，其诗坛影响可窥一斑。而《御览诗》中，元和大家如元白、韩孟等皆未收入，故给人以不收当代诗人的错觉。如杜松柏所言：“取张籍而不及韩愈、贾岛、孟郊，取韦应物而不及柳宗元，刘禹锡、元稹、白居易之作，无一入选，殊可怪也，实不足以代表元和之风会。”[2]白居易等人未被选入的原因，一方面与其当时的政治境遇有关，如柳宗元、刘禹锡等参与永贞革新，在“八司马”之列，为宪宗所深恶，“纵逢恩赦，不在量移之列”；白居易元和六年七月，因上疏请捕刺杀宰相武元衡之凶手，以越职言事之罪被贬江州司

[1] 高似孙《剡录》卷十，清道光八年刻本。

[2] 杜松柏《禅学与唐宋诗学》，黎明文化事业公司出版，第180页。

马。另一方面也和诗歌审美有关，《御览诗》所收皆为近体诗，风格典雅，而韩愈、李贺等人创作多为古体诗，且诗风险怪，并不符合选录标准。

《御览诗》选录的诗人大部分为朝官，其中也有当时著名的隐士，如刘方平、李愿、姚系等。贞元时人高仲武编选《中兴间气集》，序言“但使体状风雅，理致清新，观者易心，听者竦耳，则朝野通取，格律兼收”。[1]《御览诗》所选录的诗人从身份来看，也可视为“朝野通取”。《御览诗》选录诗人的另外一个特点，就是群体特征明显。如杨凌、杨凝、杨凭为三兄弟，李嘉佑、李端为叔侄，诗人之间又多有唱酬，互为朋好，如刘方平与皇甫冉，李端、司空曙、郑锡和柳中庸等，皆关系密切。而李益、张籍等人，又与令狐楚交谊甚厚。同声相应，他们的诗歌集结在一起，自然会呈现出相似的风格特征。

三、《御览诗》所选录诗篇

关于《御览诗》的选诗数目，陆游有跋云：“凡三十人，二百八十九首。……按卢纶墓碑云：元和中，章武皇帝命侍臣采诗第名家，得三百一十篇，公之章句奏御者居十之一。今《御览》所载纶诗，正三十二篇，所谓居十之一者也。据此，则《御览》为唐旧书不疑，然碑云三百一十篇，而此才二百八十九首，盖散逸多矣，姑校定讹谬，以俟完本。”陈振孙《直斋书录解录》、方回《瀛奎律髓》皆祖陆游之说。按现存诗只有286首，则较陆游所见本又有脱佚。

《御览诗》主要有以下几类题材：颂圣、时节、宫闱、禁省、边塞、赠别、游览等。其中以描写女性体貌、服饰、情感的诗歌题材居多。研究者对题材多有分类和统计，此不赘述。

值得注意的是，《御览诗》所选边塞诗很多，约有51首，占诗集1/6强。[2]这是《御览诗》不同于其他唐人选唐诗的一大特点，原因将在下文探讨。

《御览诗》还有一个值得注意的现象，是编者对诗题的改易：

---

[1] 高仲武《中兴间气集序》，傅璇琮编《唐人选唐诗新编》，第456页。

[2] 皇甫冉《送客》《送节度赴朔方》《雨雪》《春思》；郑锡《邯郸少年行》《陇头别》《度关山》《千里思》《出塞》《出塞曲》；柳中庸《征怨》《凉州曲》（2首）；李端《关山月》；卢纶《送都护归边》《送刘判官赴天德军》《塞下曲》（6首）；张起《邯郸侠少年》《入塞曲》；于鹄《送客游边》；杨凝《从军行》；李宣远《塞下作》；卢殷《遇边使》《长安亲故》；马逢《部落曲》《从军》；李益《送客归振武》《观回军三韵》《题太原落漠驿西堠》《过五原胡儿饮马泉》《临滹沱见入蕃使列名》《过降户至统汉峰》《拂云堆》《暮过回乐峰》《夜宴观石将军舞》《边思》《暖川》；霍总《塞下曲》；杨凭《边塞行》《边情》；杨巨源《关山月》《长城闻笛》。

诗人	诗题	原题
皇甫冉	《江山留别》	《润州南郭留别》
	《送节度赴朔方》	《送常大夫加散骑常侍赴朔方》
	《送客》	《送王司直》
	《赠别》	《赠寄权三客舍》
卢纶	《边思》	《送郭判官赴振武》
	《送都护归边》	《送韩都护归边》
	《送道士》	《送王尊师》
	《东斋花树》	《同耿湋司空曙二拾遗题韦员外东斋花树》
	《塞下曲》	《和张仆射塞下曲六首》
	《春日有怀》	《春日忆司空文明》
	《驸马花烛》	《王评事驸马花烛诗》
	《曲江看花》	《贼中与严越卿曲江看花》
司空曙	《玩花》	《玩花与卫象同醉》
	《江湖秋思》	《酬崔峒见寄》
于鹄	《送客游边》	《送张司直入单于》
	《寓意》	《襄阳看花时因小蛮作》
韦应物	《西涧》	《滁州西涧》
	《寒食寄诸弟》	《寒食寄京师诸弟》
李宣远	《塞下作》	《并州路》
李益	《题太原落漠驿西堠》	《幽州赋诗见意时佐刘幕》

对诗题的改易常常采取淡化细节，将具体的人名、地点信息模糊处理的方式。也许是考虑到特殊的阅读对象，因为要呈进给宪宗皇帝，所以更多关注诗歌内容和风格，而写作相关的背景信息就显得无关紧要了。

胡震亨《唐音癸签》云："原题亦多以嫌讳有所改易"，[1]毛晋《御览诗》跋亦云："间有顿易原题，新缀旧幅者，无过集柔翰以对宸严，此令狐氏引嫌避讳之微旨也"。[2]令狐楚有意更改原题，将诗题中人物地点等信息隐去，一方面确实是为了引嫌避讳，另外也可能是有意突出作品，淡化作者。《御览诗》选录的诗人既没有小传，也没有官衔。

四、"取资宸瞩"——《御览诗》与元和削藩

通过对于《御览诗》选诗题材的分析，我们可以发现大量选入边塞诗是《御览诗》的一大特点。阅读这些诗作，笔者发现，虽然也有建功立业的豪壮诗篇，如郑锡《邯郸少年行》等，但大部分诗歌描写的是边戍生活的悲苦，透露出对战争的厌恶和谴责之情。

[1] 胡震亨《唐音癸签》卷三一，文渊阁四库全书本。

[2] 傅璇琮、陈尚君、徐俊编《唐人选唐诗新编》，第621页。

如皇甫冉的《雨雪》诗："风沙悲久戍，雨雪更劳师。绝漠无人境，将军苦战时。山川迷向背，氛雾失旌旗。徒念天涯事，年年芳草期。"又如郑锡《出塞》："关山落叶秋，掩泪望营州。辽海云沙暮，幽燕旌旆愁。战余能送阵，身老未封侯。去国三千里，归心红粉楼。"柳中庸《征怨》："岁岁金河复玉关，朝朝马策与刀环。三春白雪归青冢，万里黄河绕黑山。"张起《入塞曲》："留滞边庭久，归思岁月赊。黄云同入塞，白首独还家。宛马随秦草，胡人问汉花。还伤李都尉，独自没黄沙。"

令狐楚自己做的边塞诗，与上述选诗基调一致。如《从军词》（五首）：

荒鸡隔水啼，汗马逐风嘶。终日随征旆，何时罢鼓鼙。
孤心眠夜雪，满眼是秋沙。万里犹防塞，三年不见家。
却望冰河阔，前登雪岭高。征人几多在，又拟战临洮。
胡风千里惊，汉月五更明。纵有还家梦，犹闻出塞声。
暮雪连青海，阴霞覆白山。可怜班定远，生入玉门关。[1]

又如《塞下曲》（二首）：

雪满衣裳冰满须，晓随飞将伐单于。平生意气今何在？把得家书泪似珠。
边草萧条塞雁飞，征人南望泪沾衣。黄尘满面长须战，白发生头未得归。[2]

在令狐楚笔下，征伐战争使人联想到的只有旷夫思妇、背井离乡，没有建功立业的豪情壮志。"何时罢鼓鼙"之语，更是直白地表达了对待战争的态度。

笔者认为，令狐楚编选《御览诗》选录大量辞意悲苦的边塞诗，其间或不无用意，可视为另外一种形式的讽谏。元和年间，希望通过诗歌向君主讽谏的不乏其人，白居易以诗闻于宪宗，被诏入内府为翰林学士，他后来创作《新乐府》诗，其意"愿播内乐府，上使至尊闻"。令狐楚这一做法并不足怪。《御览诗》选诗310篇，与《诗经》的数目大致相当，其奉敕编纂，绍承了"采诗"遗意，对《诗经》"美刺"的精神应当有所继承。

令狐楚奉敕编纂《御览诗》之时，正是朝廷用兵淮西之际。当时军事形势并不乐观，

[1]《全唐诗》卷三三四，第3749—3750页。
[2] 同上书卷三三四，第3751页。

在讨伐淮西一事上，朝臣形成主战、主和两派。《旧唐书·宪宗纪》云："自征兵讨贼，凡十余镇之师，环于申、蔡，未立战功。"元和十年六月三日，主战派代表人物宰相武元衡在靖安坊被镇州节度使王承宗遣盗刺杀，裴度亦为所伤，朝廷上下人心惶恐。元和十一年六月甲辰，随唐州节度使高霞寓与淮西兵战，大败，时人情悚骇，宰相奏对，多请罢兵。[1]至元和十二年，对战事多有主和者。其年正月甲申，袁滋上疏请罢兵，被贬为抚州刺史。令狐楚之罢内职亦颇与之相关。《旧唐书·令狐楚传》："元和九年，（皇甫）镈初以财赋得幸，荐俛楚俱入翰林充学士，迁职方郎中、中书舍人，皆居内职。时用兵淮西，言事者以师久无功，宜宥贼罢兵。唯裴度与宪宗志在殄寇。十二年夏，度自宰相兼彰义军节度、淮西招抚宣慰处置使，宰相李逢吉与度不协，与楚相善，楚草度淮西招抚使制，不合度旨，度请改制内三数句语。宪宗方责度用兵，乃罢逢吉相任，亦罢楚内职，守中书舍人。元和十三年四月，出为华州刺史。"

关于此事，还有两则相关史料：

> 时用兵讨淮、蔡，宪宗以兵机委裴度，逢吉虑其成功，密沮之，由是相恶。及度亲征，学士令狐楚为度制辞，言不合旨，楚与逢吉相善，帝皆黜之。罢楚学士，罢逢吉政事。（《旧唐书·李逢吉传》）
>
> 李逢吉不欲讨蔡，翰林学士令狐楚与逢吉善，度恐其合中外之势以沮军事，乃请改制书数字，且言其草制失辞。壬戌，罢楚为中书舍人。（《资治通鉴》元和十二年八月条）

令狐楚罢职的原因并不能归咎于"草制失辞"，裴度要求更改的制辞，至今尚保存于《册府元龟》："诏出，度以韩弘为淮西行营都统，不欲更为招讨，请只称宣慰处置使。又以此行既兼招抚，请改'剪其类'为'革其志'，又以弘已为都统，请改'更张琴瑟'为'近辍枢轴'，请改'烦我台席'为'授以成算'，皆从之。"[2]这些措辞修改无关宏体，裴度奏其"草制失辞"而罢免其职，显然是将令狐楚视为政敌李逢吉的党羽，以此为借口加以排挤。

令狐楚作有《游义兴寺寄上李逢吉相公》《游晋祠上李逢吉相公》等诗，还与李逢吉

---

［1］见《旧唐书·宪宗纪》下。

［2］《册府元龟》卷三二三，明刻初印本。

酬唱诗什，后辑为《断金集》，[1]可见两人关系确实非同一般。令狐楚所以对削藩之事持主和态度，大约还有以下几方面原因：其一，唐德宗削藩失败，其后对藩镇采取了姑息纵容，令狐楚是德宗朝旧臣，态度保守；其二，令狐楚由藩镇幕府出身，私人情感有所回护；其三，宪宗削藩“师久无功”，令狐楚自然更为疑惧。如果直接上疏请求罢兵，可能会被贬谪远州，如袁滋之贬抚州刺史即是前鉴，令狐楚不想重蹈覆辙，因此他藉编选《御览诗》之机，通过这种特殊的方式对宪宗进行讽谏。《御览诗》纂进不久，情势发生了变化，其年十月，李愬计袭蔡州，执吴元济以献，淮西遂平。而令狐楚元和十三年四月出为华州刺史，大约亦与其对于平藩保守的政治态度有关。

五、《御览诗》与元和诗风

关于《御览诗》的选诗风格，后世多有论评，如胡震亨《唐音癸签》认为：“其诗皆妍艳短章”。[2]方回论《御览诗》所选刘复诗，“大抵工丽”，[3]纪昀评曰：“婉秀是中唐本色”。[4]何焯评价“此书所采大都意凡文弱，流淡无味”。[5]傅璇琮先生认为其诗“风格以轻艳为主”。[6]评价似乎都不甚高。造成这一印象的主要原因，是因为要“取资宸瞩”，[7]选录了众多女性题材的诗作，这些诗或写闺情，或抒宫怨，或赋冶游，因题材缘故难免流入绮艳一格，甚者如梁锽《美人春怨》（原题《美人春卧》），清人赵执信斥其“直是淫词，君子所必黜者”。[8]至于前文提及的边塞诗，又岂可以“妍艳”“工丽”“婉秀”“意凡文弱、流淡无味”等语来形容？《御览诗》的整体特征，当如《四库全书总目》所评价：“大抵雍容谐雅，不失风格。”

有学者就此进行探讨，认为《御览诗》这一风格，是元和士人“在历经理想破灭、仕途坎坷的痛苦后”，“在艳情或闲适中安顿心灵，寻求安慰”，“是当时整个社会士人心态和审美趣味的集中体现”，[9]或者评价其为“元和中后期诗坛诗风新变的产物”。[10]这样

---

[1] 据陈尚君考证，今存李逢吉、令狐楚二人酬唱诗中，李逢吉诗有五首，令狐楚诗有六首，加上《题断金集》，是此集尚存十二首。见陈尚君《唐代文学丛考》，第208页。

[2] 胡震亨《唐音癸签》卷三一。

[3] 方回《瀛奎律髓》卷一七，文渊阁四库全书本。

[4] 方回选，李庆甲集评《瀛奎律髓汇评》，卷一七，第654页。

[5] 转引自傅璇琮、陈尚君、徐俊编《唐人选唐诗新编》，第536页。

[6] 同上书，第536页。

[7] 同上书，第536页。

[8] 赵执信《谈龙录》，文渊阁四库全书本。

[9] 赵荣蔚《元和后期诗风之变与〈御览诗〉》，《松辽学刊》2000年第5期。

[10] 刘勇《〈御览诗〉诗学观念论析》，《时代文学》2012年第1期。

的说法固然有一定道理，但对令狐楚编纂《御览诗》的初衷显然有所误解。对于《御览诗》但选近体诗，《四库总目提要》云："其诗惟取近体，无一古体，即《巫山高》等之用乐府题者，亦皆律诗。盖中唐以后，世务以声病谐婉相尚，其奋起而追古调者，不过韩愈等数人，楚亦限风气不能自异也。"笔者认为，《御览诗》呈现出的"雍容谐雅"诗风是德宗朝的诗坛正音，与其说令狐楚限于风气"不能自异"，无如言其有意为之，目的在于对元和诗坛出现的"放诞"风气的拨乱反正。

唐德宗喜好诗歌，后世文献多有记载，如《唐诗纪事》："帝善为文，尤长于篇什，每与学士言诗于浴堂殿，夜分不寐。"[1]他现存16首诗，在中晚唐皇帝中存诗最多。德宗在位期间，曾多次与臣属酬唱。学者研究认为，贞元后期形成了以权德舆为盟主的"新台阁诗人群"，其形成与唐德宗的大力提倡关系至大。[2]令狐楚于德宗贞元七年及第，由太原掌书记至判官，他因文才备受唐德宗赏识，据《旧唐书·令狐楚传》记载："楚才思俊丽，德宗好文，每太原奏至，能辨楚之所为，颇称之。"令狐楚的诗风文雅蕴藉，正是德宗欣赏的风格。

入选《御览集》诗歌数量排名前两位的诗人李益（36首）、卢纶（32首），正是德宗最欣赏的两位诗人。如《李益墓志铭》云："德宗皇帝统临万方，注意六义，诏征公制述，令词臣编录，阅览终夕，精微动天，遂以副本藏于天禄石渠之署。"[3]《新唐书·卢纶传》："舅韦渠牟得幸德宗，表其才，召见禁中，帝有所作，辄使赓和。异日问渠牟：'卢纶、李益何在？'"[4]

唐宪宗对诗歌的喜好不及乃祖，其审美与德宗也颇异其趣。《唐语林》载有李珏奏词"臣闻宪宗为诗，格合前古"，又云"文宗好五言诗，品格与肃、代、宪宗同，而古调尤清峻"[5]，可知宪宗偏好古调，与德宗之独喜近体不同。正是因为宪宗好"古"的倾向，元和年间出现一系列具有"复古"意义的诗作，其创作大多与宪宗直接相关。如韩愈"依古作四言《元和圣德诗》"，就是模仿《诗经》"颂"体而作。柳宗元贬谪永州时进献《唐铙歌鼓吹曲十二篇》，移谪柳州后又进献《奉平淮夷雅表》，效仿《诗经》"颂"体作《皇武》《方城》。白居易作《新乐府》五十章，"首句标其目，卒章显其志，《诗》三百之

[1] 计有功《唐诗纪事》卷二，《四部丛刊》景明嘉靖本。

[2] 参见蒋寅《大历诗人研究》，中华书局，1995年。

[3] 转引自王胜明《新发现的崔郾佚文〈李益墓志铭〉及其文献价值》，《文学遗产》2009年第5期，第130页。

[4]《新唐书》卷二〇三《卢纶传》。

[5] 王谠《唐语林》卷二，第149—150页。

义也”。元和八年，“汴州韩弘进所撰《圣朝万岁乐谱》，共三百首”，从乐曲数目来看，显然也是对《诗经》的效仿。以上材料都透露出宪宗好“古”的趣味。

《唐语林》中李珏曾言：“臣闻宪宗为诗，格合前古，当时轻薄之徒，摛章绘句，聱牙崛奇，讥讽时事。尔后鼓扇名声，谓之元和体，实非圣意好尚如此。”[1]李珏所说的“轻薄之徒”，应当是指韩愈、元稹、白居易、李贺、卢仝、樊宗师、刘叉等人。可以想见，唐宪宗好“古”的审美趣味，对当时流行文坛的“复古”思潮起到了推波助澜的作用，文人们或从形式上继承（如新乐府、古文），或从精神上发扬（如风雅美刺、文以载道），他们对“复古”的理解未必相同，在与自己的文学创作相结合时自然风格各异，然而正是在对“复古”的追求中，元和诗风发生了“新变”。

令狐楚对元和诗风新变的现象是大为不满的，他在《进张祜诗册表》中曾言：“凡制五言，苞含六义。近多放诞，靡有宗师。”[2]“放诞”一词即是他对元和诗风概括性的评价，也明白地表达了其鄙夷的态度。“靡有宗师”，潜台词是希望重新树立典范，使诗歌创作回归“正途”。在这样的背景之下，借着官方的名义奉敕编纂《御览诗》，无疑是对当时诗坛风气进行“拨乱反正”的绝好机会。

（孟飞，西北大学中国文化研究中心讲师。）

[1] 王谠《唐语林》卷二，第149—150页。

[2] 令狐楚表荐张祜诗的时间，说法不一。如《唐摭言》《唐诗纪事》《唐才子传》等认为在令狐楚镇天平时，即大和三年十二月至六年二月期间；《全唐诗》张祜小传认为在穆宗长庆中；谭优学《唐诗人行年考·张祜行年考》认为在元和十四年七月至十五年六月令狐楚同平章事期间；吴在庆认为在元和十五年秋（《令狐楚表荐张祜时间考》，《四川大学学报》1984年第2期，第88—90页）。

书家诗心:《洛阳诗帖》本诗与蔡襄学书路径考论*

王　伟

北宋一朝，墨池可称飞将者数十家，而能树帜书坛、自成一军者，则无过苏、黄、米、蔡四人。作为“宋四家”中年辈较高者，蔡襄真、行、草各体皆优。欧阳修“与公（指蔡襄）之游最久，而相知之最深乎”，[1]其评价蔡襄书法云“自苏子美死后，遂觉笔法中绝，近年君谟独步当世”，[2]在他看来，蔡襄书法独步当代，是继苏舜钦之后的书坛翘楚。嗣后，其观点得到苏轼、黄庭坚、米芾等人支持。蔡襄书法不仅在文人雅士间颇受青睐，而且在世俗社会亦受追捧，“求字者纸轴堆叠若垣壁”，[3]亭斋寺观若得其书迹，常能辉色大增，韩琦《次韵和崔公孺国博观君谟所书〈孝亲崇福院牌〉》云“欲护亲茔荐福殊，僧蓝营葺几年馀。名因先帝鸿恩锡，牌得君谟大字书。佛宇增辉良自尔，乡庐传美孰加予。须知体法多奇处，深造钟王奥妙墟”，[4]可见其作品颇得雅俗两界珍爱。有鉴蔡襄在书法上的重要成就，历来研究对其存世书作与诗文多从艺术角度予以研究，而对其书帖之书写内容却较少措意。近年，莫砺锋先生《〈唐诗三百首〉中有宋诗吗》一文，首先对《唐诗三百首》中系于张旭名下的《桃花溪》予以质疑，认为“此诗应出于蔡襄之手，后人在评论此诗时常因它误作张旭诗而称之为初盛唐风格”，[5]之后李定广等先生继续撰文对此予以讨论。[6]职此，张旭、蔡襄这两位在唐宋书法史上可称雄杰的人物，其

*　本文为2016年国家社科基金项目“文化转型与唐代关中文学群体互涵关系研究”（编号16XZW009）成果。

[1]　欧阳修著，洪本健校笺《欧阳修诗文集校笺》卷五十，上海古籍出版社，2009年，第1252页。另，欧阳修、蔡襄皆天圣八年进士登第，景祐三年，范仲淹、欧阳修遭贬，蔡襄作《四贤一不肖诗》，颂范、欧而斥高若讷。庆历时，欧、蔡同为谏官，支持范仲淹新政。晚年，欧阳修为蔡母铭墓，而蔡为欧书《集古录目序》。由此观之，欧、蔡二人交游久而情谊深，绝非虚语。

[2]　张邦基著，孔凡礼点校《墨庄漫录》卷八，中华书局，2002年，第229页。

[3]　陶穀、吴淑撰，孔一校点《清异录·江淮异人录》卷下，上海古籍出版社，2012年，第92页。

[4]　韩琦撰，徐正英、李之亮笺注《安阳集编年笺注》卷十，巴蜀书社，2000年，第393页。

[5]　莫砺锋《〈唐诗三百首〉中有宋诗吗》，《文学遗产》2001年第5期，第42页。

[6]　莫文后，李定广《〈唐诗三百首〉中有宋诗吗——与莫砺锋先生商榷》（《学术界》2007年第5期）认为《桃花溪》仍应属张旭而非蔡襄。之后，朱光立《〈唐诗三百首〉中没有宋诗吗？——与李定广先生商榷》（《学术界》2014年第6期）、李定广《再论〈唐诗三百首〉中张旭诗争议——兼答朱光立先生》（《学术界》2014年第7期）又持续对这一问题进行了讨论。

书法作品与文学作品的关系引起学界较大关注。本文旨在通过对蔡襄《洛阳诗帖》所及的两首诗歌予以考证，以求对书法家五代杨凝式《洛阳风景四绝句》组诗予以辑补，并欲图对五代宋初的书法、诗歌承继路线予以揭橥。

一、《洛阳诗帖》诗作误为蔡襄作

蔡襄《洛阳诗帖》见于《古香斋宝藏蔡帖》卷一。古香斋乃清代乾隆斋名，因乾隆喜好古董字画，故于民间广为征求，善本真迹多有所见。蔡襄书帖有明刻本，古香斋本乃据明本拓成，花纸壳皮面，并附跋宋拓库本书帖图片二十四张，价值较高。今荣宝斋出版的《中国书法全集·蔡襄卷》即据清拓本收入，该书主编曹宝麟先生云："蔡襄作品似乎从来没有落款作表字的。然而即使是后世刻帖时补加，这两首不载于文集的非常糟糕的七绝也绝不会是君谟所作。诗之二的'到此经今三纪春'句颇有语病，但意思明白，说是今日重到已经 36 年（1 纪为 12 年）过去了。君谟晚年重游洛阳的事并不见于记载，就是算他自景祐三年（1036）做西京留守推官起，直到治平二年（1065）赴杭州任，足数也只有三十年。"[1] 由此，他断定该帖乃伪作。其实，曹先生仅从书法题款和诗歌内容两个角度对该帖予以否定，颇可商榷。

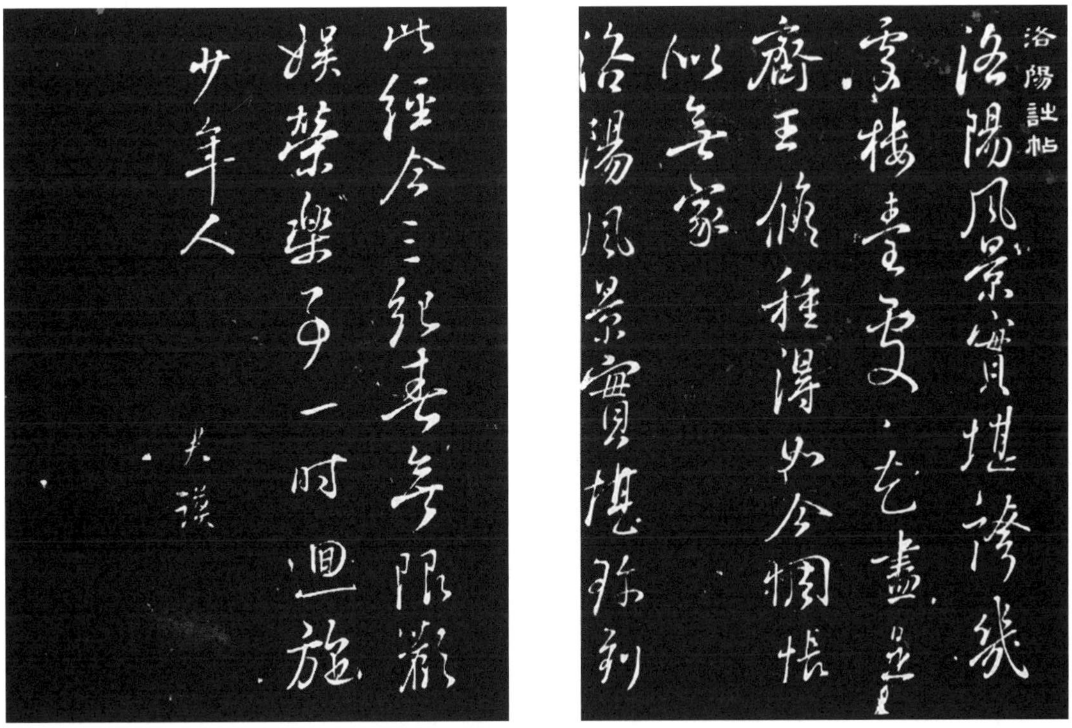

《洛阳诗帖》图

[1] 刘正成、曹宝麟主编《中国书法全集·蔡襄卷》，荣宝斋出版社，1995 年，第 217 页。

首先，仅凭题款就对此帖予以否定并不可取。其实，在蔡襄书帖中落款用“君谟”的例子是大量存在的。兹举数例以证。《闽中金石略》卷三载，蔡襄于莆田囊山书陈伯孙《诗》（六合万籁息），[1]落款为“康定二年九月十五日君谟书”，[2]稍后该卷“蔡忠惠公书二段”条，胪列“千峰倒影”“仰止”等石刻书迹，款题亦为“君谟”，“皆在莆田县”。[3]而同样，“幽幽境”“龙腰”“龟山”“太白峰”“伏虎石”“双松亭石额”等见于福建省内的蔡襄书法石刻，落款也都题为君谟。[4]所以，仅据落款“君谟”就认定《洛阳诗帖》非蔡襄所书，并进一步认为蔡襄作品从无落款作表字的说法无疑过于武断。至于认为题款乃后人所加，并无确证，故不足取信。

其次，曹氏结合蔡襄履历，认为“到此经今三纪春”一句与蔡氏经历不符，令人费解。另，笔者还可再献疑一处，即与蔡襄年辈相若并交情笃好者，并无尊号“齐王”之人。此两点使人们在探求蔡襄名下的这两首诗作之意旨时充满疑惑。笔者认为，如若跳出传统解诗窠臼，便不难发现部分学人对蔡襄此帖内容的解读存在着“先天性误区”，即想当然地认为蔡襄此帖所书就必然是他自己的作品。其实，诗帖与诗作本身并不必然完全吻合，换言之，书法写作可以题写自己的作品，也可以摹录他人的作品。以书法题录自己的诗歌，这很简单易解，蔡襄作品中也颇常见。据朱翼庵《宋蔡忠惠公自书诗真迹》云，蔡襄诗帖题写自己诗作的，如《南剑州芋阳铺腊月见梅花》《自渔梁驿至衢州大雪有怀》《福州宁越门外石桥看西山晚照》《嘉禾郡偶书》《即惠山泉煮茶》《无锡县吊浮屠日开》《杭州临平精严寺西轩见芍药两枝追想吉祥院赏花慨然有感书呈苏才翁四月七日》《崇德夜泊寄福建提刑章屯田思钱塘春月并游》。

比较普遍的是在书法作品中摹录别人的诗作。陆游《老学庵笔记》卷四云：“鲁直诗有《题扇》‘草色青青柳色黄’一首，唐人贾至、赵嘏诗中皆有之。山谷盖偶书扇上耳！”[5]又，《邵氏闻见后录》卷十七载：“至（荆公）辞位，迁观音院，题薛能、陆龟蒙

[1] 该诗第二句蔡襄诗帖为“秋林月正晖”，而《全宋诗》则为“秋林月争归”，陈伯孙于宋真宗大中祥符年间（1008—1016）曾任长乐县尉，可知其几乎与蔡襄同代，仅年辈稍长。蔡氏手书其诗，诗句当不致有误，今人编《全宋诗》于此诗未能依蔡书收录，可憾。据蔡襄该书落款题为“康定二年九月十五日”，“康定”为宋仁宗年号，康定二年（1041）十一月丙寅，改元“庆历”，此书题为九月，盖在改元之前。是年，蔡襄年三十，官著作郎、馆阁校勘，无从还乡书石。故此刻石，盖先书于纸上，而后刻于石上。

[2] 陈棨仁《闽中金石略》卷三，见国家图书馆善本金石组编《历代石刻史料汇编》第三编第四册，北京图书馆出版社，2000年，第580—581页。

[3] 同上书，第581页。

[4] 沈瑜庆《福建通志·福建金石志》卷六，见国家图书馆善本金石组编《历代石刻史料汇编》第三编第四册，北京图书馆出版社，2000年，第383页。

[5] 陆游著，李剑雄、刘德权点校《老学庵笔记》卷四，中华书局，1979年，第50—51页。

二诗于壁云：‘江上悠悠不见人，十年 ·觉梦中身。殷勤为解丁香结，放出枝头自在春。蜡屐寻苔认旧踪，隔溪遥见夕阳春。当年诸葛成何事？只合终身作卧龙。’”[1]王安石于观音院所题亦是径取唐人陆龟蒙《丁香》一诗以书。此类情况在王禹偁、林逋、惠崇、李之仪、苏轼等处还有不少，可窥一时风气之盛。蔡襄对唐诗颇为推崇，对盛唐诸家尤其用心。“蔡公诗律五言者宗李、杜，七言者出入王、孟，如‘垆灰寒更画，灯灺落仍挑’，摹写北堂夜话之景，真画工手也。其与唐人‘冻瓶黏柱础，宿火陷垆灰’语可颉颃矣”，[2]可见他对唐诗的喜爱与熟悉。而其书帖抄录唐人诗文的情况亦甚普遍，如《书唐张籍送蜀客》[3]《书宋之问秋莲赋卷》[4]《书唐白居易动静交相养赋卷》[5]《跋蔡端明写老杜前出塞诗》[6]《杜牧之木兰庙诗》[7]《柳子厚吐谷浑词》[8]，可谓遍录宋之问、杜甫、张籍、白居易、柳宗元、杜牧等唐代名家。刘克庄《蔡端明书唐人诗帖》云：

> 右蔡公书唐人四绝句，刘禹锡一，李白二，杜牧一。……刘诗二十八字，浓墨淋漓，固作大字常法。及李诗，则笔渐瘦，墨渐淡，至牧诗，愈瘦愈淡。然间架位置端劲秀丽，与浓墨淋漓者不少异。[9]

可见蔡襄对于李白、刘禹锡、杜牧等唐诗名家的热爱已不再局限于文学模仿，而是逐步将其融合进自己的艺术生命，融汇进自己的书法世界，以书法墨迹去触动唐诗的内在魂魄，“浓墨淋漓”，饱含对艺术前辈与精品的礼赞与叹服。

问题是，由于古人缺乏著作权或冠名权意识，有的诗帖题录前人诗文时，并不注明

[1] 邵博撰，刘德权、李剑雄等点校《邵氏闻见后录》卷十七，中华书局，1983年，第134页。另，郭绍虞《宋诗话辑佚》中辑《王直方诗话》“舒王题薛能诗”云，“李希声云：‘舒王罢政事时，居州东刘相宅，于东院小厅题“当时诸葛成何事，只合终身作卧龙”者数十处。’至今尚有三两处”，所述与此相类，详见郭绍虞《宋诗话辑佚》，中华书局，1980年，第64页。

[2] 徐㶿初编，宋珏增补《宋蔡忠惠公别纪补遗》卷下，见《蔡襄集·附录》，上海古籍出版社，1996年，第862页。

[3] 裴景福《壮陶阁书画录》卷三，中华书局，1937年，第25页。

[4] 金梁撰，祁晨越点校《盛京故宫书画录》卷二，浙江人民美术出版社，2014年，第49页。

[5] 同上书，第48页。

[6] 朱熹著，刘永翔、朱幼文校点《晦庵先生朱文公文集》卷八四，见朱杰人等主编《朱子全书》（第24册），上海古籍出版社，2002年，第3954页。

[7] 聂子述《郁孤台法帖》卷六，见启功、王靖宪主编《中国法帖全集》（第七册），湖北美术出版社，2002年，第334页。另，杜牧原诗题目作《题木兰庙诗》，诗中第二句为“曾经梦里与画眉”，蔡襄书帖则“曾经梦里梦画眉”。尾句杜诗为“拂云堆上祝明妃”，诗帖则阙三字，为“拂云堆上□□□”。

[8] 周必大《益公题跋》卷十，中华书局，1985年，第114页。

[9] 刘克庄著，辛更儒笺校《刘克庄集笺校》卷一〇二《蔡端明书唐人诗帖》，中华书局，2011年，第4274页。

出处与作者，年代稍久后，原作散佚，后人如不知情，极易在诗文作者归属方面出现张冠李戴的情况。如前引《邵氏闻见后录》中王安石题录陆龟蒙《丁香》一诗，后被《临川文集》卷三十四所收，题目改为《出定力院作》。绍兴二十一年（1151），王安石曾孙王珏在对《临川文集》予以重新编定后，《序》云："珏家藏不备，复求遗稿于薛公家，是正精确，多以曾大夫（王安石）亲笔、石刻为据，其间参用众本，取舍尤详。"[1]一般而言，书法笔墨的真实性并不能够为书写内容之归属判断提供有效而必要的支撑。王珏昧于此点，是陆龟蒙诗羼入《临川文集》的主要原因。就《洛阳诗帖》而言，其并非如曹宝麟先生所言，不载于蔡襄文集，实际上，这两首诗从明代开始就一直在蔡襄集中存在，今人编《全宋诗》亦将其系于蔡襄名下（有关《洛阳诗帖》所及二诗并非蔡襄诗作的考证，详见本文第二部分）。那么，《洛阳诗帖》是如何进入《蔡襄集》中的呢？这需从蔡襄身后作品的整理来探究。欧阳修《端明殿学士蔡公墓志铭》云："公为文章，清遒粹美，有文集若干卷。"[2]可见在蔡襄卒后不久其作品就已结集。至南宋，王十朋又在初编本的基础上，再次编订《莆阳居士蔡公文集》，《序》云"旧所不载者，悉编之，比它集为最全"，[3]规模、体量均较此前有所提高，但并未见《洛阳诗帖》二诗。至明，《蔡襄集》等的整理编订以万历四十三年（1615）陈一元校、朱谋玮、李克家重校《蔡忠惠集》四十卷和万历四十四年（1616）蔡善继双瓮斋刻《宋蔡忠惠文集》三十六卷为善，与别集编校同步，对蔡集的补遗也在进行，其中以徐𤊹初编、宋珏增补的二卷本《别纪补遗》最著，从取材范围看，其所补篇什主要以蔡襄诗帖和散落石刻为主，而《洛阳诗帖》正是在此种情况下被收录的。天启二年（1622），龙溪颜继祖始将诗集与《别纪补遗》二者合刻，此为《洛阳诗帖》正式进入蔡襄诗集之始。后《四库全书》本《端明集》四十卷、近人朱翼庵影印《宋蔡忠惠公自书诗真迹》均依循之。《全宋诗》卷三九三将《洛阳诗帖》亦系于蔡襄名下，[4]明显是循旧而来的。

至此可知，蔡襄《洛阳诗帖》之书法与题诗并不必完全绾合，其题诗系前人诗作。随时推移，原作遭不虞之遇而散佚，后人不明真相，遂将作品系于抄录者和临摹者名下。那么，蔡襄《洛阳诗帖》所录二诗究竟出自何人之手呢？

[1] 王珏《临川王先生文集序》，见《铁琴铜剑楼藏书目》卷二十，清光绪常熟瞿氏家塾刻本。
[2] 欧阳修著，洪本健校笺《欧阳修诗文集校笺》卷三十五，上海古籍出版社，2009年，第922页。
[3] 蔡襄著，王十朋编《莆阳居士蔡公文集》，中华再造善本据中国国家图书馆藏宋刻本影印，第2页。
[4] 北京大学古文献研究所编《全宋诗》（第七册）卷三九三"蔡襄"，北京大学出版社，1992年，第4833页。

二、杨凝式与《洛阳诗帖》诗作

先看《洛阳诗帖》的具体内容：

洛阳风景实堪夸，几处楼台处处花。尽是齐王修种得，如今惆怅似无家。

洛阳风景实堪珍，到此经今三纪春。无限欢娱荣乐事，一时回旋少年人。

上述两诗皆写洛阳盛景，并由景写人，表达惆怅婉转之情。

首先，第二首诗中的第二句“到此经今三纪春”，与张世南《游宦纪闻》所记五代书家杨凝式诗句高度重合。据《游宦纪闻》卷十载，“晋天福四年己亥三月，（杨凝式）有《洛阳风景四绝句》诗，年六十七。据诗云‘到此今经三纪春’，盖自丁卯至己亥，实三十年。则自全忠之篡，凝式即居洛阳矣”。[1]《游宦纪闻》系南宋著名文献故家张世南所作，张氏乃宋宁宗、理宗间人，其书多记杂事旧闻，“足以资博识”，于材料审订“尤极精核”，足资史料考证，故《四库全书总目提要》卷一百二十二云其为“宋末说部之佳本，”[2]故该书所载杨凝式宦居洛阳时曾作组诗《洛阳风景四绝句》，颇具文献价值。令人惊奇的是，《游宦纪闻》所录杨凝式诗作中“到此今经三纪春”句与前述蔡襄《洛阳诗帖》基本吻合，惟句中“今经”与“经今”稍有区别而已。另据《游宦纪闻》卷十载《洛阳风景四绝句》仅存的一首诗云：

洛阳风景实堪哀，昔日曾为瓦子堆。不是我公重葺理，至今犹自一堆灰。[3]

《洛阳诗帖》二诗与其在句式、描写对象与意旨上都十分接近。

杨凝式，字景度，冯翊华阴人，生于唐咸通十四年（873），昭宗朝进士及第。唐哀帝天祐四年（907）三月，朱温弑君篡唐，杨凝式随父迁洛，[4]历仕梁、唐、晋、汉、周

[1] 张世南撰，张茂鹏点校《游宦纪闻》卷十，中华书局，1981年，第86页。

[2] 纪昀《钦定四库全书总目》卷一百二十一，中华书局，1997年，第1619页。

[3] 张世南撰，张茂鹏点校《游宦纪闻》卷十，第89页。

[4]（杨凝式父）杨收，在长安修行坊有宅，“端州司马杨收宅”（李建超《增订唐两京城坊考》卷三，第140页）。（杨凝式叔）杨发，隋越国公杨素之裔，于长安延福坊有宅，“岭南节度使右常侍杨发宅”（《增订唐两京城坊考》卷三，第217页）。清人端方《陶斋藏石记》记有杨发之女的墓志，志文言，杨发第七女杨芸字子书。乾符五年六月七日，终于延福里，十月二十八日，葬于长安县南原姜允村。可见，杨凝式父祖辈一直都以关中为家族发展重心，仕、居、葬皆在此地，“修行杨”与“靖恭杨”皆多显贵，一道成为中晚唐政坛格外亮眼的仕宦家族。后因黄巢之乱以及长安被焚毁，家族才不得已迁往洛阳，其家族重心离开经营数代的故土，最终与唐朝一起走向衰弱，并不得不依附张全义等地方实权人物。

等政权。五代混战，文人迫于凶威，鱼伏鼠遁，而杨却能名节不坠，并有文名。史载其“精神颖悟，富有文藻，大为时辈所推”，[1]“善文词，出时辈右”。[2]居洛期间，杨凝式幸得张全义赏拔，“请以本官充留守巡官”。[3]张全义由黄巢起义起家，朱温建梁后，任河南尹，并兼河阳节度使，进封魏王，属洛阳一带最有权势者。乱世中，张全义对杨凝式颇为赏拔，故杨凝式对其也充满感激之情。杨凝式在洛阳与张全义比邻而居，[4]日后还为张全义侄张继升、长孙张季澄撰写墓志，[5]可见其私谊甚好。在《张季澄墓志》中杨凝式极尽其详地褒赞其先祖，对张全义尤为称誉。[6]而《张继升墓志》作于张全义卒后，时全义子张继祚反叛被诛，张氏势力衰败甚剧，志文语及时局世事委婉谨慎，志文落款题“门吏太中大夫守礼部尚书柱国赐紫金鱼袋致仕弘农杨凝式撰”，杨氏自称“门吏”，谦卑恭让，如在目前。志尾处，杨凝式对张氏一族之衰败深表同情，“怀旧悲凉，临风惨怛”，但因无法畅言，只好“将刊贞石，猬访搜才，载惟毕大之言，深愧不孤之托”。[7]五代世风浇漓，士人缺乏人格节操，进退去留皆以名利之得失为标准，义节委地，攀附之风尘上，在此背景下，杨凝式不随世俯仰，殊为珍贵。杨与张宾主二人非浮泛之交，其风情高谊由此可见。杨凝式亲眼目睹唐末以来洛阳所遭受的破坏，对张氏在战火后对洛阳的修复之功甚为感佩，“故作诗纪全义之德”，[8]而所作之诗即为《洛阳风景四绝句》，“洛阳

[1] 薛居正《旧五代史》卷一百二十八，中华书局，2015年，第1957页。

[2] 轶名著，顾逸点校《宣和书谱》卷十九，上海书画出版社，1984年，第153页。

[3] 薛居正《旧五代史》卷一百二十八，第1957页。《旧五代史》此处记载有误，时张宗奭当为魏王，而非齐王。《旧五代史·张全义传》云：“张全义，字国维，濮州临濮人。初名居言，赐名全义，梁祖改为宗奭，庄宗定河南，复名全义。”《新五代史》所记与此同。另据《旧五代史·太祖本纪三》载，张全义于后梁太祖开平元年（907）五月“进封河南尹兼河阳节度使张全义为魏王”，此亦见载于《资治通鉴·后梁纪一》《五代会要·封建》《册府元龟·闰位部》。而张氏改封齐王事，则据《旧五代史·庄宗本纪五》载，同光二年（924）二月“辛巳，以检校太师、守尚书令、河南尹、叛六军诸卫事、魏王张全义为守太尉兼中书令、河阳节度使、河南尹，改封齐王”。故正文所引《杨凝式传》所记“梁开平中……齐王张宗奭见而嘉之”有误，当为“魏王张宗奭见而嘉之”。另，张宗奭，即张全义。

[4] 关于张全义住址，《旧五代史》卷四十《唐书十六》云，“从璨因游会节园，《通鉴注》云，‘会节园在洛阳城中，张全义镇洛岁久，私第在会节坊，室宇园池，为一时巨丽，输之官，以为会节园’”。宋敏求《河南志》、徐松《唐两京城坊考》卷五皆将张全义宅系于此坊。可知，张全义宅在长夏门东四街四坊会节坊，祠堂在其北的绥福坊。而据《邵氏闻见录》卷十六载，杨凝式在洛居住于延福坊，延福坊位于洛阳长夏门之东第三街从南第七坊，和张全义宅仅隔一坊，都属于五代时期张全义修复的以南市为中心的区域范围。

[5]《张继升墓志》贞石现藏于洛阳古代艺术馆，录文见刘连香《后晋张继升墓志考》，《河南科技大学学报》2004年第2期，第28页。《张季澄墓志》贞石现藏于孟津县文管会，于1991年与其父张继业墓志一同出土于孟津县朝阳乡崔沟村，录文见李献奇等编著《洛阳新获墓志》，文物出版社，1996年。

[6] 李献奇、郭引强等编著《洛阳新获墓志》，拓片见第135页，录文见第317—318页。

[7] 刘连香《后晋张继升墓志考》，《河南科技大学学报》，2004年第2期，第28页。

[8] 张世南撰，张茂鹏点校《游宦纪闻》卷十，第89—90页。

风景实堪哀”诗即为其一。彭定求《全唐诗》卷七百一十五题《赠张全义》，内容则完全相同。[1]该诗以“瓦子堆”形象再现了历经劫难后，洛阳之凋敝残破。句中特别拈出“我公”予以表彰，意道若非其“重葺理”，洛阳“至今犹自一堆灰”，以“一堆灰”来突显张全义对洛阳的再造之功。张全义对洛阳的保全与安抚，史多有载。

> 孙儒、诸葛爽争据洛阳，迭相攻伐，七八年间，都城灰烬，满目荆榛。全义初至，唯与部下聚居故市，井邑穷民，不满百户。全义善于抚纳，课部人披榛种艺，且耕且战，以粟易牛，岁滋垦辟，招复流散，待之如子。每农祥劝耕之始，全义必自立畎亩，饷以酒食，政宽事简，吏不敢欺。数年之间，京畿无闲田，编户五六万，乃筑垒于故市，建置府署，以防外寇。[2]

《洛阳缙绅旧闻记》卷二亦云：

> 时洛城兵乱之际，县邑荒废，悉为榛莽。白骨蔽野，外绝居人。洛城之中，悉遭焚毁。……（张全义）始至洛，于麾下百人中，选可使者一十八人，命之曰屯将。每人给旗一口，榜一道，于旧十八县中，令招农户，令自耕种，流民渐归。王于百人中，又选可使者十八人，命之曰屯副，民之来者抚绥之，除杀人者死，余但加杖而已，无重刑，无租税，流民之归渐众。……刑宽事简，远近归之如市，五年之内，号为富庶。[3]

洛阳自晚唐以来，为久战之地，城池无复隋唐之繁盛，张全义治洛，招募流民，发展经济，稳定社会秩序，加固守备，通过一系列举措和努力，洛阳由一座死城逐渐恢复了生机，故后晋史馆修撰李涛言“张全义有再造洛邑之功”，[4]诚非虚誉。第三句以“我公”来指代张全义，颇见二人情谊深款。杨凝式此诗并非僚客对幕主一般性的无原则谀赞，

[1] 彭定求《全唐诗》卷七百一十五，中华书局，1960年，第8218页。

[2] 薛居正《旧五代史》卷六十三《张全义传》，第839页。

[3] 丁喜霞《〈洛阳缙绅旧闻记〉校注》卷二，中国社会科学出版社，2013年，第42—43页。另，《洛阳缙绅旧闻记》作者系张齐贤，洛阳人，张氏于宋太宗太平兴国年间进士及第，是书乃其于真宗景德二年（1005）以兵部尚书知青州时所作，皆述梁、唐以还洛阳旧事。其纪张全义治洛之功，极为详备，旧史多采用之，故纪昀《钦定四库全书总目》卷一百四十曰其“固可与五代史阙文诸书同备读史之考证也”（《钦定四库全书总目》，第1846页）。

[4] 司马光撰，胡三省音注《资治通鉴》卷二百八十一“后晋纪二”，中华书局，1956年，第9179页。

可与史料互证，此一意脉在《洛阳诗帖》存留诗作中亦有体现。

《洛阳诗帖》第一首诗中有“尽是齐王修种得”。《旧五代史·张全义传》载，“明年二月（即天祐十六年，919 年），郊禋礼毕，以全义为守太尉、中书令、河南尹，改封齐王，兼领河阳。”[1]故此处之“齐王”，与上诗中之“我公”，皆指张全义。职此，诗帖所涉二诗表面写洛阳风光之美丽，实还是颂赞张全义，从感情基调和歌颂对象看，该诗与“洛阳风景真堪哀”诗属于同一书写模式。《游宦纪闻》卷十云：“（杨凝式）少从张全义辟，故作诗纪全义之德云：‘洛阳风景实堪哀，昔日曾为瓦子堆。不是我公重葺理，至今犹自一堆灰。’它类若此。”[2]由“它类若此”可知，《洛阳风景四绝句》四诗主旨相同，皆借洛阳风物来怀念和隆显张全义对洛阳的保全之功。鉴于《洛阳诗帖》所录二诗与杨凝式《洛阳风景四绝句》现存一诗在内容和情感上皆完全一致，且其中人物关系与时代环境也清晰不紊，加之诗帖中载录的诗句与《游宦纪闻》所记杨凝式残句基本吻合，所以笔者判定蔡襄《洛阳诗帖》所存二诗即为杨凝式《洛阳风景四绝句》三首佚诗中的两首。

另外，《洛阳风景四绝句》的创作背景以及内在的情感意蕴也值得关注。《游宦纪闻》卷十载，杨凝式“晋天福四年己亥三月，有《洛阳风景四绝句》诗，年六十七”，[3]故可将此诗系于 939 年三月。张全义卒于后唐同光四年（926）春，可知该组诗作于张全义卒后十三年。后晋天福初（936），原后唐太原留守、河东节度使石敬瑭勾结契丹，以幽云十六州为代价，换取契丹皇帝耶律德光的支持，兵锋直指后唐都城，洛阳再次陷于兵火。《旧五代史·杨凝式传》云：“晋天福初，改太子宾客，寻以礼部尚书致仕，闲居伊洛之间，恣其狂逸，多所干忤。”[4]但从杨凝式日后在刘知远后汉政权担任少师、少傅等朝职和在郭威后周朝廷出任左仆射、太子少保的情况看，杨凝式在后晋建政之初，通过“致仕”“干忤”等行为，意图表达与卖国求援之石敬瑭后晋政权拒不合作的政治态度和对现实不满的心理状态是显而易见的。《游宦纪闻》卷十所载（原文可见拙文第三部分）杨凝式于洛阳的题壁，大多都创作于后晋天福、开运年间，可见杨凝式在此期虽政治上退守自处，人生态度上也消极避世，但在书法等艺术创作上却用力甚勤，并由此迎来了丰硕的艺术收获，《洛阳风景四绝句》连同该诗题壁书法即为代表。

具体而言，有感于唐末以来洛阳多次惨遭生灵涂炭之现实，杨凝式通过《洛阳风景

[1] 薛居正《旧五代史》卷六十三《张全义传》，第 842 页。

[2] 张世南撰，张茂鹏点校《游宦纪闻》卷十，第 89 页。

[3] 同上书，卷十，第 86 页。

[4] 薛居正《旧五代史》卷一百二十八《杨凝式传》，第 1958 页。

四绝句》歌颂张全义守洛二十余年的巨大成就，“尽是齐王修种得，如今惆怅似无家”，感怀故人，兼复感叹家国前途之未卜。“无限欢娱荣乐事，一时回旋少年人”，过去的欢娱荣乐缈若云烟，而眼下“几处楼台处处花”的美好春光和洛阳风景“实堪珍”“实堪夸”，表达出对和平生活的留恋以及对当下时局的忧心，渴望再次出现张全义式的人物来护佑洛阳。这是《洛阳风景四绝句》共有的心理背景。

三、蔡襄书学杨凝式的路径

既然蔡襄《洛阳诗帖》二诗乃杨凝式《洛阳风景四绝句》中散佚的作品。那么，杨凝式的诗作又是如何进入蔡襄诗帖中的呢？这需要从杨凝式和蔡襄的书法创作谈起。

杨凝式是五代最具影响的书家。欧阳修《集古录跋尾》云：“五代之际有杨少师，建隆以后称李西台，二人者笔法不同，而书名皆为一时之绝。”[1]欧阳修拈出杨凝式、李建中（即李西台）以论五代宋初书坛，但二人成就并不相等。“李西台建中平生师凝式书”，[2]《题洛阳华严院杨少师书壁后》云“我亦平生有书癖，一回入寺一回看”，[3]其对杨凝式书法的倾仰之情显而易见。然“建中之字，肥而重浊，或为时辈所讥，谓有五代以来衰乱之气”，[4]故“后之议者又以谓‘若李建中书，犹有五代以来衰乱之气’，而凝式笔迹独为雄强，与颜鲁公行书相上下，自是当时翰墨中豪杰”。[5]可见，杨凝式独步五代书坛，对北宋书法创作有极大影响。

杨凝式书法虽称雄一世，但却不落墨于楮纸，而多题于僧舍。“洛川寺观蓝墙粉壁之上，题纪殆遍”，[6]“居洛下十年，凡琳宫佛祠墙壁间，题纪殆遍”，[7]洛阳佛寺墙壁已然成为他书法创作的艺术舞台。

> （杨凝式）在洛多游僧寺道观，遇水、石、松、竹清凉幽胜之地，必逍遥畅适，吟咏忘归。故寺观墙壁之上笔迹多满。僧道等获而宝之。院僧有少师未留题咏之处，

---

[1] 欧阳修著，李逸安点校《欧阳修全集》卷一百四十三，中华书局2001年出版，第3320—3321页。

[2] 蔡居厚《蔡宽夫诗话》，见郭绍虞辑《宋诗话辑佚》（下册），中华书局，1980年，第403—404页。据《两京城坊考》载，洛阳长夏门东三街五坊永泰坊，有李建中宅，书堂号曰“净居”。此宅与杨凝式故居为邻。李建中设宅于此，或为其观摩、学习杨凝式书法，提供了便利的空间条件。

[3] 北京大学古文献研究所编《全宋诗》（第一册）卷四十七，第511页。《全宋诗》该诗题为《题洛阳寺壁》。

[4] 轶名著，顾逸点校《宣和书谱》，第46页。

[5] 同上书，卷十九，第153页。

[6] 陈尚君《旧五代史新辑会证》卷一百二十八，复旦大学出版社，2005年，第3916页。

[7] 轶名著，顾逸点校《宣和书谱》卷十九，第153页。

必先粉饰其壁，洁其下，俟其至，若入院，见其壁上光洁可爱，即箕踞顾视，似若发狂，引笔挥洒，且吟且书，笔与神会，书其壁尽方罢，略无倦怠之色。游客劝之，无不叹赏。故冯瀛王次子少尝于寺壁留题曰："少师真迹满僧居，只恐钟王也不如。为报远公须爱惜，此书书后更无书。"进士安鸿渐题云："端溪石砚宣城管，王屋松烟紫兔毫。更得孤卿老书札，人间无此五般高。"[1]

《游宦纪闻》亦云：

（杨凝式）既久居洛，多遨游佛道祠，遇山水胜概，辄留连赏咏。有垣墙圭缺处，顾视引笔，且吟且书，若与神会，率宝护之。其号或以姓名，或称癸巳人，或称杨虚白，或称希维居士，或称关西老农。其所题后，或真或草，或不可原诘。而论者，谓其"书自颜中书后，一人而已"。[2]

结合存世文献看，杨凝式的书法题壁虽遍及洛阳大小寺院，但从地理空间看，却主要以洛水以南，尤以张全义重新予以修葺的洛阳城南为重点。

（1）圣善寺，"圣善寺，章善坊。神龙元年二月，立为中兴。二年，中宗为武太后追福，改为圣善寺。"[3]圣善寺位于洛阳长夏门东三街四坊，与杨凝式所居之从善坊距离甚近。《洛阳风景四绝句》就题于该寺胜果院东壁。

（2）天宫寺，杨凝式在天福六年（941）和开运二年（945）数次在天宫寺题壁。《唐两京城坊考》载，在东都洛阳尚善坊有"天津桥天宫寺"。[4]"天宫寺，三门，吴画《除灾患变》。板上二《菩萨》，张僧繇画"。[5]以上记载说明天宫寺在唐及五代时确实存在，并与神秀、吴道子等著名人物密切相关。

（3）长寿寺，《唐两京城坊考》载，长寿寺在长夏门之东第四街，从南第二坊履道坊内。[6]后周广顺三年（953），杨凝式年过八十，仍于长寿寺壁上题诗，距其宅距离

[1] 丁喜霞《〈洛阳缙绅旧闻记〉校注》"第一"，第10页。
[2] 张世南撰，张茂鹏点校《游宦纪闻》卷十，第89页。
[3] 王溥《唐会要》卷四十八"寺"，中华书局，1955年，第848页。
[4] 徐松撰，张穆校补，方严点校《唐两京城坊考》，中华书局，1985年，第216页。
[5] 张彦远著，范祥雍、启功点校《历代名画记》卷三，人民美术出版社，1964年，第67页。
[6] 徐松撰，张穆校补，方严点校《唐两京城坊考》，第163页。

较近是一个重要因素。该寺既有吴道子画，也有杨凝式书法。故黄庭坚《跋王立之诸家书》云：“余曩至洛师，遍观僧壁间杨少师书，无一不造微入妙，盖尝与吴生画为洛中二绝也。”[1]

杨凝式留迹的寺庙还有惠和坊的普明寺以及兴教坊、修行坊的寺庙等，兹不备述。

题壁书法通常受外在自然条件制约，易受风雨侵蚀，渐随日月凋驳，其字迹难免漫漶，对于书法临摹，更增难度。“洛阳诸佛宫，书迹至多。本朝兴国中，三川大寺刹，率多颓圮，翰墨所存无几，今有数壁存焉。士大夫家，亦有爱其书帖者，皆藏去，以为清玩”。[2]“杨多书僧壁而传于楮素者甚少，今壁书亦自少”。[3]“少师于西京寺观壁上书札甚多，人间所收，真迹绝少。其寺观所书壁，僧道相承保护之。至兴国九年，大水湮没，墙壁摧坏，十无一存。可为惜之，可为惜之”。[4]可见外在自然力量对题壁书法的破坏甚巨。另外，上述寺院多位于洛阳城南里坊，离杨凝式宅不远，距洛水、漕渠亦近。永乐大典本《河南志》“洛漕诸渠”云：“洛水西自苑内上阳宫之南，流入外郭城。东流经积善坊之北，分三道，当端门之南，立桥三。”[5]洛阳城南河道交错，漕渠彼此贯通，故当洛水泛滥，城南里坊多易被洪水漫灌。杨凝式于寺庙中之题壁诗帖自然也难逃其殃。“洛阳惟有广爱寺西禅院两壁、胜果院一壁、天宫寺一壁而已。因甲子岁大水损失者多矣”，[6]上述自然原因和地理空间因素，共同导致宋代杨凝式书法作品真迹急剧减少。

其书帖能传播后世者，遂多赖石刻。

> 广爱寺西律院，有壁题云“后岁六十九”。亦当是此年所题。此书凡两壁，行草大小甚多，真迹今存，但多漫暗，故无石刻。天福六年辛丑，是年六月有天宫寺题名，称太子宾客，时年六十九。真迹今在此寺东序，题《维摩诘》后。又吏部郎荣辑家有石刻一贴，无年，但云“太子宾客杨凝式，暮春，奉板舆，至自真原”等

[1] 黄庭坚《山谷题跋》卷四，中华书局，1985年，第42页。

[2] 张世南撰，张茂鹏点校《游宦纪闻》卷十，第90页。

[3] 黄伯思撰，赵彦国注评《东观余论》卷下《跋杨少师诗后》，江苏美术出版社2009年，第154页。

[4] 丁喜霞《〈洛阳缙绅旧闻记〉校注》“第一”，第16页。

[5] 永乐大典本《河南志》系徐松在嘉庆时纂辑《全唐文》时从《永乐大典》卷九五七八、九五七九中钞录而出，且未做删改。据《永乐大典》成书时间看，这些资料当于明永乐元年—六年被编入是书，其最重要的文献价值在于，它将现已散佚许久的宋敏求《河南志》的主体部分保存其中。所以，从文献因袭链条来看，徐松《河南志》是以《永乐大典》为中介，在宋敏求《河南志》基础上编纂而成的，故徐本中有关隋唐五代以及宋初对洛阳城郭的记载，其文献的真实度与可靠性极高。

[6] 黄伯思撰，赵彦国注评《东观余论》卷下《跋杨少师诗后》，第154页。

语。其末云“清和之月复至”，当是此年前后也。天福七年壬寅，是年有《奠定智大师诗》二首，是年七十，真迹在文潞公（按：文潞公，即文彦博）家，刻石在从事郎苏太宁家。晋开运元年甲辰，是年四月十五日，有《看花诗八韵》，是年七十二。题于洛阳一僧舍书胜上，后云“维晋九载”，今刻石在湖州前殿中侍御史刘焘家。开运二年乙巳，是年五月，于天宫寺题壁“论维摩经”等语，八月再题“太子少保，时年七十三”，真迹今在此寺东序，并辛丑题同刻石。开运四年丁未，是年二月并七月，有《寄惠才大师、左郎中诗》三首，称“会同丁未岁”。“会同”，即契丹入晋改元之号也，是年七十五，称太子少傅。真迹在文潞公家，刻石在苏太宁家。周广顺三年癸丑，是年于长寿寺华严东壁题名，是年八十一，后又题“院似禅心静”等二诗，称“太子少师”，亦应此年真迹，今为人移去，石刻亦不存，人或得旧本耳。又有与其从子侍御者《家问》二帖，后题“广顺癸丑岁孟夏月”，真迹在洛阳士人家。又有《判完契》五十余字，在洛阳故职方郎李氏家者刻之，无年，但称“七月十六日，太子少师杨”草名，亦应是广顺中也。[1]

尹洙《河南先生文集》卷四《题杨少师书后》亦云：

公所题壁，距今逾八十年，字颇缺落，不可辨者十有三四。天王院僧继明，虑公之书久遂无传，命僧某择字之最完者，得长寿、甘露两壁，总八十七，模刻于石。[2]

上述杨凝式书帖流传过程说明，书帖若无石刻相辅，“漫暗”只是迟早的事，相反，如有碑石相佐，真迹流传无疑可更久远，对于杨凝式书迹予以保护的手段也主要是石刻，这在北宋初年就已引起书坛重视。《洛阳风景四绝句》“真迹今在西都唐故大圣善寺胜果院东壁，字画尚完，亦有石刻。书侧有画像，亦当时画”，[3]可见该组诗至北宋仍在壁间，完整可见，并辅有石刻，从而为该组诗和书法流传后世提供了重要的物质性保障。

进入北宋后，杨凝式书法先后得到欧阳修、苏轼、黄庭坚、米芾等名家的一致赞誉，

[1] 张世南撰，张茂鹏点校《游宦纪闻》卷十，第86—87页。

[2] 尹洙《河南先生文集》卷四，上海涵芬楼影印春岭阁钞本。

[3] 张世南撰，张茂鹏点校《游宦纪闻》卷十，第86页。

但蔡襄对其似乎较为惜辞，未见在相关评论中对杨凝式予以褒贬。但从《洛阳诗帖》中我们不难看出，蔡襄对于杨凝式书法成绩与地位亦颇肯定。那么，蔡襄究竟是从何时、何地开始学习杨凝式书帖的呢？

与蔡襄同代，且为福建同乡的章惇语及蔡襄书法时曰：“君谟少年时乃师周越，中始知其非而变之。”[1]周越何人？史乏记载，或为蔡襄早年在福建乡里时习书的师法对象。而其至中年书风渐变，或与蔡襄进入中原尤其是汴京、洛阳这样的文化中心城市后，有更多机会向当世名流与前辈名家学习有关。考虑到杨凝式在北宋书坛的巨大影响，蔡襄当不会不知道其人，然蔡襄真正手摹其帖，则始自景祐、宝元年间其任西京留守推官之时。蔡襄于景祐三年（1036）七月至康定元年春（1040）为西京留守推官，时担任西京留守者有张士逊、范雍和宋绶三人，其中宋绶对蔡襄书法创作影响最大。宋绶于宝元二年（1039）十一月至洛阳任留守、知河南府，康定元年（1040）三月，旋回京担任枢密使，蔡襄与其相处虽时间短暂，但宋绶对于蔡襄书法的成熟却起到重要的推动作用。作为前辈，宋绶亦为当时书法名家，“其书富有法度，虽清癯而不弱，亦古人所难到者”，[2]在洛阳留守府中，宋绶对蔡襄多方关爱，“洛宅初开府，非才辱顾隆”，[3]蔡襄对此知遇之恩自然也颇为感激，“辱公知遇厚，表里曾无嫌”。[4]宋绶对蔡襄的翰墨之才也颇赏识，朱弁《曲洧旧闻》卷一云：“蔡君谟得字法于宋宣献。宣献为两京留守时，君谟其幕官也。嵩山会善寺有君谟从宣献留题尚在”，[5]公事闲暇，蔡襄多向宋绶请教书法，《观宋中道家藏书画》云“间复请笔法，指病如投砭”，“《石林过庭录》云，君谟初在宋宣献公幕府授以书法”。[6]此外，宋绶作为宋代著名的收藏家，家中藏品甚多，书椠犹夥，亦不吝于向蔡襄开放，其中书法作品对蔡襄影响尤其重要。“名作和优良的摹本都是藏品，只有受到收藏者特别青睐的少数人才有幸一睹风采。学书者必须依靠藏品，因为只有在这里他才能找到范本。藏品的质量和藏品可提供的选择范围可以影响学书者的风格”[7]宋绶家中的藏品，对于蔡襄而言，无疑是其艺术精进的必要辅助。梅尧臣《同蔡君谟江邻几观宋中道书画》云：

[1] 张邦基著，孔凡礼点校《墨庄漫录》卷十，第269页。

[2] 轶名著，顾逸点校《宣和书谱》卷六，第46—47页。

[3] 蔡襄著，徐㶿编，吴以宁点校《蔡襄集》卷六，上海古籍出版社，1996年，第103页。

[4] 同上书，卷二，第35—36页。

[5] 朱弁撰，孔凡礼点校《曲洧旧闻》卷一，中华书局，2002年，第96页。

[6] 董更《书录》中篇，清知不足斋丛书本。

[7] 雷德侯著，许亚民译，毕斐校《米芾与中国书法的古典传统》，中国美术学院出版社，2008年，第74页。

君谟善书能别书，宣献家藏天下无。宣献既殁二子立，漆匣甲乙收盈厨。
钟王真迹尚可睹，欧褚遗墨非因模。开元大历名流夥，一一手泽存有余。
行草楷正大小异，点画劲宛精神殊。坐中邻几素近视，最辨纤悉时惊吁。
逡巡蔡侯得所得，索研铺纸才须臾。一扫一幅太快健，檀溪跃过瘦的颅。[1]

宋绶卒后，次子宋敏求（即宋中道）继承乃父所藏。宋敏求在书法上也颇具造诣，“学传其家，近岁名卿、宗公之碑志，多其所书。遒婉冲丽，当世共珍之，”[2]“绶有子曰敏求，能世其家，凡当时巨卿铭碣，必得敏求字为荣，故二宋之书，人到于今称之。”[3]皇祐四年（1052），作为蔡襄的好友兼同行，梅尧臣一同参加对宋绶、宋敏求藏品的欣赏活动，并赋诗以志，之后展纸把墨、挥毫创作，展现出极富现场感的书法互动活动。对于杨凝式《洛阳诗碑》，宋氏父子应早有所见，故才能收录于著述之中，如“少师此诗，本题于西都长寿寺华严院东壁，仆近岁官洛，因览宋次道（即宋敏求）《三川官下记》，知之，亟往观焉。墨迹石本皆不复存在。院僧云：‘三十年前有士人寓是院数岁，及徙居他郡。壁与石亦弗之见。岂非好事者负而趋乎？今忽得此本，殊可欣也。’政和三年六月二十八日黄某书。”[4]宋敏求《三川官下记》今虽亡佚，但其文中必提到《洛阳诗碑》，且点明其所在位置，辅以宋氏父子对艺术的精求和仕宦洛阳的经历，当为眼见且实录。此外，蔡襄与宋氏父子游历洛阳寺庙禅院，欣赏前辈书法，挥毫留题，这从蔡襄这一时期的诗作便可窥其一斑，如《过龙门香山寺》《嵩阳道中》《梦游洛中十首》则为多年之后追忆之作，诗中提及白马寺、普明寺、香山寺、岳庙寺等，可见其在推官任内，对洛阳佛寺多有游历。综上来看，《洛阳诗帖》当创作于蔡襄担任洛阳推官并与宋绶交游款密之际，亦即宝元二年十一月至康定元年三月间。

蔡襄之所以用笔来题写杨凝式《洛阳风景四绝句》，除杨氏书法艺术令其叹服之外，或另有二因颇值说明。首先，杨凝式诗表达了对乱世的感叹和对幕主张全义的感激，而蔡襄任西京留守府推官，正值宋仁宗秉政之际，天下安定，蔡襄自无杨诗中的乱离感叹。但蔡襄与宋绶关系密切，主客融洽。故摹录此诗，或有借笔墨委婉表达对宋绶知遇之恩的酬谢。其次，台静农先生认为，“（蔡襄等）都是高才博学，品行高洁者，而能倾服于

[1] 梅尧臣著，朱东润编年校注《梅尧臣集编年校注》卷二十二，上海古籍出版社，1980年，第590页。
[2] 姚淦铭编，刘文秋考评《朱长文·续书断》，江苏美术出版社，2009年，第216页。
[3] 轶名著，顾逸点校《宣和书谱》卷六，第47页。
[4] 黄伯思撰，赵彦国注评《东观余论》卷下《跋杨少师诗后》，第254页。

五代官僚社会中打滚的杨凝式，这固因杨凝式有不可及处，亦因杨凝式的道路是北宋诸贤要走的”。[1]蔡襄摹录杨凝式诗作，一方面学习其书法笔意，另则也表达对这位前辈书家人生经历的理解。杨凝式身仕五代，“既不遇时，而梁、唐之际，以义节自立，襟量宏廓”。[2]其书于壁间“挥洒之际，纵放不羁，或有狂者之目”，[3]展现出遇境即就的创作灵感，体现出极其强烈的自我抒情意识，进而使其书品性超逸。蔡襄一生也于朝野进退间泰然自若，笔墨间“风骨秀逸，天真烂熳，尤为佳绝”，[4]“每落笔为飞草书，但觉烟云龙蛇，随手运转”，[5]颇蕴旷怀逸韵，表现出极强的抒情性。杨、蔡二人时代、行迹虽异，但彼此精神却有暗通之处，于书法也都有“自出新意”“超逸绝尘”的追求，书体雍容舒闲之态展现出简静自足的心理意绪。杨凝式在洛阳或官或隐，蔡襄一生除担任朝职外，绝大部分时间都自请任职于福建家乡一带。他们都关心政治但又不过分投入，“对现实世俗的沉浸和感叹倒日益成了文艺的真正主题和对象，于是人的心情意绪成了艺术和美学的主题”。[6]具体到杨凝式、蔡襄处，蔡襄以后学身份学习杨凝式等前辈名家，致其书风“中始知其非而变之”，书法风格逐渐走上个性化道路。他们的书帖共同参与并推动了书风从状物再现向抒情表现的转变，亦深契唐书尚法转向宋书尚意的书学思潮，而《洛阳诗帖》正是此种转型的微观载体和生动案例。

结论

唐代书法与诗歌皆取得极高的艺术成就，宋人对其的欣赏，不仅停留在口耳相诵，也表现在对其诗歌与书法的心追手摹。宋初诗坛之白体、晚唐体、西昆体皆取法唐人便为其迹，而在书法创作上，北宋文人手书唐诗更为一时风气。模仿唐代书家之诗帖，更是将二者合一，故成为极受北宋书法家追捧的学书方式。蔡襄出于书法喜好，手书张旭《桃花溪》，而误入《蔡襄集》，[7]此为其“前科”。《洛阳诗帖》亦系蔡襄临摹五代书法家杨凝式之诗碑《洛阳风景四绝句》而作。杨凝式诗旨在赞咏张全义保全洛阳之功，题于洛阳大圣善寺胜果院东壁，亦有石刻。蔡襄在洛阳留守府担任推官之际，得到宋绶指点，

---

[1] 台静农《书道由唐入宋的枢纽人物杨凝式》，见陈子展编《台静农艺术随笔》，上海文艺出版社，2014年，第99页。

[2] 张世南撰，张茂鹏点校《游宦纪闻》卷十，第90页。

[3] 轶名著，顾逸点校《宣和书谱》卷十九，第153页。

[4] 徐㶿编，宋珏增补《蔡忠惠别集补遗》卷上，见《蔡襄集》，第847页。

[5] 蔡襄著，徐㶿编，吴以宁点校《蔡襄集》卷三十四，第627页。

[6] 李泽厚《美的历程》，文物出版社，1981年，第153页。

[7] 李定广《再论〈唐诗三百首〉中张旭诗争议》，《学术界》2014年第7期，第119页。

并与宋绶、宋敏求父子多次游历洛阳寺院，摹写题刻，《洛阳诗帖》当创作于此时。随时推移，杨凝式原作散佚，明人整理《蔡襄集》时，遂将其辑入，并系于蔡襄名下。对《洛阳诗帖》之考辨，不仅有功于杨凝式《洛阳风景四绝句》组诗的补遗，也坐实了蔡襄书学杨凝式的承继关系，进而可烛见唐书尚“法”之观念经历五代，而向宋书“尚意”之书学观念转变的个性化轨迹，同时还为研究宋诗效法唐诗之途径提供了另种观察角度和素材。

（王伟，陕西师范大学文学院教授。）

书　　评

从薤菜、橘园到隐逸、农事

——《杜甫农业诗研究》读后

郝润华

由李浩、松原朗二位学者主编的《海外中国研究书系·日本学人唐代文史研究八人集》正式出版，为海外中国文史研究又添一重要成果，值得欣喜。阅读研习，有所感发，对古川末喜著、董璐译《杜甫农业诗研究——八世纪中国农事与生活之歌》（西北大学出版社 2018 年版）一书，感触尤深。打开此书扉页，“谨以此书献给以农为生的母亲”一行字，深深打动了我。

此书从大的结构看共分四个部分：第一部分“秦州期”，分两章，包括“秦州期杜甫的隐逸计划及其对农业的关注”，“杜甫与薤菜——以秦州期的隐逸为中心”；第二部分“成都期”，分二章，包括“浣花草堂的外在环境与地理景观”，“农事和生活的歌者——浣花草堂时期的杜甫”；第三部分“夔州期的农业生活”，分三章，包括“杜甫诗歌所咏夔州时期的瀼西宅”，“支撑杜甫农业生活的用人和夔州时期的生活诗歌”，“生活底层之思绪——杜甫夔州瀼西宅”；第四部分“夔州期的农事”，分三章，包括“杜甫的橘子诗与橘园经营”，“杜甫的蔬菜种植诗”，“杜甫的稻作经营诗”。此书虽然只有四部分，但总计有十章，每一章下有若干节，总计九十七节，结构安排得非常周密详尽，每一节的标题都很具体而有趣，以第二部分“成都期”第一章为例，此章“浣花草堂的外在环境与地理景观”共有十五节，题目如下所示：

第一节　绪论

第二节　成都城西

第三节　锦江之畔

第四节　浣花

第五节　桥

第六节　桥之感怀

如此详细又具体的章节安排，独具匠心，使读者一目了然，看标题就大致知道作者将要阐释的论题，读起来也不至感到枯燥乏味。

杜甫在避难成都、夔州期间，为了生存从事过农业劳动，也创作了一些与农业有关的诗歌，国内学者在这方面并未多加措意。此书作者则以细腻的观察力与笔触系统全面地梳理考察了杜甫与农业相关的诗歌，尤其是对与农业相关的如地理环境、房屋、蔬菜、树木、田地、人物等物象的关注，以及对某些意象的专门阐述，对我们进一步研究与把握杜甫诗歌的内涵及价值具有积极的启示作用。作者研究的对象是杜甫的农业诗，首先是因为作者喜爱杜甫此类诗作：

> 作为当事人，杜甫与农业实践的关系极为密切，在中国文学史上，杜甫是第一个将具体的农业实践全部融入自己的诗歌创作中的诗人，这真是一份新鲜的惊喜。不仅如此，杜甫将自己的思想和人生、喟叹和喜悦写进这些诗作中，作为“诗圣”，他的才华淋漓尽致地发挥出来，可以说，每一首诗都是杰作。
>
> 比起杜甫那些揭露社会矛盾、同情农民的初期作品群（这些都是被后世传诵的名篇），笔者觉得其成都时期，特别是移居夔州后亲自参与农业实践的诗作要有趣得多。在此基础上，笔者对杜甫的认知也发生了变化，从内在觉察到了杜甫的有趣之处。（《后记》）

有了对研究对象的极大兴趣，研究过程才能投入，也才能善于发现问题。细读此书，优点与精到之处比比皆是。但也存在一些问题和值得商榷之处。以下从三个方面谈我对此书的体会。

一、特点：文献丰富、分析缜密、精彩叠见

首先，引证文献丰富。

此书对杜甫农业诗的研究，作品引证主要依据的是清代仇兆鳌的《杜诗详注》，由于杜甫诗歌在流传过程中文本情况较为复杂，也产生了许多异文，另者，对杜诗诗意与语词的注释也是因人而异。因此，作者在“代凡例”中又列举了从宋代到当代的杜诗注本17种，宋代有王洙本、吴若本、赵次公本、蔡梦弼本、郭知达本、黄氏本等，明清有王嗣奭《杜臆》、黄生《杜诗说》、浦起龙《读杜心解》、杨伦《杜诗镜铨》等，现当代有陈贻焮《杜甫评传》、铃木虎雄《杜少陵诗集》、张志烈《杜诗全集》等，这些著作都是作者的主要参考文献。一般来讲，作家与作品的研究，可以只依据或参考一二种文本作为作品出处，只是在必要的时候再举另外的版本。只此一点就表明了作者引据文献的严谨之处。

因为作者在书末未列参考文献，不能详细统计其所参考的图书，但据笔者考查，书中凡经史子集四部书籍均有涉及，如史部书，所引用者就有:《史记》《汉书》《三国志》《宋书》两《唐书》《通典》《资治通鉴》《元和郡县志》等，子部如《世说新语》《齐民要术》《册府元龟》《太平广记》等，均是作者在具体研究中经常引证的重要古籍，足见作者研究工作的扎实。

作者在提出论点的同时，也往往能在认真梳理文献的基础上兼采各家观点，如，《秦州杂诗》其十五究竟作于什么地方？作者根据诗句认为是在秦州城内所作，而非作于东柯谷。因为“陈贻焮先生认为，杜甫描写东柯谷和杜佐草堂的诗作均是其通过想象创作出来的。笔者也赞同陈氏的观点……”（第13页）。但是为谨慎起见，又在脚注中列举了前人的代表性说法：

> 究竟此诗作于东柯谷，还是作于秦州城内，有不同看法。举其中代表性观点，如赵次公就认为“东柯遂疏懒”乃是“言遂得东柯谷之隐”，这是前者之观点。仇兆鳌则认为“在秦而羡东柯也”，这是后者之观点。（第14页）

从中可以一窥作者对于文献的把握与梳理下了很大功夫。

其次，研究细致，分析缜密。

此书的最大特点是分析论述十分细密。作者对一些杜诗相关的地理、名物、人物的考证十分细致。地理如西枝村与西谷、东柯谷、仇池山、赤谷、太平寺、浣花溪、爱川、西岭、瀼西、赤甲山、白盐山等。农业名物如薤菜、苍耳、橘子、莴苣等。甚至由此及彼，运用意象说进行详细论述。作者不放过任何一个与杜甫农业诗有关的物象，包括人物，就连杜诗中出现的用人，如夔州时期出现于杜诗中的阿段、信行、伯夷、辛秀、阿稽等人物，作者也都不厌其烦地作了考察分析，诸如身份、与杜甫的关系、杜甫对他们的态度等。如，《示獠奴阿段》“怪尔常穿虎豹群”句，清初黄生《杜诗说》云“大有鄙薄郡人之意”。浦起龙《读杜心解》说“七八赞之，亦诫之”。牵涉到杜甫对用人阿段的态度。作者分析认为：

> 从杜甫的语言中亦能感受到他对阿段的感情。……七八句中使用了陶岘的故事，结合起来看，陶岘的胡奴擅长游泳，最终却因蛟龙而死，阿段啊，你进山之时还是要小心一些为好。如此，这里的“怪”字，还应该包括引以为戒的意思，这与杜甫的心意才是最吻合的。这首诗的题目是《示阿段》，一般诗题写作“示某某”的时候，杜甫究竟是如何来使用的呢？试着探讨一下杜甫的诗作，例如（〇三 18 示从孙济）和（〇八 13 示侄佐），基本上与此使用方法是一致的。大致上要么是给同族晚辈以训诫，要么是对眼前之人以赞赏。……通过以上的分析可以得知，从题目中的“示”这一表述、作诗以示阿段这一行为以及行文的字里行间，能够充分感受到杜甫对阿段的赞赏、感谢和呵护之情。……将这些最下层的人物作为特定形象写入诗歌之中，这在当时也可谓是特例。（第 145 页）

作者以为杜诗不仅将用人写进自己的诗中，而且还有情感体验；作者甚至进而联系到了杜甫“示”体诗，并由此推测诗人之情。这些细节问题关系到杜诗后期创作中内容题材的变化与发展，也都是国内研究者容易忽略的地方。

尤为引起笔者注意的是，作者花大量篇幅考察杜甫的田地问题。如成都期第四节“田园的所有形式”，作者在对杜甫《大雨》（“西蜀冬不雪”）诗作出分析后指出：

> 成都时期的杜甫，很可能是以托管的方式拥有农田，并且这些田地还附带了农

> 夫。也就是说，农田并非杜甫所有，但是杜甫拥有田地的收获和收益。所以杜甫才在诗中歌咏了自己看到黍豆苗壮成长的喜悦之情，不管是自家的田地还是其他农户种植，两种解读方法似乎都行得通。也是中国古典诗歌的特点，因为严格控制字数而带来内涵的丰富性和多种解读的可能性。
>
> 为了论述方便，此处先提出一个假设，……也就是说，杜甫无须直接参与农园的耕作，当然也无须参与小麦、黍米等谷物以及蔬菜等商品作物的经营管理，但是农园的收获和收益却归杜甫所有。自己仅需在菜园从事供家庭消费的小规模蔬菜种植。（第 94 页）

此结论虽是一个预先的假设，但却不无道理。因为，杜甫在成都至少有好友严武等人的帮助，能够帮他以租赁的形式拥有一些田产，供其全家生活。在夔州也一样，有军阀朋友柏茂琳的资助，在瀼西购买了果园，又主管东屯公田，手下还有一些奴仆可以使唤。

为了证明论点的准确性，作者在研究中常运用比较的方法举一反三地分析，而不是自说自话，这也是作者态度严谨、论证周密的表现。作者注意到杜甫与古代其他诗人以及作品的差异性，如第一部第一章第九节“结语”部分，在谈到杜甫对农业的关注角度时，作者将杜甫与陶渊明、王绩、孟浩然作了比较。又如，对于薤菜的意象问题，作者将杜诗与六朝诗作比较，凸显杜诗中薤菜的表现用途。第八节“结语”总结：

> 在诗人们进行诗歌创作的时候，《文选》中的措辞和意象往往会在潜意识中发挥作用。就薤菜的意象来看，在《文选》中主要有以下两种：一是薤叶之上消散的露水意象（诗）；二是故乡庄园中种植的蔬菜“白薤”，在晚秋到初冬的霜降之日，形成了所谓的“霜薤”意象（赋）。但是，在现存杜甫诗歌之中并未使用传统的“薤露”意象，……无论是潘岳还是谢灵运，都将采薤置于归隐和归田之赋中，是一种被程式化的范畴。赋，原本就存在将同类事物如类书一般并列使用的叙述之法。因此，潘岳和谢灵运在赋中所写的薤菜，只不过是各类蔬菜中的一种而已。薤菜之个性被埋没在赋的陈列式叙述当中。但在杜甫的诗中，薤菜不是点缀在自己故乡庄园中品目繁多的蔬菜之一，也不是相对之物。对杜甫而言，薤菜是唯一具有个性的存在。（第 51 页）

在第二部成都期的论述中，作者也将杜甫草堂与谢灵运、白居易等人营建园林作了对比，得出如下结论：

> 笔者从外在环境和地理环境层面，对杜甫隐逸生活的舞台——草堂进行考察确认。……笔者认为，这种创作诗歌的态度，在杜甫之前和之后的时代有明显的区别。在杜甫之前，诗人们在描写园林或者实际的隐逸生活时，总充斥着虚构的成分。似乎这也是一种诗歌创作的态度。多数情况下，现实生活的描写，或许能够达成优美的诗歌境界，但杜诗对园林进行描写时大都采取了一种写实的态度，这一点表现得非常明显。

作者将杜甫草堂界定为园林，这一点是否合理准确，我们先不予讨论，值得注意的是：作者通过对比分析认为从杜甫开始对于园林的描写采取了写实的态度，这一问题的发现确是作者独具慧眼的地方。

最后，时有新意，精彩叠见。

作者显然对杜甫诗歌作了细致阅读，发现并分析杜诗中所描写的与日常生活有关的一些细节与物象，而且兴趣十足地对其进行讨论。这些问题看似非常微小，容易被忽略，但是作者却能以小见大，于微妙处看出端倪，并归纳提出文学史中的某些规律性的现象，时有精彩之论。如下所举例：

秦州期第四节“阮隐居所赠薤菜”：

> 在这里，需要引起注意的是，杜甫在诗中记叙了自己获取生活物资的过程，并且通过诗歌的方式进行回复。杜甫的很多名篇均是得到别人物质赠予后写下的答谢回信。这一现象在中唐以后逐渐流行起来，作为文人趣味的兴起，这种现象在宋代也非常流行。杜甫起到的先驱性作用在此就不再赘述。（第 43 页）

第五节“与菜瓜、苍耳搭配的薤菜”：

> 在诗或赋中描写食用薤菜，杜甫的这首诗乃是第一首。除此之外，他还将琐碎的日常饮食生活特意以诗歌的方式进行叙写。杜甫似乎是有意用诗歌这种方式宣传

和推广自己新奇而有趣的食用方法。在另外一首（一九 09 槐叶冷淘）中，杜甫还描写了做凉面的一种新方法。这种在饮食生活上倾注大量心血和创意的态度，在杜甫之前的诗歌中很少见，这种态度从中唐开始到宋代逐渐多了起来。（第 44 页）

第八节“结语”：

后世诗人是如何看待杜甫创造出的薤菜意象的。……从整体来看，毫无疑问，后世诗人茫然接受了杜甫诗歌创造的薤菜意象。在实际创作过程中，他们只截取杜甫诗歌意象的一小部分用在自己的诗中，杜诗好似舞台背景一般被引入创作当中，诗人们稍加变化，便能创造出更为丰富的意象。……不论创作出怎样的作品，杜甫诗歌意象都成为大家的共享之物。只要以中小地主自给自足庄园经济为基础的士大夫世界一直延续，那么，由杜甫创造出的薤菜意象就会反复在诗中被再创作。（第 51、52 页）

一个诗人，如何用语言创造一个事物意象，这一意象如何被后世诗人共享，继而消失。作为一个具体的例子，或许通过杜甫所创造的薤菜意象，我们便能窥探一二。（第 52 页）

以上三例采用的都是以小见大的研究思路，作者通过对杜诗中薤菜书写与意象的分析，提出了三个颇有意思的论点：第一，杜甫诗歌中的一个独特题材——得到别人物质赠予后会写诗答谢回复，这对中唐以后尤其是宋代以后诗歌题材的扩大有所影响。第二，对饮食生活倾注大量心血和创意的态度，在杜甫之前的诗歌中很少见，从中唐开始到宋代逐渐多了起来。第三，杜甫所创造的独特的薤菜意象，影响到中唐以后的诗歌意象，甚至被后代诗人所共享。作者这三个结论，不仅对于我们深入研究杜诗有所启发，而且对于宋以后古典诗歌题材与意象的细化研究也有所启示。

与以上薤菜同类的还有对于橘子的研究，也是作者能够见微知著的一个范例。此书第四部分“夔州期的农事”第一章“杜甫的橘子诗与橘园经营”，共设十一节，基本是对橘子与橘园的集中讨论。作者对如下问题进行了精心论述：成都时期的橘子诗、瀼西草堂的春天的橘子、三寸黄橘、月亮与夜露中的橘子、收获前的橘园、东屯诗中的橘子、橘子收获以及橘园转让等，最后得出三个主要结论。

杜甫诗中出现的橘子，抑或咏吟橘子的诗作，其中表现出的态度，并非自中唐以来宋代以后出现的趣味式花木鉴赏。对杜甫而言，具有更为实践性的意味，乃是在收获和经营橘子的立场上进行描写的。正如迄今所探讨的那样，杜甫的橘子诗作与其自身的农业生活密切相关。（第 209 页）

橘园经营带给杜甫以希望，使他能够保有精神上的闲暇。故此，杜甫的橘子诗作总体上多是明朗、高扬的格调。杜甫的这些橘子诗中，古体诗较少，近体诗很多，这也反映了上述格调。说到杜甫，大家脑海中都会立刻浮现出他忧国忧民、沉闷、深刻的形象。但是在橘子诗中，杜甫稍稍从那样的形象中脱离出来。对他而言，橘子诗乃是其拓展诗风的一个侧面。依靠这些橘子农业诗，杜甫的诗风呈现出多彩的一面。（第 210 页）

对杜甫而言，橘子是善之存在。无论是对其人生还是诗作，橘子都是正向积极的。……对杜甫而言，能够在夔州这个自己最后的安居之地收获橘子和稻米，应该也是人生的一大快事。橘子对杜甫的人生和诗作产生了极大影响，发掘橘子与杜甫际遇的意义，也是小论的一个目的。（第 210 页）

作者通过对橘子诗与橘园的分析，认为杜甫书写橘子，与其他诗人的花木意象审美有所不同，杜甫橘子诗与其农业生活息息相关，更为写实；杜诗中的橘子诗，格调明朗、高扬，以近体为多，反映了杜甫拓展诗风的一个侧面；橘子对杜甫的文学创作发生了不小的影响，也可见橘子对于杜甫人生的极大意义。这样的细节研究在杜甫研究已十分成熟的当下对我们极具启发意义。

二、问题：农业诗是否等于隐逸诗

关于撰写这部书的缘起，作者在《后记》中有所交代：

对于从小开始接受如此古典教养的士大夫阶层而言，必然会对农业和农民有所关注，可能在程度上有差异，但他们终生都不曾失却对农业的关注，更何况中国自古以来就是举世闻名的农业大国。对农业的态度，有时候是衡量他们思想和价值观的一个标尺。生活在这样的社会中，知识分子们创造出的文学作品便不可能与农业无缘。

杜甫是知识分子，心怀天下，“致君尧舜上，再使风俗淳”是他的政治理想；杜甫也心系下层百姓，同情广大人民，同时也由于个人的农业实践，在避难寓居秦州、成都、夔州时期，创作出了不少与农业生产相关的诗歌。此书正是作者对杜甫三个时期的农业诗歌的梳理分析与系统研究，包括对居住环境以及和农业活动有关的诗作的分析阐述。

然而，值得注意的是，作者的研究是基于隐逸而讨论杜甫农业诗的创作的，正如《译后记》所总结："古川先生这本书贯穿了两条基本主线，即隐逸和农业。可以说，这本书是沿着杜甫隐逸的历程来探讨他与农业的关系。"（第 300 页）书中的研究也基本是围绕着隐逸这一问题而展开的。如：

> 究其原因，或许是因为杜甫到达秦州之后，在多首诗中表达过想要隐逸秦州的愿望，并且非常认真地实地寻访过几处隐逸的备选之地。毋宁说，对于隐逸的希冀，亦是其秦州诗的一个基调。（第 5 页）

又如：

> 第二年是上元元年（760），这年春天，在一位强有力后援的帮助下，杜甫于成都锦江上游浣花溪购置了一块土地，营建草堂，……在这里，杜甫终于过上了自己后半生最为安定的隐逸生活。（第 55 页）

作者甚至认为"从事农业作为隐逸的代名词是常有之事"（第 92 页），由此将杜甫作于宝应元年（762）的《屏迹三首》作为隐逸诗来专门考察（见第 94 页）。这一思路在章节标题中也有表现，如第一部分第一章题目为"秦州期杜甫的隐逸计划及其对农业的关注"，第二章题目"杜甫与薤菜——以秦州期的隐逸为中心"，第二部分第二章第五节是"隐逸诗三首"。可见，作者立论的基点的确是杜甫的隐逸生活与农业诗创作。

何为隐逸？在中国古代，隐逸者大有人在。他们或隐居不仕，躬耕田园，如陶渊明；或不愿与统治者同流合污而遁匿山林，如伯夷、叔齐、商山四皓等人。隐逸主要指政治人物或文人主动遁世隐居，即身居乡野而不出仕。如《后汉书・岑彭传》："迁魏郡太守，招聘隐逸，与参政事，无为而化。"晋葛洪《抱朴子・贵贤》："世有隐逸之民，而无独立之主者，士可以嘉遁而无忧，君不可以无臣而致治。"历数中国古代的诗人，真正称得上隐逸者的只有陶渊明，其"不为五斗米折腰"，主动归隐田园，并创作出了许多优秀的田园诗，表达自己对生活的热爱与淡泊的文人情怀。可见所谓文人隐逸，是指文人不愿与当局者合作，主动隐居山林、田园，从事一些农业劳动；若家有足够财产，连起码的农业生产也无需参加。文人隐逸，与其说是一种生存方式，不如说是一种姿态、一种价值观的体现。从这个意义来说，无论长期还是短期从事农业生产，如果是主动的，那就是隐逸；只要是被动的，为了生计而从事农业劳动，似乎就不能看作是隐逸。杜甫的漂泊西北、西南，究竟是不是隐逸呢？以下试作分析。

此书作者首先对秦州期杜甫农业诗予以研究，认为杜甫西行的目的就是想隐逸于秦州，他说："藉此可知，杜甫离开帝都的秦州之行，乃是为了寻求隐逸永驻之地。"（第7页）又说："对杜甫而言，秦州是农作物的集散地，农业亦很发达，这点相当重要。……对于想在此地终老一生，过上隐逸生活的杜甫而言，有适合从事农业的土地，乃是其选择秦州的最基本条件。"（第8页）其实，笔者似不敢苟同这一观点。

我们先从当时的历史背景谈起。至德二载（757）十月，安庆绪率军从洛阳逃往邺城（今河南安阳），唐军收复洛阳。乾元元年（758）九月至次年三月，肃宗令郭子仪、李光弼等九节度率军围攻相州（今河南安阳）安庆绪部，结果与援军史思明交锋。战前肃宗怕诸节度拥兵自重，不令设总帅，加之派宦官鱼朝恩为观军容宣慰处置使监督牵制，致使九路兵马大败。郭子仪退至河阳桥，李光弼返回太原，其余节度使各回本镇，史思明重新占领洛阳。乾元二年（759）辞去华州司功参军后的杜甫，已不可能回到再次失陷的洛阳；此时的杜甫对肃宗统治集团已十分失望，也不可能留在居大不易的长安。因此，只好选择西行避难，试图先寻觅一地作为暂居之所。正像莫砺锋先生所分析：

> 诗人弃官西去的原因是什么？《旧唐书》本传说是"关畿乱离，谷食踊贵"，这当然是事实。但是也还有另外的原因，那就是杜甫对于朝廷政治越来越失望了。诗人就是怀着"唐尧真自圣，野老复何知"（《秦州杂诗二十首》之二十）的满腹牢骚，永远离开了疮痍满目的关辅地区，也永远离开了漩涡险恶的政治中。杜甫带着一家人翻越了高峻的陇山，在秋风萧瑟时来到秦州。他本以为在秦州可以得到一处避难之所，因为那一年秦州秋收较好，而且他的侄儿杜佐和他在陷贼长安时结识的和尚赞上人都在秦州居住，有希望得到他们的接济。可是当他到达秦州后，发现那里也并不太平，日益强大的吐蕃正威胁着这座边城，黄昏时满城是鼓角之声，还常常有

报警的烽火自远方传来。而且杜佐和赞上人都没能给他很多帮助，他想在城外建一个草堂的计划也随之落空。他被迫重操卖药的旧业，以维持衣食。[1]

可见，杜甫是迫于安史之乱后长安米贵无法生存以及对统治者的失望而决定逃难西北，他想到了亲人杜佐与朋友赞上人，因此，想暂时在秦州避难，待战争结束再做打算，杜甫的西行，是被动的，完全是因生计所迫，恐非想去隐逸。

凡是论述与农事相关问题，作者在书中总是强调隐逸，如："在梦想隐居住所的时候，其中必定亦有自己的家园。隐逸而居与开辟农田是分不开的。也就是说，对杜甫而言，在表现隐逸的众多意象中，开辟农田是最重要的一个。"（第246页）笔者以为，与寓居秦州一样，漂泊西南也是杜甫原本没有预料到的，也是出于被动。"杜甫在成都虽然过了几年较为安定的生活，对他辛苦经营起来的草堂也怀有深厚的感情，但他内心深处是不愿终老于斯的。"[2]杜甫在成都作《屏迹三首》，其一云："用拙存吾道，幽居近物情。桑麻深雨露，燕雀半生成。村鼓时时急，渔舟个个轻。杖藜从自首，心迹喜双清。"毋庸讳言，此诗真实表现了诗人的短暂隐居生活，乃"居士实录"（苏轼跋语）。其他文人是甘心情愿享受这份隐逸生活的宁静与洒脱，而杜甫终究也不开心。此诗第二首即云："晚起家何事，无营地转幽。竹光团野色，舍影漾江流。失学从儿懒，长贫任妇愁。百年浑得醉，一月不梳头。"诗人无事可做百无聊赖，孩子们因失学而变得懒惰，妻子由于贫穷而愁眉苦脸，自己整日醉酒，浑浑噩噩，一个月连头发都未梳。这种状态下的诗人，他的"隐居"完全是逼不得已，因此，《屏迹三首》不能不说是杜甫的自嘲之作，作者将其界定为隐逸诗，似不大准确。

在夔州的几年生活也是如此，"直到大历三年（768）正月才出峡东下。杜甫在夔州居住了将近两年，此时他的生活还算安定。当时任夔州督兼御史中丞的柏茂琳待杜甫甚厚，杜甫得以在瀼西买果园四十亩，又主管东屯公田一百顷，还有一些奴仆，如獠奴阿段、隶人伯夷、辛秀、信行、女奴阿稽等。然而诗人的心情是压抑的，心境是悲凉的"。[3]"小臣议论绝，老病客殊方"（《壮游》）正是杜甫当时生活状态与心境的真实写照，绝非是一种隐逸诗人的状态。杜甫与陶渊明的区别是：前者"不为五斗米折腰"而

[1] 莫砺锋《杜甫评传》，南京大学出版社，1993年，第128页。

[2] 同上书，第167页。

[3] 同上书，第169页。

选择隐逸，后者是因没有五斗米而须从事农业，杜甫为此而“支离东北风尘际，漂泊西南天地间”，过着奔波艰辛的日子。从事农业生产，对于杜甫来说是为了生存而迫不得已的一种选择，如果不从事农事，他和他的全家就会被饿死。在这里笔者以为杜甫农业诗似不等于古典文学中的所谓隐逸诗。

当然，不得不承认，此书作者对杜甫相关农业诗的关注与研究，是十分有眼光的、颇具价值的工作。据作者《后记》来看，似一直将这一问题作为一个新课题而展开研究，也是十分具有学术识见的。

三、商榷：秦州地理与草堂园林

此书在其他一些观点上也略有可商榷之处，如关于秦州的地理特征问题：

> 对杜甫而言，秦州是农作物的集散地，农业亦很发达，这点相当重要。秦州时至今日依然被称为“陇上江南”，农林业发达。对于想在此地终老一生，过上隐逸生活的杜甫而言，有适合从事农业的土地，乃是其选择秦州的最基本条件。（第 8 页）

其实，据古代地理书与笔者实地调研，秦州（今甘肃天水）自古农业并不发达，原因是其特殊的地理条件：秦州境内山脉纵横，地势西北高，东南低。东部和南部是山地地貌，北部是黄土丘陵地貌，中部小部区域是渭河河谷地貌。因此，秦州地形主要以山地为主，不宜耕种粮食作物，但森林覆盖面积较广，因此，林业较发达，可种植木本植物与药材。对于秦州的特殊地理环境杜甫应该比较清楚，其认识不会产生这样的误差。因此，杜甫不会选择秦州作为终老之地。

又如，对杜甫成都草堂的界定问题，也是值得深入思考的地方。作者通过对草堂外部环境如锦江、浣花溪、桥、爱川、西岭、村以及邻居的考察，认为草堂是杜甫用来隐居的一个园林。[1] 我们先来看“园林”的概念。园林，传统的解释是：种植花木，兼有亭阁设施，以供人游赏休息的场所。如西晋张翰《杂诗》：“暮春和气应，白日照园林。”（据《汉语大词典》）现代的解释是：在一定的地域运用工程技术和艺术手段，通过改造地形（或进一步筑山、叠石、理水）、种植树木花草、营造建筑和布置园路等途径创作而

[1] 在此之前已有侯迺慧《诗情与幽境——唐代文人的园林生活》一书，将杜甫草堂纳入园林范畴之中。此书作者也有介绍。

成的美的自然环境和游憩境域。明代计成《园冶·园说》云：

> 凡结林园，无分村郭，地偏为胜。开林择，剪蓬蒿，景到随机，在涧共修兰芷。径缘三益，业拟千秋。围墙隐约于萝间，架屋蜿蜒于木末。山楼凭远，纵目皆然，竹坞寻幽，醉心即是。轩楹高爽，窗户虚邻，纳千顷之汪洋，收四时之烂缦。梧阴匝地，槐荫当庭，插柳沿堤，栽梅绕屋。结茅竹里，浚一派之长源；障锦山屏，列千寻之耸翠。虽由人作，宛自天开。

很显然，园林需要精心营构，要地偏，要建屋，要开林，要插柳，要植树，要艺术化，要满足隐逸者的审美要求。而营构园林则需要大量物资，如假山、大石、花草、树木、篔竹、湖水、房屋、廊桥、亭台、楼阁等，园林是古人雅致生活的一个表现。杜甫草堂，虽然地偏幽静，修筑时在周围也栽种了树木，但充其量不过是个简陋的农村宅院，由茅屋与一小块土地构成，是一个可供杜甫全家的栖身之所。杜甫《卜居》《堂成》等诗，主要描写草堂的修筑过程以及草堂周围的环境，但从中也看不出是园林的规模。杜甫《茅屋为秋风所破歌》描写草堂的情境，“八月秋高风怒号，卷我屋上三重茅”，是实写。杜甫作于上元元年夏天的《狂夫》还说：“厚禄故人书断绝，恒饥稚子色凄凉。”《江村》也说：“但有故人供禄米，微躯此外更何求。”杜甫一家过着食不果腹的生活，虽然在成都时期做过检校工部员外郎的官职，但是时间并不久，他的生活也并未因此改善多少。所以杜甫一家居住的一定是简陋的茅屋，这样的房子怎能称得上是园林？作者想要塑造杜甫隐逸生活形象，不仅对杜甫生活的艰辛认识不足，而且过分美化了杜甫的生活状态。因此，笔者以为作者似过多关注了杜甫与农业相关的诗歌，这一时期的其他作品则略有忽略。这种研究似有“一叶障目不见泰山”之嫌。

另外，此书还存在一些小问题，如正文之前，作者虽有“代凡例”，说明研究所依据的工作版本与相关杜诗文献，但却缺乏一篇前言或引言，对自己的研究缘起与开拓之处有所说明。

此书的翻译总体比较通顺、准确，但书中也偶有一些夹生的汉语词汇，如，“这年春天，在一位强有力后援的帮助下，杜甫于成都锦江上游浣花溪购置了一块土地”（第55页）。“后援”一词，一般指战时后方对前方军事力量的援助。如《周书·独孤信传》：“然孤军数千，后援未接，贼众我寡，难以自固。”汉语里原本没有作为支持与接济意思的“后援”，这个词其实是日语中的一个名词，译者在此似乎是直接保留了原文，并未找出相应的汉语词汇。当然，现代中国社会提倡与国际接轨，这个词也已被年轻人拿来径直使用了。又如，“于是，杜甫计划在杜观结婚以后，一家住在当阳。其间经纬，杜甫曾在下面的诗作中叙述过”（第246页）。“经纬”一词，在汉语中，作为名词，可以引申为纲领、法度；作为动词，是规划、治理的意思。我根据文意推测，此处的“经纬”，可用“经过”“过程”“详情”之类的词汇表示，而不是用一个日语意义的词“经纬”一带而过，使读者不明就里。

另外，因译者对杜甫事迹略有隔膜，附录二《杜甫年表》第一条，“姑母”误译成了“伯母”。

书中也存在一些错别字，如，第11页脚注“卢元昌”，误为“庐元昌”。第13页脚注①第5、6行：二“李济阳”，皆错为“李济阳”。

此书格式有不规范之处，如杜诗的篇名，全部用了括号，而不是书名号，因为这些诗题与作者的论述是连在一起的，因此，阅读起来总感到别扭，甚至有不舒畅之感。此举一例：“不仅如此，关于果园附属于瀼西宅一事，可通过（二〇 38 寒雨朝行视园树）一诗中‘柴门拥树向千株’这句获知。”（第120页）这种书写方式或许存在于作者的原著中，但既然是翻译成中文文本，为什么不能方便读者，按照中文书籍的规范格式修改呢？

总之，瑕不掩瑜，这部《杜甫农业诗研究》是近年来海内外杜甫研究中的优秀著作，研究视角新颖，分析论述细腻而缜密，新意迭出，需要我们学习与借鉴的地方很多。因此，我愿意将其推荐给广大杜甫诗作爱好者与研究者。

（郝润华，西北大学文学院特聘教授。）

妹尾达彦长安暨都城史研究述评

高兵兵

引言

近年来，本人有幸受妹尾达彦先生的委托，参与了其两部长安研究著作的编译工作，一部是《长安的都市规划》(原著2001年，译著2012年)，一部就是这次新出的《隋唐长安与东亚比较都城史》(2019年)。在编译过程中，我对妹尾先生的长安及都城史研究有所熟悉和了解。因此，本文将在简单梳理日本长安研究百年史的基础上，对妹尾达彦的长安及都城史研究进行述评。

一、从《长安史迹研究》到《长安的都市规划》——日本长安研究百年史撷英

古代长安所在的关中平原，是周秦汉唐等重要朝代的都城所在地。长安所代表的中国古代先进文化，在东亚世界产生过巨大的影响。也是因为如此，近代以后，日本人率先对长安进行了系统性的研究。如日本公派至陕西大学堂教授数学课的教师足立喜六，1906至1910年间，利用课余时间对西安及周边的古代长安史迹进行了细密的测量和描述，回国后整理出版了《长安史迹研究》(1933)。

嗣后日本学者对长安的研究至今从未中断过，期间比较有代表性的著作有石田干之助(1891—1974)研究唐代长安文化的名著《长安之春》(1931)、佐藤武敏博士(1920—)集多年研究经验完成的长安都市史力作《长安》(1971)等。

《长安之春》相比于《长安史迹研究》，更着眼于唐长安文化中的外来元素，以传奇故事为主要材料，以浪漫的笔触为日本读者展示了长安的生活画卷。这部书使广大日本人民对古长安及今天的西安都心驰神往。

如果说足立喜六、石田干之助等人的著作代表了20世纪前半期日本长安研究的主要成果，那么佐藤武敏的《长安》则代表了20世纪后半期日本长安研究的最高学术水准，2004年还被改版发行。该书分汉以前、汉、唐三个部分，全面而翔实地论述了长安周围

的地理环境、历代城市设施以及行政制度、人民生活等，至今仍可以作为长安研究的基础用书。

2001 年妹尾达彦（1952—）的《长安的都市规划》横空出世，代表了新世纪以来日本长安研究的又一里程碑和新起点。而且妹尾达彦的研究，可以说是博采众长，集上述几部长安研究著作的长处于一身。比如，他曾在陕西师范大学跟随史念海先生学习，踏遍了西安及关中平原的每个角落，在这一点上他与足立喜六有共性；其次，书中对唐长安的社会生活展开了浪漫的描述与情景复原，这一点上又与石田干之助的《长安之春》有着相似性；当然，妹尾达彦对长安相关史料的掌握也非常扎实，其特点是将所有考证都绘制成精美的地图呈现给读者。

此外，妹尾达彦的《长安的都市规划》还突破了以往中国都城史研究的框架。一是从新锐的全球视角，把唐代长安城放到欧亚大陆及世界文明发展史中来重新审视；二是从环境与人类活动的关系入手，找到了“农耕—游牧交错地带”这一打开长安与欧亚大陆都城建构及变迁规律的金钥匙；三是基于比较的视角，呈现了长安与中国古代其他几座代表性都城之间的关系，以及欧亚大陆几乎所有都城形态的规律（围堡型规划都市）。总之，虽然是一部写隋唐长安的书，但其涉及的时空跨度之大、相关学科之多，都是以往长安乃至中国都城史研究所远不能及的。

二、从伊斯坦布尔到西安——妹尾达彦都城研究的原点

《长安的都市规划》，并未一上来就写长安，而是先对君士坦丁堡、巴格达以及隋唐长安这三座古都的共性进行了全方位阐述。比如这三座都城都位于横亘欧亚大陆的“农耕—游牧交错带”的南邻（北纬 30—40 度）——即两种文化圈的接点上；其统治主体（东罗马帝国、阿巴斯王朝、隋唐帝国）都是公元 3、4 世纪气候变冷导致游牧民南侵后的农耕地区古典文化（罗马、波斯、汉）之继承和保留者；而且都是以彰显正统性和军事防御为主要目的的围堡型规划都市。

支撑上述观点的，当然有西方气候学、日本人类文明史论等，但是起决定作用的，还是妹尾先生自身对地理环境与人类活动关系的敏锐观察，以及史念海先生提出的“农牧地区分界线”之概念的启示。

如妹尾达彦《长安的都市规划》中所言，他 1975 年曾休学一年专门做过穿越欧亚大陆的旅行，具体行程是从印度到阿富汗、伊朗然后再经土耳其到欧洲。从印度到达兴都库什山脉北麓后，北方是一望无际的草原，这使妹尾达彦对欧亚大陆上的农牧分界带有

了初步的感性认识。

20世纪80年代中期，妹尾先生到陕西师范大学历史地理研究所进行短期留学，在对西安及周边考察的同时，有幸聆听了史念海先生的理论。再对照秦岭南麓–秦岭北麓–黄土高原–塞外草场（沙漠）之地理环境变化与其早年印度–中亚–土耳其旅途中之所见，得出了“关中平原与中亚相通”[1]的结论。

也就是说，妹尾达彦都城研究的原点，是他早年亲眼见证的、从印度到伊朗和土耳其与秦岭南北至黄土高原北沿的地理环境变化的极端类似。加之史念海先生的理论，促成了妹尾达彦世界都城史独特的比较研究视角。

三、从长安到北京——妹尾达彦的中国都城史观

《长安的都市规划》除了将长安置于欧亚大陆世界史的大背景下，与君士坦丁堡和巴格达一同论述外，还将长安纳入到了中国古代都城史的谱系之中，对其与洛阳、开封、南京、北京之间的关系进行了深度论证。

如书中所述，中国王都的位置具有一定的规律性。中国史前期（唐以前），王都在东西方向上变动；而中国史后期（赵宋以后），王都在南北方向上变动。而且，王都的这种变动，是与大小中国的变动相对应的。大中国（唐、元、清、中华人民共和国，基本相当于清代最大版图）时期的都城，在长安或北京；而小中国（宋和明基本相当于明代最大版图）时期的都城，在洛阳或南京（明朝第三代皇帝永乐时期，由南京迁都北京，曾想要建立一个统治区包括蒙古高原和东北平原在内的大中国，但没有成功）。

前后期发生都城变迁的原因是，从9世纪到10世纪，外中国（大中国）非汉人的主要军事据点，从西北移到了东北（军事因素）；而几乎同时，内中国（小中国）的主要谷仓地带，也由华北移到了华南（经济因素）；同时还因为，欧亚大陆的交通干线，由农业—游牧边界带上的陆路，转为了沿海地区的海路（交通因素）。从这个意义上说，北宋（960—1127）选择建都在开封这一位置，其理由在于，外中国的西北部和东北部，分别出现了党项族和契丹族的政权与宋对峙，其时期正好相当于内中国的谷仓地带由华北平原向长江中下游转移的时期。所以开封正好属于中国王都由前期向后期过渡时期的王都。

[1]［日］妹尾达彦著，高兵兵译《长安的都市规划》，陕西出版集团三秦出版社，2012年，第91页。

在这样的变迁之中，前期的长安，在功能上与后期的北京相当（以政治统治和军事防御为主），两者都是覆盖内外（大小）中国的政权所建的都城。而与之相反的是，前期的洛阳，对应后期的南京，它们都是以内中国为主的政权所在的都城，以经济供给和文化功能为主。

观察长安（西安）在中国空间结构中的位置特点，我们会发现，长安不是在内中国的中心，而是在内外（大小）中国的分界处，这也和北京的位置特点基本一致。内中国（小中国）与外中国（大中国）的分界线，与前面论述过的农业—游牧边界带是基本重合的。在中国悠久的历史中，长安和北京之所以能够长期作为都城，其原因就在于它们两个都位于内外中国的分界线、同时也是农业—游牧的分界地带之上，因此同时具备了对内中国农耕地区进行统治和与外中国游牧地区进行外交的双重功能，而这正是都城必备的政治功能。特别是在来自外中国的力量将内外中国结合在一起的时代，作为都城，前期最合适的是长安，后期最合适的是北京。

而相比于长安与北京，洛阳和南京由于位于内中国的中心区域，作为以内中国为主要地盘的王朝之都是比较适合的。但因为它们不在内外中国的分界线上，所以作为包容两种空间的王朝之都，不如长安和北京合适。此外，在洛阳和南京奠都、或实质上将它们作为都城的历代主要王朝，其掌控和统治的重点区域，都不是外中国的西北地区，而是外中国的东北地区和内中国的华北平原。

最重要的是，妹尾达彦发现，唐以后的朝代，中国版图开启了在大小中国（内外中国）之间交替往复的规律模式，其中体现的不同文化及思想结构特征如下图所示。[1]

空间 思想	大中国（唐、元、清、中华人民共和国）	小中国（宋、明）
整体文化特征	普遍的、表面的、象征性的	个别的、内在的、功能性的
民族构成	多民族社会	汉人社会
统治思想	普遍性观念体制（佛教、马克思主义）	汉族的传统思想（儒学、道教）
对外认识	中华思想	华夷思想
儒学的动向	汉唐训诂学、清代考据学	宋明理学

综上所述，妹尾达彦《长安的都市规划》，准确地说并不是狭义上的中国都城史专著，而是从地理环境与人类活动关系出发、涵盖欧亚大陆整体两千年历史变迁的一部世界史宏观巨著。其意义无疑是非凡的。

[1] 妹尾达彦著，高兵兵译《长安的都市规划》，第 66 页。

四、从《长安的都市规划》到《隋唐长安与东亚比较都城史》——妹尾达彦长安研究的现状及其展望

这次出版的《隋唐长安与东亚比较都城史》，是妹尾达彦再次聚焦长安的都城史研究巨著。本书与《长安的都市规划》相比，有一些共性，比如都是宏观的世界史视角，都是以环境变化导致的人类活动及都市变迁为主线，都是以隋唐长安为基点的中国古代都城综合比较研究。而且，妹尾先生的著作，都配有大量的精美图版，为了反映出考古界、历史界以及先生自己最新的研究成果，即便是与前著名称相同的图版，也都重新进行了绘制。

总之，两部书在基本观点和研究方法上大致相同，而新著的资料更多、论证更详尽、视角更多元。《长安的都市规划》是从欧亚大陆整体的地理环境和历史发展入手，来初步定位长安；而《隋唐长安与东亚比较都城史》的论述则更贴近中国与周边东亚诸国间的关系。《长安的都市规划》对唐以后至中华人民共和国这一千余年都城变迁规律进行了宏观的论证；而《隋唐长安与东亚比较都城史》则聚焦于 7 世纪至 13 世纪这几百年间中国都城乃至城市网络的变迁，即针对“唐宋之际”东亚发生的巨变进行了深入而广泛的分析。此外，书中还侧重对中国古代的复都制、洛阳和南京（建康）作为都城的意义进行了论述。

此外，与《长安的都市规划》不同，《隋唐长安与东亚比较都城史》并非严格意义上的“译著”，它是作者 20 世纪 90 年代部分成果和近十年最新研究的集结，大部分已经有中文发表过的原稿，作为专著这次则是首次出版。并且，妹尾先生一直持续追踪国内外的研究动向，书中尽可能地对迄今为止国内外所有的研究成果加以吸收和推介。有此一书在手，便可知世界中国都城史研究的最新动向，相信这部书和《长安的都市规划》一样，给大家带来满足感。

结语

作为妹尾先生前后两部长安研究著作之译者，自从我翻译了《长安的都市规划》之后，便得到了妹尾先生的厚爱。我 2014 年和 2016 年两次访日期间，均受到妹尾先生的盛情邀请，在先生任教的中央大学做了学术报告。先生还曾邀请我去他家中做客，带我游览东京，其情谊令我非常感动。先生整日埋头于学术及学校杂事，且频繁到各国访学，忙碌程度可想而知。但仅因为我翻译了他的著作，便每次都以非常周到的礼节待我。我作为晚辈，实在是惭愧至极，唯有尽力将他的论著编好译好以飨读者，才能报答先生的

深情厚意。

近几年来，包括我本人对“长安与东亚文化交流”的专题研究在内，长安学人的长安研究有了更加长足的发展。特别是联合国教科文组织对长安作为世界遗产“丝绸之路”起点的认定以及我国“一带一路”倡议的提出，长安作为中国文化的发祥地重新吸引了全世界的目光，迎来了其文化传播及国际研究的新契机。妹尾先生的这部新著，正是新时期长安国际研究的划时代之作。

（高兵兵，西北大学文学院教授，西北大学日本文化研究中心主任，陕西省外国文学学会常务理事。主要研究方向有日本汉文学、中日古典诗歌比较、中日文化交流史等。）

闻一多之后，贾岛和晚唐诗研究的新进展

——评松原朗《晚唐诗之摇篮：张籍·姚合·贾岛论》

邱 晓

一

虽然松原朗在《晚唐诗之摇篮：张籍·姚合·贾岛论》一书中只用最后一章有限的文字，对闻一多的杰作《贾岛》一文给予批判性的回应，但是在我看来，恰恰是闻一多针对贾岛的论述促发了松原朗对贾岛的重新研究。松原朗在其论述中引述了闻一多的这段话：[1]

> ……你甚至说晚唐五代之崇拜贾岛是他们那一个时代的偏见和行动，但为什么几乎每个朝代的末叶都有回向贾岛的趋势？宋末的四灵，明末的钟谭，以至清末的同光派，都是如此。不宁惟是。即宋代江西派在中国诗史上所代表的新阶段，大部分不也是从贾岛那份遗产中得来的赢余吗？可见每个在动乱中灭毁的前夕都需要休息，也都要全部地接受贾岛，而在平时，也未当不可以部分地接受他，作为一种调济，贾岛毕竟不单是晚唐五代的贾岛，而是唐以后各时代共同的贾岛。

即使对于闻一多这多少有些极端的论断持保留意见，仅就唐宋诗史，我们对贾岛的文学史地位也应该重新评估。晚唐五代的诗歌自是以贾岛为底色，而北宋初、南宋末的诗坛也都在贾岛与姚合的影响下成形。宋代诗歌的主潮是江西诗派，但江西诗派之前的宋初诗歌如林逋、九僧之辈和江西诗派后期出现的永嘉四灵、江湖诗派，都是祖述贾岛和姚合而来。如果说江西诗派是对贾、姚诗风的反动，那么江湖诗派又是对江西诗派的反动，而江西诗派号称祖述杜甫，杜甫又是多样化的中唐诗风的先驱，因此可以

[1] 松原朗著，张渭涛译《晚唐诗之摇篮：张籍·姚合·贾岛论》，西北大学出版社，2018年，第348页，文中引述《贾岛》文字可参阅闻一多《唐诗杂论》，北京出版社，2016年。

说是杜甫和贾岛最为深刻地影响了中晚唐和两宋的诗歌风貌。且不论江西诗派是不是贾岛遗产的“赢余”，从杜甫到（江西诗派的塑造者和代表者）黄庭坚，贾岛都是一个不能无视的中间者，这是松原先生要在杜甫—贾岛—黄庭坚之间建立一种历史脉络之研究设想的最初动机，正如他在《后记》中所说：“当初，试着考虑贾岛，想着对贾岛来说一定会有与杜甫、黄庭坚相联系的什么重要因素……”[1]这是松原先生著作最初的问题意识。

但问题意识并不等同于主题或成见的先行。在学术研究中，不但并非所有的设想都能被论证成结果，而且在某种意义上说，研究过程中碰到的偶然和意外以及对这些偶然和意外的解决才是研究的真正价值所在。对于他的研究设想，松原先生即坦言他“判断失误了”，不论是围绕贾岛的文学史研究还是仅就贾岛的作家作品研究，都碰到了困难。转机来自于新的灵感，“我想到的就是作为贾岛在长安生活据点的‘原东居’问题，想着以此为线索将贾岛的一部分生活复原后，或许能够撬开贾岛文学的秘密世界吧”。[2]但是松原先生并没有说明他是怎样获得这样的灵感，为什么他能想到从“原东居”问题进入贾岛的文学世界，这个想法对于文学研究为什么具有顺其自然的学理性。对于这个问题，我有如下几个方面的揣测：

1. 如果说时间和空间是人之存在的两个基本维度，那么对于家宅或曰居所的观念最能体现中国人的时空观或宇宙观，正如宗白华在《中国诗画中所表现的空间意识》中所说：

> 中国人的宇宙概念本与庐舍有关。“宇”是屋宇，“宙”是由“宇”中出入往来。中国古代农人的农舍就是他的世界。他们从屋宇得到空间观念。从“日出而作，日入而息”（《击壤歌》），由宇中出入而得到时间观念。空间、时间合成他的宇宙而安顿着他的生活。[3]

从形而上的文化观念而论，一个诗人的家宅样貌以及他笔下的家宅形象，极有可能暗含着他最基本的时空意识。因此，家宅对于诗人乃至任何有家之人，都不仅仅是一个

[1] 松原朗著，张渭涛译《晚唐诗之摇篮：张籍·姚合·贾岛论》，第350页。

[2] 同上。

[3] 林同华主编《宗白华全集》第二卷，安徽教育出版社，2008年，第431页。

外部世界，而且是其内部世界的象征。眼睛是心灵的门窗，反过来，门窗是心灵的眼睛，家宅可以是肉身化的、是人之身体的膨胀和外化。[1]因此，研究一个诗人的精神世界，莫如先研究他的家宅样貌和家宅形象。

2. 正是上述原因导致几乎每个大诗人对居所的选择和建筑都不会随意而为，“卜居”这一带有仪式性和审美性的词语正是对诗人郑重其事地建造家宅活动的写照。同时，诗人大多也会在其笔下反复刻画他理想的家宅形象，[2]其中最著名的当然是陶渊明的家宅：

> 结庐在人境，而无车马喧。问君何能尔？心远地自偏。采菊东篱下，悠然见南山。（陶渊明《饮酒》）
>
> 方宅十余亩，草屋八九间。榆柳荫后檐，桃李罗堂前。（陶渊明《归园田居》）

毫无疑问，陶渊明的居所是典型的农家小院，陶渊明在此过着农民的生活，他与邻里相处和睦，时相过往，聚饮共读。虽然王维也歌颂田园生活，但是王维的山林别墅与陶渊明的农舍不同，陶渊明在他的家宅中凸显了邻里之间、人与人之间的和谐关系，王维凸显的是人与自然的和谐。虽然在陶渊明诗中人与自然也是和谐的，但这种和谐是建立在农业劳作中的和谐，王维的和谐是静赏中的和谐，所以在王维的诗中，他的家宅往往与山林没有明确的门墙界限：

> 寂寞掩柴扉，苍茫对落晖。鹤巢松树遍，人访荜门稀。（《山居即事》）
>
> 终南有茅屋，前对终南山。（王维《答张五弟》）
>
> 山阴多北户，泉水在东邻。（王维《山中示弟》）
>
> 城上青山如屋里，东家流水入西邻。（王维《春日与裴迪过新昌里访吕逸人不遇》）

---

[1] 松原朗在论述贾岛的“原东居”问题时说：“……那个乐游原东的原东居所象征的世界……就是自己无法与之剥离、如同自己身体一般的一种存在。”（《晚唐诗之摇篮：张籍·姚合·贾岛论》，第166页）“如同自己身体一般的一种存在”就是将居所肉身化的一种表达。“在灵魂的牢房中，即便再伟大的诗人也作不出诗来。因此必须要认识到，贾岛在这个小小的原东居中，是保有一扇通向外部世界用以通风换气的窗户的。而贾岛这个诗人，也一定是在呼吸着从外部世界吹进来的新鲜空气的。”（《晚唐诗之摇篮：张籍·姚合·贾岛论》，第303页）“呼吸”也是肉身化的生理活动。

[2] 李白可能除外，因为如松浦友久所论，李白终其一生都是一个定居观念不强的“客寓者”。详见松浦友久著，刘维治、尚永亮、刘崇德译《李白的客寓意识及其诗思——李白评传》，中华书局，2001年。

大壑随阶转，群山入户登。庖厨出深竹，印绶隔垂藤。（王维《韦给事山居》）

陶渊明是以人为邻，王维是以山水为邻。陶渊明的家门时时为到访的邻居打开，而王维常常因为不想与人交往而把门关上。杜甫又有不同。饱经乱离、流亡的杜甫在成都建造了房舍，安顿下来，但是他的房舍显示不出长久之居的样子。在卜居之初，杜甫即无在此久居的打算：

浣花溪水水西头，主人为卜林塘幽。东行万里堪乘兴，须向山阴上小舟。（杜甫《卜居》）

窗含西岭千秋雪，门泊东吴万里船。（杜甫《绝句》）

可见，诗人笔下的家宅形象完全可以作为我们透视诗人心灵世界和精神状态的重要视角。

3. 对于年辈稍早于贾岛和与贾岛同时的中晚唐诗人来说，“家宅”诗可能有更为切近的文学意义。简言之，“家宅”是中唐诗歌的一个常见题材。1）随着科举制度的成熟、更多的文人经由科举选拔得以进入官僚阶层以及元和中兴的稳定局面，作为科举官僚的文人在长安（和洛阳）拥有了宅第和别墅。他们的宅第和别墅既是他们文学活动展开的重要场所，也是他们诗歌吟咏的对象，这最为明显地表现在白居易的作品中。2）因为世事变迁、官职迁转和政治斗争，达官贵人在长安（或洛阳）的居所或破败、或闲置、或转易新主，都极易激发诗人的诗思，如元稹《和乐天高相宅》“二百年来城里宅，一家知换几多人”、刘禹锡《再经故元九相公宅池上作》“故池春又至，一到一伤情……竹丛身后长，台势雨来倾”等皆是。3）即使出守外州或迁谪远地，很多诗人也在任职之地布置居所并以诗文题咏，如元稹任越州刺史兼浙东观察使期间，即在越州购置居所并作诗《以州宅夸于乐天》向白居易炫耀。

4. 在具体的论述中，松原先生从贾岛的“原东居”及其以“原东居”为据点的文学创作，上溯到了姚合的“武功体”诗和张籍的“闲居诗”，并认为张籍的“闲居诗”开晚唐风气之先，姚合受张籍“闲居诗”启发发展出了与自己的生活经验并不匹配的“武功体”诗，而贾岛诗风又受到张籍、姚合的深刻影响，这是松原先生合论张籍—姚合—贾岛的内在理路。而不论是张籍的“闲居诗”，还是姚合的“武功体”诗，都必不可少地存在着一个“居所”形象，“闲居”当然要有个“居所”，“武功体”也不例外，只不过它的居所乃是作为临时寓所的武功县署公衙。这样，张籍的闲居诗、姚合的“武功体”和贾岛以“原东居”为据点的文学活动或以“原东居”为背景的诗作之间，就有了一个共同的“家宅”或“居所”主题。

正是基于（并不止于）以上四点，松原朗以贾岛的“原东居”为突破口，从文学史和作家个性两个方面，对贾岛做出了新的阐释和评价。

二

像一切历史叙述一样，文学史也是残酷的。大浪淘沙，一千多年后，我们叙述唐代诗歌史，盛唐的王维、李白、杜甫大概能各自占据一章，中唐韩孟、元白诗派能各讲一章，晚唐李商隐也能讲上一章，杜牧就够不上一章的分量，其他的诗人更不用说，能够占到一节即是名家。像贾岛，要么因“郊寒岛瘦”的评价与孟郊合占一节，要么因与姚合被合称“姚贾”“二妙”而合占一节，其他更多的诗人哪怕只是被写上一段一行，甚至只是被提到名字，都是以“立言”而得不朽的荣光。但正是这些只被写了一段一行、只被提到名字和多数连名姓也未被提及的写作者，才是诗歌史的真实底色。朱庆馀、马戴、喻凫、韩湘、无可、雍陶、顾非熊、喻亮、方干、刘得仁、周贺等等，这些有名有姓、偶尔会在唐诗史上被提及的诗人，与贾岛、姚合一起，写着类似风格的诗歌。还有数不清的晚唐诗人，在模仿着贾岛写诗。这些人大概就是闻一多称为“贾岛诗派”的诗人，闻一多也因此称晚唐五代是“贾岛时代”。

但松原朗对此做了修正。就贾岛与姚合有类似诗风以及晚唐诗人崇慕贾岛这一点而言，闻一多的说法并无不妥。可是一旦回到文学史的发生现场，贾岛和姚合的关系、二者的文学史地位以及各自的诗歌特性，问题就显得复杂起来。

按照松原朗的研究，1）是姚合而非贾岛创造出了一种可以为人学习和模拟的典型诗体——“武功体”；2）除了姚合，贾岛是“武功体”最为出色的实践者和深化者，而且在此基础上形成了更具个性的贾岛风格；3）以姚合为中心的诗歌集团和诗人交往为贾岛文学“得以传播开来，并最终得以风靡一时”，[1]提供了场合和契机。

对于这几点，笔者想稍加申说。松原朗详细辨析了作为一种独特诗体的“武功体”的内在特征，并考察了它的文学渊源和形成过程。

[1] 松原朗著，张渭涛译《晚唐诗之摇篮：张籍·姚合·贾岛论》，第166页。

所谓武功体，是通过“贫、边、老、病、束、倦、隐”等契机，剔除“中央、权力、福贵”等属于官的逻辑，即实现了脱“官”化叙述空间的一种风格。将目之所及的所有景象，都布置于世界偏僻一隅，这就是姚合文学的美学，是完成于武功县主簿时代的“武功体”的特征。[1]

总体来说，武功体的特征在于，对官的价值观（中央、权力、富贵）的消极抵抗，并通过诉说老、病、怠、隐等要素，来建立一个官的价值观无法进入的、并以简素闲雅为价值观的小小的世外桃源。[2]

但是，松原朗并不认为“武功体”来自于姚合自身的生活经历。对此，松原朗在广采当代唐研究之可靠成果的基础上，详细考察了姚合的仕宦经历，认为“姚合的武功体必须与其官场履历分开而论”，[3]姚合不但后来仕途亨通、官位显赫、生活富足，即就其初入仕途所任魏博节度使田弘正参谋、武功县主簿、万年县尉等地方官而言，都是令人艳羡、待遇优厚、前途光明的进入精英官僚阶层的仕宦入口，而辛文房在《唐才子传》卷六中说姚合诗风的形成是其“多历下邑，官况萧条，山县荒凉，风景凋弊……性嗜酒爱花，颓然自放，人事生理，略不介意，有达人之大观”的结果，[4]这一观点是与事实不符的。作为京畿郊县之武功县既绝非“下邑”，而治辖长安东半城包括大明宫在内的万年县更是最为重要的帝都赤县，对于京畿郊县和帝都赤县何来“官况萧条，山县荒凉，风景凋弊”之说？姚合在其诗中将武功县署描写为“马随山鹿放，鸡杂野禽栖。绕舍唯藤架，侵阶是药畦”（《武功县中作》其一）、将万年县署描写为“县斋还寂寞，夕雨洗苍苔。清气灯微润，寒声竹共来。虫移上阶近，客起到门回”（《万年县中雨夜会宿寄皇甫甸》）的荒僻样子，说明姚合对其“目中所及的所有景色风物，即使其位于长安帝都中心”，“也要将其布置于世界边地偏僻之一隅”，[5]由此可以推论，姚合的“武功体”是一

［1］松原朗著，张渭涛译《晚唐诗之摇篮：张籍·姚合·贾岛论》，第189页。

［2］同上书，第195页。

［3］同上书，第199页。

［4］傅璇琮主编《唐才子传校笺》第三册，中华书局，1990年，第124页。窃以为辛文房对姚合的判断是受到殷璠《河岳英灵集》对常建的评价。《河岳英灵集》评常建诗曰：“高才无贵士，诚哉是言。曩刘桢死于文学，左思终于记室，鲍昭卒于参军，今常建亦沦于一尉，悲夫！建诗似初发通庄，却寻野径，百里之外，方归大道。所以其旨远，其兴僻……”（傅璇琮等编《唐人选唐诗新编》（增订本），中华书局，2014年，第165页。）姚合的“武功体”是其任职武功县尉时形成的，而常建“亦沦于一尉”，且常建诗的旨远兴僻与姚合“武功体”对“世界偏僻一隅”的迷恋多有相似之处。

［5］松原朗著，张渭涛译《晚唐诗之摇篮：张籍·姚合·贾岛论》，第140页。

种观念性极强的诗体“铸模”，因此以姚合为中心的诗人群体中的每个诗人（甚至包括贾岛）都可以写出这种面目雷同的“武功体”诗来。那么，不是根植于诗人的生活经验而是作为一种现成的写作范型的“武功体”到底由何而来？松原朗敏锐地发现了张籍的“闲居诗”对姚合“武功体”的示范意义。

松原朗批判了把张籍的“闲居诗”及姚合的“武功体”纳入到从韦应物到白居易的“吏隐”文学传统中去的主张。吏隐诗的主题是“确保官宦富贵的同时，将摆脱官宦束缚的闲居（隐的自由）状态收进并融合进普通生活中去”。[1]在吏隐诗中，官宦富贵和安闲适意是两个必不可少的元素，并且两者之间最终达到了妥协和平衡，如此，“吏隐”才得以实现。然而，无论是姚合的“武功体”还是张籍的“闲居诗”都与“吏隐诗”相去甚远。如果说姚合的“武功体”诗完全没有官宦富贵的要素——因为武功体是“去官化”的，那么张籍的“闲居诗”虽然有官，却是处于官僚系统末尾一介微不足道的小官，根本谈不上富贵。张籍从元和元年（806）至元和十一年（816）任太常寺太祝（正九品上），其仕途的不顺超出常态，但这并非由政治斗争、官场倾轧所致，而是由张籍自身的健康状况导致。不断恶化的眼疾使张籍在十年间丧失了官职迁转的机会，生活贫困，其“闲居诗”即成熟于这一时期。不过，由于张籍的窘况主要是由自身健康状况导致，张籍连一个怨天尤人的借口也找不到，所以张籍的闲居诗“与其说表露出对仕途郁郁不得志之感，不如说确立了一种抒发受病痛折磨而深感不安的基调”，[2]诗人为了平衡这种痛苦和不安，在安静朴素的环境里，发现了虽然细小却也微妙动人的诗意。如其《夏日闲居》：

多病逢迎少，闲居又一年。药看辰日合，茶过卯时煎。
草长晴来地，虫飞晚后天。此时幽梦远，不觉到山边。

整首诗没有表达身体赶快好转起来并回到工作和社交状态中的希望，反倒是做了一个“到山边”的幽远的梦，诗人似乎沉陷在这种简单苦涩（药和茶都有苦味）而又有诗意的懒散生活中不可自拔，已然对官职和工作不感兴趣。这为后来诉说贫穷、偏僻、年迈、疾病等负面状态和对职务的倦怠、对归隐的渴望等情绪的“武功体”诗开了先河。

[1] 松原朗著，张渭涛译《晚唐诗之摇篮：张籍·姚合·贾岛论》，第218页。
[2] 同上书，第40页。

更值得注意的是，张籍在病中十年发展出来的“闲居诗”没有随着他健康状况的好转、官位的升迁而消失，反倒作为一种稳定的模式走向了独立，并经由姚合的完善，发展成为代表晚唐一大诗潮的“武功体”，其衔接的契机是张籍、姚合与元宗简的诗歌酬唱。元和十五年（820）秋，张籍、姚合一同拜访元宗简，元宗简赋诗（不存），张籍作《和左司元郎中秋居十首》、姚合作《和元八郎中秋居》以和。张籍以其“闲居诗”的模式把元宗简位于升平坊的豪宅写的朴素萧条，把位居从五品的高官元宗简写的懒散倦怠。而姚合的和诗表现了与张籍同样的趣味，这是受到张籍影响并下意识模仿的结果。半年之后的长庆元年（821）春，姚合赴任武功县主簿，在任两年。就是在这两年间，姚合模拟张籍《和左司元郎中秋居十首》，作《武功县中作三十首》，发展出了成熟的“武功体”。由此，由张籍“闲居诗”开创的、并在《和左司元郎中秋居十首》中集中呈现出来的、一种刻画满足居于世界偏僻一隅的状态且将“倦怠慵懒情绪”作为诗意追求的诗型，被姚合继承并完善，成为稍后诗人广泛写作的“武功体”，而与姚合交往最为密切的贾岛不但是最为出色的“武功体”的实践者，而且是姚合诗歌集团的“内佛殿（最深奥的境界），亦即所谓最终到达目的地的成员”。[1]

在我看来，这可能就是虽然姚合是当时诗歌集团的中心、其“武功体”是稍后众多诗人学习的范型，但是闻一多却称那是“贾岛的时代”的根本原因。虽然是姚合创造了“武功体”，但贾岛才是站在“武功体”顶峰上的人。是贾岛将“武功体”的写作推向了极致，充分发挥了“武功体”的美学潜能，并为其注入了独属于自己的东西。很多晚唐诗人的写作都是从“武功体”入手的，但是终其一生，他们也没有走出“武功体”：“武功体”是其写作的开始，也是其创造的结束。作为一种万能的写作范型，“武功体”很容易吞没它的实践者（甚至包括姚合）。在这样的情况下，也许贾岛就成了大多数晚唐诗人渴望达到的目标——能在面貌雷同的模式化写作中创造一点独属于个人的东西。他们从同样的姚合出发，企图自我实现为不一样的贾岛，但最终也没有成功。辛文房是看透了这一点的，所以他说“合易作”“岛难吟”。[2] 闻一多称那是“贾岛的时代”，也可由此来理解。

三

“武功体”是通过“‘贫、边、老、病、束、倦、隐’等契机，剔除‘中央、权力、福贵’等属于官的逻辑，即实现了脱‘官’化叙述空间的一种风格”。作为一种模式化的

[1] 松原朗著，张渭涛译《晚唐诗之摇篮：张籍·姚合·贾岛论》，第 166 页。

[2]《唐才子传校笺》第三册，第 124 页。

写作，姚合及其追随者的“武功体”诗几乎都是脱离了作者生活经验的虚构性写作。但是，贾岛是一个例外。所谓“脱官化”，对于贾岛根本没有意义，因为贾岛终其一生的绝大多数时间都不是官；所谓“贫、边、老、病、束、倦、隐”，倒是贾岛生活的本然状态。因此，尽管贾岛的诗风与姚合非常相似，尽管贾岛也受到了“武功体”的影响，但是他们的文学世界有根本的不同，“贾岛诗中的世界与姚合诗所描绘的世界，则似是而非、貌合而神离”。[1]姚合的诗是观念化写作的产物，贾岛的诗则有对真实生活经验的表达。在姚合的笔下，无论他任职武功县主簿、万年县尉、金州刺史和杭州刺史时的府衙官署，还是他任职清要京官时的私人豪宅，都是一派虚构出来的荒僻萧条的况味。但是这份荒僻萧条却是对贾岛生活世界同时也是诗性世界——“原东居”的真实写照。

经过考辨，松原朗认为贾岛于元和十四年（819）春由靠近西市的延寿坊迁居至城东乐游原上的升道坊。升道坊是“长安城内一个人烟稀少的偏僻之地”，它当时给人们的印象就是“人烟稀少，坟墓广布，真可谓是一个魑魅魍魉的世界”[2]。在这样一个环境中建造简陋朴素的“原东居”，当然是受制于经济条件的结果，但更是贾岛精神意向的选择。松原朗认为“原东居”符合贾岛对居所的三个“讲究”，“第一是对市井喧嚣的厌恶，第二是对眺望终南山的渴望，第三是对井水（泉水）的偏爱”。[3]这可以与闻一多对贾岛的判断相互印证：“我们该记得贾岛曾经一度是僧无本。我们若承认一个人前半辈子的蒲团生涯，不能因一旦返俗，便与他后半辈子完全无关，则现在的贾岛，形貌上虽然是个儒生，骨子里恐怕还有个释子在。”

贾岛择居的三个“讲究”，确实可以由他早年的佛徒生涯做出部分解释。前两个“讲究”与佛徒的关系当然一目了然，“对井水（泉水）的偏爱”也与佛徒密切相关。在贾岛的诗中，泉水一定是清净的、可饮用的地下水。也就是说，贾岛不仅仅将泉（井水）当成景观来欣赏，还一定要饮用，把它吸饮进身体内部。如其《原东居喜唐温琪频至》所云“汲井尝泉味……茶试老僧铛”，贾岛的饮水，很可能是饮茶，以泉（井水）煮茶。泉—茶—僧，是有内在联系的。不要忘了，饮茶首先就是在佛徒群体中流行起来的，而《茶经》的作者“茶圣”陆羽，在少年时代也有一段寺院生活。

但这样的解释是不完全的，也没有触及贾岛诗最个性化的东西。根据松原朗的论述，

[1] 松原朗著，张渭涛译《晚唐诗之摇篮：张籍·姚合·贾岛论》，第166页。

[2] 同上书，第284页。

[3] 同上书，第291页。

“泉（井水）”意象昭示着贾岛诗的独特，“泉”在贾岛的诗中是一种“根源性的存在”。“泉”意象常常出现在贾岛思念故乡的诗中（如《青门里作》《雨夜同厉玄怀皇甫荀》）。贾岛在思念故乡时会自然想起故乡的水井，他听到瀑泉的声音也会自然地想起故乡，泉水成为他回归到过去的一个契机，“原因之一是水井与日常生活一体化了，并在回忆中与故乡的生活密不可分”，但是这“并不能将泉水与回到过往时间这二者相互联系在一起”。归根结底，贾岛的泉水“超越了人间的时间，是作为一种永远不灭的根源性存在的泉水而被追忆起来的”，[1]所以在贾岛悼念亡友的诗中（如《哭孟郊》《哭宗密禅师》），“泉”意象往往突然迸出，好像要在悼亡和伤逝的情绪中流淌出一脉象征着永久与根源的水。贾岛这种不顾上下文脉对泉水的特殊执着，深深地根植于贾岛的无意识世界——理性无法追赶的世界。[2]更进一步，在贾岛的世界里，泉水不但超越了个体一时的经历和生死，而且超越了历史，如《雨后宿刘司马池上》：

蓝溪秋漱玉，此地涨清澄。芦苇声兼雨，芰荷香绕灯。

岸头秦古道，亭面汉荒陵。静想泉根本，幽崖落几层。

对此，松原朗有精辟的阐释：

> 这首诗写的是贾岛对泉水的静观，其中特别意味深长的是“静想泉根本”一句。贾岛并不是将泉水只当作具体的知觉对象来理解的，而是围绕着知觉范围以外的根本性思索，都在这里彻底表现出来了。泉水的属性既在于其澄清性，也在于对历史的超越性，即溢满蓝溪的泉水是与秦汉历史遗迹一同经历了时间而来的；还在于其从大地深处涌出的根源性……贾岛这首诗所显示出来的对于泉水形而上学式的思索，是在唐代其他诗人的诗中绝对看不到的[3]。

其实，无论是与故乡、亡友联系在一起的泉水，还是与历史交织在一起的泉水，都是流淌在贾岛身体外部的泉水。若说贾岛的泉水具有终极的根源性，必须从贾岛的身体

[1] 松原朗著，张渭涛译《晚唐诗之摇篮：张籍·姚合·贾岛论》，第 328 页。

[2] 同上书，第 328—329 页。

[3] 同上书，第 330—331 页。

内部将泉水掘发出来。贾岛在《戏赠友人》中以一种轻松戏谑的方式把这一点表露出来：

一日不作诗，心源如废井。笔砚为辘轳，吟咏作縻绠。

朝来重汲引，依旧得清冷。书赠同怀人，词中多苦辛。

松原朗说："贾岛将诗歌的创作力即驱动自己作诗的能量，比作井底涌出的泉水……贾岛想着一说要吟诗时，就将吊桶上的井绳放到井中即可。——贾岛感悟到了井中井水不断涌上来的根源性能量，并将其高贵地比作自己具备好的创造力。不过，将其解释为比喻之际，其中已经带入了一些观念上的操作，而这其实并不正确。实际上贾岛是去除了理论而只凭着直觉将这二者视为完全出自同一个源泉的。"[1]

我完全赞同松原先生关于贾岛的创作力与井水之间不是比喻关系的主张。就像前述贾岛的泉水与故乡、亡友和历史的亲近关系一样，它们之间是一种未经理性反省的、直觉性的象征关系，甚或原始思维中的主体与客体、实体与概念、形象与感觉还未曾分化时的同一性关系。简言之，**贾岛就是井泉，井泉就是贾岛。**二者之间这种同一性关系之所以成为可能，建立在一个极为简单的事实基础上——贾岛饮用泉水，就是这个日常且必须的生理活动让贾岛把井中之泉纳入到身体的内部，于是，井泉肉身化成了诗人贾岛，贾岛物化成了井泉。[2]言及此处，我们不得不佩服辛文房对贾岛诗的印象式评价之精准——"有清冽之风"。[3]清冽，不正是形容泉水的吗？因此，松原先生说《口号》一诗，表现了贾岛对泉水"特殊的亲密感情"，"带有可谓宗教性的热情"，就比较容易理解了。

中夜忽自起，汲此百尺泉。林木含白露，星斗在青天。

这首诗不是贾岛与他人酬唱赠答的作品，它完全是一首"私密"的诗，诗中所写诗人的行动非常怪异，诗的写作也是一时之兴，以至于连个稍带背景信息的诗题都不值得起。诗人忽然于半夜起床，到院中汲取井水。是梦游吗？不是。是口渴吗？应该也不

[1] 松原朗著，张渭涛译《晚唐诗之摇篮：张籍·姚合·贾岛论》，第330—331页。

[2] 还需补充一点，在中国古人的观念里，人体本来就是一个"井—泉"结构。人之两足底各有一"涌泉穴"，两肩各有一"肩井穴"。当人体直立，两足分开与肩同宽的时候，"肩井"与"涌泉"的连线恰好与地面垂直。

[3]《唐才子传校笺》第三册，第124页。

是。不可理解，但是这个行为是那么自发、自动、自然，诗人没有解释，似乎也不需要解释。万物安息，世界一片沉静，只有诗人在汲水，此时天空布满星斗，大地上林木沾满了白露。星斗与白露交相辉映，天空与大地无声交往。有上升——诗人将井水从地底汲起，有下降——白露是天水降落。中夜（子夜），恰好是两天交汇之时，阴气至极而始降，阳气复苏而始生，所有生物将开始新一天的生命律动。在这自然而然又庄严伟大的时刻，“贾岛就要将这汲取上来的泉水含在口中了，即体内吸收着天地的根源性能量，这样说来的话，这就是一种已经近似于宗教性神秘仪式的行为了”。[1] 十多年前，我翻阅贾岛的诗集，偶然读到这首诗，当即被它简单朴素的词句之下所蕴藏着的某种力量和诗意打动。限于才学，十多年过去了，我也没有参透这是一种怎样的力量和诗意，甚至大多数时候已经把这首诗忘在了记忆中灰色的角落里。是松原先生的阐释，复活了我对它的记忆，并使我对它有了些许领悟，这也是我写这篇书评的最初冲动。

然而，我不能赞同松原先生关于贾岛作诗很容易的观点——“贾岛想着一说要吟诗时，就将吊桶上的井绳放到井中即可”。贾岛的创作绝对不会这么容易，且不说那些流传下来的关于贾岛“苦吟”成诗的半真半假的故事，仅就上述贾岛对于汲取井水表现出的神圣感和仪式感来说，贾岛的创作也不可能这般轻松，因为容易和轻松与“近似于宗教性神秘仪式的行为”在根本上是不匹配的。如果说贾岛把作诗作为他的神圣事业和唯一有价值的生活事件，那么他必定不容许它轻易而成。“汲此百尺泉”，要将地下百尺之泉汲取上来，还是要费一番力气的。“词中多苦辛”，不但是词句所写的内容苦辛，而且是词句获得过程的苦辛。在这里，我还是赞同辛文房的观点——“岛难吟”。

事实上，贾岛的创作确实如汲取井泉般不易。松原先生曾指出贾岛非常注意他人家宅中的井泉，如《田将军书院》之“井当深夜泉微上，阁入高秋户尽开”，《处州李使君改任遂州因寄赠》之“钥开原上高楼锁，瓶汲池东古井泉”。这两首诗有个共同之处，即他写到井泉都是在宅居主人不在之时。在寂静无人的宅居中，水井的水位微微升高，或在无人的宅居中，贾岛静静地从古井中汲取泉水。也许这就是贾岛创作的状态，他要在安静的环境里慢慢地、一点一滴地积聚起力量来作诗。贾岛的诗才不是鸿富的，每作一首诗或要作一首诗，他都要有个休息并积聚能量的过程。作诗，是贾岛的自我实现，也是贾岛的自我消耗。也正是这个原因，贾岛要汲饮井中之水，为他日渐消损的诗才补充来自于大地深处的持久不断的能量。

---

[1] 松原朗著，张渭涛译《晚唐诗之摇篮：张籍·姚合·贾岛论》，第 331 页。

四

与其推崇的闻一多的文章《贾岛》一样，松原朗的《晚唐诗之摇篮：张籍·姚合·贾岛论》也是一部充满问题意识的著作。对于文学史研究的问题意识，松原朗非常自觉：

> 文学史研究，是一种以作者文学个性为问题意识的研究。此外，形成其个性的时代状况，及其一部分诗人同道的交流，也是文学史研究的问题意识。然而以社会交流为问题意识时，即使要对政治势力的社会集团或对相同文学主张社会集团的构造进行分析时，参加其中的每一个人的个性禀赋却几乎未受到任何关注。而在构筑文学理论之际，诗人个性禀赋的分析却是最低限度的学术良心。[1]

也就是说，不论是文学史研究还是文学理论的构筑，都要建立在对具体作家之文学个性研究的基础上。如果一种文学史的叙述或理论命题的构造，不能有力地呈现出涉及的作家作品之个性特征，那么这种文学研究可能意义有限。当然，社会性和历史性是人之存在的两个必然维度，作家及其作品也不例外，所以再具个性的作家作品都有其社会性和历史性，否则一种超越个人的历史叙述将无法实现，这也是文学史叙述成为可能的依据。所以，理想的文学史研究应该把对作家作品的个性研究与对作家的社会交往及时代潮流的研究紧密结合起来。《晚唐诗之摇篮：张籍·姚合·贾岛论》即很好地做到了这一点。此书主要是三篇大文章的组合，三篇文章分别论述张籍、姚合、贾岛，但是又前后关联，形成了一个“有开头、有中间、有结尾”的叙述结构，把晚唐诗肇始时期一段不曾为人注意的诗歌暗潮讲述得清清楚楚。其中，对作家个性研究既是出发点，也是归宿点。松原朗非常清楚张籍的闲居诗“在张籍自身的文学中，倒未必占据着最重要的位置”[2]，如果放到元和诗坛的大背景下看，可能更不值一提。虽然如此，但是它却显示了张籍的个性，它不同于白居易的闲居诗，也不在“吏隐诗”的传统中，如果不是后来机缘巧合地被姚合继承并发扬光大，它在文学史上可能只此一家、没有更多的历史价值。松原朗对张籍闲居诗的这般阐述，不但开启了一段诗史叙述，而且让我们对张籍的独特性和多样性又有了新的认识，而其论姚合、论贾岛，也莫不如此。

[1] 松原朗著，张渭涛译《晚唐诗之摇篮：张籍·姚合·贾岛论》，第162页。
[2] 同上书，第19页。

由上可见，《晚唐诗之摇篮：张籍·姚合·贾岛论》是立足于文学本体的文学本位研究。所谓文学本体，重在一个“体”字。“体”是中国传统文学实践（不论是创作还是批评）的核心问题，它是体势，也是体性，是体裁，也是体貌。在创作中，作家是“因情立体，即体成势”（《文心雕龙·定势》）、依体作文，或破体成文、创体独造；在批评中，批评主要就是在“辨体”。张籍的“闲居诗”、姚合的“武功体”甚至贾岛的诗风，都各成一体，松原朗即细致勾画出了这不同的三种诗体。当然，文学本位的研究，并不排斥对其他研究成果的借鉴和参考。为了阐明张籍、姚合、贾岛的诗体个性，松原朗最大限度地利用了非文学研究的相关成果。如在赖瑞和《唐代基层文官》、砺波护《唐代的县尉》等研究的基础上，松原朗详细考察了姚合所任武功县主簿和万年县尉的官职性质及其实际收入和生活状况，得出了“武功体”之虚构性特质的结论，令人信服。尤其对砺波护著作的引述，可以算是解决这一问题的神来之笔。松原朗在《后记》中说当他“把从《唐代的县尉》一文受到很大的启发之事向砺波先生汇报时，先生当时微笑着说，那篇文章曾是他的得意之作”。[1]我想，松原先生对于自己能利用砺波护的研究来解决“武功体”的问题，同样是比较得意的吧。在研究贾岛的“原东居”问题时，松原朗引述了植木久行、妹尾达彦等人关于唐长安的研究，考辨了贾岛移居“原东居”的时间、“原东居”在升道坊的位置以及“原东居”可能的样貌，都是为了说明“原东居”作为贾岛诗意生存的现场对其文学创作的意义，而这些论述最终都被统摄进对贾岛诗中“泉”意象的解读中。松原先生并不排斥非文学的研究，但是他能巧妙地把非文学的研究引入到文学研究中来说明文学问题。

这一点，特别值得我们学习。我们中国大陆许多文学专业的研究者成就如何我不敢妄加评价，但是其研究往往脱离了文学成了社会学、政治学或文化学的研究，只是用文学的材料做研究，但做的不是文学研究。虽然只要是学问，不论哪个专业都能做出好的研究，但是忽视专业分工，随意跨界，是一种缺乏行业精神、工匠精神的表现。而缺乏行业精神、工匠精神的研究很难说会有什么深刻的见解和长远的意义。从更深的层面上来看，之所以会有这么多所做并非文学研究的文学研究者，是因为他们从根本上就不承认文学以及文学研究有独立的意义，他们不承认文学是人之存在的一种独特方式。在他们的意识里，文学史是依附于政治史或社会史的，所以我们的文学史大多都成了政治史或社会史。松原朗对此是非常警醒的，他的研究有力地说明了文学史与政治史、社会史

[1] 松原朗著，张渭涛译《晚唐诗之摇篮：张籍·姚合·贾岛论》，第351页。

的非同步性：

> 以太和九年（835）所爆发的甘露之变来界分中唐与晚唐，历来乃文学史上之通说。然而，仅此一祸起内宫之密室事件，对于文学史而言又能有多大实质上的意义呢？即便以横跨此事件而持续从事文学活动的白居易为例，亦很难说其文学面貌也因此而前后骤变。与一夜之间颠覆社会全貌和文学的安史之乱不同，作为一场黑暗的政治事变，甘露之变只不过是一个时代划分上的象征性事件。而中唐至晚唐之文学质变，实则来自于此前之潜移默化。[1]

如果实在要找一个确切的年份来界定晚唐文学的开端，我们应该认真看待元和十年（815）。松原朗认为，以元和十年为界，中唐诗坛的实力派作家白居易、元稹、韩愈、柳宗元等，竟无一例外地离开了古体诗而转向了近体诗的创作。再次重复一遍，中国文学的核心是“体”，所以要论中晚唐文学的转机，实在应该由此入手。对此，松原朗主要引述了下定雅弘论述（《柳宗元的诗体问题——以元和十年为界看其由古体到近体的演变》《韩愈的诗作——从其古体优势到近体优势的转变》）的可靠结论。联系到前述他对其他日本学者论著的征引，我不禁感叹日本“唐研究”领域内学者相互交流之密切——不是人际交往的密切，而是学术交往的密切，他们之间形成了真正意义上的学术共同体。

当然，我并非认为松原朗的研究价值仅仅限于文学，恰恰相反，《晚唐诗之摇篮：张籍·姚合·贾岛论》的立论和结论具有极强的社会学或文化学的意义。中唐诗人的诗歌创作为什么会在元和十年（815）出现如此巨大的变化，这种变化预示了什么样的历史新潮？“古体诗是一种坚持己见的诗歌类型”，古体诗的创作，要求作者“要有旺盛的意志力去不断地支撑充实它才行”。[2]元和诗人不约而同地放弃古体诗创作，这种行为不得不被看作“知识精英们精神特质的变化所造成”，[3]简言之，元和时期知识精英的创造激情迅速老化了。

一方面，经由科举选拔而来的上层官僚，在“元和中兴”的局面下，心中产生了一种“安顿释然后的疲惫”感：

---

[1] 松原朗著，张渭涛译《晚唐诗之摇篮：张籍·姚合·贾岛论》，第2页。

[2] 同上书，第6页。

[3] 同上书，第7页。

彼时士人们所心仪的，在于沉湎于他们毕生所达成的那些丰功伟绩，及对其成就伟业之全身心的自我感受回味上。他们满足于豪宅中的优裕生活，满足于同好荟萃好戏连台的风雅六艺，他们投身其中不能自拔，他们要沉湎于这种安顿释然后的思绪里。——将士人们如此之变化，与其说是上了年纪所常陷入的本能的消极保守，不如说是那些熬过这个特殊时代的人们所能共鸣的某种特定心态吧。

以元和为顶点，开创唐代后半期“活跃时代”的原因，如果要归结于科举官僚们精神上嘈杂躁动的热情高涨，那么，使其终结的也在于他们精神上的干劲减退。最能明快道破上述原委的，当属韩愈、白居易诗文中所显现出来的变化。而那并不是因为他们吃香得宠而意志堕落，也并非由于其碰壁受挫而晚节不保，其实还是要归结于他们这种无法继续振臂高呼的“疲劳”上。然而，恐怕他们自身亦尚未觉察到这种疲劳，尚且安顿释然在自我的世界里。[1]

这种精神反映在他们的创作中，就是放弃古体，同时放弃“不平则鸣”，不论白居易还是韩愈，都在诗文里志得意满地夸饰官场发迹和富贵发家。

另一方面，是中下层士人对于经由科举进入官场中枢的“无望”，因为从元和后期到长庆年间，“官场科举取士之收容能力终达饱和”。[2]元和时期是整个中唐时期中下层士人能够经由科举进入官场中枢的顶点。科举既能成就韩愈那样的幸运者，也能造就孟郊那样的失败者，但即使失败者如孟郊的郁郁不得志也富有激情，这是与那个热情高涨的时代相匹配的一种力量。然而到元和后期，不但产生了越来越多的落第士子，甚至科举得中并仕途顺利的士人也因无所作为心灰意冷起来，“晚唐文学便是生发于如此‘心灰意冷’之中”。[3]说起来，张籍创作闲居诗真是一个偶然，张籍科举顺利，后来仕途也顺，唯独元和前十年沉沦下僚，但这既不是科举造成的，也不是政治造成的，而是由他自身的健康造成的，所以他没有郁郁不得志的正当理由，他的闲居诗里既不可能出现怨也不能出现怒，于是他只能在无所作为的“世界偏僻的一隅”寻求逃避和满足。不曾想这正符合了随后一个时代知识分子“心灰意冷”的精神特质——由宦官专权、藩镇割据、党争倾轧、科考失败等造成的“无望”。

[1] 松原朗著，张渭涛译《晚唐诗之摇篮：张籍·姚合·贾岛论》，第5—6页。

[2] 同上书，第4页。

[3] 同上书，第10页。

松原朗正是在这样的社会文化和时代精神背景中对张籍、姚合、贾岛展开研究的，并且以此回应闻一多的命题："贾岛不单是晚唐五代的贾岛，而是唐以后各时代共同的贾岛。"松原朗指出"到了每个王朝的末期，贾岛的影响都必将反复地显现出来，这是一个所谓传统中国历史上的普遍现象，这才是闻一多主张的具体所在。科举制度于唐代开始具备实质上的机能，历经反复微调维持到了清末。在传统中国，只要'科举 = 管理体制'的支配系统还继续存在，科举落第也就会反复出现；而那些只具有制作古典诗歌才能的贫士们，也就会持续而大量地创作生产古典诗。特别是当这个系统出现了异常，到了矛盾激化的王朝末期，隐居在那世间一隅而耽溺于诗作的'贾岛'式的文人就会变得引人注目起来。闻一多想要揭示的，曾经是那种传统中国体制的问题，也是一种中国传统社会的弊病"。[1]因此，松原朗的文学研究具有了社会史、文化史的意义。但我还是要强调，这是建立在对文学精深研究的基础上的。

还有一点值得指出的是，在论题的展开和论证的方法上，松原朗的著作也有两个显著的特点。一是把历史研究和美学研究结合起来：文学史的研究往往侧重历史事实，忽略对文学现象进行美学提炼而显得平面化，而美学研究又往往因为忽视史实考辨而出现硬伤，《晚唐诗之摇篮：张籍・姚合・贾岛论》则把这两者结合得很好。松原朗详细考证张籍的健康状况，姚合的官职性质、收入情况，贾岛迁居"原东居"的时间等等，都是为其随后对三人文学的美学特质进行研究做准备。**二是以一种客观的态度和"平议"方式对待相关论题的不同主张。**松原朗往往把前此涉及某个论题的观点详细排列出来，互相比对，找到它们的共识或差异，然后由此找到推进研究的突破口。这种做法既总结了学术史，又为新的研究提供了坚实的基础。对此，我表达一点个人化的阅读感受：我觉得松原朗著作这两个特点的形成，很可能与其老师松浦友久的影响有关系，因为这两个特点在松浦友久的名著《李白的客寓意识及其诗思——李白评传》中也极为显著。当阅读《晚唐诗之摇篮：张籍・姚合・贾岛论》时，我时时会从它的行文中回味起读松浦友久著作的感觉。

最后，我想起蒋寅先生在十多年前评论宇文所安的那篇文章——《在宇文所安之后，如何写唐诗史？》。[2]我想，起码就晚唐文学来说，蒋寅"如何写唐诗史"的发问，也可以用在松原朗身上。因为松原先生确有重写中晚唐文学史的抱负，正如他全书最后一段

[1] 松原朗著，张渭涛译《晚唐诗之摇篮：张籍・姚合・贾岛论》，第349页。

[2] 蒋寅《在宇文所安之后，如何写唐诗史？》，《读书》，2005年第四期。

话所说：

> 闻一多的《贾岛》是一篇充满着问题意识的文章。可以说其后的贾岛研究中很多都是根据这篇文章所提出的命题来研究的。即使对于今后的贾岛研究而言，为了能够使那些命题回答得令人信服而做好准备，也还是要花费一些时间的吧。通过这个过程，贾岛文学的真相就会随之变得明晰起来，而同时中晚唐文学史也就必须要改写了吧……[1]

[1] 松原朗著，张渭涛译《晚唐诗之摇篮：张籍·姚合·贾岛论》，第349页。

札　记

释　“就”

朱兆虎

罗福颐先生主编《故宫博物院藏古玺印选》，在“秦汉魏晋私印”下收有一组三套印，释读为“杨就印信、杨就、叔贞”。审其字形，“就”当释读为“就”。罗先生《汉印文字征》“就”字下，“就蒲私印”之“就”亦当释作“就”。裘锡圭先生之《秦汉魏晋篆隶字形表读后记》（《古文字论集》）、施谢捷先生之《汉印文字征及其补遗校读记（三）》（《出土文献与古文字研究》第三辑）均已订正其误。

“就”字即《说文解字》八下“旡部”之“就”字，《说文》云：“事有不善言就也。《尔雅》：‘就，薄也。’从旡，京声。”力让切。西周金文已有“就”字，李学勤先生主编《字源》“就”字条下云：“就，《说文》所释之本义，在西周金文及先秦文献中还无资料证明，就字虽见于西周金文，但只用为人名。”（周宝宏撰）

按，三套印杨就字叔贞，名字相应，其义易明，盖取义于“亮”“谅”。谅与亮者，信也。贞者，正也，诚也，信也，不邪之谓也。张衡《思玄赋》“辫贞亮以为鞶兮，杂技艺以为珩”，孔融《荐祢衡疏》“淑质贞亮，英才卓砾”，《元汎略墓志》（孝昌三年，527）“贞明亮直，见推昆季”，《杨津墓志》（太昌元年，532）“忠贞有亮，正直是与”。见于名字者，如《高道悦夫人李氏墓志》之“叔贞，字子谅”（神龟二年，519），“元亮，字贞固”（陈子昂《昭夷子赵氏碣颂》）。

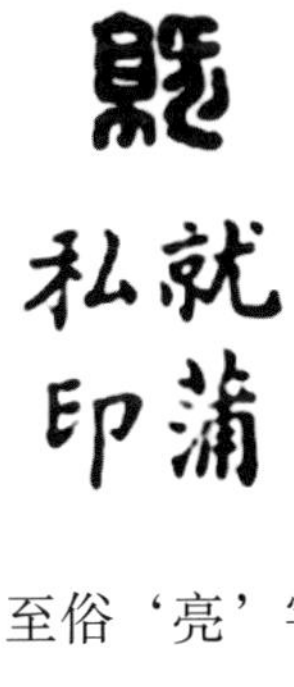

《说文》未收“亮”字，大徐本《说文》“就”字下有按语：“臣铉等曰，今俗隶书作亮。”王鸣盛《蛾术编》卷二十六“说字十二”云：“至俗‘亮’字乃妄改‘倞’字为之，以代‘谅，信也’之字。此‘就’字既训为不善言，又为薄，与‘亮’何涉？”谓“亮”为“倞”字俗隶俗写（钱大昕亦持此说），与“就”字无关。段

玉裁、桂馥等已疏通之，就、凉、亮、谅等经传多相假借。如果说段、桂诸家从音义相关之理证明徐铉之说，那么此三套印可为就、亮、谅通用的较早文献实例。

《篆隶万象名义》大体可以看作原本《玉篇》的缩略本，《篆隶万象名义》收有“亮”字，“力尚反，信，佐，相，导，佑。或谅。”疑原本《玉篇》以“谅”为“亮”之别体字。古籍“谅”“亮”二字亦多通用者，如《离骚》“惟此党人之不谅兮”，《文选》“谅”作“亮”。“亮”字段玉裁据《六书故》云“从儿、高省”，疑亦当为“京省声”。

又亮、谅均为姓氏，见《通志二十略·氏族略》。“亮”字作姓氏见于战国玺印，有“亮裹”“亮疸”等，字并有从“土”、从“邑”者。“谅”作姓氏，则有战国赵国谅毅、东汉广汉谅辅，居延汉简张掖觻得有谅贤（裘锡圭释），《汉印文字征》有谅福。“就”为姓氏，有汉印“就交”（施谢捷释）、“就蒲”。三字为姓，疑亦有密切关联，目前证据尚有不足，谨此志疑。

（朱兆虎，陕西子洲人，中华书局编辑。）

范仲淹佚文两则考辨

张宗品

范仲淹（989—1052），字希文，北宋著名政治家、文学家，“人品事业卓绝一时”，[1]《宋史》卷三一四有传。其著作在北宋时即已付梓，今北京图书馆犹存北宋本《范文正公文集》二十卷（有抄配）。此后搜罗较为齐备者，当属元代范氏家塾岁寒堂刊四十二卷本及以之为底本又有增补的清康熙四十六年（1707）范时崇刊四十卷本的《范文正公集》，后者尤为通行。[2]笔者所见今人整理本主要有两种：李勇先、王荣贵点校《范仲淹全集》和薛正兴点校《范仲淹全集》，[3]二者基本俱以康熙本为底本，参校宋本，并参考《全宋诗》《全宋文》，辑录散见佚诗佚文，堪称详备。笔者近来又陆续发现范氏手札一，序文一，均未见诸《全集》，今略加考释，以资相关研究者取用。

一、手札

范仲淹手札见于故宫博物院展出的珍稀书画品中，纸本，共两札。《秘殿珠林石渠宝笈》题作“范仲淹二札”一卷。此两帖书法瘦硬方正，曾经清乾隆、嘉庆、宣统内府递藏，清阮元《石渠随笔》、[4]内府《石渠宝笈·续编》[5]等书著录，鉴藏八玺全。其一为《边事帖》，又称《乡曲帖》粉花笺本，《全集》已有著录，今略。另一为《远行帖》亦称

---

[1] 见四库馆臣所作《文正集二十卷·别集四卷·补编五卷》提要，永瑢等《钦定四库全书总目·别集类五》（整理本）卷一五二，中华书局，1997 年，第 2041 页。

[2] 元刻本岁寒堂本范集收有《范文正公集》二十卷、《别集》四卷、《政府奏议》二卷、《尺牍》三卷、《遗文》一卷、《年谱》一卷、《年谱补遗》一卷、《祭文》一卷、《义庄规矩》一卷、《褒贤祠记》二卷、《鄱阳遗事录》一卷、《遗迹》一卷、《言行拾遗录》四卷等，计四十二卷。清康熙刻本又除将《褒贤集》五卷重新编次外，又增补《补编》五卷（《遗文》一卷、《制词优崇传》一卷、《名人题跋》一卷、《碑记祭文》二卷），参王岚《宋人文集编刻流传丛考·范仲淹集》，江苏古籍出版社，2003 年，第 47—54 页。

[3] 参见李勇先、王荣贵点校《范仲淹全集》，四川大学出版社，2002 年；薛正兴点校《范仲淹全集》，凤凰出版社，2004 年。本文所据为四川大学出版社本。

[4] 题云“范仲淹二札”，见阮元《石渠随笔》卷二，中华书局，丛书集成初编本，第 17 页。

[5] 参见：http://www.dpm.org.cn/shtml/117/@/5712.html。

《修答帖》,《全集》失收。此本纵 31.1cm，横 39cm，行书，11 行 90 字。上钤“吴郡张顼”“宣统鉴藏”“无逸斋精藏玺”等朱文印。录文如次：

仲淹再拜

运使学士四兄两次捧

教不早修

答牵仍故也

吴亲郎中经过有失

款待乞　　多谢

吾兄远行瞻恋增极万万

善爱以慰贫交苏酝五瓶道中下

药金山豆豉五器别无好物希

不责不宣　　　　仲淹　　再拜

景山学士四哥　　座前　　八月五日

今案，文末“景山”二字《石渠宝笈》作“象山”，误。[1]此处“景山学士”与时人张昷之事迹称谓相合。张昷之与范仲淹同年进士，《宋史》卷三〇三载：“张昷之，字景山。……进士及第，补乐清尉，润州观察推官，校勘馆阁书籍，迁集贤校理，通判常州，知温州。”后“蔡齐荐其材可用，擢提点淮南路刑狱。……徙广南东路转运使。……权度支判官，为京西转运使，加直史馆，徙河北。”[2]

信中所云“苏酝”，或系范仲淹家乡之旧酿。“金山豆豉”，当为镇江金山寺所制一种酱制品，多见于宋代诗文中。黄庭坚书称“金山豆豉”为“佳物”，[3]梅圣俞有《裴直讲得润州通判周仲章咸豉遗一小瓶》一诗言之，南宋《武林旧事》卷九亦有载。元代无名氏《居家必用事类全集·己集》中尚存“金山寺豆豉法”，[4]要以黄豆为主料，霉变之后再辅以菜瓜、橘皮、姜蒜等物，加盐封坛中暴晒。明姚旅《露书》卷十称“金山豆豉

[1] 中国台北故宫博物院编《秘殿珠林石渠宝笈》(续编)册一，中国台北故宫博物院印行，1971 年，第 293 页。

[2] 以上并见脱脱等《宋史》卷三〇三《张昷之传》，中华书局，1977 年，第 10033 页。

[3] 一作“金山豉酱瓜”，参见杨慎编，刘琳、王小波点校《全蜀艺文志》卷六〇，线装书局，2003 年，第 1750—1751 页注七。

[4]《居家必用事类全集·己集》，北京图书馆古籍珍本丛刊子部杂家类 61，书目文献出版社，1988 年，第 248 页。

相沿以为佳，味过香甜，不堪下箸，然医寒疾可称妙剂，亦犹王大将军事事田野，只擅鼓吹”。[1]信中虽多属普通寒暄，但亦可略见宋人私交赠物之习。

二、序文

我们又在江西鄱阳《张氏宗谱》中检得范仲淹佚文一篇，题为《赠亚卫尉大丞张大人先生致政归隐序》，原文加标点迻录如次：

赠亚卫尉大丞张大人先生致政归隐序

古之人以仁义为重，以道德自高。是故君子不偏于仕而徇乎人也，不偏于隐而徇乎己也。时乎仕而仕，所以行乎仁义道德也；时乎隐而隐，所以守乎仁义道德也。然则仕非为显也，隐非为幽也。仕隐一机，显幽无间，所以殊途合辙，百虑一致者也。乃若子房之裔见素先生，厥父乾曜公嗣龙虎亚一大真人教，□上召赐号。澄素先生昆季二，以兄嗣教，毅然而仕，其有志于仁义道德也何如。厥赋明敏，通达浩博，五经诸史无所不通。官为监主簿，至给事中，历卫尉寺丞，既得以行乎仁义道德矣。兹以涉役仕途，思欲投闲，预卜饶之鄱阳东湖之滨，构屋数椽，以为隐居之所。其怀仁抱义、遵德乐道之意又何如耶？厥明挂冠都门，爰方启行矣。余在旧好，义不忍释，因与同志者绘图张饯，用光其行矣，又宁无一言以赠乎？昔五柳之在晋，弃彭泽而为东篱，岂先得先生之同然欤？语志业则同，语事功则有异焉。且东湖之地，上接龙虎，下拥匡庐，而居彭蠡之腹焉。玉波飞雪，银浪滔天，未必不优于东篱之黄菊耳。虽然，厥祖子房功成汉而辟谷，先生岂得之家教欤？孔子曰“可以仕则仕，可以止则止”，岂先生得之圣训欤？是非也，仕可也，隐亦可也。不偏于仕，不偏于隐，不徇乎己，不徇乎人，无可无不可者，先生之本心也，孰得而知之哉？先生兹行也，迹虽幽美而名愈显也，仁义道德自重也，愈自高也。书此以送行也。

皇宋景祐二年太岁乙亥、律中姑洗、上浣　　之吉

刑部员外郎、知开封府事、姑苏范仲淹希文书

宣圣四十五世孙、御史中丞孔道辅原鲁同赠[2]

据《张氏宗谱》卷首“沔阳州仓大使张仕华”序，是谱当始修于明永乐九年

[1] 姚旅著，刘彦捷点校《露书》卷十，福建人民出版社，2008年，第236页。

[2] 此佚文及相关资料由李汉志先生收集整理《张氏宗谱》时首次发现，并提供初步录文和刊本原文照片，在此谨致谢忱。

（1411），初刻于明嘉靖年间，此后历经递修，皆载范氏此文。范文所赠“亚卫尉大丞张先生”见素，正为鄱阳张氏这一支脉的始祖。

案，文中“乃若子房之裔见素先生，厥父乾曜公嗣龙虎亚一大真人教，□上召赐号”部分，刻本有一空格，或因范氏称颂先帝当提行顶格书写，此后传刻渐失其真。又，“亚一”当为“正一”之讹，汉末张道陵第四代孙张盛自汉中迁还龙虎山，尊张道陵为“正一天师”，天师道后来也称“正一道”。

此外，佚文落款尚有数端可堪注意：一是该序署款格式虽与今范集中序跋文多有不同，[1]却与其《续家谱序》中“皇祐三年正月八日，资政殿学士、金紫光禄大夫、行尚书户部侍郎、知青州军州事兼管内劝农事、充青州淄潍登莱沂密徐州淮扬军安抚使、护军仲淹述”的署款较为一致，[2]且与杨万里《罗塘许氏族谱》序文落款也大致相同。[3]可知在家谱、墓志、奏章等正式文体中署款日期官衔要较其他文体正式，我们并不能据此就认为此佚文为伪作。二是所署官衔似乎不确。景祐二年（1035）三月己丑至辛卯之间，范公官“知苏州、左司谏、秘阁校理范仲淹为礼部员外郎、天章阁待制”。[4]其后复于十月判国子监，进吏部员外郎、权知开封府。[5]未闻任“刑部员外郎”之事，佚文署“刑部员外郎、知开封府事”未知何故。案前揭“知苏州、左司谏、秘阁校理范仲淹为礼部员外郎、天章阁待制”在景祐二年三月己丑至辛卯之间。佚文所署时间为“皇宋景祐二年太岁乙亥、律中姑洗、上浣之吉”，即宋景祐二年三月上旬，“厥明挂冠都门，爰方启行矣。余在旧好，义不忍释，因与同志者绘图张饯，用光其行”等语表明此时范仲淹已在京师。三月初朝廷始颁布封“礼部员外郎、天章阁待制”的诏令，下达到苏州，交割

[1] 在今存的《范仲淹全集》中，其序文署名或为“范某”（《朝贤送定惠大师诗序》）、（《刻唐祖先生墓志于贺监祠堂序》），或为“高平范某”（《太清宫九咏序》），或为“高平范仲淹”（《十六罗汉因果识见颂序》）、（《赋林衡鉴序》），或径不署名而曰“故序之”“某日序”之类（《尹师鲁河南集序》）、（《唐异诗序》），无署“姑苏范仲淹希文”之例。

[2]《范仲淹全集·范文正公集补编》，第731—732页。

[3] 杨万里序落款为“大宋乾道六年岁次庚寅秋月□□榖旦/赐进士第宣德郎中大夫焕章阁待制宝谟阁学士/太子少保吉水杨万里诚斋甫顿首拜撰”，见胡建升《杨万里佚文考》，载《文献》2006年4月第2期，第101—104页。当然也有学者认为杨万里此文为伪作，署款或未必真，但其署款应为当时家谱序常用格式。见纪永贵《杨万里佚文〈罗塘许氏族谱序〉辨伪》，载《文献》季刊2007年1月1期。

[4] 李焘《续资治通鉴长编》，卷一一六“仁宗景祐二年”文，景祐二年三月己丑至辛卯之间，“知苏州、左司谏、秘阁校理范仲淹为礼部员外郎、天章阁待制。”中华书局，第2724页。文集中亦载有《苏州谢就除礼部员外郎充天章阁待制表》（《范仲淹全集·范文正公文集》卷一六，第388—389页）；同年五月八日作《朝贤送定惠大师诗序》署衔即为“尚书员外郎、充天章阁待制”，见《范仲淹全集·范文正公文集》卷八，第178—179页。

[5] 楼钥《范文正公年谱》云：“（景祐二年）冬十月，除尚书礼部员外郎、天章阁待制……召还，判国子监……公进吏部员外郎、权知开封府。”载《范仲淹全集·附录二年谱》，第881页。

政事、上《苏州谢就除礼部员外郎充天章阁待制表》，再回京给张见素饯行仍在上旬，似乎不大可能。作序者为范仲淹，同赠者有孔道辅。二人同署赠序，亦较为罕见。

然而，佚文本为送行赠序，故署款可能不如家谱等正式文体那样详列官年，故此在收入《张氏宗谱》时或有后来补录的成分，我们不能据署款中不确切的部份判定整篇佚文为伪。且张见素与范仲淹同时，序文中并无多少特别褒奖的部分，后人似无作伪之必要。文中所言之事非时人不能道，行文气势非范公不能为，是文当作于景祐二年至三年范氏居京师期间。

佚文中与史事有关涉者约有以下数端，今略辨之如下：

1. 据佚文以见史书之误。张见素之父乾曜公受封一事见于《续资治通鉴长编》卷一〇九：宋仁宗天圣八年（1030）“五月甲寅，赐信州龙虎山汉天师张道陵二十五世孙乾曜号虚靖先生。以其孙见素为试将作监主簿，仍令世袭先生号，蠲其租课”。[1]据佚文“厥父乾曜公”等语，《长编》之误有二：张见素当为张乾曜之子，而非其孙；嗣真静先生号的是其兄张澄素，而非张见素本人。案宋真宗在大中祥符八年（1015）曾封张乾曜之父张正随为真静先生，是宋朝皇帝对张正随、张乾曜父子皆有封。《长编》此处称仁宗径封张乾曜之孙，不言其子，也于理不合。

又《宋史》卷九《仁宗本纪》作“五月甲寅，赐信州龙虎山张乾曜号澄素先生”，[2]亦与事实不牟，所赐封号当为“虚静先生”。陆游《老学庵笔记》卷六称：“信州龙虎山汉天师张道陵后世袭虚静先生号，蠲赋役自二十五世孙乾曜始，时天圣八年也。今黄冠辈谓始于三十二代，非也。又独谓三十二代为虚静先生亦非也。”清俞正燮《癸巳存稿》卷一三、赵翼《陔余丛考》卷三四并有言及。佚文显示“澄素先生”为张乾曜之长子，澄素、见素为张氏昆季之名，《宋史》误将长子之名当作皇帝封号。

2. 张见素致仕缘由蠡测。史载赐封乾曜公及用张见素事在仁宗天圣八年，此序作于景祐二年，见素初官监主簿，后“至给事中，历卫尉寺丞”。据宋代官制，其所历皆为闲散之官，无重要职事。神宗熙宁四年（1071）十一月以嘉庆院为将作监，始振职。将作监主簿，宋初亦为文臣寄禄官，元丰年间（1078—1085）的《寄禄新格》始易为承务郎，[3]其职责至多执掌器物卤簿之类，从七品下，元丰后为从八品。卫尉寺主要执掌军器

---

[1] 李焘《续资治通鉴长编》，册五，第2539页。案，“靖”或当作“静”，详见后文。

[2] 脱脱等《宋史》，卷九，第188页。

[3] 邵博《邵氏闻见后录》卷一，中华书局，1983年，第6—7页。

仪仗之类，有卿一人，从三品；少卿二人，从四品上；丞二人，从六品上。即称“亚卫尉大丞”则当为丞中之亚，至多从六品上而已，亦文臣寄禄官。给事中在宋太宗淳化四年（993）至神宗年间，亦文臣迁转寄禄官阶，不与封驳事，正五品上。[1]

张见素致仕原因，序文并未明言，只称“兹以涉役仕途，思欲投闲”，似乎对这一问题有意回避。细检史文，我们发现景祐二年二月前后发生了两件事情，或与此相关：其一，仁宗诏定了新的官吏铨选方案，“甲子，诏吏部流内铨，自今保举选人，须见任知州、通判，升朝官都监、诸司副使以上始听之，其在京不带职员外郎非曾任知州，诸司副使非曾任路分都监，毋得举。”[2]其二，因吕夷简、李迪二人的权利斗争，大批官员升降。随即，三天之后，二月丁卯，即贬范讽、庞籍、李逊、滕宗谅、董储、石延年、范拯等出京，申饬内外。[3]而以上数人多与范仲淹相投，赠序称与张见素为“旧好”，或亦与此事相关。此外，范仲淹三哥范仲温亦于景祐二年为将作监主簿，[4]或俱相友善，亦未可知。

我们推测，由于张见素因祖荫得备闲散之员，无外放之阙，而仁宗景祐二年官员铨选晋升新法出，更是升迁无望。复睹吕夷简、李迪等党禁争斗之残酷，加之本为天师道世家，乐鄱阳湖滨之景，遂起东篱之意。

3. 佚文与范仲淹之仕隐观。在宋初三教合一的背景下，仕与隐不再是对天下“有道”与“无道”的反应，更多的是一种内心的选择。该篇赠序所反映的正是这种典型的仕隐观。序文以“仁义道德”为旨归，行文立意遵循孔孟，起承转合之际不断申发“可以仕则仕，可以止则止”，“不偏于仕，不偏于隐，不徇乎己，不徇乎人，无可无不可者”的旷达通融。据楼钥《范文正公年谱》，范仲淹于景祐元年，贬谪睦州，拜谒严子陵，作《桐庐郡严先生祠堂记》。文中屡引《易》义，对光武与严子陵俱称颂之，佚文中“不偏于仕，不偏于隐”的精神正与这篇同作于景祐之初的文字同符。作者称慕儒家之“道”，又将之升华为张见素的“本心”，以其参透仕隐之机，故能不执着于仕、不执着于隐而通

[1] 参见龚延明《宋代官制辞典》，中华书局，1997，第304页。

[2] 李焘《续资治通鉴长编》，册五，第2721页。

[3] “龙图阁学士、给事中、知兖州范讽责授武昌行军司马，不签书公事。新广东转运使、祠部员外郎庞籍降授太常博士、知临江军。东头供奉官吴守则追一官。又降都官员外郎、判刑部李逊知濉州，祠部员外郎、知信州滕宗谅监饶州税，屯田员外郎、知宿州董储通判吉州，光禄寺丞、馆阁校勘石延年落职通判海州，殿中丞、知安吉县范拯为和州司马。仍下诏以讽罪申饬内外。”李焘《续资治通鉴长编》，册五，第2721页。

[4] 范仲淹《太子中舍致仕范府君墓志铭》称，“景祐二年，以某遇乾元节恩，例补试将作监主簿。”《范仲淹全集·范文正公文集》卷十五，第369页。

达无间。这种对个体“本心”的关注，也显现在稍后《岳阳楼记》中对“古仁人之心”的探求上。范仲淹被认为是开宋儒风气之先的人物，[1]这种对内心与义理的探求也显示了宋学的新气象。

又，《宋史》本传称范仲淹“泛通六经，长于《易》”，其诗作《斋中偶书》中亦自称“忘忧曾扣《易》”。文中“仕隐一机，显幽无间，所以殊途合辙，百虑一致者”之语即化用《系辞》成句，与之相符。值得注意的是，虽然“可以仕则仕，可以止则止”，“无可无不可”分别出自《孟子·公孙丑上》《论语·微子》，但范氏所取的不是儒家所称的伯夷、叔齐的气节，反而与道家“隐，故不自隐”（《庄子·缮性》）的观点相通。这种精神也不断见诸《和葛闳寺丞接花歌》《过太清宫》等反映其旷达心态、钦慕归隐生活的诗作中。如赠滕宗谅诗中有“欲歌兰雪归真隐，敢向簪轩竞急流”（《酬滕子京同年》），而与此序内容互相印证的更有《知府孙学士见示和终南监宫太保道怀五首因以缀篇》：“门外岚烟紫阁横，九衢风土更何情。篱边醉傲渊明饮，陇上歌随桀溺耕。三乐放怀千古重，万钟回首一毫轻。鹏鷃共适逍遥理，谁复人间问不平。”诗作以外，范仲淹文集中多有吟咏道教或以道入儒之赋、文，如《老子犹龙赋》《帝王好尚论》《道服赞》等。史载范氏为官一贯敢言直谏，甚至为此“前后三光”。其为人称道的“不以物喜，不以己悲”，“先天下之忧而忧，后天下之乐而乐”的襟怀，与此种仕隐观可谓互为表里。此后，苏轼《灵璧张氏园亭记》亦称“古之君子，不必仕，不必不仕”与范氏赠序的观点遥相呼应，正是北宋前期三教融通的现象在思想领域的折射。此时的“仕”与“隐”似乎并非截然相反的对立面，这种隐逸观也在这篇佚文中得到了较为透彻的表述。

4. 佚文与范仲淹之交游。文中范氏称其与张见素为“旧好”，检范氏文集，却未见其他与张见素往来之笔札酬赠之作，二人或并无深交。文中所称“绘图张饯，用光其行”之同志，今可考者唯有孔道辅（985—1039）。案道辅字原鲁，孔子四十五世孙，《宋史》卷二九七有传。他在政治上曾与范仲淹同进退，敢言直谏，因仁宗废郭皇后事，与范仲淹屡次谏阻。此文范仲淹既称其为“同志”，又与之一起送别张见素，足见二人颇为相合。此次儒道两大圣人子孙的饯别，也可谓有宋文化史上的一件轶事。

姚鼐《古文辞类纂序目》十三类“赠序”称：“初唐赠人始以序名，作者亦众。至于

[1]《宋史》本传称其：“每感激论天下事，奋不顾身，一时士大夫矫励尚风节，自仲淹倡之”。另见诸葛忆兵《范仲淹与北宋士风的演变》，载《中国人民大学学报》，2006年第5期。

昌黎乃得古人之意，其文冠绝前后作者。”[1]韩愈为赠序文字多以惜别劝勉为主，而范氏此文处处标举儒家道统，畅达高蹈，自有高格，叙事写景，虚实相间，要言不烦，堪称古今赠序之奇者。文中涉及诸多重要的社会文化现象，对后人考察北宋前期社会思想文化风貌亦有独特价值。

（张宗品，陕西师范大学历史文化学院副教授。）

[1] 姚鼐《古文辞类纂》（上），中国书店，1986 年，第 11 页。